MOZART verstehen

Satz: Rudolf Schaber GesmbH, Wels
Printed in Austria by Ueberreuter, Korneuburg
ISBN 3-7017-0660-3

GERNOT GRUBER

MOZART verstehen

Ein Versuch

Residenz Verlag

Vorwort

»Eine beschriebene Musik ist wie ein erzähltes Mittagessen.« Grillparzer hat sicherlich recht, schöne Augenblicke des Musizierens und Musikhörens können das Nachdenken und Worte darüber nicht ersetzen. Und es ist auch kein besonderes Wissen, nur Bereitschaft nötig, um eine Mozart-Sinfonie genießen zu können. Dennoch habe ich dieses Buch nicht geschrieben, um auf sonderbare Art Askese zu treiben. Mozarts Person und vor allem seine Kunst zu verstehen, ist für mich eine Faszination auf Dauer. Sie ist angeregt, vielleicht sogar getragen, von intimen musikalischen Erlebnissen. Aber mich reizt es, dem Gemeinsamen dieser Augenblicke nachzuspüren, der Sache auf den Grund zu gehen. Die 12000 Titel seriöser Mozart-Literatur stören dabei nicht, im Gegenteil, sie sind Hilfe und Herausforderung, im Spiel der Reflexion weiter vorzudringen. Alles unter dem Motto eines Ausspruchs von Johann Gustav Droysen: »Objektiv ist nur das Gedankenlose«.

Einen Mozart summa summarum strebe ich nicht an, insofern täuscht das Inhaltsverzeichnis. Ein Essay ist immer einseitig und verlangt auch etwas Widerspruchsgeist. Der meine richtet sich gegen die Sensationslust im Biographischen und gegen die historisierende Begründungssucht bei Betrachtung der Musik. Dort wie da kommt Mozarts Kunst zu kurz. Deshalb vermeide ich, eine Biographie oder Werkeinführung in üblicher Weise zu schreiben. Ein Fachmann wird außerdem schnell bemerken, daß vieles von der Philologie bis zur Gattungs- und Stilgeschichte und auch das kulturelle Ambiente Mozarts relativ wenig ausgeführt werden. Als Historiker möchte ich über mein Metier hinausschauen, ohne es zu verlieren, auf der Suche nach Worten für das Wesentliche, das mich fasziniert.

Der Titel »Mozart verstehen« erinnert an ähnliche, wie »Literatur verstehen« (Dietrich Meutsch, Wiesbaden 1987). Allerdings könnte ich einen Satz wie »Wir verstehen nicht literarische Texte, sondern wir verstehen Texte literarisch!« (S. VI), auf Mozarts Musik angewandt, nicht akzeptieren. Ein leicht greifbarer Kunstgegenstand sind die Werke Mozarts freilich nicht. Unterschiede zwischen den notierten Partituren und der erklingenden Musik, zwischen dem, was theoretische und praktische Interpreten jeweils tun, erscheinen oft unüberbrückbar groß. Auch hat alles, von Mozarts Schaffensvorgang bis zu jüngsten Interpretationen, Geschichte und steht in irgendwelchen Beziehungsgeflechten. Um sich nicht aus löblicher Toleranz, alles gelten zu lassen, in der Fülle von Gedanken und Materialien zu verirren, sind Entscheidungen unumgänglich. Ich will die Rolle der Rezeption ernst nehmen und beginne auch mit Überlegungen zur Wirkungsgeschichte. Aber letztlich und durch alle historischen und rezeptionsästhetischen Brechungen hindurch sind für mich Mozarts Werke doch auf etwas aus, sie sind ein »intentionaler Gegenstand« (Roman Ingarden). Das Verhältnis zwischen diesem Gegenstand und mir wollte ich nicht in ein vorgegebenes Theoriekonzept stellen (etwa das der »Horizontverschmelzung« Hans Georg Gadamers oder das dazu kritische von Hans Robert Jauß), sondern es von den wechselnden Titeln der einzelnen Kapitel angeregt sozusagen austragen und ausarbeiten. Dabei ergibt sich eine Präzisierung auf Seiten des Gegenstandes, indem ich mich auf die Interpretation von Mozarts Briefäußerungen und Partituren konzentriere. Spekulativ vom Ansatz her sind eigentlich nur die beiden letzten Kapitel. Daß sie, ebenso wie die Pointierungen und Aussparungen in den Texten davor, zur Kritik reizen, kann der Diskussion um Mozart nur nützen, im Sinne der lapidaren Aussage Wilhelm von Humboldts »Jedes Verstehen ist immer auch ein Nicht-Verstehen«.

Ein Gemälde oder ein Gedicht lassen sich recht gut, nämlich anschaulich und allgemein verständlich, mit Worten interpretieren. Bei einem Musikstück gerät man entweder in den sattsam bekannten Konzertführer-Stil oder in eine Fachsprache. Musik hat eben mit der Welt der Bilder und Begriffe nur in Form von Spiegelungen zu tun; die Musik Mozarts ist aber eine Tonsprache mit ihrer eigenen, musikalischen Logik. Diesem Dilemma entgeht kein Reden über Musik. Um die Lektüre zu erleichtern, vermeide ich, ständig Fachtermini, unzählige Köchelnummern, Querverweise etc. zu bringen. Damit der Text der letzten vier Kapitel, die ausdrücklich von Mozarts Musik handeln, nicht unverbindlich bleibt, werden wichtige Stationen innerhalb des Gedankengangs anhand paradigmatischer Werke zum Teil sogar sehr ausführlich und, leider unvermeidlich, auch fachspezifisch erläutert. Nachzuvollziehen sind diese Passagen nur mit den Partituren. Jeder Autor wünscht sich in dieser Situation, viel Noten in seinen Text aufnehmen zu können. Hier hätte es einen Notenteil von weit über hundert Seiten ergeben. Der notwendige Verzicht darauf ist zu verschmerzen; Mozart-Musikalien sind relativ gut verbreitet und im Gedenkjahr wird sogar die »Neue Mozart Ausgabe« (auf die ich mich stütze) als Taschenbuch erscheinen (Bärenreiter-Verlag). Ich beschränke mich daher auf wenige Notenbeispiele für unmittelbare Vergleichszwecke und auf die Beilage der Johann Christian Bach-Arie »Non sò d'onde viene«. Verzichtet kann auch auf ein Literaturverzeichnis werden, da die Bände der »Mozart-Bibliographie« leicht greifbar sind.

Herzlich danken darf ich dem Leiter des Residenz Verlags, Jochen Jung, für sein Wohlwollen und seine Geduld, meiner Lektorin Renate Buchmann für ihre tatkräftige Unterstützung und den Herren Gunthard Born, Hans-Dieter Klein und Siegfried Mauser für ihre hilfreiche Kritik am Kapitel »Klassizität«.

Gibt es eine Quintessenz der Wirkungsgeschichte?

Nicht zu eilfertig will ich auf diese Frage mit Nein antworten. Obwohl von vornherein vieles für ein Nein spricht. Die interpretatorische Grundstimmung bei Kritikern und Gelehrten jedenfalls. Denn ein Ja droht das Phänomen Mozart zu enthistorisieren und außerdem die Bemühungen um eine Differenziertheit der Betrachtung zu unterlaufen. Erschwert wird ein Ja aber auch vom Material der Wirkungsgeschichte selbst und seiner erschreckenden Vielfalt.

Werfen wir zunächst einen Blick auf die Theorie. Die Begeisterung für die Rezeptionsästhetik klingt in den Kunstwissenschaften heute langsam ab. Übrig bleibt allerdings ein geschärftes Bewußtsein für das alte Problem: Wie komme ich an meinen künstlerischen Gegenstand heran? Die aufklärerische Metapher von dem Fresko, das im Laufe der Zeit vielfach übermalt worden ist und das es freizulegen gilt, verleitet zur trügerischen Hoffnung, daß nach geleisteter Restaurierungsarbeit alles wieder so ist, wie es ursprünglich war. Aber inwiefern existiert überhaupt das Produkt, abgelöst von seiner Rezeption? Die idealistische Aussage, Kunst sei ihrem Wesen nach unendlich deutbar, ist für jeden Interpreten, der sich neu an die Arbeit macht, zunächst beruhigend, dann animierend, aber schließlich raubt sie jede Illusion, ein sicheres Ziel zu erlangen. Hoffnung, doch objektiv voranzukommen, setzt die Rezeptionsästhetik auf zwei Postulate: zum einen das Kunstwerk nicht als einen isolierten Gegenstand, sondern eingebunden in Wechselbeziehungen zur Interpretation und zur Wirkung zu verstehen, und zum anderen dieses Geflecht von Beziehungen einem ständigen Wandel unterworfen zu sehen. Beide Postulate leuchten als sinnvoll ein. Aber wie immer bei einer um Zusammenhänge bemühten Sichtweise fällt es schwer, die andrängende Fülle an Material und Beobachtungen zu griffigen Resultaten zu führen, ohne in der Praxis wiederum den Sichtwinkel zu verengen. Gefahren liegen in einer Reduktion auf die Sozialgeschichte der Künste und in der Auffassung des Kunstwerks als bloßes Rezeptions- und kaum mehr als Produktionsphänomen.

Bereits im Vorwort habe ich mich entschlossen, unter einem Kunstwerk einen »intentionalen Gegenstand« zu verstehen, der in irgendeiner Weise über die einzelne Interpretation und die Wirkung beim Publikum hinausweist. Dies verträgt sich schlecht mit der Rezeptionsästhetik und der Sozialgeschichte. Ein Kompromiß läßt sich vielleicht dadurch finden, daß wir wenigstens das Postulat der Historisierung grundsätzlich akzeptieren. Die Historisierung muß dabei sowohl den Gegenstand wie die eigene Position des Betrachters betreffen. Dann aber ist die Frage: Kann es eine Quintessenz der Wirkungsgeschichte überhaupt geben? Wohl nur eine historisch relativierte. Das heißt, sie kann bestenfalls so etwas wie der kleinste gemeinsame Nenner aus 200jährigen Erfahrungen mit der Musik Mozarts sein.

EIN AHISTORISCHER IMPULS

Leider bringt der tatsächlich kleinste gemeinsame Nenner gleich die größten Schwierigkeiten mit sich. In Mozart ist alles mögliche hineinprojiziert und herausgelesen worden. Der Grundimpuls zur Rezeption weist aber über die Geschichte hinaus. Er beschränkt sich nicht auf das Handwerkliche und auf eine konkret kompositorische Vorbildfunktion, sondern zielt auf mehr: egal, ob es im einzelnen um Visionen eines künstlerischen Wandels geht (wie besonders in der Moderne um 1900), um ein Gegenbild zu einer traurigen Gegenwart (sei es bei Franz Schubert, sei es während des Zweiten Weltkriegs), um klassische Vollkommenheit oder um ein romantisches Schwellenüberschreiten; immer wieder, in der Trivialliteratur ebenso wie in Aussagen großer Musiker, werden Ideale, Hoffnungen und Klagen in einer geradezu magischen Weise auf Mozart bezogen. Mit Utopie in einem strengen Sinne, also dem Imaginieren besserer Zustände eines vernünftigen menschlichen Zusammenlebens, hat dieser Impuls nur selten etwas zu tun. Selbstverständlich gilt es hier, unterschiedliche Erscheinungen voneinander abzuheben, und ebenso läßt sich die Funktion jedes einzelnen Falles von Idealisierung untersuchen und in der Geschichte verankern — was aber letztlich nichts an der radikal entgegengesetzten Richtung des Impulses ändert.

Erst unter einer sehr weiten Perspektive wird der ahistorische Charakter des kleinsten gemeinsamen Nenners wieder zum historischen Rezeptionsphänomen. Dann erscheinen der Eigenwert der Kunst und der Künstlerkult als Funktionen eines umfassenden Säkularisierungsprozesses. Die Rezeption Mozarts hat wohl mit unserem neuzeitlichen Gefühlshaushalt und mit den verschlungenen Pfaden unseres Sicherheitsbedürfnisses zu tun. Aus solcher Distanz betrachtet, erscheint Vertrautes in neuem Licht. Dennoch ist damit die bisherige Wirkungsgeschichte nicht aus den Angeln gehoben. Mich interessiert vor allem, wie sehr Mozart der Wirkungsgeschichte entspricht oder wie fremd er ihr blieb. Der Gang ad fontes wurde seit der Renaissance ein beliebtes Instrument der Interpreten, um, auf welchem Feld auch immer, das Gegenwärtige zu überwinden — und um sich unwillentlich in neue Illusionen zu verwickeln. Das ist unvermeidbar. Doch will ich das Postulat der Historisierung insofern aufgreifen, als ich die Wirkungsgeschichte eben nicht beiseiteschiebe, sondern bewußt von ihren Ergebnissen ausgehe, um zu einer »richtigeren« Sicht vorzudringen. Als Ansatz dazu ist das Merkmal des ahistorischen Grundimpulses nicht praktikabel. Da dieser aber als unüberwindbar erscheint, werde ich im Schlußkapitel auf ihn zurückkommen.

AUF DER SUCHE NACH ANTITHESEN

Faßbare Bestimmungen sind nötig. Um sie bemühen sich die Rezeptionshistoriker in der Regel und oft mit Erfolg. Wer Hans Heinrich Eggebrechts Buch zur »Beethoven-Rezeption« liest, findet ein klares Ergebnis vor, das Aussagekonstanten, Begriffsfelder und deren historische Interpretation bietet. Eine ähnliche Methode ließe sich auch auf die Wirkungsgeschichte Mozarts anwenden, ähnlich überschaubar würde das Ergebnis aber sicherlich nicht sein. Der Grund dafür mag teilweise in dem hochaktuellen Rezeptionsphänomen liegen, in Mozarts Œuvre, und in dessen Wirkung, die Vielfalt, das Proteushafte, ja das Disparate zu betonen. Auch mag der Unterschied zur Wirkungsgeschichte Beethovens mit unterschiedlichen Vorlieben und Verstehensweisen innerhalb der einzelnen Phasen dieser Geschichte zusammenhängen. Ein erheblicher Rest an Begründungspotential muß aber doch von Mozart und Beethoven selbst ausgehen. Es wäre nun verfänglich, diesen Rest auf eine polare Formel zu bringen. Immerhin aber gibt es das Rezeptionsphänomen eines wiederholt auftauchenden Befürfnisses, den Unterschied zwischen Mozart und Beethoven als einen grundsätzlichen zu fassen. Und dessen Beschreibung spiegelt wiederum auf einer Sphäre hinter den jeweils herangeholten Bildern und Begriffen den Unterschied zwischen einer eindeutigen, konsequenten und einer weniger eindeutigen, in ihren Wendungen weniger konsequenten Wirkungsgeschichte wider.

Um nur ein besonders markantes Beispiel zu nennen: In seiner Schrift »Oper und Drama« sieht sich Richard Wagner als legitimer Beethoven-Nachfolger, in einem ihn beunruhigenden Gegensatz zum »absolutesten aller Musiker«, Mozart, und faßt diesen Gegensatz bildlich in den von Mann und Weib. Damit greift Wagner zu jenen klischeehaften Gegenüberstellungen, die uns aus unzähligen Bildern vom trotzigen Beethoven und vom sanften Mozart sattsam bekannt sind (zumal diese während der zweiten Hälfte des 19. Jahrhunderts unleugbar vorhandene Aussagekonstante für Mozart wenig Faßbares hergibt und uns erst wieder auf den kleinsten gemeinsamen Nenner einer Neigung zur Idealisierung rückverweist). Interessanter ist vielmehr die Art, in der sich Wagner aus der Klemme befreit, den Rang Mozarts anerkennen zu müssen, ohne ihn weder konkret nützen noch geschichtsphilosophisch auf sich beziehen zu können. Negativ gesehen, wird Mozart für ihn zu einem Phänomen des Rokoko-Zeitalters, aber positiv sieht er ihn außerhalb der Geschichte. Über den von ihm geschätzten »Don Giovanni« meint Wagner emphatisch: »Wo hat je die Musik so unendlich reiche Individualität gewonnen, so sicher und bestimmt in reichster, überschwenglichster Fülle zu charakterisieren vermocht, als hier, wo der Musiker der Natur seiner Kunst nach nicht im Mindesten etwas Anderes war, als unbedingt liebendes Weib? —« Das Interessante daran ist, daß die ins Unverbindliche verschwimmende Assoziation Mozarts mit dem »liebenden Weib« doch näher bestimmt wird, nämlich als ein Potential, das bei entsprechender Anregung sich zu höchstem Reichtum an Individualität und klarer Charakterisierung entfaltet. Diese unlösbare Spannung zwischen Verklärung und Einsicht in die Vielfalt klar bestimmter musikalischer Gestalten hatte ich mit der vorhin erwähnten Widerspiegelung im Auge.

Es mag kühn wirken, anhand nur eines Beispiels ein Modell aufzustellen, in dem zunächst die Wirkungsgeschichte insgesamt auf die einzelne Interpretation und dann beide zusammen auf ihren Gegenstand, die Musik Mozarts, bezogen werden. Zumindest ist das Wagner-Beispiel symptomatisch für eine Thematik, die mit der »Universalität Mozarts« zu tun hat und uns in abgewandelter Form gleich wieder begegnen wird. Und kaum zu leugnen ist jene schon mehrmals erwähnte Vielgestaltigkeit als ein Wesensmerkmal der Mozart-Wirkungsgeschichte. Mozart erscheint heute als ein ganz anderer als vor 100 Jahren. Wie verwirrend stehen die Erscheinungsbilder in Gegenwart und Geschichte vor uns: Was hat »Amadeus« mit der großen Instrumentalmusik gemeinsam? Wie erstaunlich unterschiedlich zeigt sich in der Romantik die Wirkung des »Don Giovanni« von der der »Nozze di Figaro«. Hat nicht diese »Figaro«-Wirkung mehr mit dem Rokoko-Bild in der damaligen Dichtung als mit Mozarts Werk zu tun? Befassen wir uns dennoch hypothetisch mit dem Sachverhalt in Mozarts Musik, bleiben uns, zumindest auf den ersten Blick, nur zwei Möglichkeiten zur Wahl: entweder jene Vielfalt hier bestätigt zu finden und sie dementsprechend zwischen den einzelnen Gattungen, den unterschiedlichen Ansprüchen innerhalb der einzelnen Gattungen und zwischen den einzelnen Werken, etwa den Opern, hervorzukehren, oder sie, wenn nicht zu leugnen, doch niederer einzustufen, wobei das an ihre Stelle tretende übergreifend Gemeinsame nur in einer Denkfigur wie der der »Einheit in Mannigfaltigkeit« anzusprechen sein wird.

Die angestrebten faßbaren Bestimmungen lassen sich offensichtlich weder mit dem Blick auf die Idealisierung noch auf die Vielfalt erreichen. Jedenfalls werden weitere Konkretisierungen nötig sein. Es ist noch kein Ausweichen auf die Metaphysik der Kunst, wenn wir zunächst den simplen Umstand bedenken, daß jedes originelle Kunstprodukt seinen Zeitgenossen zwingt, sich ihm gegenüber zu orientieren. Es entsteht eine

Vielfalt von Verstehens-Versuchen. Festeren Boden gewährt dann schon das bloße Hochloben oder Verdammen, das sich im Umgang mit schicken oder altmodischen, jedenfalls aber vertrauten Schlagwörtern Sicherheit einredet. Genau diese Situation begegnet uns in den 80er und frühen 90er Jahren des 18. Jahrhunderts, als die Originalität der Musik Mozarts irritierend ins Bewußtsein trat. So darf es nicht verwundern, wenn im Komponisten Mozart nicht der Klassiker, sondern eher ein genialischer Stürmer und Dränger in seinen »Brausejahren« gesehen wurde. Wenngleich die Unzahl der Urteile im einzelnen überwiegend situationsbedingt ist, so fällt doch auf, daß ein Merkmal Mozart fast immer zugesprochen wurde: der Reichtum seiner Musik, egal, ob dieser im weiteren als Überladenheit, Gesuchtheit, Schwierigkeit getadelt oder als »ungekünstelter Ideenreichtum« gelobt wird.

Der Versuch, die Musik wie die Person Mozarts von Grund auf zu erfassen, erbringt auch heutzutage kein endgültiges Urteil. Ein Beispiel, das mich beeindruckte, gab Wolfgang Hildesheimer. Er hat in mehrfachen Variationen das Bild eines dionysischen Mozart herausgestellt und damit große Wirkung erzielt. Nach deklariertem Abschluß seiner schreibenden Beschäftigung mit Mozart kam er im Rückblick über ihn zur Einsicht: »Heute sehe ich ihn sowohl dionysisch als auch apollinisch, sofern ich ihn überhaupt sehe.«

Ich fasse zusammen, was uns bleibt: Mozarts Rätselhaftigkeit, die sich auch trotz intensiver Bemühung weder eindeutig charakterisieren noch durchschauen läßt — eine vom Gegenstand her gesehen eher beiläufige Aussagekonstante ›Reichtum der Musik‹ zu Beginn der Wirkungsgeschichte —, und ein diese Geschichte durchziehendes Merkmal ungewöhnlich großer Vielfalt. Das sind recht heterogene Dinge. Aber unterschwellig, vermute ich, verbindet sie doch etwas, und dieses Etwas besitzt so viel Substanz, daß es nicht mit dem Einwand, all das fände sich in der Wirkungsgeschichte jedes Künstlers, aus der Welt zu schaffen ist.

Das Beispiel Hildesheimer regt an, sich jenen Versuchen zuzuwenden, welche die zu zerfließen drohende Vielfalt durch das Pointieren gegensätzlicher Sichtweisen in den Griff zu bekommen trachten. Der dionysische Mozart ist gegen einen apollinischen gewandt, den Hildesheimer aus dem 19. Jahrhundert mächtig nachwirken sieht. Später reflektiert Hildesheimer (der damit auf Nietzsche bzw. auf Schopenhauers These von der Wechselbeziehung von »Wille« und »Vorstellung« zurückgreift) seinen eigenen »Überschwang des Widerspruchswillens« und deutet die Möglichkeit eines Sowohl-als-Auch, nicht als billige Lösung, vielmehr als selbstüberwindende Einsicht an.

Blicken wir nochmals zurück, um die Wirkungsgeschichte von ihren Anfängen abzutasten. Mit allen Vorbehalten läßt sich sagen, das erste Bild Mozarts als kompositorisches Kraftgenie neigte dem später so genannten dionysischen zu. Die Reaktion darauf, die Inanspruchnahme der »klassischen Schönheit« für Mozarts Musik, erfolgte anonym in einem Nekrolog 1791, ausführlicher in der Biographie von Franz Xaver Niemetschek 1798. Eine Vereinigung beider Aspekte strebte 1795 Christian Gottfried Körner in seinem Ansatz zu einer klassischen Musikästhetik an; bemerkenswerterweise nennt er, Schiller gegenüber, Mozart als einzigen deutschen Komponisten, der fähig sei, »ebenso groß im Komischen, als im Tragischen« zu sein. In eine ähnliche Richtung weist die 1793 gemachte Aussage des führenden deutschen Musiktheoretikers Heinrich Christoph Koch, Mozarts Streichquartette seien einzigartig »wegen ihrer eigenthümlichen Vermischung des gebundenen und freyen Stils«.

Eine nächste Phase im Versuch, Mozarts Musik in ihrem Wesen zu verstehen, brachte das erste Drittel des 19. Jahrhunderts. Als Krücke für die Darstellung diente die Assoziation Mozarts mit zwei in der Romantik viel bewunderten, wenngleich unterschiedlich charakterisierten Künstleridolen, Raffael und Shakespeare. Beide wurden schon im 18. Jahrhundert zu Wegmarken in der Kunstdiskussion, ihre Wirkung ist also nicht auf einen Klassik-Romantik-Gegensatz festzulegen. Während die Raffael-Vergleiche die Verklärung einer geglückten Harmonie zwischen Leben und Werk, einer Harmonie innerhalb des Werks, und einer naiven Unbewußtheit des Schaffens bezwecken, gelang es mit den Shakespeare-Vergleichen, das Beunruhigende, scheinbar Chaotische und Ausschweifende von Mozarts Musik positiv zu erfassen. Shakespeare ist hier nicht mehr, wie im Sturm und Drang, eine Chiffre, die für eine geniale Gesetzlosigkeit oder bloß für das erhaben Schauerliche steht, sondern mit ihm als

Vorbild ließ sich Mozarts Fähigkeit sowohl zum Tragischen wie zum Komischen sowie zur Vermischung des gelehrten und des galanten Stils aus den Begrenzungen einer klassizistischen Musikästhetik und traditionellen Musiktheorie lösen und ins Zentrum rücken. 1802 stellt Franz Horn im Hinblick auf Mozarts Opernschaffen die Körner-Schillersche Ästhetik sachlich auf den Kopf, wenn er sagt: »Mich dünkt, es sey die Aufgabe des Compositeurs einer Oper, den Unterschied ... zwischen Ethos (dem Festen, Ruhenden) und Pathos (dem Beweglichen, Vorübergehenden) ... in seiner musikalischen Darstellung zu verwischen« und »das Leben in der höchsten Potenz, die Freyheit, die zu etwas Notwendigem geworden ist, das schrankenlos-Begränzte darzustellen«.

Ab etwa 1830 kam es in Abwehr des musikalischen Fortschritts zum Hervorheben eines Bildes von Mozart in Harmonie mit sich und seiner Welt. Hier dominierten die Raffael-Vergleiche. Deren Beweggründe und gesellschaftliche Funktionen sowie ihre inhaltlichen Ergebnisse sind von hohem historischen Interesse; ich übergehe sie hier und mache nur auf eines aufmerksam: Eine platte Verklärung findet sich überwiegend in der Trivialliteratur und -kunst, während für jene, die sich mit der Sache Musik ernsthaft und intensiv beschäftigten, auch damals das Phänomen Mozart nicht recht geheuer war und zu komplizierten Deutungen Anlaß gab. Es trifft wohl zu, daß etwa Grillparzer oder selbst Wagner eher das Raffael-Bild aufgriffen und die shakespearehaften Züge mehr in Mörikes Novelle oder später bei Friedrich von Hausegger und Ferruccio Busoni weiterwirkten. Doch ließen sich diese Zuordnungen auch austauschen. Was dahinter steckt, ist nicht eine den Autoren anzulastende unbedachte Vermischung von Wirkungskonstanten, sondern ein gemeinsames Merkmal ihrer Versuche, der Sache gerecht zu werden. Ich formuliere die Absicht dieser Aussagen einmal bewußt im hohen Stil der Mozart-Apologie als das »oszillierend durch die Ausdruckssphären Gleitende, doch klar Bestimmte und in der so souverän behandelten Balance uns Vertraute und zugleich Unbegreifliche von Mozarts Kunst«. Nüchtern ist das Resümee aus dieser Phase der Wirkungsgeschichte in der (wohl von Kant inspirierten) Formel vom Schrankenlos-Begrenzten gezogen. Nur ist sie, für sich genommen, zu abstrakt. So fühlt sich jeder Interpret veranlaßt, die Bewegung in diesem Begriffspaar »schrankenlos-begrenzt« in irgendeiner Weise zu veranschaulichen und in die konkret empfundene historische Wirklichkeit einzubinden. Daher kommt es situationsbedingt dazu, einmal auf die Frage »Nennt ihr ihn groß?« zu antworten »Er war es durch die Grenze« (Grillparzer) und ein andermal gegen die Harmonisierung von Leben und Werk einzuwenden, daß man von solch einem »Spießbürger keinen Don Juan hätte verlangen dürfen« (Ulibischeff) — ohne deshalb auf der einen Seite die unbegreifliche Vielfalt und auf der anderen die erreichte »Vervollkommnung der Kunst« gering achten zu müssen.

SYNTHESEN

Angestrebt ist eine Verknüpfung der verschiedenen Gegensatzpaare (genialisch—klassisch, Shakespeare- und Raffael-Vergleiche, dionysisch—apollinisch) mit dem Merkmal der Vielfalt in der Weise, daß erstere als historische Konkretisierungen des letzteren aufzufassen sind. Gegen eine solche Modellvorstellung läßt sich dennoch manches einwenden. So sind wohl die einzelnen historischen Fälle konkret, ihre Verallgemeinerung aber erscheint als weitherzig unverbindlich. Ja es fragt sich, ob sie viel mehr bringt als eine Umschreibung jener »ästhetischen Distanz«, die für Mozart und auch für seine Interpreten vorauszusetzen ist (zumal etwa der Literaturwissenschaftler Walter Müller-Seidel sie als ein Kriterium zur Unterscheidung einer »höheren« poetischen Gestalt von der »kunstlosen Mitteilung im alltäglichen Leben« und dem Kitsch bezeichnet). Wenn diese Verallgemeinerung doch mehr enthält, dann entweder aufgrund der Eigenart der Gegensatzpaare oder aufgrund ihrer inneren Konsistenz.

Für letzteres spricht der Umstand, daß sich in der Wirkungsgeschichte auch über die genannten Gegensatzpaare hinaus viele Versuche finden, Mozarts Musik durch die Verbindung geradezu antinomischer Aussagen zu erläutern. Die formale Struktur wird dabei primär, die Inhalte der Gegensatzglieder sind austauschbar und daher sekundär. Der Gedanke hat etwas Faszinierendes, diese Konstellation mit Hegels Dialektik oder gar mit des Cusanus »coincidentia oppositorum« in Zusammenhang zu bringen. Aber wohin führt es, wenn man die coincidentia oppositorum als Erkenntnismittel auf Mozart anwendet? Was zuvor unverbindlich erschien, bekommt nun einen Namen, wird faßbar. Nicht nur das, denn keiner der Mozart-Interpreten wollte mit seinem antinomischen Spiel nur etwas überbrücken, sondern mit ihm etwas Substantielles erreichen. Das wäre noch ganz im Sinne von Cusanus. Nach seinem Verständnis aber richtet sich die Erkenntnis mit Hilfe der coincidentia oppositorum auf die übervernünftige Einheit über den Gegensätzen, letztlich auf sein berühmtes »Non aliud« Gottes. Diese Konsequenz ist zu hochgeschraubt, denn nicht jeder Mozart-Interpret, der Gegensatzpaare verwendet, hat theologische Absichten. Aber sie zeigt doch, auf welcher Bahn sich hier die Suche nach etwas Substantiellem befindet, sie bestätigt einmal mehr den ahistorischen Grundimpuls der Wirkungsgeschichte und provoziert schließlich den Verdacht, daß bei dieser antinomischen Vorgangsweise eine grundsätzliche Unangemessenheit zwischen dem Interpreten und seinem Gegenstand durch die Konstruktion einer metaphysischen Wirklichkeit kaschiert wird.

Die Eigenart der Gegensatzpaare tritt durch das inhaltlich Ausgesparte stärker hervor. Zu den dünnbesiedelten Bereichen der Mozart-Wirkungsgeschichte gehört das Erhabene. Wohl wurde auch dieser Begriff vor allem im frühen 19. Jahrhundert nicht selten auf Mozarts Musik angewandt, bevorzugt auf späte Sinfonien und das »Requiem«, aber außer dem stets wiederkehrenden Hinweis auf die Verbindung von Endlichem und Unendlichem sagt er wenig Spezifisches aus. Faßlicher ist dagegen der Begriff des Heroischen. Um so mehr fällt auf, welche beherrschende Rolle er in der Wirkungsgeschichte Beethovens spielt und wie sehr er in der Mozarts übergangen wird. Wenn Christian Friedrich Michaelis schon 1805 im Hinblick auf die »großen Symphonien von Haydn, Mozart, Beethoven u.a.« den »heroischen Charakter« darin sieht, daß ein musikalisches Thema »sich im Kampfe mit vielen entgegenstrebenden Bewegungen behauptet«, so ist von vornherein klar, was die Wirkungsgeschichte danach bestätigen sollte: Der adäquate Gegenstand für diese Aussage ist die Sinfonik Beethovens und eben nicht die andersgeartete Mozarts. Daraus folgert für die Eigenart der Gegensatzpaare, daß das antinomische Spiel innerhalb der Wirkungsgeschichte sich wohl in einem buntschillernden Raum bewegt, aber das Zwingende, Ringende und die dazugehörige künstlerische Suggestivkraft doch meidet. Nietzsche formulierte dasselbe auf den Gegenstand bezogen sehr pointiert, als er in Mozart den Komponisten lobte, »dessen Ernst ein gütiger und nicht ein furchtbarer Ernst ist, dessen Bilder nicht aus der Wand herausspringen wollen, um die Anschauenden in Entsetzen und Flucht zu jagen«.

Aber geraten wir nicht mit Begriffen wie souveräne Balance, Schrankenlos-Begrenztes, Unheroisches immer mehr in ein Glätten der Wirkungsgeschichte? Lassen sich, um dies zu vermeiden, die erwähnten Gegensatzpaare vielleicht doch mit dem Begriff des Erhabenen auf eine schärfere Antinomie hin zuspitzen? Dem obigen Zitat schließt Nietzsche den Satz an: »Oder meint ihr, Mozartische Musik sei gleichbedeutend mit Musik des ›steinernen Gastes‹?« Nietzsche scheint hier gegen eine dominante Suggestivwirkung der Komturmusik im »Don Giovanni« anzukämpfen. Das Faszinosum dieser im 19. Jahrhundert meistbewunderten Mozart-Oper hängt sicher in beträchtlichem Maße mit dem vom »steinernen Gast« ausgelösten Gefühl des Erhabenen zusammen, dessen Größe mit der Wirkung des »Grausens« und der »Schwermut« (Kant) einhergeht. Freilich übertreibt Nietzsche um seiner Polemik gegen Wagner willen. Dennoch ist seine Polarisierung bemerkenswert. Sie stellt unserer bisherigen starken Betonung der »ästhetischen Distanz« in der produktiven wie rezeptiven Seite der Musik Mozarts eine die Distanz überwältigende Suggestivkraft entgegen. Wirklich entgegen, ohne ein Ineinanderspielen der beiden Gegensatzglieder zu einer höheren Einheit zu erwägen.

Die Wirkungsgeschichte enthält etliche Erscheinungen, die ein Überwinden der ästhetischen Distanz durch Suggestion bzw. der Reflexion durch Betroffenheit bezwecken. Es gibt diesbezüglich positive wie negative Äußerungen. Sie sind vielfältig und stehen nicht alle in der Tradition des Gegensatzes zwischen Schönem und Erhabenem. Dazu einige Beispiele: Jean Paul sprach von »Mozartischen Donnerwolken«. Friedrich Rochlitz nannte die »Jupiter«-Sinfonie eine »furchtbare« Sinfonie. E. Th. A. Hoffmann bezeichnete seine »Don Juan«-Novelle im Untertitel eine »fabelhafte Begebenheit, die sich mit einem reisenden Enthusiasten zugetragen«, und entsprechend enthusiastisch beginnt die Beschreibung der Empfindungen beim Anhören der Ouverture: »In dem Andante ergriffen die Schauer des furchtbaren, unterirdischen regno all pianto; grausenerregende Ahnungen des Entsetzlichen erfüllten mein Gemüt. Wie ein jauchzender Frevel klang mir die jubelnde Fanfare im siebenten Takt des Allegro: ich sah aus tiefer Nacht feurige Dämonen ihre glühenden Krallen ausstrecken —« Denken wir an Kierkegaards »Don Giovanni«-Deutung und an den ausdrücklichen Bezug auf sie in expressionistischen Inszenierungen zu Beginn des 20. Jahrhunderts (Ernst Lert, Leipzig 1917), oder an die Stelle vom »furchtbaren Choral ... aus silbernen Posaunen, eiskalt, Mark und Seele durchschneidend« in Mörikes Novelle oder an die Mozart-Erscheinung im »magischen Theater« von Hesses »Steppenwolf«. Diesen »dämonischen« Mozart suchte Alfred Heuß in einer vielbeachteten Studie 1906 nicht nur im »Don Giovanni«, sondern auch in Instrumentalwerken verschiedenster Art, selbst in Jugendwerken, und behauptete gar, daß die plötzlichen Ausbrüche in dieser Musik dem Hörer seine Betrachter-Position mehr verunsichern als das großflächige Pathos bei Beethoven. Und das ist zur gleichen Zeit geäußert worden wie der Lobpreis jener Distanz, die Mozarts Musik gewährt, in Busonis »Mozart-Aphorismen«. Hier gibt es keine Möglichkeit mehr, die Gegensätze zwischen der ästhetischen Distanz in einem antinomischen Spiel und einer überwältigenden Suggestion zu Gliedern eines Gegensatzpaares zu vermitteln — es sei denn, man begnügt sich damit, die mögliche kathartische Wirkung dort und da als Brückenschlag zu sehen.

Gibt es nach all dem nun wenigstens eine historisch relativierte Quintessenz? Mit leeren Händen gehen wir jedenfalls nicht zum neuerlichen Versuch über, Mozart zu verstehen. Vielfalt und Mangel an Konsequenz hat der Seitenblick auf Beethoven verdeutlicht — in der Wirkungsgeschichte erprobte Gegensatzpaare schränkten den Spielraum dieser Vielfalt wiederum ein und konkretisierten eine Grundspannung zwischen Endlich und Unendlich — diese Spannung kann entweder zu einer Vermittlung in einem antinomischen Spiel führen (das oft als Wesensbild einzelner Werke oder des Gesamt-Œuvres ausgegeben wird) oder in einem Aufbrechen tatsächlicher Antinomie münden (sei es innerhalb einzelner Werke oder zwischen den Rezeptionsweisen eines Werkes oder als eine zwischen dem Betrachter und dem Werk) — das fehlende inhaltliche Telos der Wirkungsgeschichte schließlich fordert jede neuerliche Interpretation in besonderer Weise heraus: Sie wird nicht durch das Überwinden eines bestimmten Wirkungsmerkmals vorankommen, dies bliebe Sisyphus-Arbeit, sondern nur in einem Aufgreifen der Komplexität der Wirkungsgeschichte. Die Quintessenz liegt also in einer vorstrukturierten offenen Frage.

Kunst und Leben: Einheit oder Kluft?

Auch hier gilt: der Gegenstand begegnet uns zunächst als Rezeptionsphänomen. Die Rezeption hat ihre Geschichte und diese Geschichte wiederum ihre Vielfalt. Die Extrembereiche liegen zum einen in der Stilisierung einer höheren Einheit aus Leben und Werk, zum anderen im Aufbrechen einer Kluft zwischen Kunst und Leben.

Am Anfang stand die Familienidylle. Aber Leopold Mozart sah schon bald (wie aus vielen seiner Briefe seit Beginn der Parisreise von Frau und Sohn herauszulesen ist) die Gefahr, ja die Tatsache eines heillosen Konflikts und mahnte den Sohn, die Realitäten des Lebens wahrzunehmen und mit seinem unbestrittenen Künstlertum in Einklang zu bringen. Mozarts Schwester Nannerl hat die väterliche Perspektive übernommen und nach dem Tod des Bruders, nicht ohne Bitterkeit, dem ersten Biographen, Friedrich Schlichtegroll, schriftlich nahegelegt. Der Familienidylle der Wunderkindzeit entwuchs Mozart also nicht als in sich stimmige Künstlerpersönlichkeit, sondern als einer, der »Mann in seiner Kunst« war, aber »in allen übrigen Verhältnissen beständig ein Kind« blieb.

In »Mozart und die Nachwelt« habe ich darzustellen versucht, in welcher Weise jeweils diese gegensätzlichen Bilder von Mozart im Laufe der Wirkungsgeschichte verwendet worden sind, und verzichte nun auf Einzelheiten. Soweit sich ein Focus für dieses Wirkungsgeschehen ausmachen läßt, besteht er in einer hintergründigen Spannung. Sie bleibt latent, solange die herangeholten Bilder von Mozart nicht weiter bedacht oder, sehr wohl bedacht, als eine Art außer Streit gestellter Außenhalt verwendet werden, um das Problem von ›Kunst und Leben‹ interpretatorisch zu bewältigen. Je intensiver über die Möglichkeit, Mozart zu verstehen, nachgedacht wird, desto mehr verlieren die Bilder an Geschlossenheit. Die Begriffe ›Harmonie‹ und ›Kluft‹ geraten ins Gleiten oder formieren sich zum Gegensatz. Das ist freilich kein bloß mozartisches Phänomen.

An einem fiktiven Beispiel veranschaulichte die erste romantische Musiker-Novelle, Wilhelm Heinrich Wackenroders »Das merkwürdige musikalische Leben des Tonkünstlers Joseph Berglinger«, den heiklen Zusammenhang der gegensätzlichen Bilder. Wackenroder läßt seinen Helden am Prosaischen des Lebens, nicht zuletzt des Musiklebens, zerbrechen und hält dann dem Gescheiterten in einem Nachwort die Frage vor: »Und muß der Immerbegeisterte seine hohen Phantasien doch auch vielleicht als einen festen Einschlag kühn und stark in dieses irdische Leben einweben, wenn er ein echter Künstler sein will? —« Das Zurechtkommen mit dem Leben sieht Wackenroder in den absichtsvoll unterschiedlich ausgewählten Künstlerpersönlichkeiten Raffael, Guido Reni und Albrecht Dürer verwirklicht.

Hat Mozart die Spannung zwischen Leben und Kunst bewältigt oder scheiterte er an ihr? Die Antwort der Wirkungsgeschichte ist wie gesagt vielfältig. Wackenroder hat sicherlich nicht an Mozart gedacht. Dennoch gewinnt man den Eindruck, in den bald zwei Jahrhunderten seit damals seien die vier Bild-Möglichkeiten — vom begeisterten, aber scheiternden Berglinger über Reni, »der ein so wildes Spielerleben führte«, und Dürer, »einem schlichten Bürgersmann« mit einem »bösen Weib«, bis zum sich seiner selbst unbewußten Raffael — auf Mozart bezogen durchgespielt worden.

Es verbirgt sich also noch etwas anderes hinter den zunächst einleuchtenden Vermutungen, daß die vorgestellte Harmonie von Leben und Kunst eine nützliche Illusion des Betrachters und die Einsicht in deren Bruch aus dem kritischen Realitätssinn hervorgegangen seien. Wackenroders Kriterium für einen wahren Künstler, auf welche Art auch immer die Phantasie ins Leben einweben zu können, scheint mir als Forderung jenseits einer bloß nützlichen Illusion zu liegen.

Daß es nicht angeht, dem harmonisierten Mozart als Mystifikation den konfliktgezeichneten als den wahren entgegenzustellen, hat noch eine weitere Ursache: Sobald der Begriff der Brüchigkeit verabsolutiert wird, kann er geradeso wie der der Harmonie zur Zauberformel werden, die die Geschichte zu deuten und auf ein ideales Ziel hin zu überwinden verspricht. Das gilt für die Niederungen der Enthüllungsstories über das Leben großer Musiker ebenso wie für die Höhen der Musikphilosophie eines Adorno. Wenngleich zugegebenermaßen ein konfliktbeladener Held sich auf der Höhe der Zeit bewegt und die im

19. Jahrhundert strapazierte Harmonie eher der trivialen oder der anspruchsvoll traditionsbewahrenden Sphäre zugehört. Damals aber, bei Leopold Mozart, bezweckte das zugespitzte Bild von der Kluft zwischen Leben und Kunst ganz etwas anderes als heute: Die drastische Realistik sollte keine Bahn zu neuen sozialen oder ästhetischen Welten brechen, sondern vor dem drohenden Chaos warnen und den Sohn heimholen.

Objekte und Funktionen sind in variablem Verhältnis zu sehen. Oder anders gesagt, nicht allein die Sache selbst, sondern das Ziel ihrer Anwendung bestimmt mit, was uns als ihre Bedeutung erscheint. Die Mozart-Interpretation liefert dafür laufend selbst extreme Beispiele. So dient die Kluft zwischen Leben und Kunst Wolfgang Hildesheimer dazu, an Mozart seinen Geniebegriff zu erläutern. Das genaue Gegenteil macht Francis Carr, wenn er Werke (»Così fan tutte«, »Zauberflöte«, das c-Moll-Klavierkonzert KV 591) als Beweise für seine These von Mozarts Liebesleben und dessen tragische Folgen einsetzt.

Dieser Spielraum zwischen Objekt und Funktion und die unterschwellig verbindende Spannung zwischen gegensätzlichen Mozart-Bildern haben wohl miteinander zu tun, bedingen einander vielleicht sogar. Doch lassen wir das vorderhand offen, und wenden wir uns erst einmal zwei konkreten Beispielen zu. Nicht zuletzt um zu sehen, welche Art von Gegenstand vor uns liegt, und um zu klären, wie weit sich die Frage nach dem Verhältnis von Leben und Kunst überhaupt abgrenzen läßt. Ich wähle dazu die jeweilige Situation Mozarts beim Tod seiner beiden Eltern, gehe von Daten und primären Quellen (Briefen und Werken Mozarts) aus und betrachte dann die jüngere Interpretationsgeschichte auf ihre Probleme hin.

TOD DER MUTTER

Mutter und Sohn Mozart kamen am 23. März 1778 in Paris an, am 3. Juli starb die Mutter. Anna Maria Mozart hat ihrem Mann in der Zeit vom 24. März bis 12. Juni, stets gemeinsam mit dem Sohn, insgesamt sechs Briefe geschrieben. Die ersten beginnt sie stereotyp mit der Versicherung, sie seien beide »gottlob und danck gesund«. Im Brief vom 5. 4. läßt sie durchblicken, wie unglücklich sie in Paris ist: »was meine lebens arth betrifft ist solche nicht gar angenehm, ich size den ganzen tag allein in zimmer wie in arest ...« Wie schon zuvor in Mannheim fühlt sie sich einsam, vermeidet aber in den von ihr begonnenen gemeinsamen Briefen verständlicherweise jeden Vorwurf gegen den Sohn. Ihre Gedanken kreisen um dessen Erfolge und um Ereignisse und Tratsch aus Paris und noch mehr aus Salzburg. Die Sehnsucht, den Ihren in Salzburg nahe zu sein und sie zu beruhigen, aus ihren Briefen herauszulesen, ist wohl noch keine Überinterpretation. Knapp gehalten und lustlos wirkt dagegen die Nachschrift zu Wolfgangs Brief vom 1. 5., in dem sie ihren Mann wissen läßt, daß sie seit drei Wochen von »zahn wehe, kopf, hals, und ohren schmerzen« geplagt sei. Doch danach, selbst noch im Brief vom 12. 6. (am Tag zuvor wurde sie zur Ader gelassen), ist wieder zu lesen: »ich und der Wolfgang seind gott sey danck gesund.« Zwischen dem 12. 6. und ihrem Todestag hat auch der Sohn nicht mehr an den Vater (wohl aber zweimal an Fridolin Weber nach Mannheim) geschrieben. Nach Andeutungen am 3. 7. und weiteren Anläufen hat Mozart erst in seinem Brief vom 31. 7. dem Vater die Krankengeschichte der Mutter, die seit dem 19. 6. bettlägerig gewesen war, ausführlich berichtet. Diese späte Mitteilung und der Umstand, daß Mozart in seinen langen Briefen davor auf alles mögliche, aber nur andeutungsweise auf den Hergang der Todeskrankheit seiner Mutter zu sprechen kommt, fordert jeden Interpreten heraus. Hat Mozart die Misere von sich geschoben, tangierte ihn der Tod der Mutter innerlich gar nicht allzu sehr, oder war er so erschüttert, daß es Wochen brauchte, um vor dem Vater das Geschehene im einzelnen sich vergegenwärtigen und ansprechen zu können?

Noch weniger entsprechen die beiden Briefe vom 3. 7., an den Vater und an den Freund Abbé Joseph Bullinger, gängigen Erwartungen. Freilich sind bei einem derartigen Ereignis kaum bestimmte konventionelle Reaktionen zu erwarten, zumal Mozart in dieser Situation völlig auf sich allein gestellt war. Doch gerade wenn wir uns einzufühlen suchen, erstaunt die Art und Unterschiedlichkeit der Reaktionen in diesen zwei Briefen, die offensichtlich unmittelbar nach dem Tod der Mutter geschrieben worden sind. Während zweier Wochen war Mozart — alles nach seinem eigenen Bericht — zwar ständig am Krankenbett, handelte aber nur zögerlich, gab der Angst der Mutter vor Ärzten und gar vor den französischen nach, bis es zu spät war. Zieht man einiges an zu vermutender Selbstbeschönigung ab, so wirkt Mozarts Verhalten kopflos, zunächst lethargisch, dann hektisch. Kaum ist die Mutter tot, schreibt er dem Vater nach Wochen des Schweigens einen langen Brief, aber ohne das Geschehene auszusprechen, setzt an, die Krankengeschichte knapp zu erzählen, und lenkt sofort ab durch Betrachtungen über die Notwendigkeit, sich dem Willen Gottes zu ergeben. Ebensolang berichtet er vom Erfolg und von kompositorischen Effekten seiner Pariser Sinfonie und kommt unvermittelt aufs Rosenkranzbeten und gute Christsein, auf den gottlosen »Erz-spizbub Voltaire« und wiederum auf seine eigene Gottergebenheit zu sprechen. Neuerlich erzählt er vom Pariser Theater- und Musikgeschmack, von eigenen Plänen, und preist ein drittes Mal die Gottergebenheit. Hinter dieser Sprunghaftigkeit verbirgt sich die Mühe, den Vater bei Laune zu halten und ihn doch auf das Unvermeidliche vorzubereiten. Beredt sind die Schriftzüge: Der Brief ist mit Unterbrechungen geschrieben. Mozart beginnt mit kleinen kalligraphischen Zeichen in eng gezogenen Linien — sobald von seiner Sinfonie die Rede ist, wird die Schrift größer, flüssiger, sogar flüchtig, als habe sich ein Krampf gelöst.

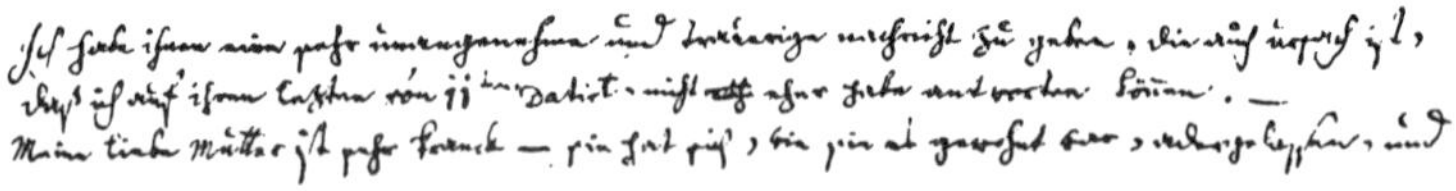

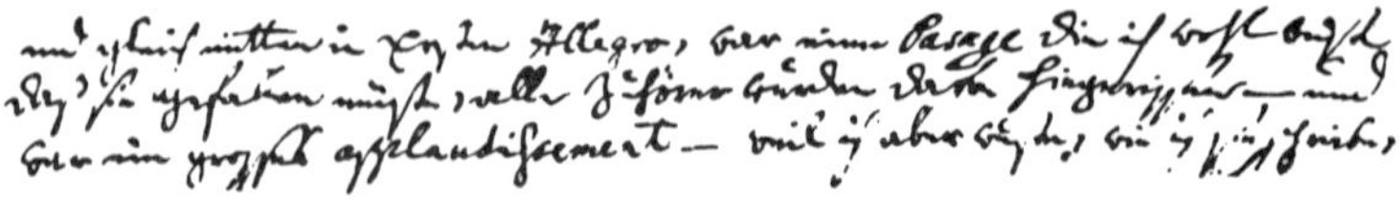

Durchgehalten pietätvoll, angemessen und kalligraphisch ausgewogen ist dagegen der Brief an Bullinger. Es fiel ihm hier leichter, Fassung zu bewahren. Aufgabe des Freundes sollte es sein, Vater und Schwester die Todesnachricht ertragen zu helfen. Hier schildert er das dem Vater Vorenthaltene. Einmal mehr betont er seine Gottergebenheit und dankt für zwei Gnaden, den sanften Tod der Mutter und seine »standhaftigkeit und gelassenheit«.

Die Unterschiede zwischen den beiden Briefen sind also gut verständlich, auch das Changieren zwischen halben Eingeständnissen und Ablenkungsmanövern gegenüber dem Vater ist, so wie die Dinge lagen, begreiflich. Sonderbar und unlogisch erscheinen aber die extremen ›Ausritte‹ an Sprunghaftigkeit (in größerem Umfang kehren sie im Brief vom 18. 7. wieder). So schließt Mozart die Erzählung vom Erfolg der Pariser Sinfonie folgendermaßen ab: »ich gieng also gleich für freüde nach der Sinfonie ins Palais Royale — nahm ein guts gefrornes — bat den Rosenkranz den ich versprochen hatte — und gieng nach haus. — wie ich allzeit am liebsten zu hause bin, und auch allzeit an liebsten zu hause seyn werde —«. Für so naiv, das zu glauben, konnte er seinen Vater unmöglich halten. Und noch disparater wird der Bilderfluß bald danach. Mozart will mit »guten wahren redlichen teütschen« beisammen sein als einer, »der wenn er ledig ist für sich als ein guter Christ gut lebt, wenn er verheyrathet ist, seine frau liebt, und seine kinder gut erzieht — Nun gebe ich ihnen eine nachricht die sie vielleicht schon wissen werden, daß nehmlich der gottlose und Erz-spizbub voltaire so zu sagen wie ein hund — wie ein vieh crepirt ist — das ist der lohn! — der thresel sind sie wie sie es geschrieben haben 5/4 lohn aus-ständig — daß ich hier nicht gerne bin, werden sie schon längst gemercket haben —«. Ist das Ausdruck einer verständlichen Verwirrung, einer alles mögliche zusammenraffenden Überwachheit, oder steckt etwas an Sinn hinter diesen durcheinanderpurzelnden Aussagen? Es gibt einen filo, einen sonderbaren Außenhalt der Assoziationen: Aus dem Nachhausegehen wird ein Lob der Häuslichkeit. In Kontrast zu redlichen Deutschen und guten Christen steht der Franzose Voltaire, der anders als Mozarts Mutter — doch davon konnte er nur Bullinger und nicht dem Vater berichten — vorgeblich ohne die Tröstungen der Kirche verstarb. Das Wort »lohn« leitet über zum ausstehenden Lohn der Salzburger Dienstmagd der Familie Mozart. Und all das mündet im Bekenntnis, in Paris unglücklich zu sein. Die Übertreibungen davor werden so zur Andeutung dessen, was er will: weg aus Paris, nach Deutschland, sogar der Gedanke an Salzburg wird über einige Banden dem Vater zugespielt, hinein in ein Familienglück mit Aloysia Weber. Doch selbst diesen Andeutungen entzieht er gleich wieder den Boden der Realität: »ich habe so viell ursachen, und die aber weil ich izt schon einmahl da bin, zu nichts nutzen.« Mit einem Wort, Mozart läßt eine Seifenblase steigen, in der der Vater alle ihn erfreuenden Farben durcheinandergleiten sehen und auch bemerken soll, was sich da spiegelt; sticht er aber hinein und fragt nach, so ist es ein Nichts gewesen.

Dies ist eine weitgehende Deutung. Leugnet man dagegen den fragilen Zusammenhang, bleibt nur die andere Wahl, den Einzelaussagen einen Sinn zu geben und sich über die Frage, was die Spitzbübigkeit Voltaires und der Lohn der »thresel« in einem derartigen Brief sollen, hinwegzusetzen. Folglich hat man sich weiter damit herumzuschlagen, ob der Hieb gegen Voltaire aus Glaubensfestigkeit geführt wird oder aus dem gegenteiligen Grund (wie Hildesheimer meint), hatte doch der Mozart verhaßte Fürsterzbischof Hieronymus Colloredo ein Voltaire-Bild in seinem Arbeitszimmer hängen. Beide Interpretationswege können aber nicht darüber hinwegtäuschen, daß ein von Mozart intendierter, artifiziell oder wörtlich zu nehmender Sinn nichts fruchtete: Leopold Mozart suchte weiterhin seinen Sohn zu lenken, nahm ihm seine vorgeschützte Biederkeit nicht ab, hielt nichts von der Familie Weber, und die Nachricht vom Tode Voltaires war ihm nicht neu. In seinem Brief vom 29. 6. an Frau und Sohn spricht er das — vermutlich — gleiche weniger überzogen und damit überzeugender aus: »Voltaire ist nun auch Todt! und ist so gestorben, wie er war: das hätte er für seinen Nachruhm besser machen können.«

Die Deutung der beiden Briefe vom 3. 7. 1778 in der Mozart-Literatur führte zu sehr unterschiedlichen Ergebnissen. »Diese Briefe sind ein neues schönes Zeugnis für die innige und wahre Liebe, die im Mozartschen Hause Eltern und Kinder miteinander verband, und nicht minder für Wolfgangs feinen Herzenstakt.« So sieht es Hermann Abert und gelangt folgerichtig dazu, eine schicksalhafte Wende festzustellen, die »den Jüngling zum Mann reifen« ließ. Wolfgang Hildesheimer dagegen zweifelt: »Objektverlust des Genies? Wohl kaum. Die Mutter war, seit seiner Kindheit, kein Objekt mehr — übrigens sind keinerlei Liebesbezeugungen des Kindes Wolfgang ihr gegenüber bekannt, im Gegensatz zum Fall des Vaters. Die Stimme der Mutter hat nicht in sein Partitursystem gehört.« So wie die Dinge liegen, bringt ein Abwägen, wer mehr und wer weniger recht hat, nichts. Auch wenn wir eher Hildesheimer eine psychoanalytische Kompetenz zutrauen. Der Psychotherapeut Florian Langegger deutet dasselbe Material ganz anders: Der Mutter Tod »löste bei Vater und Sohn nicht nur Trauer, sondern vor allem Angst aus. Beide bangten nun um das Leben des anderen.« Wie unmerklich jegliche Interpretation auf diesem Feld zur Überinterpretation hinübergleitet, zeigt auch die Bewertung von Einzelheiten: Während ich vorhin meinte, Mozart suche die Notwendigkeit, dem Vater einen Kranken- und Sterbebericht zu liefern, zu verdrängen, behauptet Hans-Josef Ortheil umgekehrt, Mozart klammere sich an diese Geschichte. Neben seinen ureigenen Gründen hat jeder Interpret auch seine — oft authentischen — Belege. Nur fehlen uns die Kriterien, um Gewicht und Stellenwert dieser Belege zu bestimmen. Mozart selbst verweigert dort die Auskunft, wo er eine Antwort zu geben scheint: Welche der »so viell ursachen« für sein Unglück in Paris sind es? Jene, die sein Vater erraten sollte, können wir vielleicht durchschauen, vor allem an Hand seiner negativen Reaktionen, mehr aber nicht.

Ein Resümee läßt sich immerhin ziehen: Die Rolle des Vaters war für Mozart entschieden gewichtiger als die der Mutter. Bei ihr läßt sich schwer entscheiden, wie sich die natürliche Mutterbindung und der während der Mannheim-Paris-Reise offenkundig werdende Loslösungsprozeß zueinander verhalten. Daß die Mutter in Mozarts »Partitursystem« nicht vorkomme, scheint sogar Abert geglaubt zu haben, der sonst einer älteren Tradition folgend gerne Leben und Werk Mozarts verknüpft. Die Pariser Sinfonie KV 297 bereitet die Peinlichkeit, daß sich nichts an Todesahnungen, Sorge, Trauer oder Melancholie hineinprojizieren läßt. Mozart erhielt Anfang Juni von Le Gros den Auftrag, für das Concert spirituel eine Sinfonie zu schreiben; am 12. 6. berichtet er dem Vater die Fertigstellung. Mozart komponierte die Sinfonie also zu einer Zeit vor dem körperlichen Zusammenbruch der Mutter. Trotz dieser möglichen Entschuldigung neigt Abert dazu, entgegen Mozarts eigenem Urteil »Ich bin auch sehr wohl damit zufrieden«, die Qualität des Werkes herunterzuspielen, kaum etwas Mozartisches herauszuhören und die Durchführung des ersten Satzes gar »zu den dürftigsten, die Mozart überhaupt geschrieben hat« zu zählen. Das zur Biographie unpassende Werk wird so zum Nebenwerk. Auch Hildesheimer sieht in ihm schlicht »eine Parenthese«, für ein wenig verständiges Publikum komponiert.

Sehr gelegen kommt die ungewöhnliche e-Moll-Violinsonate KV 304 (wie auch die a-Moll-Klaviersonate KV 310) der Absicht, Werke auf die Biographie zu beziehen. Ihre Entstehungszeit ist wohl nicht verläßlich anzugeben, aber mit Juni/Juli 1778 zu vermuten. Abert hört in ihr von Mozart lange nicht mehr vernommene »tief tragische Töne«, auch Hildesheimer konstatiert eine, allerdings apostrophierte, »›tragische‹ Stimmung«. Selbst Abert vermeidet es aber (im Unterschied zu Erich Schenk, der auf die Musik nicht näher eingeht), den »Eindruck des unersetzlichen Verlustes der Mutter« zu beschwören. Wenngleich für ihn KV 304 ein Bekenntniswerk ist, weicht er auf andere Bezüge aus: »War es die Erinnerung an die Mannheimer Herzenskatastrophe, die ihn übermannte, oder das Gefühl der Vereinsamung in der fremden, feindseligen Stadt?«

TOD DES VATERS

Die Zurückhaltung davor, Mozarts Trauer und Erschütterung über den Tod der Mutter in seinen Werken gespiegelt zu sehen, lädt zum Umkehrschluß ein, daß die Werke verräterisch vom Fehlen einer tieferreichenden Betroffenheit reden. Wäre dem so, stünde zu erwarten, beim Tod des Vaters eine ganz andere Leben-Werk-Konstellation vorfinden zu können. Denn der Vater kommt ja sicherlich in Mozarts »Partitursystem« vor. Doch auch diese Erwartung bestätigt sich nicht.

Nach den Zeugnissen, die wir besitzen, geben Mozarts Reaktionen auf Nachrichten über Krankheit und Tod des Vaters ein sehr zwiespältiges Bild. Jeder Leser der Mozart-Briefe kennt die Stellen, die unsere Erwartung bestätigen, und jene, die uns irritieren, und er kennt die befremdlichen Lücken in Mozarts Briefverkehr. Über fast drei Jahre hin hat sich nichts vom Briefwechsel zwischen Vater und Sohn erhalten. Aber es gab ihn, wie wir aus Leopold Mozarts Briefen an seine Tochter wissen. Unübersehbar bestand eine Verstimmung von Vater und Schwester über die Heirat mit Constanze Weber, die auch Mozarts Salzburg-Reise 1783 und die Wien-Reise des Vaters 1785 nicht mehr aus der Welt schaffen konnten. Auch im Todesjahr 1787 hatte der Vater mit dem Sohn noch einige Briefe gewechselt: der Ton, in dem er darüber Nannerl berichtet, bleibt verhalten. Zwei Briefe des Sohnes aus Prag von Anfang Februar kamen nicht in Leopolds Hände. Ohne Nachricht zu sein, klagt er Nannerl am 2. 3. und erzählt ihr in einer ausnahmsweise etwas längeren Passage »in betref deines Bruders« von einem Brief, in dem er Wolfgang eine geplante England-Reise »vätterlich« ausgeredet habe: »so wird er den Muth verloren haben« — was ja auch zutraf. Am 16. 3. klagt er wieder (zuvor war vom »Wolfgangerl«, Nannerls Stiefsohn, mit dem es Schwierigkeiten wegen »Lügen und spitzbiebereyen« gab, die Rede): »Vom Wolfg: Mozart hab noch keinen Buchstaben, ob ihn gleich nach Wienn geschrieben habe.« Bald darauf hat sich Leopolds Krankheitszustand entscheidend verschlimmert.

Und dann tritt vor die Augen der Nachwelt der merkwürdige, aus jenen Jahren allein erhalten gebliebene, doch seit 60 Jahren verschollene Brief vom 4. April 1787. Es ist doch sonderbar: Der berühmteste, jedenfalls am häufigsten zitierte Brief Mozarts kann echt oder auch gefälscht sein, wir wissen es nicht, aber wir spekulieren an ihm herum — und wenn wir ihn ignorieren, haben wir damit auch eine wichtige interpretatorische Entscheidung getroffen. Die Alternative wirkt entmutigend: Entweder ist dieser Brief ein Schlüssel für Mozarts Weltanschauung, »ein starkes Zeugnis für die durchgehende Innerlichkeit Mozarts« (wie es sogar im nüchternen Kommentar zur Briefausgabe der NMA heißt) oder er ist ein Ausnahmefall, ein unglaubwürdiger Beleg für ein »Nachdenken über den Sinn des Lebens«, das Mozart sonst so fern stand. Sollte der Brief eine Fälschung sein, dann jedenfalls eine sehr geschickte; auch Hildesheimer kommt zu diesem Schluß, obwohl der Brief für seinen Begriff vom Genie ein Ärgernis darstellt.

Ohne die bekannten Argumente pro und contra wiederholen zu müssen, zweifle ich, ob die Schärfe der Alternative nötig ist. Der Brief enthält ja nicht nur Herzensergießungen, sondern auch professionelle Musikberichte, die relativierend wirken. Vor allem aber: Sind die bekenntnishaften Passagen hier wirklich von so völlig anderer Art als in den Briefen zum Tod der Mutter? Sind die damals geäußerten Zweifel an Mozarts Gottergebenheit nun nicht mehr gültig? Die berühmte Äußerung über den Tod als »wahrem Endzweck unseres Lebens« und »Schlüssel unserer wahren Glückseeligkeit« ist eine gängige Sentenz, die sinnintensivierende Übersetzung eines Horaz-Zitats, das auch der 15jährige Goethe als Stammbuch-Spruch verwendet hat, ohne daß die Nachwelt dies besonders ernst genommen hätte. Auch diesmal könnte Mozart seinen Vater durch religiöse oder nun mehr philosophische Einsichten zu versöhnen versucht haben, indem er ihm die Gewißheit vermittelte, daß sein Sohn auf die Unsterblichkeit der Seele vertraue. Viele Autoren haben auf ein wahrscheinliches Vorbild hingewiesen: Mozart besaß in seiner Bibliothek die Umdichtung des Platonischen Dialogs »Phädon« durch den aufklärerischen Popularphilosophen Moses Mendelssohn. Bis ins Vokabular hinein sind Gemeinsamkeiten vorhanden. Mendelssohn erwägt den »Endzweck« unseres Lebens und Sterbens, erkennt ihn im Wachstum der Seele als einen »Weg zur Glückseligkeit«, und in ihr zugleich einen »Endzweck der Schöpfung«. Gemildert wird die Interpretations-Alternative noch dadurch, daß die unbestritten echte Stammbuch-Eintragung vom 3. September 1787 unter dem Eindruck des Todes von Sigmund Barisani knapper gefaßt Ähnliches wie der Brief vom 4. April zum Ausdruck bringt und der Bezug zum »Phädon« sogar noch enger ist. »— Ihm ist wohl! — aber mir — uns — und Allen die ihn genau kannten, — Uns wird es nimmer wohl werden — bis wir so glücklich sind ihn in einer beßern Welt — wieder — und auf nimmer scheiden — zu sehen.« Zwischen Sokrates und Simmias ist gegen Ende des »Ersten Gesprächs« vom Willen der Seele die Rede: »Wohin kann dieser anders zielen, als nach dem höchsten Grade des Wohlseyns, nach der Glückseligkeit?« Die Wörter »Wohlseyn« und »Glückseligkeit« kommen noch einige Male vor, bis zuletzt wie bei Mozart die Vision auftaucht: »Vielleicht führt uns die Gottheit dereinst in verklärter Freundschaft einander in die Arme.«

Was Mozart sagt, war in der damaligen Zeit nichts Außergewöhnliches, die Berühmtheit seines Briefes muß stärker in Art und Umständen der Äußerung begründet sein. Es ist der letzte uns bekannte Brief an den Vater, er beschwört eine »letzte Nähe«. Aber die letzte Nähe war es gar nicht. Mozart hat vor dem 10. Mai seinem Vater nochmals geschrieben, da dieser darauf in seinem tatsächlich letzten Brief an die Tochter unwirsch reagiert: »Dein Bruder wohnt itzt auf der Landstrasse No. 224. Er schreibt mir aber keine Ursache dazu. gar nichts! das mag ich leider errathen.« Sorgen um den Sohn bis zuletzt — das ist wohl die letzte Nähe. Und hierin ist ein Grund zu erahnen, daß Mozart nicht ans Sterbebett seines Vaters eilte oder, unseres Wissens, irgend sonst etwas unternahm. Die Arbeit am »Don Giovanni«, eine mögliche Entschuldigung, hatte er unterbrochen, doch entstand im Mai laut eigenem Werkverzeichnis eine Reihe von Werken ohne wirklich dringenden Termindruck. In das befremdliche Bild passen auch die Postskriptum-Bemerkung in einem knappen, geschäftlichen Brief an Gottfried von Jacquin als erste Reaktion auf den Tod, wie der ebenfalls recht geschäftliche, die Verlassenschaft betreffende Brief vom 2. 6. an die Schwester. Überhaupt nicht in dieses Bild paßt aber der bereits mehrfach erwähnte, alle Erwartungen der Nachwelt bestätigende Brief vom 4. 4.

An ihm bestechen der persönliche Ton und ein Ausmaß an Objektivierung seiner selbst, das von Wolfgang Hildesheimer als »gänzlich unmozartisch« bezeichnet worden ist. Mozarts Selbstbetrachtung »es wird doch kein Mensch von allen die mich kennen sagn können daß ich im Umgange mürrisch oder traurig wäre« beleuchtet als wirkungsvoller Gegensatz, als Chiaroscuro gleichsam, so recht das andere, zu Herzen gehende Bekenntnis »ich lege mich nie zu bette ohne zu bedenken, daß ich vielleicht |: so Jung als ich bin :| den andern Tag nicht mehr seyn werde —«. Das »Unmozartische« daran liegt wohl in der Verquickung zweier Komponenten: Mozart bringt sich selbst ein, spricht von seinem Tod und dies mit viel Pathos. Einen plötzlichen Einblick in die eigene Psyche gewährt Mozart gar nicht so selten (vor allem, wenn es um sein Selbstbewußtsein als Musiker geht, s. dazu das folgende Kapitel); konkret vergleichbar ist der Dank für die Gnade der Gelassenheit und Standhaftigkeit beim Tod der Mutter, den er gegenüber Abbé Bullinger äußerte. An dieser Gelassenheit läßt sich bezweifeln, ob sie aus Gottergebenheit und nicht aus einem Verdrängungsprozeß hervorgegangen ist. Aber unsere Zweifelsucht entwaffnet das suggestiv vorgebrachte Bekenntnis eines 30jährigen, bei aller Fröhlichkeit jeden Abend seinen Tod zu bedenken. Wenn etwas als Maske erscheint, dann dieses nie »im Umgange mürrisch oder traurig«-Sein, aber nicht die Worte über den Tod. Frivol mit dem eigenen

Tod hätte höchstens der ›Erzspitzbub‹ Voltaire gespielt. Für mich liegt das Unmozartische in einem Ton des Selbstmitleids, der weder zur sokratischen Überlegenheit noch zur Hinwendung zum schwerkranken Vater paßt. Und nun wiederholt sich etwas, das wir bereits beim Thema von Mozarts Nähe zum »Phädon« und zu einem aufklärerischen Stoizismus betrachtet haben: Auch der selbstmitleidige Ton ist, stärker als im zweifelhaften Brief vom 4. 4., in der Stammbuch-Eintragung zum Tode Barisanis vom 3. 9. ausgeprägt. Den nächsten Schritt ins ungut Theatralische und Larmoyante sollte dann Constanze beim Tod Mozarts setzen, als sie in Form und Inhalt an seine Barisani-Eintragung anknüpfte: »Was Du einst auf diesem Blatte an deinen freund schriebst, eben dieses schreibe nun ich tiefgebeugt an dich Vielgeliebter Gatte! mir, und ganz Europa unvergeßlicher Mozart — auch dir ist nun wohl — auf ewig wohl!! ———.« (5. 12. 1791)

Mozart war im April 1787 krank gewesen. Barisani hatte in einer Stammbuch-Eintragung vom 14. April Mozart gegenüber erwähnt, daß er »Als Arzt dir zweymal hat gedient/Und dich der Welt zur Lust erhielt«. Hat die verständliche Sorge um die eigene Gesundheit bei Mozart Bekenntnis und Klage hervorbrechen lassen? Aber warum bleibt er dann drei Monate später beim Tod des Vaters in Worten so knapp und förmlich und entzieht sich als Person dem Geschehen?

Neun Jahre zuvor hatte er zwei Briefe in einer schrecklichen Situation geschrieben: Er hatte vielleicht noch nie zuvor einen Menschen sterben sehen, und nun, so müssen wir annehmen, lag der Leichnam seiner Mutter im selben Zimmer, in dem er seine Rechtfertigung gegenüber dem Vater zu Papier bringen mußte. Beim Tod des Vaters dagegen mußte er sich vor niemandem rechtfertigen und war fern vom Ort des Geschehens. Das erklärt oberflächlich die sehr viel stärkere Resonanz auf den Tod der Mutter in den Briefen und hilft uns über den irritierenden Schluß hinweg, der Tod des Vaters habe ihn weniger betroffen. Doch über seine intimen Empfindungen wissen wir deshalb nicht mehr.

Selbstverständlich reizt dieses unbefriedigende Ergebnis, eine tiefer reichende Antwort woanders, d.h. in Mozarts Musik, zu suchen. Möchte man meinen. Mich überraschte beim Lesen der

Sekundärliteratur zu den Werken aus dem Jahr 1787, wie selten überhaupt nur ein Versuch unternommen wurde, den Tod des Vaters als Motiv für irgendeinen kompositorischen Akt zu sehen. Die Ausnahme bildet der »Don Giovanni«. Vom »Amadeus«-Film, 150 Jahre in der Geschichte abwärts, bis zu Alexander D. Ulibischeffs »Mozart's Leben« reichen die drohenden Bilder vom Vater Mozart als Komtur. Hier geht die Leben-Werk-Verkettung sehr weit. Denn wenn der Komtur als »Schatten seines Vaters« Mozart schreckte, mußte dieser sich selbst zuvor mit Don Giovanni identifiziert haben. Ulibischeff sah auch konsequent in der Don-Giovanni-Figur ein Selbstbildnis der moralischen Persönlichkeit Mozarts. So gesagt, ist das nicht zu akzeptieren, aber der ganze Interpretationsansatz erledigt sich damit noch nicht.

Im Falle des »Idomeneo« leuchtet eine Affizierung Mozarts durch den Vater-Sohn-Konflikt im Libretto sogar noch mehr ein. Allerdings hat Mozart im engeren Zeitraum der Monate April, Mai und Juni 1787 gar nicht am »Don Giovanni« gearbeitet, sondern anderes komponiert.

Dieses andere, Kammermusik und Lieder, verweigerte den Interpreten aber offensichtlich die Bezugnahme auf den Tod des Vaters. Ein besonders aufschlußreiches Beispiel gibt das Streichquintett KV 516. Nicht allein deshalb, weil es in Mozarts »Schicksalstonart« g-Moll steht. Es ist ein Werk, das ungewöhnlich stark zur Deutung seines Inhalts herausfordert, vor allem wegen der Ausdruckskontraste zwischen den einzelnen Sätzen, die erstaunlich groß sind. Hermann Abert spricht von Tragik und von Optimismus und zieht dann den Schluß: »Die Tragik der ersten Sätze und der Jubel des letzten entstammen derselben Quelle: die Fülle, die den Künstler bedrängte, verlieh ihm zugleich auch ein erhöhtes Lebensgefühl.« Abert vermeidet jeden Gedanken an die zeitliche Nähe zwischen der Entstehung des Quintetts und dem Todes-Brief oder dem schwerkranken Vater, er bringt die Steigerung des Lebensgefühls auch nicht mit der glücklich überwundenen eigenen Krankheit Mozarts in Zusammenhang. Noch verblüffender ist das Fehlen jeglichen Bezugs auf Mozarts Biographie bei Alfred Einsteins gewagter Deutung dieses Quintetts. Allen Ernstes — und obwohl er zuvor betont: »Wir hassen ... Bilder und Gleichnisse« — fühlt sich Einstein gedrängt, diese Musik mit »der Szene im Garten Gethsemane zu vergleichen. Der Kelch mit dem bitteren Trank muß geleert werden, und die Jünger schlafen.« Der Spott Hildesheimers war ihm dafür sicher. Doch auch Hildesheimer zeigt sich betroffen von einer »abwechselnd dringlichen und wieder distanzierten Mitteilung, die auf uns … tief tragisch wirkt.« Nur vermeidet er den Fehlschluß, die eigene Empfindung beim Hören mit der Motivation Mozarts beim Komponieren zu verwechseln. Doch wenn er auch, anders als Abert und Einstein, sein Augenmerk auf den Rezipienten verlegt, beunruhigt ihn doch unsere Lust, etwas zu erblicken, was hinter Mozarts Poiesis steht — drohend, als wäre es der Blick der Medusa. Sich davor zurückziehend deutet Hildesheimer immerhin an: »Letzten Endes beruht darauf unser niemals nachlassendes Mozart-Erlebnis: Wir genießen — nicht anders als im Fall Beethoven — die Sublimierungen der Katastrophe eines Menschen als Katharsis.«

Das Streichquintett in g-Moll ist da ebensowenig wie etwa das d-Moll-Klavierkonzert ein Einzelfall, sondern ein gutes Beispiel für eine Konstellation, die besser zu verstehen uns ein ganzes Buch hindurch beschäftigen wird. Vorderhand können wir den Fall auf sich beruhen lassen und uns Problematischerem zuwenden, nämlich jenen Werken, die in unmittelbarer Nachbarschaft zum Tod des Vaters stehen. Knapp zuvor, in der zweiten Maihälfte, entstanden einige Lieder, deren Inhalte zum Teil zur biographischen Situation gut (Das Lied der Trennung »Die Engel Gottes weinen« KV 519) und zum Teil überhaupt nicht (Die Alte »Zu meiner Zeit« KV 517) passen. Mit 29. Mai datiert Mozart die vierhändige Klaviersonate in C-Dur KV 521 in seinem Werkverzeichnis, eine Komposition, die in der Fachliteratur recht unterschiedlich bewertet wurde, aber von keinem Interpreten auf Mozarts sterbenden Vater bezogen werden konnte. Diese Ambiguität im Verhältnis der Werke zum Leben mündet nach dem Eintreffen der Todesnachricht in geradezu peinlicher Eindeutigkeit. Da entsteht als erstes der am 14. 6. fertiggestellte »Musikalische Spaß« KV 522. Vor Hildesheimer hat kaum jemand dieses befremdliche zeitliche Zusammentreffen thematisiert; er sieht sich in seiner These von der Kluft zwischen Leben und Werk bestätigt, wenngleich mit Einschränkung: »Die Möglichkeit, daß der musikalische Spaß ein selbsttherapeutischer

Vollzug war, mit dem er entweder den Schmerz überwinden oder ein Schuldgefühl über mangelnde Anteilnahme überspielen wollte, besteht.« Möglich ist vieles, auch ein befreiender Akt der Bosheit.

Sonderbar verhielt sich Mozart jedenfalls. Dafür gibt es auch ein Zeugnis in Worten, das kaum leichter als der »musikalische Spaß« zu deuten ist: Mozarts Gedicht auf den Tod seines Stars vom 4. 6. 1787. Zum Tod des Vaters findet er kaum Worte und keine passenden Töne, dem Vogel setzt er eine Woche nach dem 28. 5. ein lyrisches Denkmal. Diesmal ganz in mozartischer Manier: die Schauseite ist für mich ein skurriler ›literarischer Spaß‹; dahinter spürt man etwas Liebevolles. Vorsichtig tastet Hildesheimer Deutungsmöglichkeiten ab: eine Koinzidenz mit dem Vater? »wohl kaum — oder vielleicht doch?« — besingt Mozart ein Ersatzobjekt? »unwahrscheinlich« — »Mozart hatte eben gerne einen Vogel in seiner Nähe«. Hildesheimer sieht in dem »Elaborat« einen Beweis dafür, »daß Mozart ein Lyriker nicht war«. Aber vielleicht war er ein Satiriker. Allzu ernst ist diese Elegie auf einen toten Star wohl nicht zu nehmen. Die beiden Zeilen »O Leser! schenke / Auch du ein Thränchen ihm« sind fast wörtlich dem Lied »Abendempfindung« KV 523 entnommen. Solche stehende elegische Wendungen (In den besten Jahren — Des Todes bittern Schmerz — Mir blu't das Herz) sind mit Lieblingswörtern Mozarts wie Schalk, Dalk oder Narr, die er bei guter Laune gerne auf sich und andere anwendet, durcheinandergewirbelt und zu einer frivolen Apotheose geführt: der Star im Himmel, der seinen Wohltäter lobt. Bleibt die sicher nicht qualitätvolle Reimerei. Doch bessere Reime und Verse als etwa »Für diesen Freundschaftsdienst / Ohne Gewinnst« sind Mozart zuzutrauen. Ich vermute vielmehr, all das ist sehr absichtsvoll gegeneinander gestellt und wird damit artifiziell in der Art vieler seiner Briefe. Die Doppelzeile am Schluß, »Dacht er nicht an den Mann, / Der so schön reimen kann«, deckt das Spiel selbstironisch auf, und vielleicht steckt noch was andres dahinter: ein Hieb gegen den Dichterstolz seiner Text-Autoren. Mozart hatte ja wiederholt Ärger mit Librettisten, die sich viel auf ihre Reime und Metren zugute hielten, obwohl diese Dinge für den Komponisten nichts als Hindernisse mit sich brachten, so zumindest stellte es Mozart in seinem opernästhetisch wichtigen Brief vom

13. 10. 1781 dar. Die Deutung der Star-Elegie als literarischen Spaß und Pendant zum »Musikalischen Spaß« führt aber zu keiner Lösung für ein ungewisses Quiproquo, sondern bildet nur eine zusätzliche Facette. Eine weitere bringt die zur selben Zeit entstandene Satire »Der Salzburger Lump in Wien« auf Mozarts Schüler Franz Jacob Freystädtler, der wie Mozart knapp zuvor seinen Vater verloren und beerbt hatte. Und wie ist die im ersten Satz des »Musikalischen Spasses« enthaltene Reminiszenz auf ein Orchester-Trio von Leopold Mozart zu verstehen: als Zufall, Sarkasmus oder Hommage?

UND WAS FOLGT DARAUS?

Fragen wir hartnäckig weiter, wen Mozart eigentlich meinte und was er eigentlich wollte, bleiben wir ratlos, da sich keine verläßliche Basis für ein Verständnis finden läßt (insofern sind Hildesheimers Beobachtungen voll zu bestätigen). Aber als schillerndes Spielchen für sich genommen, sind unserer ästhetischen Erfahrung musikalischer wie literarischer Spaß von vornherein leicht zugänglich, wir haben Spaß am Spaß.

Doch damit nicht genug. Nicht nur aus der fragwürdigen Lust, an jeder Äußerung Mozarts herumzudeuten, reizt der Blick auf das Innenleben eines Künstlers, sondern auch um eines kathartischen Vergnügens willen. Dabei können wir uns noch einbilden, Mozart so besser zu verstehen. Die beiden besprochenen Beispiele von Grenzsituationen in Mozarts Leben zeigen jedenfalls eine extreme Leben-Werk-Konstellation. Bildlich ausgedrückt, liegt das Befremdliche in dem Umstand, daß die Zeitlinien der Biographie und des künstlerischen Schaffens gerade in den heikelsten Situationen am weitesten auseinanderklaffen. Aber wie ist dieses Auseinanderklaffen aufzufassen: als extreme Anspannung oder als Zerbrechen des Bezuges zwischen Leben und Werk?

Vermutlich hängt die Antwort darauf von der jeweiligen Betrachtungsweise ab. Psychologen und Psychoanalytiker werden hinter dem, was Mozart an Distanzen aufbaut oder an inhaltlichen Lakunen in seiner Musik ausspart, »Leidstrukturen« vermuten und sie zu entschlüsseln suchen. Als Laie auf diesem Gebiet darf ich mir kein Urteil darüber erlauben, wie zutreffend die tiefgründigen Erfahrungen, die sie zu Tage fördern, tatsächlich sind. Aber vielleicht wäre es eines fachkundigen Versuchs wert, stärker den Begriff des »Ich-Ideals« zu akzentuieren oder einmal anstatt des Freudschen Ansatzes den von Carl Gustav Jung anzuwenden. Dessen Begriff der »inneren Stimme«, die wohl gegen die Welt und kollektive Gebote, aber nicht gegen sich selbst Widerspruch erheben kann, dürfte Mozarts Psyche verstehen helfen. Ein Kunstsoziologe wiederum würde eine andere Betrachtungsweise wählen, die »Leidstrukturen« vom Individuum auf ein Kollektiv verlegen, von Kunst als Ausdruck gesellschaftlicher Widersprüche reden und gegen Psychoanalytiker den Verdacht eines subjektivistischen Mißverständnisses und einer Enthistorisierung des Gegenstands vorbringen.

Den stärksten Eindruck innerhalb der jüngsten Mozart-Wirkungsgeschichte machte die Betrachtungsweise von Wolfgang Hildesheimer, die sich zwischen Psychoanalyse und einer eigenartigen Genietheorie bewegt. Auch er spricht, wie bereits zitiert, von »Sublimierungen der Katastrophe eines Menschen« in Hinblick auf Mozart, betont aber zugleich, wie sehr sich von dieser psychischen Befindlichkeit das Erscheinungsbild einer Unbewußtheit seiner selbst, einer Kluft zwischen Leben und Werk abhebt. Da nach Hildesheimers Meinung eine ständige Selbstreflexion, die sich als Selbstmitleid oder Eigenlob äußert, Zeichen eines Pseudogenies wäre, hält er alle derartigen Züge von Mozart fern. Unbestritten besteht für jeden Komponisten, wenn auch in verdeckterer Weise als für den Dichter, die Gefahr, einer Methode zu verfallen, die die Baronin in Hofmannsthals »Der Unbestechliche« (1. Akt/5. Szene) ihrem Sohn Jaromir gegenüber mit folgenden Worten geißelt: »Das Kriterium sehe ich darin, mein lieber Jaromir, daß die Berufsschriftsteller etwas erfinden, während du, der du eben keiner bist, und auch keiner zu sein verpflichtet bist, dich in deinen sogenannten Romanen damit begnügt hast, dich selber und deine Gefühle und Ansichten zu Papier zu bringen, auf Draht gezogen mit Hilfe einiger Vorfälle aus deiner engeren Erfahrung, die weder interessant noch mitteilungswürdig sind ...« Hildesheimer sieht diesen künstlerischen Sündenfall selbst bei Dichtern wie Rainer Maria Rilke. Daher behauptet er herausfordernd: »Wo fände sich je beim erwachsenen Mozart auch nur ein Hinweis auf die Wirkung der charakterlichen Eigenart irgendeines Gegenübers oder auf den Eindruck, den die psychische Verfassung eines Menschen auf ihn machte!«

Trifft das wirklich zu? Ob es insgesamt für Mozarts Briefäußerungen (und nur sie geben verläßlich Auskunft) gilt, ob sein Eingehen auf die Adressaten nur Schein-Interesse, eine Ablenkungsfinte ist, ob er nur als Täuschungsmanöver über sich spricht, all das werden wir noch etwas näher untersuchen müssen. Die beiden besprochenen Extrembeispiele (ein weiteres wäre die Misere seiner letzten Lebensjahre) scheinen jedenfalls Hildesheimers Geniebegriff zu bestätigen. Dennoch fällt es schwer zu glauben, daß Mozart das Geschehen nicht ›wirklich‹ berührte und daß sein kreativer Zwang unbewußt die eigene ›Katastrophe‹ hinwegspülte. Ein Psychoanalytiker würde diese Ansicht vermutlich für zu oberflächlich halten. Die Diskussion hat freilich ihre Grauzone: Der kreative Zwang, die Leidenschaft für eine Sache oder einen Menschen, als ein uns Menschen vorbehaltenes Spezifikum, ist von Psychologie und Psychoanalyse vorderhand noch wenig erfaßt worden. Womit, so gesehen, alles unentschieden bleiben muß und wir wieder vor der Frage stehen, welchem Bild wir Glauben schenken: jenem Hildesheimers, oder einer noch erschreckenderen Version von einem solipsistisch um sich selbst kreisenden Genie, oder dem besser in die ältere Mozart-Wirkungsgeschichte passenden Bild vom ganymedischen Götterjüngling, der sein Leben wie in einem Traum voll hochgemuter Leidenschaften verbringt und dann in den Äther entschwindet.

Eher zu einer, wenngleich bescheideneren Lösung gelangt jene Betrachtungsweise, die ihr Interesse auf die Eigenart der künstlerischen Erfahrung und Produktion richtet. Von der Ambiguität der Kunst wird nicht nur in Theorien gehandelt, die Geschichte ist voll von ihren Auswirkungen. In Abwandlung eines Goethe-Ausspruchs gilt nach wie vor: Es gibt keinen besseren Weg, das Leben zu verstehen, als durch die Kunst, und auch keinen besseren Weg, dem Leben zu entfliehen, als durch die Kunst. Rezipient und Künstler sind in gleicher Weise von dieser Ambiguität betroffen, aber ihnen stehen auch beide Wege offen. Ob für Mozart die Kunst mehr ein Mittel zur Flucht als zum Verstehen war, ist eine Frage, die nicht allein durch ein Entschlüsseln seines Lebens, sondern nur durch eine zusätzliche Betrachtung seiner Kunst diskutiert werden kann.

Etwas trifft aber für Mozart kaum in der Art zu, wie es wiederum Goethe formulierte: »Und wenn der Mensch in seiner Qual verstummt / Gab mir ein Gott, zu sagen, was ich leide.« Goethe brachte mit den »Leiden des jungen Werthers« einen ganz persönlichen Zustand zu einer so pointierten Darstellung, daß diese ihm über eine Krise hinweghalf. Produktives Vermögen der ästhetischen Erfahrung und kathartische Wirkung sind hier eins geworden. Ein mit »Werther« vergleichbares Werk hat Mozart nicht komponiert. Und selbst wenn er im »Idomeneo« oder im »Don Giovanni« seinen eigenen Sohn-Vater-Konflikt vielleicht bewältigen wollte, dann tat er es in einer labyrinthischen Weise, die psychisch letztlich wenig hilft. Dennoch brechen Leben und Kunst, Emotion und Imagination nicht einfach auseinander; dieser Schluß wäre voreilig. Lew Wygotski hat die These von einer Kluft zwischen realen und imaginären Gefühlen als unhaltbar nachgewiesen, indem er zeigte, wie einerseits jedes aktuelle Gefühl sich in einer Vorstellung verkörpern kann, und andererseits selbst phantastische Erfahrungen sich auf einer realen Gefühlsbasis abspielen.

Nehmen wir nun, entgegen Hildesheimer, an, daß der Tod der Mutter und des Vaters Mozart durchaus tief bewegte, dann müssen wir auch sein anscheinend sonderbares Verhalten als Künstler begreiflich machen, und zwar ohne psychoanalytische Tiefenhermeneutik. Rezeptionsästhetisch, mit Hans Robert Jauß, läßt sich folgend argumentieren: Geht jedem Kunstwerk, was einleuchtet, eine ästhetische Erfahrung voraus, und spielen sich, nach Wygotski, reale Gefühle und phantastische Erfahrungen auf einer gemeinsamen Basis ab, dann bleibt noch die Art des Zusammenhangs zu erklären. Entweder verfallen wir wieder darauf, Mozarts Kunst als unmittelbare Abbildung seines Lebens und seiner Psyche auszugeben, was im Falle des »musikalischen Spasses« schwierig wäre und, selbst unter Zuhilfenahme der Psychoanalyse, zu einem argen Reduktionismus führte. Oder wir vermeiden es, das befremdliche Nebeneinander einzuebnen. Modelle dazu stehen bereit. Jean-Paul Sartre vertrat die Ansicht, das imaginierende Bewußtsein müsse die Objektwelt verneinen, um ein ästhetisches Objekt hervorbringen zu können. Kunst als

Negation — hier müßte eine ausführliche Diskussion darüber einsetzen, wie sehr Negativität und ihr Gegenbegriff, Affirmation, in Mozarts Musik zum Tragen kommen (sind die Tänze, die er als Hofkomponist Josephs II. schrieb, nicht völlig affirmativ? Sind der bei ihm sehr früh einsetzende Individualisierungsdrang und überhaupt sein Personalstil, der den Zeitgenossen Verständnisschwierigkeiten bereitete, Ausdruck eines Willens zur Negation?). Gegen eine einseitige Alternative Negativitat versus Affirmation wendet Jauß ein, zum Ästhetischen gehöre doch wesentlich die Wirkung des Wohlgefallens. Deshalb, aber auch in Hinblick auf die besprochenen Mozart-Beispiele, scheint Hans Blumenbergs Modell geeigneter als das Sartres zu sein. Blumenberg fragt sich, wie es uns möglich sei, Schauriges, Grausames, Häßliches ästhetisch zu genießen, und sieht die Antwort darin, daß wir uns in »gesteigertem Bewußtsein der eigenen Unbetroffenheit« unserer Affektion gegenüberstellen und dann produktiv werden (können). Das ist in der Tat ein Gedanke, der den Zusammenhang von »musikalischem Spaß« und dem Tod des Vaters zu erklären vermag und dabei nichts reduziert, sondern im Gegenteil jene Spannung begreiflich macht, aus der die Freiheit des Ästhetischen erblüht. Obwohl der Vergleich inhaltlich frivol erscheint (aber die moralische Seite des Falles haben wir ohnehin mißachtet), ist doch das mythische Urbild für dieses Verhalten in der Szene des Odysseus vor der Insel der Sirenen zu suchen. Odysseus läßt sich freiwillig fesseln und gewinnt so doppelt Distanz, von seinem erregten Ich wie vom fazszinierenden Gegenstand, freilich nur so viel, um sich, nach Jauß, »über den Zwang der (gefesselten) Praxis zu erheben und im Schönen die Welt in ihrer Fülle zu erfahren«!

Ästhetische Freiheit — wozu? Um noch eine Autorität zu bemühen: Hegel erkennt das menschliche Bedürfnis, in der Welt heimisch zu werden, als Impuls zum Schaffen von Kunst an, weil es uns so gelinge, »als freies Subjekt der Außenwelt ihre spröde Fremdheit zu nehmen«.

Mozart verhielt sich also als Künstler gar nicht ausnehmend sonderbar. Um ihn insofern zu begreifen, ist auch keine Genietheorie vonnöten. Vermutlich wird sich bei manchem Leser nun der Verdacht regen, ich verharmlose. Nicht zu verharmlosen ist freilich die grundsätzliche Problematik im Verhältnis des Künstlers zur Welt der anderen, die unausweichlich auch die seine bleibt. Hier können wir (auch jenseits moralischer Bedenken) Mozart nicht einfühlend folgen: nicht in seine Katastrophen und auch nicht in sein Glück des schöpferischen Gelingens. Diese »Fremdheit« (die Hildesheimer so sehr betont) ist zu akzeptieren, nicht zum Schaden unseres Verstehens. Sie gibt uns vielmehr die Chance, von einem wirkungsgeschichtlich belasteten Drang zur Identifikation und zur Erbaulichkeit loszukommen. Und, paradox gesprochen, nähern wir uns durch eine gewonnene Distanz vielleicht sogar Mozarts Art, als Künstler die Welt zu betrachten. Anders als etwa seinem vielbewunderten Zeitgenossen Friedrich Gottlieb Klopstock blieben ihm Erbaulichkeit, der Wunsch, Exempel zu setzen und zur Nachfolge herauszufordern, fremd.

Am Beginn dieses Kapitels standen zwei Fragen: eine nach dem Scheitern Mozarts am Leben und eine andere nach unserer Möglichkeit, das Verhältnis von Leben und Kunst erfassen zu können. Die als Beispiele besprochenen Grenzsituationen zeigten, daß Mozart die Kunst wohl nicht selbsttherapeutisch einsetzt — das wäre zuviel gesagt —, aber sich doch sehr artifiziell über die heikelsten Momente hinweghilft. Die zentrale Rolle seines Künstlertums erwies sich auch als zentrale Schwierigkeit bei der Suche nach geeigneten Methoden, seine psychische Befindlichkeit zu ergründen. Einen Lösungsansatz fanden wir in Überlegungen zum Begriff der ästhetischen Erfahrung.

Die Titelfrage »Einheit oder Kluft?« erlaubt keine klare Entscheidung. Die Einheit ist als Ergebnis wirkungsgeschichtlich unaktuell, die Kluft ist als Ergebnis zu modisch aktuell. Die Annahme eines verletzlichen oder nur hintergründigen Zusammenhanges zwischen Leben und Kunst und eines oft sehr energischen Herrschaftsanspruchs der Kunst über das Leben hat einen entscheidenden Vorteil: Sie führt zu einer in sich beweglichen und spannungsreichen Vorstellung — starr dagegen sind Begriffe wie Einheit, Kluft, Genie oder Fremdheit, die vom Gegenstand Mozart abstrahiert und dann als etwas Absolutes ausgegeben und mit farbigen Bildern umstellt werden. Die Annahme eines diffizilen Zusammenhangs hat aber auch eine Plausibilität für sich, die daraus resultiert, daß es mir zumindest unmöglich ist, die Kluft in concreto zu denken und jede der dem

Schaffenden eigenen Weisen des Erlebens und der Weltsicht getrennt und für sich (gleichsam als aristotelische Aggregate) zu betrachten. Der berühmte Satz des Voltaire-Gegners Georges von Buffon »Le style c'est l'homme« mag zu lapidar sein. Aber um das zentrale Phänomen der Kunst und des Künstlertums Mozarts wird auch eine rein biographische Betrachtung nicht herumkommen.

Die Persönlichkeit des Künstlers

Einen Künstler reizt es noch viel mehr als unsereinen, sein gesellschaftliches Leben und die eigene Einsamkeit zu stilisieren. Das hängt nicht vom Temperament ab, sondern trifft für einen wissend resignierenden Franz Grillparzer ebenso zu wie für die angeblich oder tatsächlich etwas überdrehte Persönlichkeit Mozarts. Es ist eine Frage der Intensität zu leben. Um dem künstlerischen Selbstverständnis Mozarts näher zu kommen, wird daher die Art, in der er sich selbst stilisiert, zu betrachten sein.

Wie schwer sich Mozart fassen läßt, sahen wir bereits in den beiden vorangegangenen Kapiteln. Dennoch habe ich den Verdacht, wir neigen heutzutage dazu, das Unbegreifliche übertrieben herauszustellen und Mozart dann aufs neue zu mystifizieren. So ganz begreiflich ist unsere eigene Normalität, die uns als Kontrastfolie dient, ja auch nicht. Dabei können wir uns doch in das, was er an Sorgen und Wünschen, Stolz und Bescheidenheit, Treuherzigkeit und Versteckspiel in seinen Briefen formuliert, und auch in sein Verschweigen unangenehmer Dinge oft recht gut einfühlen. Freilich hat die Einfühlung Grenzen und ist Irrtümern ausgesetzt. Verfehlt wäre es jedoch, annehmen zu müssen, daß eine intensive und kritische Beschäftigung mit seinen Briefen nur ins Leere stieße.

Es ist noch keine Anmaßung oder Anbiederung, auch keine theoretisch bedenkliche Subjekt-Objekt-Verwechslung, wenn wir davon ausgehen, daß uns etwas mit Mozart verbindet, wofür wir das Wort vom Allzumenschlichen parat haben. Auf dieser Basis vermochte selbst die noch wenig entwickelte Psychologie der damaligen Zeit ein sprunghaftes Verhalten, wie es Mozart in Grenzsituationen seines Lebens zeigte, verständlich zu machen. 1785 sah C. F. Pockels »einen plötzlichen Tausch unsrer Gefühle« darin verursacht, »daß ein solcher Wechsel zwischen angenehmen und unangenehmen Empfindungen gemeiniglich leichter erfolgt, wenn die Seele irgend auf eine Art entweder durch lebhafte Freuden oder Leiden sehr erschüttert ist, als wenn sie sich ... in einem Gleichgewicht ihrer Empfindungen und Vorstellungen befindet, und sich also mehr in ihrer Gewalt hat«.

Diese Erklärung mag wenig tiefgründig sein, aber sie leuchtet spontan ein.

Der Leser wird schon im Kapitel zuvor bemerkt haben: ich suche einen Weg zwischen Verniedlichung und Verfremdung. Hinzu kommt meine Erwartung, im Spiegel seiner stilisierten Briefe Mozarts Eigenart besser verstehen zu lernen. Sie kommt nicht von ungefähr und knüpft an das an, was Irma Hoesli, Wolfgang Hildesheimer, Joseph Eibl und Walter Senn darüber schrieben. Ich stütze mich auf eine neuerliche genaue Durchsicht der Briefe, vor allem ab der beginnenden Paris-Reise 1777. Von da an schrieb Mozart nicht mehr unter Observanz des Vaters, und er beginnt nun, von Konflikten herausgefordert, sich auch in Worten zu profilieren und auf den Vater zu reagieren.

SPIELTRIEB ODER TAKTIK?

Mozarts Briefstil gilt als artifiziell — und ist es wohl auch. Was aber steckt dahinter: die Lust, mit Wörtern zu spielen, oder das Bedürfnis, sich dahinter zu verstecken? Selbstzweck oder Mittel zum Zweck? Oder beides, einmal mehr das eine, einmal mehr das andere?

Zu Anfang überwiegt der Spieltrieb. Die Briefe und Nachschriften zu väterlichen Briefen aus Italien sind voll von Späßen. Freilich, bloß verbale Luftballons sind sie auch nicht. Denn sie sollen den Zuhausegebliebenen signalisieren, daß sich die Herren auf Reisen wohlauf befinden. Und vielleicht überspielt Mozart sein schlechtes Gewissen gegenüber der Schwester, weil man nun nicht mehr gemeinsam mit ihr auf Konzertreisen geht.

Für die berühmt-berüchtigten Bäsle-Briefe (und nicht nur für sie) haben Eibl und Senn Mozarts Sprachspiele aufgelistet und kommentiert: sein Spiel mit dem konventionellen Briefstil, mit Anreden und Schlußphrasen, mit Sprichwörtern, lateinischen Sentenzen, Gebetsformeln und Allerwelts-Redensarten, mit Synonymhäufungen, eingeschobenen nichtssagenden Floskeln, aber auch mit Zahlen und Buchstaben. Spiel ist auch Mozarts Wechseln und Durcheinandermischen von Sprachen. Hinzu kommen noch die Analausdrücke und andere verbale Freizügigkeiten (die die Nachwelt durch lange Zeit peinlich berührten und die heutzutage um so mehr gefallen). Deftige Worte waren im 18. Jahrhundert auch schriftlich nichts Außergewöhnliches (sie finden sich nicht nur bei Mozarts Mutter, auch der strenge Vater und die musterhafte Jungfer Schwester bedienten sich ihrer), worauf Eibl und Senn entschärfend hinweisen.

Spiele ich die Bedeutung der Bäsle-Briefe herunter? Sicherlich, und trotz des pikanten Reizes der Diskussion, ob Mozart mit seiner Cousine »hat oder nicht hat«. War er ein »Amadeus« oder hat der von Hildesheimer zitierte Psychoanalytiker K. R. Eissler recht, der Mozart als schüchtern einschätzt und in den Briefen eher eine Art Ersatzbefriedigung vermutet? Was sich in Augsburg abspielte, wissen wir nicht, klar ist aber, daß Mozart seine Briefe ans Bäsle an eine ›ferne Geliebte‹ schrieb. Sein Vater nahm die Sache jedenfalls nicht tragisch, sondern machte sich über die beiden auf einer Scheibe fürs Bölzlschießen in folgenden Versen mit melodramatischem Schluß lustig (Brief vom 17. 11. 1777):

»Adieu mein Jungfer Baas! — — — Adieu mein lieber
Vetter!
Ich wünsch zur Reise Glück, Gesundheit, schönes Wetter:
Wir haben 14 Täg recht fröhlich hingebracht;
das ists, was beyderseits den Abschied traurig macht.
Verhasstes Schicksaal! — — ach! — — ich sah sie kaum
erscheinen;
So sind sie wieder weg! — — wer sollte nun nicht
weinen? — —«

Worauf der anspielungsfreudige Sohn drei Wochen später in einem Brief ans Bäsle des Vaters Anfangsreim in der Schlußwendung »Der aufrichtige wahre Vetter / bei schönen und wilden Wetter« aufgriff und mit Fäkalsprache, einer Anspielung auf kirchliche Fastentage und der Floskel »von nun an bis in Ewigkeit Amen« vermischte. Doch selbst dieses ungehörige Mischmasch hat eine unsinnige Vorgeschichte in einem Brief vom 14. 11. 1777 — an den Vater. Im Stil einer Beichte bekennt Mozart, daß er bei den Cannabichs in Mannheim schon »oft und — — nicht schweer, sondern ganz leichtweg gereimmet habe; und zwar lauter Sauereyen, nemmlich, vom Dreck, scheissen, und arschlecken, und zwar mit gedancken, worten und — — aber nicht mit wercken … und ich muß bekennen daß ich ordentlich freüde daran hatte. ich bekenne alle diese meine sünden und vergehungen von grund meines herzen, und in hofnung sie öfter bekennen zu därfen, nimm ich mir kräftig vor, mein angefangenes sündiges leben noch immer zu verbessern; darum bitte ich um die heilige dispensation, wenn es leicht seyn kann; wo nicht, so gilt es mir gleich, denn das spiell hat doch seinen fortgang. Lusus enim suum habet ambitum …« Der Spaß an »Ausritten« gewinnt so Eigenleben mit einer entsprechend konfusionsfreudigen motivisch-thematischen Gedankenarbeit.

Ein Eigenleben führen solche Passagen freilich nur für sich betrachtet. Im Kontext heben sie sich von etwas ab, stehen gegen oder für etwas. Sie haben also Funktion, wenngleich in einer raffiniert ausgeschmückten, gespiegelten oder verhüllten Weise. Das heißt aber nicht, daß Mozart stets seine Bälle über drei Banden spielt. Auch der direkte Bezug zwischen Art der Äußerung und persönlicher Stimmung kommt vor. Ist Mozart aus biographisch leicht einsichtigen Gründen bei gutem Humor, so fährt er mit seinem Arsenal an Sprachkünsten auf. Das trifft für seinen ersten erhalten gebliebenen Brief, den er auf der Reise nach Italien am 14. 12. 1769 in Wörgl schrieb, und für den ersten Brief der Paris-Reise vom 23. 9. 1777 ebenso zu wie für Briefe aus der ersten, hoffnungsfrohen Zeit in Mannheim (besonders der Brief vom 4. 11. 1777), für den Brief an die Mutter von einem Ausflug mit Aloysia Weber nach Worms (31. 1. 1778), dem er die Form eines Gedichts gab, oder dann für Briefe aus München mitten aus hochgestimmtem Arbeiten am »Idomeneo« (bes. der vom 15. 12. 1780).

Häufig verstärkt Mozart die Fröhlichkeit in Sprachspielen, indem er Spontaneität suggeriert. Er geht dann gerne in die Dialogform über (bei Erzählungen z.B. von Augsburger Musiker-Foppereien im Brief vom 17. 10. 1777, vom Auftritt mit dem Fürsterzbischof Colloredo in Wien, 5. 5. 1781), oder er schildert, was sich im Moment des Schreibens ereignet, was ihm durch den Kopf geht usw. (häufig in Nachschriften zu väterlichen Briefen aus Italien und zu mütterlichen Briefen von der Paris-Reise. Ein besonders schönes Beispiel ist das Postskriptum zur langen Nachschrift eines am 14. 11. 1777 begonnenen Briefes der Mutter: »heut ist der 16:^{te} wo man ihn ausgeschrieben hat, den brief, sonst weis er nicht wann man ihn weg-geschickt hat, den brief. hast ihn iezt fertig? — den brief? — — — ja, mamma, ich habe izt fertig den brief.«) Doch von Eindeutigkeit der Aussage kann keine Rede mehr sein, setzt Mozart doch diese Techniken bei unterschiedlichen und auch schwankenden Stimmungslagen immer wieder ein. Dabei läßt sich im einzelnen schwer beurteilen, ob Sein oder Wirkenwollen vorherrscht. Belanglosigkeiten wie das eben zitierte Postskriptum dürften allerdings eher der Wirklichkeit entsprechen als die Berichte von gravierenden Ereignissen (oder wenn mitten in einem Brief die Richtung vom Spaßigen zum Ernsthaften gewechselt wird, mit Worten wie »— diesen augenblick höre ich eine Nachricht, die mich sehr niederschlägt —«, 4. 4. 1787 an den Vater).

MOTIVE FÜR BRIEFE

In diesem Zusammenhang gelangt man zwangsweise zur Frage, warum er überhaupt schreibt. Viele Briefe sind erhalten, noch mehr hat er geschrieben. Insofern sticht Mozart, aus unserer Perspektive, unter den Musikern seiner Zeit heraus. Dennoch bleibt er im Rahmen des damals üblichen; die Briefkultur war eine andere als heutzutage im Zeitalter des Telefons. Wie er selbst zum Briefeschreiben steht, scheint von der jeweiligen Situation abzuhängen. In seiner letzten Nachricht an die Schwester, vom 2. 8. 1788, entschuldigt er sich: »du weist auch recht gut daß ich zum briefschreiben etwas faul bin; — nemme es mir also nicht übel wenn ich dir selten schreibe.« Ein andermal (31. 7. 1778) spricht er davon, wieviel ihm das Korrespondieren bedeute: »... bisweilen habe ich so Melancholische anfälle — da komme ich aber am leichtesten davon durch briefe — die ich schreibe oder erhalte; das muntert mich dann wieder auf.« Briefeschreiben als Stimulans gegen schlechte Laune? Die zitierte Stelle steht in einem langen Schreiben an den Vater, das er wenige Wochen nach dem Tod der Mutter abschickte. Mozart will seinen Vater beruhigen, ihn aufmuntern, ihm Nähe signalisieren. Hinter dem selbsttherapeutisch klingenden Bekenntnis steckt eine Aufforderung, die er zwei Jahre später in einem Brief aus München (vom 24. 11. 1780) so formuliert: »Ich bitte sie, schreiben Sie mir keinen so trauerigen Brief mehr — denn — ich brauche dermalen ein heiteres Gemüth — leichten kopf — und lust zum arbeiten —.« Gerade durch solche Vergleiche werden Absichten erkennbar.

Sein literarischer Spieltrieb entfaltet sich am stärksten in Briefen an Damen. Übrigens hat Mozart, vom Vater abgesehen, ausführlichere Korrespondenz nur mit weiblichen Briefpartnern geführt. Hier wird man gleich konkreter fragen dürfen, ob er jeweils ernste Absichten verfolgte oder bloß flirten wollte. Dazu einige Beispiele:

Bei Aloysia Weber war es ihm ernster, als es seinem Vater lieb war. Nachdem er Fridolin Weber aufgefordert hatte, mit seiner Tochter nach Paris zu kommen, schrieb Mozart am 30. 7. 1788 an Aloysia aus Paris einen italienischen Brief. Den Grund dafür nennt er nicht, dennoch gibt es ihn: Das Italienische spielt auf die gemeinsamen Italienpläne an, ist also ein — vergeblicher — Ruf nach Liebe.

Dem Augsburger Bäsle, mit dem es ihm vermutlich weniger ernst war, schrieb er viel öfter. Als er sich in Mannheim in Aloysia Weber verliebte, hört der Bäsle-Briefwechsel im Februar 1778 vorerst auf. Am 23. 12. dieses Jahres schreibt er jedoch aus Kaysersheim wieder in der üblichen Weise nach Augsburg und lädt das Bäsle nach München ein. Zwei Tage später in München angelangt, erlebt er, was er schon vorausgeahnt hatte, die endgültige Abfuhr bei Aloysia. Das Bäsle kam und begleitete ihn nach Salzburg. Im Frühjahr 1780, ein Jahr nach ihrer Rückkehr nach Augsburg, schickt er ihr noch eine »zärtliche Ode«. In Wien tritt Constanze Weber in sein Leben, und das Bäsle bekommt keine Späße mehr, sondern einen höflichen Abschiedsbrief: »... Nun leben sie wohl, liebste, beste baase! und erhalten sie mich in ihrer mir so schätzbaren Freundschaft ...«

Der Verlauf dieses Briefwechsels bietet Parallelen zu dem mit der Schwester. Der beginnt mit der ersten Italien-Reise in dichter Folge und fröhlicher Stimmung. Wie schon erwähnt, war die Schwester nunmehr an der künstlerischen Karriere Mozarts kaum mehr als Partnerin beteiligt. Ihren unausgesprochenen Schmerz, mit dem Bruder nicht mithalten zu können, sucht er liebevoll zu kaschieren, zunächst mit forcierter Lustigkeit, später mit einem Ernstnehmen ihrer künstlerischen Interessen, nicht nur auf musikalischem Gebiet, sondern ebenso auf dem unverfänglicheren der ihnen gemeinsamen Theaterbegeisterung. Noch über die nächste Kränkung, die Heirat mit Constanze Weber, versucht er der Schwester hinwegzuhelfen. Dann werden die Briefe seltener, übersandte Klavierkompositionen halten eine von Erinnerungen belastete Beziehung aufrecht, bis diese zuletzt, nach dem Tod des Vaters, in konventionellen Briefen an die »liebste, beste Schwester« ihr Ende findet.

Den Briefen an das Bäsle inhaltlich nahe verwandt sind einige Schreiben, vor allem das vom 2. 10. 1782, an Martha Elisabeth von Waldstätten. Da es sich bei ihr immerhin um eine, wenn auch recht freizügige, Aristokratin handelt, wirken die Anzüglichkeiten noch pikanter. Umrahmt werden diese von einem Spiel zwischen einem »Muster von einem Ehemann« mit einem »Engel von einem Weib« und einem, der sein Weib nun einmal hat, sie loben und dabei sich einbilden muß, »es sey wahr!«. Um das Durcheinander zu erhöhen, läßt er sein Weib in dem Moment in den Brief hineingucken, als er von seinem Liebesschmerz »seit der Zeit da ich Euer Gnaden so schön frisirt auf dem Ball sah!« schreibt und gleich unterstellt, »daß es Euer Gnaden à proportion eben auch so gieng! — Sie lächeln? — werden roth? —«: Alle, einschließlich des unterzeichnenden »Mozart magnus, corpore parvus«, verbindet eine Fopperei, die im Gewande des Als-Ob leichthin doch einen jeden decouvriert. Was das soll? Selbst diese naheliegende Frage greift Mozart spielerisch auf und gibt als Grund für seine Späße den Wunsch an, von der Baronin einen Blunzer Bier, »welches auf englische Art zugerichtet«, geschenkt zu erhalten. Doch dürfte auch einiges »senza burle« dahinterstecken. Die Baronin Waldstätten war Mozart als Stütze wichtig: in der Gesellschaft, in seiner jungen Ehe gegenüber dem Vater (da erhoffte er sich ihre Fürsprache) und auch in finanziellen Dingen (wie der Bettelbrief vom 15. 2. 1783 zeigt).

So drängt sich der Schluß auf, Mozart habe in der Regel dann gechrieben, wenn er von jemandem etwas wollte, sei es etwas Bestimmtes (das trifft bei Briefen an Männer nicht nur für Michael Puchberg, sondern etwa auch für den Jugendfreund Abbé Bullinger zu) oder etwas Unbestimmtes, das die Möglichkeit eines Wunsches offenhielt. Aus bloßem Spieltrieb oder aus reiner Sympathie entstanden Mozarts Briefe jedenfalls nicht.

MASKENSPIELE?

Spontaneität und Absicht oder Spontaneität versus Absicht? Beide Arten, die Begriffe zu verbinden, vereinfachen den Sachverhalt allzusehr. Die Beziehungs-Möglichkeiten laufen kreuz und quer. Was dabei herauskommt, wird mit der geläufigen Rede von Mozarts Humor und von seiner Spielfreude verharmlost. Vermutlich paßt die folgende Denkfigur besser zu Stil und Realitätsbezug von Mozarts Briefen: Die Basis bilden stets irgendwelche Absichten. Mittel zum Zweck sind Treuherzigkeit wie ein Ablenken ins Spielerische, deshalb besteht kein Widerspruch zwischen diesen beiden Extremen.

Im Grunde ist die Taktik, einen Weg zwischen auf etwas Eingehen, Hinhalten und Ausweichen zu suchen, uns allen vertraut. Und es liegt auch in der Natur der Sache, daß Mozarts Absichten gegenüber ihm fernerstehenden Personen leichter zu durchschauen sind als gegenüber seinen Nächsten, dem Vater und dann seiner Frau. Hier spielen eben neben konkreten Ad-hoc-Absichten auch tieferliegende eine Rolle. Für uns als Betrachter von außen bleibt da freilich vieles unverständlich, was Mozarts Briefpartner vielleicht als präzisen Hinweis verstanden haben. Genauer gesagt, wir wissen nicht immer, was Anspielung und was Ablenkung ist, und können schwer beurteilen, ob das, was Mozart treuherzig bekennt, Maske oder das Gesicht dahinter darstellt.

Auch dazu einige Beispiele: Schon im vorigen Kapitel sahen wir, wie ungern Mozart sein Verhalten begründet, selbst dort, wo er von »Ursachen« redet. Wichtiges zu verschweigen mag Selbstschutz sein, mag ein Sich-Abgrenzen-Wollen anzeigen, aber, und das wird leicht übersehen, es kann auch überflüssig sein, etwas zu sagen, weil es der andere ohnehin weiß. So schafft man sich einen Spielraum zwischen Distanz und über Worte hinausgehender Nähe. Bei den Geldsorgen seiner letzten Lebensjahre ist es verständlich, daß Mozart in den Briefen an seine Frau mit Vorliebe von diversen »N.N.«s, von dringenden Geschäften, oder bei der ihm lästigen Komposition von Spieluhr-Stücken davon redet, daß es um »einer so wichtigen Ursache willen geschähe« (Brief vom 2. 6. 1790). So vermied er es, Unangenehmes beim Namen zu nennen, Constanze wußte Bescheid, kryptisch ist all das nur für die Nachwelt. Relativ leicht zu durchschauen ist Mozarts Reaktion auf die durch Aloysia Weber erlittene Abfuhr in München zu Weihnachten 1778. An den Vater schreibt er am 29. 12.: »... ich sparre mir alles wenn ich werde das glück und vergnügen haben sie wieder mündlich zu sprechen — denn heüte kann ich nichts als weinen — ich habe gar ein zu empfindsames herz.« Kein Wort über das Mädchen, eher erweckt Mozart (und noch mehr der von ihm veranlaßte Brief Johann Baptist Beckés an Leopold Mozart) den Eindruck, er habe nur Sorge, vom Vater in Salzburg schlecht empfangen zu werden. Dieser antwortet postwendend: »Ich sehe wohl du kennest deinen Vatter nicht ganz. Es scheinet aus unseres freundes Briefe, als wäre dieß der Hauptstoff deiner traurigkeit: ò ich wünsche daß es kein anderer ist!« Auch hier Schweigen, geredet wird nur über angebliche Mißverständnisse: behutsamer kann man wohl nicht sagen »Ich habe dich verstanden.«

Das Schweigen Mozarts läßt unserer Fabulierlust freien Lauf; sein treuherziges Reden aber reizt, ihm entweder schlicht zu glauben oder ihm zu mißtrauen. Seinem Vater gegenüber gibt er sich immer wieder als guter Christ, aufrechter Deutscher, bedachtsam handelnder Familienvater und ausgeglichener Mensch. Vieles liest sich wie Stammbuch-Sprüche. Vater und Schwester zweifelten an seiner Aufrichtigkeit — 100 Jahre später glaubte man ihm — heutzutage überwiegt der Zweifel. Wer hat recht? Zweifellos wollte Mozart seinen Vater beruhigen, indem er ihn in seiner Weltanschauung bestätigte. Wie sehr er ihm nach dem Mund redet, wird konkret offenkundig, wenn er etwa Constanze dem Vater durch Schimpfen auf die Schwiegermutter Weber näherbringen will, oder wenn er seiner Schwester gegenüber Constanze als emsige Hausfrau und zugleich als musikalisch gebildete Liebhaberin anspruchsvoller Fugenkomposition präsentiert. Nehmen wir an, dies sei der Absicht wegen erlogen, unterstellen wir Constanze Leichtlebigkeit. Aber wer weiß, vielleicht war sie nicht bloß darauf aus, geheiratet zu werden, war tatsächlich anders als ihre Mutter, teilte Mozarts Begeisterung für Fugen, liebte Mozart wirklich? Und er: spielte er in den Briefen an seine Frau zeitlebens den so sehr Verliebten und den besorgten Ehemann, um hinter dieser Maske ein anderes, flatterhaftes Leben führen zu können? Nicht selten schlüpft Mozart gegenüber seiner Frau in die Rolle seines Vaters (erstmals im Brief vom 29. 4. 1782). Aus Dresden schickt er am 16. 4. 1789 Ermahnungen: »... bitte ich Dich nicht allein auf Deine und Meine Ehre in deinen Betragen Rücksicht zu nehmen, sondern auch auf den Schein ... weil ich auf Ehre halte«; wenig später listet er, wie einst der Vater, vorwurfsvoll die Zahl seiner eigenen und die wenigen von Constanze erhaltenen Briefe auf. Als sie zur Kur in Baden weilt, gibt er im August 1789 Verhaltensmaßregeln: »ein Frauenzimmer muß sich immer in Respekt erhalten — sonst kömmt sie in das Gerede der Leute — meine Liebe! — verzeihe mir daß ich so aufrichtig bin.« Oder er versucht es auf selbstironische Weise und beschließt einen Brief nach Baden (vom 11. 6. 1791) mit einem Zitat aus dem Priesterduett »Bewahret Euch vor Weibertücken« aus der »Zauberflöte«: »... und sage in Gedanken mit Dir: Tod und Verzweiflung war sein Lohn!« Wäre das alles nur Spiel, dann grenzte es an Zynismus.

Daß unser heutiges Modewort »ambivalent« die Aussagen Mozarts gut charal terisiert, beweisen Beispiele, in denen das Verhältnis zwischen Maske und Wahrheit umgekehrt zu den eben zitierten erscheint. Akademien zu veranstalten, war Vater und Sohn Mozart zweifellos wichtig, es wurde in der Wiener Zeit zur Existenzfrage. Dennoch redet Mozart in Briefen und Tagebucheintragungen von »schlackademien«. Noch mehr verblüfft, wie beharrlich er bei Briefen den, selten genug, zu Tage getretenen Ernst zur Harlekinade umzudrehen sucht. Etwa in dem Brief vom 23. 10. 1777, der unvermittelt in Analsprache umkippt und mit dem Satz »und der nähmliche narr bleibe ich« schließt, ebenso für den opernästhetisch so aufschlußreichen »Entführungs«-Brief vom 13. 10. 1781 mit der anschließenden Entschuldigung an den Vater: »Nun habe ich ihnen dünkt mich genug albernes zeug daher geschwäzt«, und für einen sachlich ähnlich interessanten Brief an Gottfried von Jacquin vom 15. 1. 1787 aus Prag mit dem Nachsatz: »Nun aber wäre es doch zeit zu schlüssen? — nicht wahr? — schon längst werden sie sich das denken. —« Mozart kokettiert. Sicher haben sich die Adressaten, und nicht nur später die Mozart-Forschung, sehr für das interessiert, worüber Mozart ernsthaft räsoniert. Vielleicht richtet sich das Manöver gegen die Briefkonvention eines angemessen kurialen, den Inhalt zusammenfassenden Schlusses. Es gilt da die gleiche alte Regel der Rhetorik wie in Reinschriften musikalischer Werke, die das ordentlich zu Ende Komponierte mit Sprüchen wie »Deo gratias« oder »Finis coronat opus« besiegelt. Die Ausgelassenheit am Schluß von Briefen ist zunächst einmal ein Zeichen der Vertrautheit und hat Aufmunterungscharakter: so gehen die Mozarts insgesamt miteinander um. Als Freundschaftsbeweis für Gottfried von Jacquin (und auch als Äquilibrium zur angedeuteten »kleinen Straf-Predigt« davor) ist auch eine besonders weitschweifige und lustige Schlußkorona zu verstehen: »Mein Urgrosvater pflegte Seiner frauen meiner urgros-Mutter, diese ihrer tochter, Meiner gros-Mutter, diese wieder ihrer tochter Meiner Mutter, diese abermal ihrer tochter meiner leiblichen schwester zu sagen, daß es eine sehr grosse kunst seye wohl und schön zu reden, aber vielleicht eine nicht minder grosse, zur rechten Zeit aufzuhören; — Ich will also dem Rathe meiner Schwester, dank unserer Mutter, gros-Mutter und Urgros-Mutter folgen, und nicht nur Meiner Moralischen ausschweifung, sondern meinem ganzen brief ein Ende machen.«

Über dieses Beispiel geht die Abruptheit der Umschwünge in den zuvor genannten sachlich-musikalischen Briefen hinaus. Deren Besonderheit sei durch den Vergleich mit weiteren Beispielen veranschaulicht: In einem Brief an den Sohn, der gerade am 3. Akt des »Idomeneo« in München arbeitet, wünscht Leopold Mozart gutes Gelingen und schließt mit »Finis Coronat opus — oha, Finis Corona Topus. Lebe wohl!« im Stil fröhlich und aufmunternd, im Inhalt die rhetorische Regel bestätigend. Im Bäsle-Brief vom 5. 11. 1777 beginnt Mozart »eine trauerige geschichte« zu erzählen, »die sich jezt den augenblick ereignet hat«; der überraschende Schluß dieser Geschichte von Geräuschen auf der Straße und dem Geruch von etwas Angebranntem erklärt alles: Mozart hat »einen gehen lassen«. Ernster zu nehmen ist, was er dem Vater, ebenfalls aus Mannheim, am 12. 11. 1778 berichtet: Während einer Opernaufführung pfeifen Offiziere zwei Sängerinnen aus, der darob verärgerte Kurfürst schickt ins Parterre, um das Lärmen zu unterbinden, die Antwort der Offiziere ist unvermutet frech, aber sinnvoll: »sie seyen um ihr baar geld da und hätte ihnen kein mensch zu befehlen«. Im Unterschied dazu bricht Mozart ausgerechnet dort, wo er von seinem Metier sachlich spricht, den Zusammenhang, verweigert nicht nur eine Conclusio, sondern zieht sich schlagartig die Schelmenmaske über. Diese Vorgangsweise erinnert etwas an die Sprunghaftigkeit seines Verhaltens beim Tod der Eltern. Wichtige Dinge sollen ungesagt bleiben. Und sind sie einmal gesagt, sollen sie nicht in ihrer nackten Tatsächlichkeit stehen bleiben. Das steckt hinter der Koketterie des »nähmlichen narren« — vielleicht. So wird, was ich vorweg behauptet habe, wahrscheinlicher, daß nämlich bei diesen und ähnlichen Beispielen von musikalischen Sachaussagen der Wahrheitsgehalt gewichtiger zu nehmen ist als die Narrenmaske. Bei einer Spekulation um Mozarts Ästhetik, die eine Schicht tiefer dringt, wird allerdings Mozarts geradezu zwanghafte Kontrapunktierung des Ernsthaften mit dem befreiend Unsinnigen sehr wohl ernst zu nehmen sein.

Zuletzt kamen Extremfälle unterschiedlicher Gewichtung von Wahrheit und Maske zur Sprache. Das dennoch darin enthaltene hohe Maß an Ambivalenz der Aussagen läßt vermuten, daß es in den vielen Fällen der Mitte zwischen den Extremen noch höher ist. Vor allem ist dabei an Mozarts Erlebnisberichte zu denken. Geben sie die Wirklichkeit so getreu wieder, wie es die Lebhaftigkeit der Darstellung mit Dialogen in direkter Rede suggeriert? Hat sich im Frühjahr 1781 in Wien der Streit mit dem Grafen Arco einschließlich des berühmten Fußtritts so abgespielt, wie Mozart es dem Vater schreibt? Hat er den Dialog mit dem Erzbischof exakt wiedergegeben? Bei Lektüre des Briefes vom 9. 5. 1781 fallen die kurzen, abgehackten Sätze und die vielen Gedankenstriche dazwischen auf; sie erinnern an den »sospiro«-Stil in Klagearien (zuvor hatte ihn Mozart auch bei seinen Anti-Salzburg-Ergüssen aus München vom 16. 12. 1780 angewandt). Dramatisiert wurde da jedenfalls, entweder schon beim Auftritt mit dem Erzbischof selbst oder dann bei der Schilderung der Szene. Was er damit beim Vater erreichen wollte, ist klar: Ärger und die Überzeugung, daß sein Sohn richtig gehandelt habe. Dementsprechend rührt unser Zweifel gegenüber den Erlebnisberichten weniger von Mozarts Worten her, die ja überdeutlich sind, als von ihrer Absicht. Es geht um die Beziehung der Worte zur Wirklichkeit und hat außerdem mit unserem Unvermögen zu tun, mangels anderer Quellen den Wahrheitsgehalt zu prüfen.

In anderen Fällen hat Mozart selbst durch die Art der Formulierung eine Grauzone zwischen Wahrheit und Maske geschaffen. Gemeint ist ein Typus von Aussagen, der sich in der Mitte zwischen Erlebnisbericht und Verschweigen von Geschehnissen bewegt. Ein Musterbeispiel dafür enthält der letzte Brief an das Bäsle (23. 10. 1781). Mozart sieht sich bemüßigt, ihr zu sagen, »daß das geschwätze was die Leute von mir herumlaufen zu lassen beliebten, zum theil wahr, und zum theil — falsch ist; — mehr kann ich zur Zeit nicht sagen«. Das klingt nach halbem Eingeständnis, läßt aber völlig offen, was er eingesteht und was nicht. Ein andermal, in einem Brief aus Mannheim vom 22. 11. 1777, weicht er dem bohrenden Realitätssinn des Vaters elegant aus, indem er nach dunklen Andeutungen von Plänen und Chancen entwaffnend einbekennt: »das ist ziemlich oracl-mässig, nicht wahr? —«. Oder: In der ersten Wiener Zeit, von Vorwürfen und Ratschlägen des Vaters hart bedrängt, sucht er sich durch ein halbes Schuldbekenntnis aus der Affäre zu ziehen; er bedauert, daß »ich nach dem scheine nicht allzeit so handle, wie ich handeln sollte«, und beteuert, brav zur Kirche zu gehen usw., »das wissen sie, mein vatter«. (13. 6. 1781) Auch hier ist interpretatorische Vorsicht geboten: Die Taktik ist klar, daher neigen wir zum Mißtrauen, aber vielleicht kommt die Ambivalenz in den Formulierungen der Selbsteinschätzung und dem jeweiligen psychischen Zustand Mozarts nahe.

VORLÄUFIGES FAZIT

Wir sind von der Annahme ausgegangen, daß ein Künstler mehr als unsereiner sein Leben stilisiert. Unsere bisherigen Beobachtungen sind scheinbar sogar recht einfach zu interpretieren. Nehmen wir die Maxime der modernen Linguistik, daß der Kunstcharakter mit dem Grad der Kombination zu Lasten der sachbezogenen Selektion der Aussagen steigt. Eine entsprechende Untersuchung (die noch nicht gemacht wurde) dürfte vermutlich die Artifizialität von Mozarts Briefstil bestätigen. In wie hohem Maße, bleibt wohl offen, aber sicher nicht derart, daß sich Kombinatorik und sachbezogene Selektion zu einer Kluft zwischen Brief und Leben auseinanderbewegen. Dazu ist das Geflecht aus formalem Spiel und Sachbezogenheit zu eng. Demnach bilden Lust am Spiel und Ausbrechen ins Unsinnige auf der einen und treuherziges Eingehen auf den Briefpartner und auf Gegenstände der Darstellung auf der anderen Seite keine grundsätzliche Alternative, sondern fungieren für Mozarts Absichten. Umberto Ecos bekannter Satz »Kunst ist das bestimmte Bezeichnen eines unbestimmten Gegenstandes« würde den Sachverhalt in Mozarts Briefen nur teilweise treffen, denn es sind die Adjektiva »bestimmt« und »unbestimmt« hier, insgesamt gesehen, zu wenig eindeutig zuordenbar. Die einfache Antwort auf diese komplizierten Fragen lautet also vorderhand: Mozarts Briefe haben sehr wohl mit seinem Leben zu tun, wenn auch in undurchsichtiger Weise.

ZUM THEMA CHARAKTER UND WELTANSCHAUUNG

Es wäre verlockend, einmal mehr ein Psychogramm Mozarts anhand seiner Briefe zu erstellen. Doch sei statt dessen nur das speziellere Ziel, sein künstlerisches Selbstverständnis genauer zu erfassen, weiterverfolgt. Die bisherigen Erfahrungen lassen es ratsam erscheinen, zwei naheliegende Schritte nicht sofort zu setzen. Der erste wäre, Mozarts Komponieren mit seinem Briefstil nach Form und Art der Intention zu vergleichen. Es ist jedoch zu vermuten, daß Musik und Briefe bzw. Literarisches, Non-Verbales und Verbales nicht nur unterschiedlichen Medien angehören, sondern für Mozart auch auf verschiedenen Ebenen des Handelns liegen. Damit sei keineswegs ausgeschlossen, daß eingeschränkte Vergleiche bestimmter Merkmale sinnvoll sind. Der andere Schritt ginge in Richtung auf eine Ordnung der Sachaussagen Mozarts zur Musik. Hierzu fehlt es noch am Rahmen. Sowohl die Absichten, unter denen Mozart Musik und Musik Betreffendes erläutert oder bewertet, wie auch das persönliche geistige Umfeld dieser Aussagen sind zu bedenken.

Den Rahmen für die Musikanschauung gibt selbstverständlich die Weltanschauung. Natürlich läßt sich Mozarts Weltanschauung nicht en passant darstellen, einige Hinweise auf charakteristische Merkmale sind aber nötig. Aus der Korrespondenz geht klar hervor, daß musikalische Themen eher sachlich-professionell behandelt werden, Fragen des Realitätssinns, der Religion, des Nationalgefühls und der bürgerlichen Tugenden dagegen stärkerem emotionalen Druck ausgesetzt sind. Auf musikalischem Gebiet herrscht Partnerschaft, der Vater erkennt schon früh den Sohn als Fachmann an; im weltanschaulichen Bereich geht es um Überlegenheit und Befreiung von dieser Überlegenheit.

Leopold Mozart steht dem »veränderlichen Welttheater« nüchtern und mit kritischer Wachheit gegenüber. Im Konflikt mit dem Sohn will er immer wieder eine Balance zwischen den vorhin erwähnten vier weltanschaulichen Bereichen herstellen.

Die Unterschiede in den Ansichten veranschaulicht besonders gut der im Frühwinter 1777 zwischen Mannheim und Salzburg geführte Briefwechsel. Glaube und Realitätssinn bilden für den Vater keinen Widerspruch: Hoffen auf die Gnade Gottes und »das seinige nach der gesunden vernunft« zum eigenen Glück und dem der Familie beizutragen, das beinhaltet jenes Ideal, welches er dem Sohn mahnend vorhält. Dieser reagiert im Brief vom 29. 11. mit der Vermutung, »daß sie sich nicht in glück und unglück schicken könnten, wenn wir allenfals so etwas übern hals bekommeten; bis dato waren wir alle vier, wie wir sind, niemahl glücklich noch unglücklich, und dafür dancke ich gott.« Er sei keineswegs »sorgloß, ich bin nur auf alles gefast, und kan folglich alles mit gedult erwarten, und ertragen«. (Das klingt nach einer Paraphrase des Angelus-Silesius-Spruches »Wer mit Vernunft betracht den Wechsel aller Sachen / den kann kein Glück nicht froh, kein Unglück traurig machen«, den Joseph Haydn sich in sein Tagebuch notierte.) Geschickt dreht Mozart also den Spieß um, gibt sich als der ruhig Überblickende und stellt den Vater als zwischen Extremen schwankend und ratlos gegenüber möglichen Schicksalsschlägen hin. In den Briefen vom 3. und 6. 12. zeigt sich Mozart als völlig gottergeben: »übrigens mag es gehen wie es will, so kann es nie übel seyn, wenn es nach dem willen gottes geht; und dies ist mein alltägliche bitte, daß es so gehen möchte«. Doch der Vater insistiert (im Brief vom 4. 12.): »Daß alles nach dem Willen Gottes gehen wird und muß, wird kein vernünftiger Mensch, will nicht sagen Christ, läugnen. folgt aber daraus, daß wir blind dahin handeln und für alles ohn besorgt leben, keine Anstalten treffen und nur abwarten sollen, bis etwas oben von sich selbst beym Dache hereinfliegt? — — Verlangt nicht Gott selbst und die vernünftige Welt von uns, daß wir bey allen unsern Handlungen die Folgen und daß Ende nach unsern menschlichen vernunftskräften zu überlegen und so viel uns möglich vorauszusehen uns bemühen sollen? …« Offensichtlich stehen hinter dieser Grundsatzdebatte sehr konkrete Befürchtungen des Vaters und eine Ratlosigkeit des Sohnes, wie es in Mannheim oder Paris weitergehen solle. Dennoch fällt auf, wie sehr Mozart hier und in anderen heiklen Situationen zum Fatalismus, zumindest in Worten, neigt: zunächst religiös motiviert (besonders in den Briefen beim Tod der Mutter), später stoizistisch im Sinne von Moses Mendelssohn bzw. der Freimaurer (deutlich im Brief vom 4. 4. 1787, oder gegenüber dem Logenbruder Michael Puchberg im Brief vom Juli 1789 bei der vermutlich übertriebenen Darstellung seiner Sorge um die kranke Constanze: »sie giebt sich zum Erstaunen in ihr Schicksal und erwartet Besserung oder Tod mit wahrer philosophischer Gelassenheit«).

Besaß Mozart diese Gelassenheit oder suchte er sich mit ihrer verbalen Hilfe vor bedrückender Realität zu schützen? Die über ihn geäußerten Charakterurteile geben ein recht eindeutiges Bild. Dazu einige Zitate:

vom Vater: »... allein dieser Brief, an dem ich meinen Sohn, an nichts anderm mehr kenne, als an dem fehler, daß er allen Leuten auf das erste Wort glaubt, sein zu gutes Herz durch schmeicheleyen und gute schöne Worte iederman blos stellt, sich von iedem auf alle ihm gemachte vorstellungen nach Belieben hin und her lenken lässt, und durch Einfälle und grundlose nicht genug überlegte in der Einbildung thunliche Aussichten sich dahin bringen lässt, dem Nutzen fremder Leute seinen aigenen Ruhm und Nutzen, und so gar den Nutzen und die seinen alten ehrlichen Eltern schuldige Hilfe aufzuopfern.« (Brief vom 12. 2. 1778)

»Mein Sohn! in allen deinen Sachen bist du hitzig und gähe! du hast von deiner Kindheit und Knabenjahre an nun deinen ganzen Carakter geändert. Als Kind und Knab warest du mehr ernsthaft als kindisch ...« (Brief vom 16. 2. 1778)

»Mein lieber Wolfg: du überzeugst mich in allen deinen Briefen, daß du bey dem ersten hitzigen Gedanken der dir in kopf kommt oder in Kopf gebracht wird immer sitzen bleibst ohne die Sache recht zu überlegen und auseinander zu setzen« (Brief vom 23. 2. 1778)

»untersuche dich, lerne dich können mein lieber Wolfg: — du wirsts finden: es sind ein bischen zu viel Hochmuth, und Eigenliebe; und dann daß du dich gleich zu familiär machst, und iedem dein Herz öffnest, kurz! daß du, da du ohngezwungen und natürlich seyn willst in das gar zu offenherzige verfällst. das erste sollte zwar das letztere verdrengen. dann wer Hochmuth und Eigenliebe besitzt wird sich nicht leicht zur familiarität herablassen. Allein dein Hochmuth und aigenliebe wird nur beleidiget, wenn man dir nicht gleich die gebührende Hochschätzung erzeuget: so gar Leute die dich noch nicht kennen, sollten dirs an der Stirne lesen, daß du ein Mensch von Genie bist. Schmeichlern hingegen die dich mit absicht dich auf ihren Eigennutz hinzuziehen, in den Himmel erheben, kannst du mit der grösten Leichtigkeit dein Herz öffnen und ihnen in allen, wie dem Evangelium glauben.« (detto)

»Mein Lieber Wolfg: du bist jung, bekümmerst dich wenig, da du vorher dich um gar nichts zu sorgen hattest, schlagst alles Nachdenken, was ernsthaft ist, aus dem Sinne ...« (Brief vom 25./26. 2. 1778)

»... durch deinen Fleiß, der dir angebohren ist ...« (Brief vom 20. 4. 1778)

»allein, man lobte dich, — und das ist für dich schon genug!« (Brief vom 19. 11. 1778)

»... doch, Nein! du hast ein zu gutes Herz! du hast keine Bossheit — du bist nur flüchtig! Es wird schon kommen!« (Brief vom 23. 11. 1778)

»... ja, ich würde ganz beruhiget sein, wenn ich nur nicht bei meinem Sohne einen HauptFehler entdeckte, und dieser ist, daß er garzu gedultig oder schläferig, zu bequem, vielleicht manchmal zu stoltz, und wie sie dieses alles zusammen taufen wollen, womit der Mensch ohntätig wird: oder er ist zu ungedultig, zu hitzig und kann nichts abwarten. Es sind zween einander entgegen stehende Sätze die in ihm herschen — zu viel oder zu wenig und keine Mittelstrasse« (Brief vom 23. 8. 1782 an Baronin von Waldstätten)

von der Mutter: »Mein lieber Man aus disen brief wirst du ersehen haben das wan der Wolfgang eine Neue bekandschaft machet er gleich gueth und blueth für solche leuthe geben wolte ... und mir ist niemals geglaubet worden so bald er aber mit den weberischen ist bekant worden, so hat er gleich seinen Sinn geändert, mit einem worth bey andern leuthen ist er lieber als bey mir, ich mache ihm in einen und andern was mir nicht gefählt einwendungen, und das ist ihm nicht recht ...« (Brief vom 4. 2. 1778)

von Friedrich Melchior Baron von Grimm: »il est zu treuherzig, peu actif, trop aisé à attraper, trop peu occupé des moyens, qui peuvent conduire à la fortune. ici, pour percer, il faut être retors, entreprenant, audacieux. je lui voudrais pour sa fortune la moitié moins de talent et le double plus d'entregent, et je n'en serais pas embaraßé« (zitiert im Brief Leopold Mozarts vom 13. 8. 1778)

vom Fürsterzbischof Colloredo: »der Erzbischof ... hält sie für einen Erz hofärtigen Menschen« (zitiert in Mozarts Brief an den Vater vom 2. 6. 1781)

von der »ganzen Welt«: »... die ganze Welt behauptet daß ich durch mein gros-sprechen, kritisieren, die Profeßori von der Musick, und auch andere leute zu feinde habe! —« (Brief Mozarts vom 31. 7. 1782)

Alle, die Mozart auf diese Weise charakterisierten, haben im Ärger über ihn und mit dem Ton des Vorwurfs gesprochen. Der Schärfegrad der Aussagen ist deshalb sicherlich zu hoch. Aber so weit entschärfen lassen sie sich auch nicht, daß eine ausgeglichene Persönlichkeit herauskäme. Und die Standpunkte, von denen aus Leopold Mozart, Baron Grimm und Fürsterzbischof Colloredo urteilen, sind nicht die von verknöcherten Spießern, sondern entspringen jener damals modernen aufklärerischen Geistigkeit, die diese drei Männer bei all ihrer Verschiedenheit gemeinsam haben.

War Mozart weltfremd? Als ein Mann der Vernunft hat Leopold Mozart ein Jahrzehnt nach Beginn des »Werther«-Fiebers eben kein Verständnis für das »Romantische«. Gegenüber dem Sohn überwiegt natürlich die Sorge des Vaters, daß er durch Inaktivität oder Hektik, mangelndes Mißtrauen (Leopold Mozart betont mehrmals, wie rar selbstlose Freunde seien, besonders scharf in den Briefen vom 4. 12. 1777 und vom 19. 10. 1778, auch in dem vom 4. 10. 1777) und durch Schwärmerei, eigenen Stolz und fremde Schmeicheleien den Sinn für die Realität verliere. Ein Moment der Verständnislosigkeit für Mozarts Verhaltensweisen ist in allen vorher angeführten Zitaten spürbar, wenngleich niemand so weit geht, ihm die Absurditäten romantischer Helden zu unterstellen.

Aufschlußreich ist in diesem Zusammenhang selbstverständlich der für Mozart zentrale Bereich der Musik. Lapidarer als selbst der Vater hat Mozarts Schwester die Weltfremdheit ihres Bruders festgestellt: »früh schon in seiner Kunst Mann« ... »in allen übrigen Verhältnissen beständig ein Kind«. Obwohl viele Briefe des Vaters an den Sohn diese Sicht ausführlich bekräftigen, haben die Vorwürfe eines Wirklichkeitsverlustes dennoch und sehr wohl mit der Musik und nicht bloß mit dem Verhalten Mozarts zu seiner Umwelt zu tun. Leopold Mozart sieht die Weltfremdheit zumindest teilweise in der Konzentration auf die Musik begründet. In tiefer Sorge, wie es nach den Enttäuschungen in Mannheim weitergehen solle, schreibt er am 18. 12. 1777 an seine Frau: »glaubst du das nun der Wolfg: seine Sachen in acht nehmen wird? ... ich hoffe er wird sich daran gewöhnt und nicht immer den Kopf voll der Noten haben.« In der Turbulenz nach dem Tod der Mutter gibt Mozart seinem Vater gegenüber offen zu, ja er verteidigt seine Unlust, viele Lektionen zu geben, sogar damit, daß es »wieder mein genie, wieder meine lebensart ist — sie wissen daß ich so zu sagen in der Musique stecke — daß ich den ganzen Tag damit umgehe — daß ich gern speculire — studiere — überlege —« (31. 7. 1778). Dieses Bekenntnis enthält freilich unterschwellig die Absicht, eine Misere zu verdrängen und sich in einen inneren Bezirk schöpferischer Arbeit zurückzuziehen. Wenig zuvor hatte Mozart in dem Brief vom Todestag der Mutter (von den schillernden Motiven dieses Briefes war im zweiten Kapitel die Rede) Ruhe und Häuslichkeit gepriesen. Das gleiche wiederholt sich 1781 unter den Pressionen des Vaters wegen der Heiratspläne und der Weigerung, nach Salzburg zurückzukehren: »ich ... der nun immer zu komponieren habe, brauche einen heitern kopf und ruhiges gemüth« ... »Mein Temperament aber, welches mehr zum ruhigen und häüslichen leben als zum lärmen geneigt ist — ich der von Jugend auf niemalen gewohnt war auf meine sachen, was Wäsche, kleidung und etc: anbelangt, acht zu haben — kann mir nichts nöthigers denken als eine frau.« (15. 12. 1781). Die Motivationsstruktur erscheint so immer komplizierter: Mozart verdrängt — er redet seinem Vater nach dem Mund — er beschönigt seine Lebensweise — er will sich auf seine Kunst konzentrieren können. Mit diesen Widersprüchen konnte er offensichtlich leben. Die Lebensweise war so, wie sie der Vater bei seinem Wien-Besuch 1785 kennengelernt hat, voll des »lärmens«. Vielleicht war Mozart, zumindest in der damaligen euphorischen Situation, trotz äußerer Unruhe dazu fähig, sich auf seine schöpferische Arbeit zu konzentrieren. Giacomo Puccini zum Beispiel konnte das ja auch. Deshalb ist noch nicht pauschal die Legende glaubhaft, Mozart habe seine Werke am Billardtisch komponiert.

Gegen ein solches Persönlichkeitsbild sprechen andere Merkwürdigkeiten. Etwa der Umstand, daß Mozart gegenüber seinem Freund Gottfried von Jacquin sich in einer Vaterrolle gefällt und ihn wegen seiner »unruhigen lebensart« tadelt (Brief vom 4./9. 11. 1787). Hatte Mozart sich in der Zwischenzeit geändert, oder nimmt bei ihm die Aufsplitterung seiner verschiedenen Bewußtseinsschichten noch zu? Ein existentieller Halt wird die Musik in der Misere der letzten Lebensjahre wohl noch mehr als zuvor. Seiner Frau muß er am 15. 10. 1790 aus Frankfurt die Enttäuschung eingestehen, daß die von ihm veranstaltete Akademie schlechte Einnahmen brachte, doch »ich war aber ohngeacht diesem allen so gut aufgelegt, und gefiel so sehr, daß man mich beschwor, noch eine Academie künftigen Sonntag zu geben ...« (woraus nichts wurde). Das Glück in der Musik löst sich vom Unglück im Leben. Ebenfalls aus Frankfurt schreibt er, daß er »bis dato noch ganz retiré« lebe, »aber ich fürchte es nimmt schon ein Ende, fängt ein unruhiges Leben an — man will mich nun schon überall haben — und so ungelegen es mir ist, mich überall so begucken zu lassen, so sehe ich doch die Nothwendigkeit davon ein —« (3. 10. 1790) Hier bekommt das alte Lob der Häuslichkeit einen nach außen hin resignativen Ton. Ähnliches klingt in seinen letzten Briefen an Constanze vom 8./9. bzw. 14. 10. 1791 an: Mozart will nicht nach Baden zu ihr hinauskommen, er will »aller verlegenheit ausweichen« und sucht seine »bequemlichkeit zum arbeiten« ... »heute früh habe ich so fleissig geschrieben ... gleich nach Tisch gieng ich wieder nach Hause und schrieb« ... »ich bin am liebsten zu Hause, weil ich meine Ordnung schon gewohnt bin.«

Es ist nicht zu beweisen, weil Mozart sich darüber wenig ausspricht, aber ich vermute, die Musik war für ihn keine utopische Gegenwelt, sie gab ihm keine »Abdrücke eines lichtern bessern Lebens« (wie Schubert für sich die Bedeutung der Musik Mozarts sah), sondern sie war ihm ein Bereich, den er vor Leid, Freude und eigenen Sehnsüchten zu bewahren suchte. Er schwärmt nicht von Musik, er träumt nicht von ihr; in schlimmen Situationen sehnt er sich nach Ruhe, um arbeiten zu können. Zu Silvester 1778, nach der Abfuhr durch Aloysia Weber und nach der

Lektüre väterlicher Vorwürfe, er habe »lustige Träume«, wendet er ein, es gebe keinen Sterblichen »auf den gantzen Erdboden der nicht manchemal träümet! — allein, lustige träüme! — ruhige träüme, erquickende, süsse träüme! — das ist es; — träüme, die, wenn sie wircklich wären, mein mehr traueriges als lustiges leben, leidentlich machen würden ...«. Das sind recht realistische Träume. Und selbst bei äußerster Arbeitskonzentration und im schöpferischen Hochgefühl über das Gelingen des »Idomeneo« behält er innerliche Distanz zu sich: »Kopf und Hände sind mir so von dem dritten Ackte voll, daß es kein Wunder wäre, wenn ich selbst zu einem dritten Ackt würde.«

Professionelle Nüchternheit, ironische Distanz und Ruhebedürfnis schirmen den Bereich der Musik ab. Damit bekommt er, von außen betrachtet und als Ganzes genommen, etwas Statisches. Diese Konstellation meinte Leopold Mozart wohl mit seiner Kritik. Ein treffendes Beispiel bringt sein bereits zitierter Brief vom 23. 2. 1778 an den Sohn in Mannheim, worin er ihm einmal mehr die Einheit von Gottesfurcht und vernünftigem Handeln als erstrebenswertes Ziel empfiehlt: »Million Menschen haben keine so grosse Gnade von Gott erhalten, wie du. welche Verantwortung! Wäre es nicht immer schade, wenn ein so grosses Genie auf abweege geriethe! — und das ist in einem Augenblicke geschehen! ... du bist mehr gefahren unterworffen als die Million Menschen die das Talent nicht haben, dan du bist ohnendlich mehr verfolgungen auf einer, und Nachstellungen anderer seits ausgesetzt.«

Es hat den Anschein, Leopold Mozart vertrete das alte Ideal einer hochgeformten gesellschaftlichen Funktion der Musik und sein Sohn gerate mit einem Ideal von absoluter Musik in Widerspruch zur Umwelt, seine Persönlichkeit neige eben doch zu einer Kluft zwischen Kunst und Leben. Doch wäre dieser Schluß unsererseits eine Überspitzung des ohnehin vom Vater verbal hochgespielten Konflikts. Mozart war nicht der Held einer romantischen Künstlernovelle. Und hätten sich die Befürchtungen des Vaters bewahrheitet, hätten wir keinen Anlaß, uns darüber den Kopf zu zerbrechen. Sicherlich ist bei Mozart das Verhältnis von Welt- und Musikanschauung weniger logisch zielführend als beim Vater. In der historischen Realität war der Vater allerdings mit seinen klaren und ausgewogenen Ansichten auch nicht sehr erfolgreich. Ideal und Wirklichkeit blieben auch für ihn ein disparates Thema.

Ohne Zweifel hat Leopold Mozart seinen Sohn besser durchschaut, als wir das nachvollziehen können. Aber wie dessen Musikerleben im Kern, nämlich im kompositorischen Qualitätsertrag, funktionieren konnte, blieb ihm unverständlich. Die Lebensumstände, die er 1785 in Wien vorfand, waren ihm zuwider. Er klagt darüber seiner Tochter, dennoch begriff und bewunderte er als Musiker nach wie vor das Genie seines Sohnes (im Brief vom 16. 2. 1785 erzählt er von Akademiebesuchen, u. a. hatte er das Klavierkonzert KV 456 gehört: »Ich war hinten nur 2 Logen von der recht schönen würtemb: Prinzessin neben ihr entfernt und hatte das vergnügen alle Abwechslungen der Instrumente so vortrefflich zu hören, daß mir vor Vergnügen die thränen in den augen standen«). Das von Leopold Mozart kritisierte Musikerleben verstehen wir dagegen heute besser, weil wir es auf spätere Modelle beziehen können: auf den freien Künstler, auf den unharmonischen, in äußerem und innerem Zwiespalt lebenden Helden vom Schlage des Kleistschen »Prinzen von Homburg«, oder gar auf den Typus des semi-caractère in der Oper des 19. Jahrhunderts. Ob zu Recht, bleibt dahingestellt.

ZUM BEISPIEL: DAS DEUTSCHE NATIONALGEFÜHL

Vor allem aber sind diese Modelle der Wirkungsgeschichte zu festgefügt, um das instabile Verhältnis zwischen Mozarts gesellschaftlichem Leben und dem von ihm behüteten Bereich seiner schöpferischen Arbeit einsichtig zu machen. Dies leuchtet ein, sobald man die Briefäußerungen nicht einzeln interpretiert, sondern in ihrem Zusammenhang betrachtet. Besonders aufschlußreich erscheint mir das von Mozart oft bekundete deutsche Nationalgefühl. Allerdings ergeht er sich kaum je in allgemeinen Erörterungen, am ehesten noch in seinem Brief vom 21. 5. 1785 an den Mannheimer Professor und Librettisten des bekannten Singspiels »Günther von Schwarzberg«, Anton Klein. Dabei verfolgte er kein bestimmtes Ziel, vielmehr suchte er Klein mit patriotischen Tönen sich geneigt zu erhalten — und ließ das ihm zur Komposition angebotene patriotische Drama »Kaiser Rudolf von Habsburg« (übrigens mit weitgehend gleichem Personal wie später Grillparzers »König Ottokars Glück und Ende«) liegen.

In den Briefen an den Vater dagegen hoffte er stets, mit der Gegenüberstellung von »teutsch«, fromm, ehrlich — versus »welsch«, oberflächlich, intrigant — bestimmte Dinge zu erreichen (auch die Familie Weber wird im Brief vom 17. 1. 1778 mit dem Lob für den Vater Weber als einem »grund ehrlichen teutschen Man« eingeführt). Mehr als in anderen Weltanschauungsfragen dürften sich Vater und Sohn in ihrem deutschen Nationalgefühl einig gewesen sein. Sie hatten auch beide als Musiker allen Grund dazu. Nationalstolz und persönlicher Stolz, die Dominanz italienischer Musiker und der Wunsch nach der eigenen Karriere sind eng aufeinander bezogen. Genauer besehen geht es in den Briefen immer um Musik und Theater, wenn von Nationen die Rede ist. Und die Intensität der Urteile ist vor allem von der jeweiligen persönlichen Situation und von den jeweiligen Plänen abhängig. Als Kurfürst Maximilian III. Joseph von Bayern die Münchner Hoffnungen mit dem Rat »er soll gehn, nach italien reisen, sich berühmt machen« (Brief vom 29. 9. 1777) zerstörte, reagiert Mozart seinen Ärger mit der medizinisch klingenden Diagnose ab: »die meisten grossen herrn haben einen so entsezlichen Welschlands-Paroxismus«. Wenige Jahre vorher, während der Italien-Reisen Mozarts, wäre ein so böses Wort nicht gefallen. Nun greift es der Vater gerne auf und versichert dem Sohn, daß der »Paroxismus für die Italiener« nur mehr bis München reiche, man sich in Mannheim, Trier, Mainz, Würzburg und an kleineren protestantischen Höfen von den Italienern abwende (mit Vergnügen schreiben beide von Erfolgen: »die wälschen sind hier iezt miserable angeschrieben«, gemeint ist in Mannheim — »die welschen verlieren nun ihren Credit«, in Salzburg).

Beider neue Hoffnungen richten sich mit der in München beginnenden Paris-Reise auf die »teutsche National bühne«. München, Mannheim und Wien werden als mögliche Orte für die Karriere eines Singspielkomponisten Mozart ventiliert. Die Begeisterung hat auch ihren weltanschaulichen Hintergrund im Gegenstand selbst. Verfolgt doch die Bewegung für eine deutsche Nationalbühne insgesamt, und speziell bci Kaiser Joseph II., neben künstlerischen auch politische und erzieherische Ziele. Das Singspiel soll Patriotismus und bürgerliche Tugenden vorstellen. Leopold Mozart mußte sich von diesen Zielen angesprochen fühlen. Und auch sein Sohn äußerte sich gegenüber Professor Klein im Sinne dieses Zusammenhangs und klagt darüber, daß die »hiesige Wiener theater direction zu oeconomisch und zu wenig Patriotisch« denke.

Bei allen schönen Worten hat Mozart selbst aber primär seine eigenen Chancen und Wünsche im Auge. Das beweisen Beispiele für seinen manchmal abrupten Sinneswandel: Als sich in Mannheim keine Möglichkeit, einen Singspielauftrag zu erhalten, bietet, und Mozart sich außerdem in Aloysia Weber verliebt, will er plötzlich vom deutschen Singspiel nichts mehr wissen. Zur gleichen Zeit reicht ihm sein Vater günstige Nachrichten über Wiener Pläne für die deutsche Nationalbühne, die er von dem Wiener Librettisten Franz Edler von Heufeld erhalten hatte, weiter. Mozart lehnt schroff ab: »den Brief von heufeld hätten sie mir nicht schicken därfen, er hat mir mehr verdruß als freude gemacht.« Dennoch will er unbedingt eine Oper komponieren: »aber italienisch, nicht teutsch, serios und nicht Buffa«. Er preist dann die sängerischen Vorzüge seiner Freundin. Und wo könnte sie sich berühmt machen? In Italien natürlich. Daher: »Ich bitte sie machen sie ihr mögliches das wir nach italien kommen. sie wissen mein gröstes anliegen — opern zu schreiben« (Brief vom 4. 2. 1778).

Später, in Wien, paßt sich Mozart in seinen national-musikalischen Urteilen der jeweiligen Stimmungslage im Theaterleben an. Als die Opera buffa in der Saison 1783, aufgrund einer Meinungsänderung Josephs II., wieder ins Burgtheater einziehen darf, kommen auch bei Mozart, trotz des Erfolges der »Entführung«, neue Singspielpläne ins Wanken. Der Hoftheater-Oberdirektor Graf Rosenberg gibt Mozart den Rat, er »möchte doch eine welsche opera schreiben« (Brief vom 21. 12. 1782). Am 5. 2. 1783 kritisiert Mozart deutsche Opern sehr hart, glaubt aber noch nicht, daß die italienische Oper »lange Souteniren wird«, und entwickelt folglich eine »Idée«. Patriotisch gefärbt fragt er: »ist die teutsche sprache nicht so gut singbar wie die französische, und Englische? — — nicht singbarer als die Russische?« Daher will er eine »teutsche opera für mich« schreiben, mit der Textvorlage einer Goldoni-Bearbeitung. Dieser (nicht neue) Kompromiß hätte freilich den Verzicht auf die weltanschaulichen Ziele eines Singspiels bedeutet. Am 7. 5. — die italienische

Oper »gefällt sehr« — ist davon keine Rede mehr, vielmehr heißt es: »ich möchte gar zu gerne mich auch in einer Welschen opera zeigen.« Schon zuvor hatte er, weniger patriotisch als theaterpraktisch urteilend, ein Singspiel Ignaz Umlauffs mit dem Titel »Welche ist die beste Nation?« (dessen Vertonung er nach eigener Aussage abgelehnt hatte) als »Elendes Stück« verdammt.

Eine ähnliche Sequenz situationsbedingter Aussagen ließe sich aus Urteilen Mozarts über Paris, die Franzosen und ihren musikalischen Geschmack aufstellen. Was in dem von ihm praktizierten Patriotismus zum Vorschein kommt, ist eine der Welt sehr zugewandte Seite jener Merkmale der Konzentration auf Musik und der Eigenliebe, die sein Vater als Neigung zur Weltfremdheit beurteilte. Hier scheint ebenso ein Widerspruch vorzuliegen wie in den Vorwürfen des Vaters, er sei zu hochmütig und er mache sich in persönlichen Kontakten zu rasch familiär. Die Annahme einer gespaltenen Persönlichkeit wäre zu einfach. Denn die Gegensätze nähern sich an, wenn man sieht, wie sehr Mozart der jeweiligen Aktualität nachspürt, sich auf sie einzustellen sucht und wie wenig er so etwas wie Prinzipientreue im Sinne des Vaters entwickelt. Die sich ergebenden Wechselbeziehungen lassen sich auf zweierlei Art deuten: Entweder ist Mozarts Faszination am Augenblick das missing link zwischen seinem Hochmut und seiner Leutseligkeit und gibt seiner Biographie eine Konstanz in der Beweglichkeit, oder den Focus für seine Hingabe an den Augenblick bildet seine Eigenliebe, die ihm der Vater vorhielt und die wir respektvoller schöpferischen Zwang oder Selbstbewußtsein des Künstlers nennen.

Diese Alternative ähnelt jener anderen zwischen Spieltrieb und Taktik in Mozarts Briefstil, von der wir ausgegangen sind. Sie ist konkreter, aber noch lange nicht geeignet, etwas über das Komponieren als eine mögliche Funktion der Eigenliebe auszusagen. Denn es bleibt offen, ob das Komponieren gegenüber der Faszination am Augenblick als stabilisierender Gegenpol wirkt oder ob es die biographische Instabilität widerspiegelt. Bescheiden wir uns damit zu klären, ob analog zur Dominanz der Absicht über den Spieltrieb auch hier der Komplex der Eigenliebe den anderen der Faszination am Augenblick trägt. Im positiven Fall wäre die zweite der genannten Deutungen die zutreffendere.

Diese Jux-Unterschrift unter einem Brief an die Baronin Waldstätten ist ernster gemeint, als der Anschein vermuten läßt. Die seriöse Version enthält ein Brief an den Vater vom 31. 10. 1777. Mozart ärgerte sich über den despektierlichen Empfang durch einige Herren der Mannheimer Hofkapelle und meint: »sie dencken sich halt, weil ich klein und jung bin, so kann nichts grosses und altes hinter mir stecken; sie werden es aber bald erfahren.« Nicht ästimiert zu werden, kann ihn sehr erregen. Wenn er auch dazu neigt, seine Erlebnisse zu dramatisieren, und in der gespannten Situation im Frühjahr 1781 in Wien guten Grund hatte, gegenüber dem Vater Affären aufzubauschen, sind seine manchmal sogar physischen Reaktionen auf Kränkungen, von denen er berichtet, doch erstaunlich: »was mir izt wieder dieser herrliche Mann gottes Neues erzehlte, machte eine so trefliche Wirkung auf meinen körper daß ich abends in der opera mitten im Ersten Ackte nach hause gehen musste, um mich zu legen. — dann ich war ganz erhitzt — zitterte am ganzen leibe — und taumelte wie ein besoffener auf der gasse — blieb auch den folgenden tag als gestern; zu hause — denn ganzen vormittag aber im Bett. weil ich das tamarinden Wasser genommen. —« (12. 5. 1781). In den Briefen aus dieser Zeit ist laufend von »Ehre« und »gekränkter Ehre« die Rede. Mozart gibt auch offen zu, »wenn ich sehe daß mich Jemand verachtet und gering schätzet, so kann ich so stolz seyn wie ein Pavian. —« Aus der Erregung heraus (und um dem Vater die Notwendigkeit des Bruchs mit Salzburg zu zeigen, kommt auch der berühmte Satz: »das Herz adelt den Menschen; und wenn ich schon kein graf bin, so habe ich vielleicht mehr Ehre im leib als mancher graf« — und dann folgt weniger souverän: »und hausknecht oder graf, sobald er mich beschimpft, so ist er ein hundsfut.«

Mozarts Verhalten in dieser Krise ist nichts Singuläres; er reagiert in unterschiedlicher Stärke immer wieder ähnlich, sobald er sich herausgefordert fühlt. Seine Maxime lautet: »Nur nicht kriechen.« Mit wahrem Stolz teilt er die Überzeugung seines Vaters, »ein Mensch von superieurem Talent« zu sein. Bei der Augsburger Affäre mit dem jungen Langenmantel und dem Offizier Bach, die Mozart wegen seines päpstlichen Ordens neckten, konterte er (laut seinem Brief vom 16. 10. 1777): »ich kann noch eher alle orden / die sie bekommen können / bekommen, als sie das werden, was ich bin; und wenn sie 2 mahl sterben und wieder gebohren werden.« Wie recht er hatte, das abzuschätzen, hatten seine Kontrahenten nicht den kühlen Kopf; so mußte Mozart als arrogant bis zum Größenwahn erscheinen. Mozart war von Kindheit an gewöhnt, in Gesellschaften aufzutreten und mit hohen Herrschaften frei zu reden. Aus seiner Souveränität heraus machte er sich über Musikerkollegen lustig, die gehemmt, mit hochrotem Kopf, freundlichem Grinsen und kargen Worten dastehen, wenn ein Kavalier sie anspricht (Brief vom 24. 3. 1781). Genüßlich schreibt er seinem Vater von der »Ehre«, die ihm auf der Heimreise von Paris in Straßburg zuteil wurde und daß: »die leute sagen, es geht bey mir alles so Nobl zu — ich seye so gesezt — und höflich — und habe so eine gute aufführung.« Ein andermal berichtet er ihm von einem angeblichen Ausspruch des Fürsten Kaunitz über ihn, »daß solche leute nur alle 100 Jahre auf die welt kämmen«, oder er erzählt dem Freund Gottfried von Jacquin über die »grosse Ehre«, die ihm in Prag widerfahre. Seine Selbsteinschätzung als ein honête homme benutzt er auch als Argument gegen einen weiteren Verbleib in Salzburg — wenig feinfühlend gegenüber dem Vater —, indem er die dortige Bevölkerung abkanzelt: »... es kann ja ein honneter Mann, der lebensart hat, nicht mit ihnen leben.«

Betont selbstsicher äußert sich Mozart nicht nur allgemein, sondern auch speziell als Komponist. Sogar durch den kurialen Stil seiner offiziellen Gesuche hindurch macht sich der Stolz bemerkbar. Schon im Gesuch an Fürsterzbischof Colloredo vom 1. 8. 1777 begründet er (beziehungsweise der Vater) nicht gerade in Humilität seine Bitte um »Dienstentlassung«, Seine Hochfürstlichen Gnaden hätten vor einiger Zeit ihm erklärt, »daß ich nichts zu hoffen hätte und besser thun würde mein Glück anderen Orts zu suchen«. Oder er äußert im Gesuch an den Wiener Magistrat vom Mai 1791 um die Domkapellmeisterstelle die Überzeugung, sich »vor andern« für dieses Amt »fähig halten« zu dürfen. Während der Arbeit an großen Werken wird Mozart nicht bange, er ist vielmehr vom Gelingen überzeugt; besonders deutlich wird das in Briefen rund um den »Idomeneo«. Begeisterung für den Gegenstand und Selbstsicherheit gehen dann ineinander auf und bringen Mozart sogar zur Zeit seiner hochfahrenden Pläne in München und Mannheim dazu, folgende Sätze niederzuschreiben: »... wie würde ich erst beliebt werden, wen ich der teutschen National bühne in der Musik empor hülfe? — — — und daß würde durch mich gewis geschehen; denn ich war schon voll begierde zu schreiben, als ich das teutsche singspiell hörte.« (Brief aus München vom 2. 10. 1777)

Es ist zu befürchten, daß Mozart derlei nicht nur seinem Vater vertraulich schrieb, sondern auch anderen gegenüber offen sagte. Seine Kollegenschaft wird sich über das Faktum solcher Aussprüche, weniger über deren Inhalt, gefreut haben, um es gegen ihn zu gebrauchen. Das ist freilich Vermutung. Leopold Mozart tadelte jedenfalls wiederholt die leichtgläubige Offenheit seines Sohnes, die seiner Einschätzung nach existierte, und warnte ihn zu Recht mit der Binsenweisheit: »daß du aller Orten deine Feinde haben wirst, ist eine unvermeidliche Sache, das haben alle Leute von grossem Talent«. (Brief vom 11. 5. 1778)

Mozarts Sozialverhalten gibt in der Biographik eine der Standardbegründungen für die Enttäuschungen in seiner Karriere ab. Ebenso nahe liegt die daran anknüpfende Vermutung, daß Mozart sein Selbstbewußtsein mit seiner Urteilsfähigkeit für aktuelle Chancen letztlich nicht in zielführenden Einklang zu bringen vermochte. Um unsererseits zu einem Urteil zu gelangen, wäre viel über die äußeren Widerstände historischer Gegebenheiten zu reden. Darum geht es hier nicht. Ein weiterer Blick sei aber auf Mozarts Selbstdarstellung derartiger Konflikte geworfen, die doch für seine Eigenart charakteristisch ist.

Unter den hohen Herrschaften und Dienstgebern Mozarts nimmt Kaiser Joseph II. eine wichtige und zweifellos positivere Rolle als die Salzburger Fürsterzbischöfe ein. Allgemein gilt er als Förderer, wenn auch als derjenige, der Mozart die »zu vielen Noten« vorhielt. Die Briefe aus den Jahren 1781 und 1782 zeigen einen starken Sinneswandel Mozarts in der Einschätzung des Kaisers. Zunächst machte er sich die größten Hoffnungen: »Nun ist meine Haupt-absicht hier daß ich mit schöner Manier zum kaiser komme, denn ich will absolument daß er mich kennen lernen soll. — Ich möchte ihm mit lust meine opera durch Peitschen [gemeint ist der »Idomeneo«], und dann brav fugen spillen, denn das ist seine Sache« (Brief vom 24. 3. 1781). Mozart sucht

Kontakte; so lobt er seinen Librettisten Stephanie als einen Mann, der »alles beym kaiser gilt«. Im Herbst 1781 schwindet die Euphorie. Er sagt nicht sofort den Grund, wendet aber, zunächst ganz nebenbei, seinen Stolz auch gegen die kaiserliche Autorität, wenn er dem Vater versichert, »bey gott, andern leuten gieb ich nicht fingerlang rechenschaft von meinen thun und lassen, und sollte es der kayser seyn.« (Brief vom 5. 9. 1781) Als sich Mitte Dezember die Hoffnungen, bei der Württembergischen Prinzessin Elisabeth Wilhelmine Louise als Klavierlehrer aufgenommen zu werden, zerschlagen, lautet die Erklärung lapidar: »der kayser hat es mir verdorben, denn bey ihm ist nichts als Salieri.« Der günstige Verlauf des Wettspiels mit Muzio Clementi zu Weihnachten 1781 macht ihn wieder optimistisch, zudem berichtet der Vater aus Salzburg von Gerüchten, Mozart werde beim Kaiser angestellt. Doch im Frühjahr überdecken stolze Worte wiederum böse Befürchtungen: »wenn mich der kayser haben will, so soll er mich bezahlen — denn die Ehre allein, beym kayser zu seyn, ist mir nicht hinlänglich. — wenn mir der kayser 1000 fl giebt, und ein graf aber 2000. — so mache ich dem kayser mein kompliment und gehe zum grafen« (10. 4. 1782). Diesmal spielt Mozart also mit dem Marktwert des Künstlers, das nächste Mal argumentiert er mit seinem Nationalgefühl: »keinen Monarchen in der Welt diene ich lieber als dem kayser — aber erbetteln will ich keinen dienst. — Ich glaube so viel im Stande zu seyn daß ich Jedem Hofe Ehre Machen werde. — will mich Teutschland, mein geliebtes vatterland, worauf ich |: wie sie wissen :| Stolz bin, nicht aufnehmen, so muß in gottes Nammen frankreich oder England wieder um einen geschickten Teutschen Mehr reich werden; — und das zur schande der teutschen Nation... selbst gluck — hat ihn Teutschland zu diesem grossen Mann gemacht? — leider nicht! —« (17. 8. 1782) Die Summierung von Ursachen und Argumenten deutet darauf hin, daß sie alle vorgeschobene Bastionen gekränkten Stolzes sind. Mozarts augenblickliches Fazit: »... finde daß ich eben auch |: wenn es schon der kayser ist :| seine gnade nicht so vonnöthen habe. —« Unser Postskriptum: Die nachfolgende Abwendung Mozarts von seiner nationalgefärbten Singspiel-Begeisterung hat außer mit der Wiener Theaterentwicklung auch mit seinem Selbstwertgefühl zu tun.

Die leicht verletzbare psychische Balance zwischen Eigenliebe und Faszination am Augenblick äußert sich vermutlich auch in Mozarts Schwanken zwischen den Berufsbildern des Hofkapellmeisters und des freien Künstlers. Gerade in ihrer Labilität scheint sie stabiler zu sein, als dies viele Biographen mit ihrem zielgerichteten Entwicklungsdenken zugeben. Auch sind die hautnahen Lebensverhältnisse (mit den von Kindheit an miterlebten und dann selbst übernommenen Manövern, um Dienst und Verpflichtungen durch Reisen zu entgehen, mit dem Zwang in Wien, häufig die Wohnsitze zu wechseln, und mit den wohl sich steigernden, aber ebenfalls von Jugend an vertrauten Schuldenproblemen) stabiler als die äußeren Lebensbedingungen. Hier taucht eine alte Grundfrage der Mozart-Biographik auf: War Mozart ein Künstler, der revolutionär gegen einen gesellschaftlichen Zustand aufbegehrte, oder agierte er als ein seiner selbst unbewußtes Genie? Auf dem weiten Feld einer komplexen vermittelnden Interpretation, die hier nicht zu leisten ist, beschränke ich mich auf einen kleinen, für unsere Frage nach Mozarts Künstler-Selbstbewußtsein aber wichtigen Bezirk: Verhielt sich Mozart zu seiner musikalischen Kollegenschaft anders als zur übrigen Umwelt?

Vorweg gesagt: Das Thema Stolz kehrt immer wieder. Die Behauptung, sich durch Großsprecherei und Kritisieren »die Profeßori von der Musick« zu Feinden zu machen (im schon zitierten Brief vom 31. 7. 1782), schiebt Mozart als ein überzeichnendes böses Gerücht beiseite — doch die über Kollegen gefällten Urteile in seinen eigenen Briefen sagen anderes. Eines fällt dabei ebenfalls auf den ersten Blick auf: Mozart reagiert gegenüber seinen Musikerkollegen nicht in gekränktem Stolz wie gegenüber potentiellen und tatsächlichen Dienstgebern, die ihn enttäuschten, er tritt vielmehr in seinen Briefen oft auf, als habe er zuvor in Hesses »Steppenwolf« über den Mozart im »magischen Theater« gelesen.

Obwohl am Heiligen Abend 1781 das Wettspiel mit Clementi vor dem Kaiser für Mozart erfolgreich verlief, wird der Gegner als »Ciarlattano wie alle Wälschen« heruntergemacht und die Schwester vor dem »entsezlichen Hackwerk« der Clementischen Sonaten gewarnt. Der Dresdner Pianist und Organist Johann Wilhelm Häßler wollte 1788 nach Wien reisen, um Mozart zu einem Wettspiel zu fordern. Dazu kam es nicht, aber als Mozart im Jahr darauf ihn in Dresden zu hören bekommt, fällt er ein der vorangegangenen Anmaßung entsprechend vernichtendes Urteil: Häßler habe als Organist »nur Harmonie und Modulationen vom alten Sebastian Bach auswendig gelernt, und ist nicht im Stande eine fuge ordentlich auszuführen — und hat kein solides Spiel — ist folglich noch lange kein Albrechtsberger« (16. 4. 1789). Und wie wird sich der Pianist Georg Friedrich Richter (der Mozart verehrte, und den dieser als den »besten Menschen der Welt« apostrophierte) gefühlt haben, als Mozart ihm auf Komplimente hin entgegnete: »Ja, sagte ich, ich musste mich auch bemühen, um mich izt nicht mehr bemühen zu därfen« (28. 4. 1784) Dem Spiel des sympathischen Richter attestierte er ein »zu grob — zu mühsam — und ohne allen geschmack und Empfindung«. Daß Mozart ein berühmter Pianist war, hat seine Urteile über Pianisten nicht schärfer ausfallen lassen als die über andere Musiker. Der Pianist Johann Franz Xaver Sterkel wurde ebenso abqualifiziert wie der Organist Georg Joseph Vogler, der Geiger Karl Michael Esser, der Flötist Johann Philipp Freyhold oder der Oboist Johann Christian Fischer. Bei Vogler spielte sicher eine persönliche Abneigung stark mit, bei den anderen bleiben Mozarts Gefühle offen. Positive Urteile (über die Geiger Paul Rothfischer, Antonio Brunetti und Regina Strinasacchi, den Augsburger Organisten Johann Michael Demmler, den Cellisten Innocenzo Danzi oder den Oboisten Friedrich Ramm) hängen mehr oder minder, aber jedenfalls stärker als die negativen, mit der persönlichen Sphäre zusammen. Über Sänger äußerte sich Mozart, natürlich Aloysia Weber ausgenommen, selten und meistens negativ, selbst über den von ihm als Mensch und Gönner geschätzten Anton Raaff (seinen ersten Idomeneo-Darsteller).

Komponisten fanden noch eher in Mozarts Briefen Anerkennung, wenngleich auch hier die negativen Urteile überwiegen (zu deren Inhalten siehe das folgende Kapitel). Zum Teil sind es wohl nicht bloße Vorurteile, aber doch von persönlichen Zu- und Abneigungen durchdrungen. Der Abbé Vogler — er war Mozart in Mannheim nicht gewogen — kommt auch als Komponist besonders schlecht weg; Vorwürfe als Rundumschlag sind dabei harmloser als die sachliche, Details ansprechende Kritik einer Messe Voglers im Brief vom 20. 11. 1777. Noch Jahre später machte er Peter von Winter, einen Schüler Voglers, herunter, in der Überzeugung, »daß er immer, und das des Voglers wegen mein gröster feind war« (Brief vom 22. 12. 1781).

Ressentiments Mozarts gegenüber Konkurrenten auf dem Hoffnungsfeld des deutschen Singspiels liegen nahe: Vor allem Ignaz Umlauff (gemäßigter Florian Gaßmann) hielt Mozart Schnellschreiberei und Plagiate vor; auch meinte er über Umlauffs Singspiel »Welche ist die beste Nation?« zynisch, nicht recht zu wissen, »ob der Poet oder Componist den Preis des Elends davontragen wird«. Dagegen schätzte er einen anderen Kollegen im Fach Singspiel, Ignaz Jakob Holzbauer, und lobte dessen Musik zu »Günther von Schwarzburg« (im selben Brief vom 14. 11. 1777, in dem auch Mozarts Mutter vom Lob Holzbauers für ihren Sohn berichtet) ebenso wie dessen Meßkomposition. Schwankend ist sein Urteil über Anton Schweitzer und speziell über dessen Singspiel »Rosamunde«: Zunächst war es sehr positiv (Brief vom 3. 12. 1777, Mozart findet Schweitzer insgesamt sympathisch) — nach Mozarts etwas enttäuschendem Zusammentreffen mit Christoph Martin Wieland, dem berühmten Librettisten der »Rosamunde«, hält er Schweitzers Musik nur mehr für »gut, aber sonst nichts« (Brief vom 10. 1. 1778) — im Rückblick aus Paris (Brief vom 11. 9. 1778) ist vom »hundebellen« und davon, daß Schweitzer »sein lebetag das singbare schreiben nicht lernen« werde, die Rede — in Schweitzers »trauriger Alceste« schließlich findet Mozart einiges Gute und viel Schlechtes (Brief vom 18. 12. 1778).

Doch in Worten schlimmer als alle anderen Komponistenkollegen trifft es Anton und Carl Stamitz (dem jüngeren, Anton, begegnete Mozart in Paris, Brief vom 9. 7. 1778): »das sind 2 Elende Notenschmierer — und spieller — Säuffer — und hurrer — das sind keine leüte für mich —« … Warum diese Ausfälle? Vielleicht hatte Mozart Ärger mit Stamitz in Paris. Doch konnte das nicht der einzige Grund sein. Leopold Mozart mochte die »lermende« Musik der Mannheimer Schule nicht. Vermutlich hat die verbale Ohrfeige mit Mozarts überreiztem Zustand nach dem Tod der Mutter und mit seinen zwanghaften Versuchen, dem Vater nach dem Mund zu reden, zu tun. (Eine chronologische Auswahl von Namen weiterer verurteilter Komponisten: Graf, Becké, Piccinni, de Paula Grua, Righini, Freyhold, Fischer, Naumann).

Der Zusammenhang zwischen der Einschätzung der Person und des Werks ist auch bei einigen positiven Äußerungen auffällig. Mit Christian Cannabich und seiner Familie hatte sich Mozart in Mannheim sehr angefreundet. Sein Lob für Cannabichs Musik hielt er offensichtlich für erklärungsbedürftig, wenn er seinem Vater schreibt: »Cannabich componirt iezt viell besser, als das wir ihn zu Paris gesehen« (Brief vom 20. 11. 1777). Leopold Mozart bleibt skeptisch (Brief vom 1. 12. 1777) — und Mozart hält treu zum Freund, schwärmt geradezu für eine in München gehörte Ballett-Ouvertüre dem Vater vor: »wenn Sie es nicht schon vorher gewüst hätten, gewis nicht geglaubt haben daß sie von Cannabich ist —« (Brief vom 8. 11. 1780). Mozart lobte auch Schüler von geschätzten Meistern: sehr sogar Ignaz Pleyel, »ein Scholar von Joseph Haydn«, und seine Streichquartette (und spricht die Hoffnung aus, daß Pleyel einmal »uns Haydn zu remplaciren« imstande sein werde, Brief vom 24. 4. 1784), und er bezeichnet Joseph Eybler als »würdigen Schüller seines berühmten Meisters Albrechtsberger« (im Zeugnis vom 30. 5. 1790).

Freilich konnte Mozart sich auch ohne Einstimmung durch persönliche Kontakte für eine Komposition begeistern. Ein in den Briefen erwähntes Beispiel geben die Melodramen »Medea« und »Ariadne auf Naxos« Georg Bendas, von dem er sagt, er sei »von den lutherischen Kapellmeistern immer mein Liebling« gewesen, obwohl er ihn persönlich nicht kannte (Brief vom 12. 11. 1778). Und sogar ein negatives Urteil über die Person konnte sich mit Anerkennung für die Musik verbinden: In Giovanni Cambini vermutete Mozart, wohl zu Unrecht, einen ihm mißgünstigen Intriganten, fand aber dessen Streichquartette »recht hüpsch« (ein allerdings etwas maliziöses Lob, das Mozart häufig verwendete). Manche Komponisten, in denen wir heute Kleinmeister sehen, lobte Mozart in für uns überraschender, aus seiner Sicht vielleicht gönnerhafter Weise: Nicolas-Joseph Hüllmandel und Johann Samuel Schröter mit ihren Klaviersonaten, Paul Rothfischer als Violinkomponisten oder den eher bekannten Straßburger Domkapellmeister Franz Xaver Richter für eine Messe.

All diese Urteile Mozarts und meine Kommentare dazu laufen wohl nicht auf den Schluß hinaus, nur das sachlich ernst nehmen zu können, was Mozart über die Musik ihm persönlich unbekannter Komponisten sagte. Sie veranschaulichen aber, wie eng Sachlichkeit und persönliche Interessen selbst in diesem Bereich miteinander verquickt sind. Wenn auch häufig Anti- und Sympathien hereinspielen, gibt es noch ganz andere Motive für Mozarts Urteile: So verbindet sich die Begeisterung für Benda mit Mozarts eigenem schöpferischen Antrieb, Melodramen zu komponieren; das Lob für Benda ist also auch eine Selbstbestätigung. Oder es fällt das Lob für die Geigerin Strinasacchi und für den jungen Komponisten Pleyel in einem Brief in eine Zeit (24. 4. 1784), zu der Mozart einbekanntermaßen über eigene Erfolge glücklich war. Bei »gutem Humor« eher zu positiven Urteilen aufgelegt zu sein, gehört ja auch zu jenen allzu menschlichen Regungen, die wir am Anfang dieses Kapitels erwähnten. Und selbstverständlich hat Mozart, zumal er seine Fachurteile überwiegend dem Vater schrieb, auch dessen Ansichten und vor allem die jeweilige Situation in ihrem persönlichen Verhältnis mitbedacht.

BEREDTES SCHWEIGEN

Vorsicht bei Verallgemeinerungen ist geboten. Nicht nur, weil das einzelne Urteil mit der Ursache seiner Äußerung zusammenhängt, sondern auch, weil Mozart zu vielen Komponisten, über die er sich nicht oder nur indirekt äußerte, sicher ebenfalls eine Meinung hatte. Wie sehr wir hier vor Lakunen stehen und zu Spekulationen verlockt werden, zeigen Mozarts Ansichten über die kompositorischen Größen seiner Umwelt.

Es scheint, Mozart schweigt aus Respekt. Sowohl wenn ihm ein Urteil aus persönlichen Gründen schwerfallen mußte, als auch wenn es ihm leichtgefallen wäre, etwas Schönes zu sagen. Freilich hat dieses Schweigen unterschiedliche Gesichter. Aber uns muß doch enttäuschen, daß er etwa Händel und Johann Sebastian Bach (deren Werke er bearbeitete und deren Stil ihn nach allgemeiner Überzeugung in seinem letzten Lebensjahrzehnt sehr beeindruckte) selten und nur geschäftsmäßig erwähnt (nur im vorhin zitierten Tadel für den Dresdner Organisten Häßler klingt Respekt vor dem »alten« Bach an. Und im Brief vom 20. 4. 1782 äußert er sich über Eberlins Fugen mit der Feststellung, daß sie »wahrhaftig nicht einen Platz zwischen händl und Bach verdienen«.).

Johann Christian Bach bedeutete Mozart seit ihrer Begegnung in London 1765 persönlich und musikalisch viel. Seine Enttäuschung über das bloß höfliche und nicht herzliche Wiedersehen in Paris 1778 spricht er dem Vater gegenüber aus. Sein Musiker-Urteil bleibt davon unberührt. Nie aber greift er zu schwärmerischen Worten. Über die Arie »Non sò d'onde viene« KV 294 sagt er wohl, sie sei zuvor »so schön von Bach componirt« worden, erklärt sein Urteil aber sogleich als »ursach« dafür, eine eigene Arie über denselben Text zu schreiben, mit dem erreichten Ziel: »sie sieht ihr auch gar nicht, gar nicht gleich« (Brief vom 28. 2. 1778, vgl. Brief vom 12. 6. 1778, in dem er Bachs Arie als »meine favorit sache« bezeichnet). Einmal, zum Trio des Menuetts KV 315a, kommt eine Bemerkung »den ich vom Bach gelernt« — doch unsere Neugierde, was denn Mozart gelernt habe, bleibt unbefriedigt: Der unklare Hinweis steht in eindeutig parodistischem Zusammenhang mit einer Geschichte von einem ungleichen Brautpaar (vielleicht steckt auch eine Anspielung auf Bachs Amour mit der jungen, hübschen Tochter des Flötisten Wendling dahinter, vgl. Brief vom 20. 11. 1777). Und nur einmal, in Rage über Abbé Vogler, kommen Mozart Worte der Verehrung über die Lippen: »er veracht die grösten Meister. mir selbst hat er den bach verachtet.« (Brief vom 13. 11. 1777.) Selbst die karge Bemerkung zum Tode Bachs, »schade für die Musikalische Welt!« ist ein positiver Einzelfall in Mozarts Briefen.

Johann Michael Haydn ist der Komponist, dessen Werke Mozart am meisten kopierte (s. den Anhang des Köchel-Verzeichnisses). Obwohl um fast zwanzig Jahre älter, war Haydn der führende moderne Kirchenkomponist in Salzburg und damit ein Rivale Mozarts. Desungeachtet reicht Mozarts Interesse für Kirchenwerke Haydns weit über die Salzburger Zeit hinaus bis ins Jahr 1791. Hinter all dem steht sicher eine hohe Wertschätzung, die aber nie klar ausgesprochen wird. Wohl aber wird Haydn von Vater und Sohn Mozart wenig freundlich als langweilig und trunksüchtig bezeichnet.

Carl Philipp Emanuel Bach erwähnt Mozart zweimal in Briefen; er interessierte sich für dessen Fugen. Mozarts Vater erwähnt auch andere seiner Werke. Aber mit keinem Wort wird sein hoher Rang im damaligen Musikleben angesprochen. Bei C. P. E. Bachs Bedeutung für die kompositorische Entwicklung Joseph Haydns, bei der Auseinandersetzung mit seiner Musik, die wir auch bei Mozart zu erkennen meinen, in Anbetracht schließlich der Tatsache, daß Mozart im März 1788 eine Aufführung der Kantate »Auferstehung und Himmelfahrt Jesu« in Wien dirigierte, ist das ein erstaunlich mageres Ergebnis.

Antonio Salieri tritt in Mozarts Briefen gut ein dutzendmal als Intrigant und Verhinderer auf. Aber über seine Musik spricht Mozart nie abschätzig, sondern überhaupt nicht. (Das Urteil »elendes Originalstück« über Salieris »Rauchfangkehrer« bezieht sich aufs Libretto.) Als Salieri sich nach einem Besuch der »Zauberflöte« höchst schmeichelhaft äußert, freut sich Mozart sehr.

Die Freude über Anerkennung durch Lob und persönliche Einladungen gibt auch Mozarts Verhältnis zu Christoph Willibald Gluck eine helle Facette. Ansonsten dominiert das vom Vater übernommene Mißtrauen gegenüber einem berühmten und alten Komponisten, der Mozart, zumindest nach außen hin, wohlgesonnen war. Glucks »Pilgrime von Mekka« empfiehlt Mozart dem Vater, zusammen mit Umlauffs »schöner Schusterin«, als leicht aufführbare Singspiele für Salzburg. Ein Werturteil ist es aber, wenn Mozart Gluck einen »grossen Mann« nennt, allerdings in einem Brief voll von gekränktem Stolz, in dem Mozart beklagt, daß selbst ein Gluck nur im Ausland sich berühmt machen konnte. Eine Reverenz vor Gluck enthält ein Tadel für Piccinni, dessen Chöre Mozart für »nackend und schwach« und für »zu einförmig« ansieht und meint, die Pariser seien eben »die Chöre von gluck gewohnt« (Brief vom 28. 2. 1778).

Offensichtlich sehr hoch geschätzt hat Mozart Johann Georg Albrechtsberger. Aber einen »berühmten Meister« nannte er ihn nur im Zeugnis für Eybler. Noch gewichtiger ist der Tadel für Häßler, daß er »noch lange kein Albrechtsberger« sei.

Mit Joseph Haydn, dem bedeutendsten Musiker-Zeitgenossen, verband Mozart eine Freundschaft. Die Beziehung war enger als zu irgendeinem anderen Komponisten von Rang; ob freilich die Verklärung dieser Freundschaft in Fachschrifttum den Tatsachen entspricht, ist eine andere Frage, die sich anhand der wenigen Quellen nicht entscheiden läßt. Leopold Mozart schrieb seiner Tochter 1785 von Wolfgangs »lieben Freund Haydn« und von dem berühmten Ausspruch Haydns ihm gegenüber, sein Sohn sei »der größte Componist«, den Haydn »von Person und den Nahmen nach kenne«. Aber in des Sohnes Briefen ist Joseph Haydn selten erwähnt. Bemerkenswert ist nur der Nachsatz zu den zweimaligen Einladungen an Michael Puchberg zu »Così fan tutte«-Proben im Dezember 1789: »nur Sie und Haydn lade ich dazu«. Eine wahre Herzensergießung bringt die italienische Widmung von sechs Streichquartetten 1785; da wird Haydn als Padre, als Uom celebre, Guida und Amico mio carißimo angesprochen. Warum dieses ambivalente Verhalten Mozarts? Ein einfacher Grund liegt darin, daß vertrauliche Briefe und gedruckte Widmungsvorreden sehr unterschiedlichen literarischen Gattungen angehören. Außerdem dürfte um 1785 die Beziehung der beiden tatsächlich besonders herzlich gewesen sein; das Zusammentreffen wechselseitigen öffentlichen Lobs läßt dies vermuten. Doch auch 1787 äußerte sich Haydn gegenüber dem Ober-Pflegeverwalter Franz Rott in Prag, der ihn zur Komposition einer Opera buffa aufgefordert hatte, enthusiastisch über Mozart. War Haydn der herzlichere und offenere Partner in dieser Männerfreundschaft? In einem Brief (an Marianne von Genzinger vom 9. 2. 1790 aus Esterháza) erzählt er belustigt davon, daß ihn die Musik zu »Le nozze di Figaro« bis in die Träume hinein verfolge. Ähnliches vice versa gesagt, kann man sich bei Mozart kaum vorstellen.

Selbst wenn Haydn nicht der Herzlichere gewesen sein sollte, so verhielt er sich offensichtlich anders als Mozart. Man fragt sich also auch, wie denn Haydn sich über seine Musikerkollegen zu äußern pflegte. Im sehr wahrscheinlichen Gegensatz zu Mozart übte er strenge Courtoisie und vermied es, sich, wie Mozart, »die Profeßori von der Musick« zu Feinden zu machen. Auch Haydn konnte schonungslos hart über Sänger, Instrumentalisten und Komponisten urteilen, aber er tat es nur vertraulich; in der Öffentlichkeit jedoch spendete er Kollegen, Schützlingen wie Rivalen meist freundliche Anerkennung. Dieses Doppelspiel war ihm als gesellschaftliche Notwendigkeit sehr wohl bewußt. Etwa schreibt er an Frau von Genzinger am 4. 7. 1790 über den Wiener Klavierbauer Anton Walther: »gewis ists, daß H. Walther mein freund dermahlen sehr berühmt ist, und ich von diesen Mann alle Jahre sehr viel höflichkeiten Empfange, aber unter uns, und recht aufrichtig, unter zehen ist bisweiln ein einziges so man mit recht gut nennen kan, nebst dem ist Er ausserordentlich theuer.«

Mozart war für Haydn sicher nicht irgendein Musikerkollege, dennoch ist im eben angedeuteten Zusammenhang von Interesse, wie Haydn in London auf die Nachricht von Mozarts Tod reagierte. In sein Tagebuch notierte er lediglich: »Mozard starb den 5^{tn} 10^{bri} 1791«. Im Jänner 1792 fand er gegenüber Puchberg viele schöne Worte: »ich war über seinen Todt eine geraume Zeit ganz ausser mir und konnte es nicht glauben, daß die Vorsicht so schnell einen unersetzlichen mann in die andere Welt fordern sollte, nur allein bedaure ich, daß Er nicht zuvor die noch dunklen — Engländer darinn hat überzeugen können, wovon ich denselben täglich predigte ...« Die Erwähnung der Engländer ist eine direkte Anspielung auf die von Mozart nicht gewagte London-Reise und eine indirekte auf Mozarts Geldschwierigkeiten und Puchbergs Rolle als Mäzen. Die Formulierungen klingen nach höflicher Übertreibung. Kurz vorher, am 20. 12. 1791, schrieb Haydn an Frau von Genzinger (die eine Liebhaberin Mozartscher Musik war, wie auch aus Haydns Brief vom 30. 5. 1790 zu schließen ist): »ich freue mich kindisch nach Hauß um meine gute Freunde zu umarmen, nur bedaure ich dieses an dem großen Mozart zu Entbehren, wan es anderst denn also, welchs ich nicht wünsche, daß Er gestorben seyn sollte. die nachweld beckomt nicht in 100 Jahren wider ein solch Talent.« Am 13. 10. 1791, also noch vor Mozarts Tod, hatte er Frau von Genzinger ganz anderes anvertraut: »die meinige schrieb mir, allein ich kan es nicht glauben, daß Mozart mich sehr herab setzen solte. ich verzeihe es Ihm; daß ich auch in London eine menge Neyder hab, ist ganz gewiß ...« Haydn hält sich an seine gute Meinung, ist dahinter aber doch mißtrauisch, und das nicht nur gegenüber seiner Frau, sondern auch gegenüber Mozart, der ihn wegen seiner Londoner Erfolge begreiflicherweise beneiden hätte können. Haydn blieb also Realist. Seine Fähigkeit zur Differenzierung seines Urteils wie zur Distanz gegenüber eigenen Emotionen setzt viel Souveränität voraus. Mozart besaß sie, was die emotionale Seite anlangt, in deutlich geringerem Maße.

Doch nun zum Kern der Sache: Warum schweigt Mozart? Sein Verhalten mag psychologisch begründbar sein. Vor allem aber gibt es einen Sinn im Horizont unserer bisherigen Beobachtungen. Eine mögliche Erklärung wäre Selbstschutz gegenüber ernstzunehmenden Rivalen. In vielen Situationen seines Lebens hat er derart reagiert. Dahinter steht jedoch eine tieferreichende Dimension. Sie begegnet uns in der Nüchternheit der Aussagen und in Mozarts Fähigkeit, Distanz zum Gegenstand zu halten. Wir spüren diese Dimension in der intimen Gemeinsamkeit zwischen Vater und Sohn in Sachen Musik, gerade auf Grund jenes merkwürdig beharrlichen Kontrapunktierens ernsthafter Musikkommentare mit Späßen und Belanglosigkeiten. Und in ähnliche Richtung weist seine Art, Reverenz vor Größen höchstens indirekt, sozusagen auf dem Umweg eines Tadels für mittelmäßige Musiker zu äußern. Was dort wie da behütet bleibt, ist der Bereich des Schöpferischen als eine Einheit aus psychischer Verletzlichkeit und einem Ernstnehmen der Kunst jenseits von Bekennerworten und jeglichem Pathos.

Aussagen zur Musikanschauung

Über Mozarts Musikanschauung soll nur insofern die Rede sein, als sie sich in seinen eigenen Worten niedergeschlagen hat. Diese entscheidende Einschränkung läßt uns leichter der Gefahr entgehen, das in Worten Gesagte und das in der Musik Enthaltene miteinander zu verwechseln. Für einen späteren Schritt steht es uns frei, Mozarts Interpretation seiner Musik und der Musik insgesamt mit den musikalischen Sachverhalten, wie wir sie sehen, in Beziehung zu setzen.

Eine weitere Einschränkung, die sich aus Überlegungen im vorangegangenen Kapitel ergibt, betrifft die Inhalte von Mozarts Äußerungen selbst. Sie sind im einzelnen mit aktuellen Absichten und Stimmungen, die nichts mit Musik zu tun haben müssen, verknüpft, und sie bilden nur einen Ausschnitt dessen, was Mozart mündlich geäußert oder über Musik gedacht hat. Musikalische Korrespondenz führte er vor allem mit seinem Vater, gelegentlich mit seiner Schwester, vereinzelt mit anderen, nie mit prominenten Komponistenkollegen. Was er mit Haydn, Gluck, Johann Christian Bach, Hoffmeister usw. besprach, darüber hat keiner von ihnen der Nachwelt berichtet. Gegenüber dem Vater fungierte das musikalisch Fachliche als eine ihnen gemeinsame Gegenwelt zum oft kontrovers gesehenen »realen« Leben. Mozart mußte seinem Vater als einem sehr anspruchsvollen Fachmann entsprechend begegnen. Diesem Vorteil für uns steht der Nachteil gegenüber, daß wir nicht beurteilen können, ob Mozart aus persönlichen Gründen bereit war, auf die ausgeprägten Ansichten seines Vaters einzugehen, oder ob eben beide in wichtigen Bereichen der Musikanschauung übereinstimmten. Jedenfalls sind sich Vater und Sohn in ihren verbalen ästhetischen Ansichten viel näher als in ihren Kompositionen. Um so interessanter sind die wenigen vorhandenen Reibungsflächen.

Als Einstieg in die Thematik wähle ich den Begriff der Natur und vor allem das Wörtchen »natürlich«. Das mag willkürlich sein, ist aber gut geeignet, von der Sphäre des Persönlichkeitsbildes zu der der Musikanschauung überzuleiten und dabei die Möglichkeit von Gemeinsamkeiten im Auge zu behalten.

Mit Natur hatte Mozart offensichtlich wenig im Sinn. Sicher wird er bei seinen Reisen und zu Hause in der Salzburger Landschaft auch tieferreichende Natureindrücke erhalten haben. In Wien hatte er seine Lieblingsspaziergänge und machte Ausflüge in die Umgebung. Doch darüber verlor er nie viele Worte. Rousseausche Gedanken finden sich in seinen Briefen kaum. Er war kein moderner Großstadtmensch und schwärmte nicht von dem, was ihm fremd war. Dennoch verwundert es, daß in seinen vielen Briefen nur eine einzige Naturschilderung enthalten ist. In der aufregenden Zeit nach dem endgültigen Bruch mit Salzburg berichtet Mozart seinem Vater am 13. 7. 1781 von einem Ausflug zum Cobenzl (Teil des Kahlenbergs nördlich von Wien, damals Reisenberg genannt), wo er für ein paar Tage beim Grafen Kobenzl wohnte: »das häuschen ist nichts; aber die gegend! — der Wald — worinnen er eine Grotte gebauet, als wenn sie so von Natur wäre. das ist Prächtig und sehr angenehm.« Der Ton ist schwärmerisch, aber die Aussage knapp, und die Begeisterung für die schöne Gegend konzentriert sich rasch auf das der Natur geschickt eingefügte Detail einer künstlichen Grotte.

Der Absenz von Natur und Landschaft in den Briefen steht der reichliche Gebrauch des Wortes »natürlich« entgegen. Haben Natur und Natürlichkeit nichts miteinander zu tun? In gewisser Weise trifft das tatsächlich zu. Die Begriffsgeschichte seit der antiken Philosophie kennt ein beständiges Neben- und Gegeneinander von Natürlichkeit als Sache des Ursprungs und einer Natürlichkeit als Angemessenheit, damit als Sache der Vernunft. Es gibt also einen genetischen und einen normativen Begriff. Der genetische kommt bei Mozart so gut wie nicht vor. Einmal schreibt er seinem Vater: »ich habe von natür aus eine schlechte schrift, das wissen sie« (29. 12. 1778), doch dann heißt es weiter: »denn ich habe niemalen schreiben gelernt.« Diese Begründung macht klar, daß Mozart gar nicht wirklich »von natur aus« meint. Eher gilt hier jener Cicero-Ausspruch »Consuetudo est altera natura«, den Leopold Mozart gelegentlich (18. 10. 1777) zitiert.

Den Sprachgebrauch von »natürlich« hat Mozart weitgehend vom Vater übernommen. Es ist für beide ein Lieblingswort (das etwa in Leopold Mozarts Brief vom 1. 11. 1777 geradezu zwanghaft gehäuft vorkommt) und hat oft wenig Bedeutung bzw. steht synonym für einleuchtend, klar. Vor allem Leopold Mozart bezeichnet mit »natürlich« auch gerne ein ungekünsteltes, aufrichtiges Verhalten. Der Sohn verteidigt etwa dem Vater gegenüber einen gesellschaftlichen Auftritt mit »ich war halt natürlich sonst weiter nichts« (Augsburg, 25. 10. 1777); oder nach einem ersten Besuch beim leidenden Mysliveček in München, der ihn sehr erschütterte, sagte er einen weiteren Besuch ab und berichtete darüber dem Vater: »ich schrieb aber folgenden tags einen italienischen brief an ihn, *ganz natürlich:* ich könte ohnmöglich zu ihm kommen; ich habe schier nichts essen, und nur 3 stund schlaffen können. ich war den tag wie ein mensch der seine vernunft verlohren hat. er seye mir immer vor augen Ecet:‹« (11. 10. 1777).

Von speziellem Interesse ist für uns der Wortgebrauch in Hinblick auf die Musik. Nach dem bisher Gesagten ist es nicht verwunderlich, aber doch bemerkenswert, daß Mozart nie, wie es sowohl die Aufklärer als auch die Prediger der Empfindsamkeit taten, vom Wesen der Musik als Naturnachahmung oder Sprache des Herzens redet. In betont nüchterner Weise kommt der Sinngehalt des Einleuchtenden, Klaren, Aufrichtigen auf die Ebene der Kunst zu stehen. Das zeigt sich schon in den Aussagen über das Singen und das Instrumentalspiel. So spricht Mozart von einer »natürlichen leichtigkeit« im Klavierspiel (14. 11. 1777) und erläutert das bei anderer Gelegenheit als »gelengigkeit, und fliessende geschwindigkeit« (7. 6. 1783). Welch hoher Anspruch damit gestellt ist, läßt eine Klage Leopold Mozarts über den Geiger Karl Michael Esser aus Mainz erkennen: »daß solche Leute nichts natürlich spielen können. O wie wenige spielen, wie ichs wünsche!« (15. 12. 1780)

Von der »Natur« des Dramas sprachen alle Opernreformer der Zeit mit Vorliebe und meinten damit in mehr oder weniger bestimmter Weise eine Einheit von Musik, Dichtung, Szene und Tanz. Mozart äußert sich dagegen nur zu konkreten Details und versteht hier das Natürliche als positiven Gegensatz zum Übertriebenen und Unpassenden. Z. B. sei in Anton Schweitzers »Rosamunde« »keine Natur darinen, und alles übertriben, und für die Sänger nicht gueth gesezet« (18. 12. 1777). Er findet lange

Sterbearien oder ein Da-parte-Sprechen von Texten, die in Dacapo-Teilen wiederholt werden müssen, für unnatürlich (14. 11. 1777 und 8. 11. 1780). Etwas »ganz natürlich« machen, kann sich bei Mozart auf die Verbesserung der Handlungslogik oder auf die Anpassung einer Gestaltung an die Situation im Drama beziehen (13. 11. 1780 und 24. 12. 1783). Doch der Gattungsbegriff der Opera seria scheint ihm in derlei Äußerungen zur zweiten Natur geworden zu sein. Das zeigt sich überraschenderweise sogar in der Zeit der Arbeit am »Idomeneo«: Mozart war unglücklich, weil Raaff und dal Prato ihre Rezitative so schlecht sangen, er resigniert aber beim Gedanken an eine andere Lösung »wegen der unschicklichkeit, unatürlichkeit und fast ohnmöglichkeit des weglassens« (27. 12. 1780; die tatsächlich komponierten Rezitative lassen statt Gattungsrücksichten eher musikdramatischen Ausdruckswillen als Grund für ihr Beibehalten und Weiterentwickeln erkennen).

Eine Lizenz gewährt Mozart der Unnatürlichkeit, um mit ihrer Hilfe Komisches auszudrücken. Bei den letztlich vergeblichen Mühen, Varescos Libretto zu »L'oca di Cairo« zu verbessern, moniert Mozart zunächst, »man könnte vielle kommischere und Natürlichere Sachen anbringen ... denn wie kommischer die Welsche opera ist, desto besser« (6. 12. 1783), geht aber dann noch weiter, indem er einen ihm vorgeschlagenen neuen Einfall so kommentiert: »wenn er nur komisch ist, wir wollen ihm gerne ein bischen unatürlichkeit erlauben« (24. 12. 1783). Zuvor, im vielzitierten »Entführungs«-Brief vom 26. 9. 1781 hatte Mozart die zweite Arie des Osmin im Prinzip ähnlich (wenn auch ohne das Wort von der Unnatürlichkeit) beschrieben und die Komik der Szene im Zorn des Osmin, der »alle ordnung, Maas und Ziel« überschreite, gesehen.

BALANCE-IDEAL

Aber häufiger und intensiver als von Komik ist vom umgekehrten Fall, einer Natürlichkeit als Ausdruck innerer Balance, die Rede. Mozart bewegt sich hierbei in einem Bereich zwischen der Musikanschauung und der vom Konflikt mit dem Vater belasteten Weltanschauung. Noch wenig davon zu spüren ist etwa in seiner sachlichen Kritik am zu starken Tremolieren von Joseph Nikolaus Meißner; etwas dürfe eine Stimme schon »zittern ... so bald man aber über die schrancken geht, so ist es nicht mehr schön — weil es wieder die Natur ist« (12. 6. 1778). Auch die mehrmals geäußerte Ansicht von der zentralen Rolle der richtigen Tempowahl und des Tempohaltens weist wohl unmittelbar auf ein Balance-Ideal hin. Doch die beiden aussagekräftigsten Briefe zum Thema (vom 26. 9. 1781 und 28. 12. 1782) sind in einer Situation entstanden, in der Mozart allen Grund hatte, dem Vater Wohlgefälliges zu schreiben. Der erste schließt prinzipiell an eben Zitiertes an, nur ohne Sängerkritik und ohne Gebrauch des Wortes »Natur«. Mozart setzt der komischen Darstellung des zornigen Osmin die Grenze, wonach etwas »niemal bis zum Ekkel ausgedrücket« werden dürfe, weil »die Musick, auch in der schaudervollsten lage, das Ohr niemalen beleidigen, sondern doch dabey vergnügen muß, folglich allzeit Musick bleiben Muß«. Mozart — ein Klassizist par excellence?

Der zweite Brief steht in einem weiter zurückreichenden Diskussionszusammenhang, in dem es, kurz gesagt, um das »Populare« geht. Vater und Sohn sind sich in der Maxime einig, Musik solle »natürlich-flüssend« und »gründlich gesetzt« sein (13. 8. 1778); dagegen seien ungeschmeidige Modulationen »nicht natürlich« (14. 10. 1777). Für Leopold Mozart sind das Natürlich-Fließende und das Leichte nahe verwandt, und er fordert dementsprechend vom Sohn beharrlich »das natürliche, für iederman leicht fassliche Populare«, dem er das, nur »zu grossen Sachen« passende, »Grosse, erhabene« gegenüberstellt (3. 11. 1777). Nach ausweichenden Bemerkungen (etwa das »Andantino« der Pariser Sinfonie sei »ganz natürlich — und kurz«, 9. 7. 1778, oder in bezug auf den »Idomeneo«: »wegen dem sogenannten Popolare sorgen sie nichts, denn, in meiner Oper ist Musick für aller Gattung leute; — ausgenommen für lange ohren nicht. —« 16. 12. 1780), geht Mozart im erwähnten Brief grundsätzlicher auf den Fragenkreis ein. Er verweist zunächst auf seine Klavierkonzerte KV 413, 414 und 415, mit denen er in Subskriptionskonzerten Erfolg hatte: »die Concerten sind eben das Mittelding zwischen zu schwer, und zu leicht — sind sehr Brillant — angenehm in die ohren — Natürlich, ohne in das Leere zu fallen —«. Raffiniert rückt er damit die väterliche Gleichsetzung von natürlich — popular — leicht in einer Weise zurecht, die den väterlichen Balance- und Vernunft-Idealen entgegenzukommen scheint. Das gute Mittelding ist eben nicht das Leichte, sondern etwas, das nicht in Gefahr gerät, ins Leere zu fallen. Bei der damals üblichen klischeehaften Einordnung des Musikpublikums in Kenner und Liebhaber (denen er mehrmals noch eine dritte Gruppe der »Esel« hinzufügt) setzt Mozart die Gewichte deutlich anders als der um die Karriere des Sohnes besorgte Vater. Denn das Zitat geht so weiter: »hie und da — können auch *kenner allein* satisfaction erhalten — doch so — daß die nichtkenner damit zufrieden seyn müssen, ohne zu wissen warum.« Diese Gewichtung stört aber offenkundig die Balance. Die nachfolgenden Spitzen gegen die »übertrieben schwülstige« Odendichtung von Denis und sein einbekannter Widerstand, Derartiges zu vertonen, schaffen wiederum zum Gegenpol, dem des Erhabenen, so viel Distanz, daß sich Mozart in schöner Mitte wiederfindet, um ein emphatisches Bekenntnis zum wahren Wesen der Kunst von sich zu geben: »— aber was wollen sie! — das mittelding — das wahre in allen sachen kennt und schätzt man izt nimmer — um beyfall zu erhalten muß man sachen schreiben die so verständlich sind, daß es ein fiacre nachsingen könnte, oder so unverständlich — daß es ihnen, eben weil es kein vernünftiger Mensch verstehen kann, gerade eben deswegen gefällt.« Das hat dem Vater sicherlich gefallen. Wohl auch der Hinweis Mozarts im Anschluß an dieses Bekenntnis, er habe — wie einst der Vater — »lust ein Buch — eine kleine Musicalische kritick mit Exempeln zu schreiben«. Aber bloß nach dem Mund geredet ist all dies wohl auch nicht; zumindest gibt es keine Briefäußerung Mozarts, die dem Balance-Ideal in Musik, so wie er es hier formuliert, widerspräche.

DAS »BESONDERE«

Die dennoch spürbare Reserve Mozarts gegenüber dem Popularen ist mit seinen Aussagen zum Natürlichen nicht zu erklären. Hier helfen andere Wörter weiter. Was Kenner seiner Meinung nach lieben, deutet er einmal an, indem er einen solchen zitiert: Bei einem Augsburger Musikabend im Hause des Klavierbauers Stein spielte sich offensichtlich ein »H: graf, welcher Director hier ist« als Musiker auf, der von sich meinte, »ganz besonder in seiner Reise durch die töne zu seyn«; Mozart lehrte ihn, »daß man noch besonderer seyn kan, und ohne dem ohr wehe zu thun« (14. 10. 1777). Das Wort »besonders« kehrt in einem Brief vom 23. 3. 1782 wieder, als Mozart dem Vater stolz von seinem neuen Rondo KV 382 zum Klavierkonzert KV 175 erzählt, »welches hier so grossen lärm macht ... ich habe es *besonders* für mich gemacht«. Was er allgemein aussagen will, ist klar. Er betont die Rolle der Originalität und Neuheit. Schön umschreibt er sie in einer »Musikalischen gratulation« zu des Vaters Namens- und Geburtstag (8. 11. 1777) als einen Horizont unendlicher Möglichkeiten: »ich wünsche ihnen, daß sie so vielle jahre leben möchten, als man jahre braucht, um gar nichts neües mehr in der Musick machen zu können«. Dahinter steht freilich ein sehr allgemeiner Gedanke, den genau 300 Jahre zuvor, 1477, der niederländische Musiktheoretiker Johannes Tinctoris auch schon aussprach, als er das »ingenium« als die Fähigkeit, »novos cantus novissime« zu erfinden, definierte.

Doch Mozart bezieht sich jeweils auf konkrete Fälle, und was er an Speziellem meint, ist viel schwieriger festzustellen. Ungewöhnliche kompositorische Ansprüche machen nicht das Besondere von KV 382 aus; vielleicht wollte Mozart sagen, daß er dieses Rondo sich selbst als Pianist auf den Leib geschrieben habe. Anders liegt der Fall eines der »grossen Concerte«, KV 449 in Es-Dur, für das er einen Hinweis gibt, in welcher Weise es »von ganz besonderer Art« ist: er habe es »eher für ein kleines als großes Orchestre geschrieben« (26. 5. 1784). Ein wiederum anderer Fall von einbekanntem Originalitätsstreben ist die Konzertarie »Non sò d'onde viene« KV 294. Mozart berichtet darüber im Brief vom 28. 2. 1778 an den Vater: »ich habe auch zu einer übung, die aria, non sò d'onde viene etc: die so schön vom Bach componirt ist, gemacht, aus der ursach, weil ich die vom Bach so gut kenne, weil sie mir so gefällt, und immer in ohren ist; denn ich hab versuchen wollen, ob ich nicht ungeacht diesen allen im stande bin, eine Aria zu machen, die derselben vom Bach gar nicht gleicht? — — sie sieht ihr auch gar nicht, gar nicht gleich.« So leicht verständlich sich das liest, bleibt doch manches unklar. Hat Mozart die Arie nur zur Übung komponiert, oder als Laune, oder als geheime Botschaft für Aloysia Weber, oder ist das Besondere dieses Stücks etwas bei Mozart gar nicht so Außergewöhnliches? Wie weit reicht also dieses kunstanschauliche Bekenntnis, und ist Mozarts Arie überhaupt so ganz anders als die

Bachs? Darauf geben Mozarts Worte keine befriedigende Antwort.

Was sich deutlich niederschlägt, ist die Verknüpfung des Originalitätsstrebens mit Mozarts Künstlerstolz. Ein extremes Beispiel gibt der wenig glückliche Verlauf der Arbeit an »L'oca di Cairo«. Trotz seiner grundsätzlichen Bedenken gegenüber der »gans historie« und trotz ständiger Änderungswünsche an den Librettisten schreibt er im Brief vom 6. 12. 1783 an den Vater: »die Aria Buffa — das Quartett — und das finale kann ich sagen daß ich ganz vollkommen damit zufrieden bin, und mich in der that darauf freue.« Und als er am 10. 2. 1784 zu erkennen gibt, daß er diese Arbeit fürs erste beiseiteschieben will, äußert er statt Resignation die Überzeugung, »unter allen opern die wehrender zeit bis meine fertig seyn wird aufgeführt werden können, wird kein einziger gedanke einem von den meinen ähnlich seyn, dafür stehe ich gut! —« So erhebt sich der Phönix Mozart aus der Asche eines untauglichen Gegenstandes. Wie sehr dieser Künstlerstolz von Selbstsicherheit herrührt, zeigt eine andere Äußerung aus der Zeit der Komposition der »Entführung«. Mozart hatte Teile der Oper der Gräfin Thun vorgespielt und viel Lob geerntet, doch meint er dem Vater gegenüber (8. 8. 1781), er gebe nichts auf das Urteil anderer, die das Ganze noch nicht kennen, »sondern folge schlechterdings *meinen eigenen Empfindungen*«.

Weiteren Aufschluß lassen Mozarts Selbstbewertungen einzelner Werke erwarten, doch gibt es ihrer kaum ein Dutzend. Trotz aller Augenblicksbezogenheit dieser Urteile fällt doch auf, wie sehr Mozart Werke, die durchaus nicht zu den Glanzstükken des Repertoires zählen, lobt. »— ich selbst halte es für das beste was ich noch in meinem leben geschrieben habe« (10. 4. 1784). Bei einem Quiz unter Musikfreunden kämen vermutlich wenige dahinter, daß Mozart hier vom Klavierquintett mit Bläsern KV 452 spricht. Ähnlicher Überschwang findet sich noch in Formulierungen aus der Zeit der abschließenden Arbeiten am »Idomeneo«, wenn er meint, der dritte Akt sei zumindest so gut gelungen wie die beiden anderen: »— ich glaube aber unendliche mal besser —« (30. 12. 1780. Schon davor, am 27. 12., schreibt er dem Vater, was er dem skeptischen Raaff sagte: »wenn ich nur eine Note wüste, die in diesen quartetto zu ändern wäre, so würde ich es sogleich thun. — allein — ich bin noch mit keiner sache in dieser oper sozufrieden gewesen wie mit diesen quartett«). Weniger emphatisch gesteht er dem Vater die Freude darüber ein, daß die Haffner-Symphonie KV 385 »nach ihren geschmack ausgefallen ist« (24. 8. 1782), und zeigt sich wenig später über »die Neue Hafner Sinfonie ... ganz surprenirt — dann ich wusste kein Wort mehr davon; — die muß gewis guten Effect machen« (15. 2. 1783; Mozart hatte sie in Eile mitten in Hochzeitsvorbereitungen komponiert). Oder er äußert gegenüber seiner Schwester, die er veranlaßte, das Klaviertrio KV 542 (oder 548?) Michael Haydn vorzulegen: es »wird ihm nicht misfallen« (2. 8. 1788). Spürbar am Herzen lag ihm die Musik zu Geblers heroischem Drama »Thamos, König in Ägypten«. Als sich Anfang 1783 Hoffnungen, das Stück in Wien aufzuführen, zerschlugen, artikuliert Mozart sein Bedauern ungewohnt deutlich: »Es thut mir recht leid daß ich die Musique zum Thamos nicht werde nützen können! ... schade ist es gewis! —« (15. 2. 1783). Meist jedoch neigt Mozart zum Understatement oder verschweigt überhaupt das, was ihn berührt; dieses Verhalten haben wir nicht nur bei persönlichen Dingen, sondern auch bei fachmännischen Urteilen über Komponistenkollegen kennengelernt (s. S. 78). Die Lücken auf der einen und die wenigen Urteile, die heutige Kenner herausfordern, auf der anderen Seite, verzerren unsere Perspektive. Was dachte Mozart über seine italienischen Opern zwischen »Entführung« und »Zauberflöte« oder über seine Klavierkonzerte (deren »Vortrefflichkeit« auszusprechen er dem Vater überließ, etwa im Brief vom 16. 2. 1785)?

Einmal mehr ergibt sich kein geschlossenes Bild, aber auch kein in sich widersprüchliches. Vielmehr weisen Symptome in eine gewisse Richtung. Um aber die beiden hervorstechenden Merkmale dieser allgemeinen Richtung, Balance-Ideal und Originalitätsstreben, und das, was vage als Mozarts Begriff vom Schönen aufscheint, näher bestimmen zu können, müßte aus seinen Briefen etwas an Aussage zum Verhältnis zwischen dem Schönen und dem Charakteristischen zu gewinnen sein. Eine theoretische Erörterung findet nicht statt. Immerhin lassen sich einzelne Formulierungen dahingehend deuten. Freilich unter der Gefahr, zu überpointieren und zu verallgemeinern.

Das Wort »caractére« verwendet Mozart einige Male, auch in bezug auf Musik, etwa im Sinne von Eigenart oder Haupteigenschaft. Über die beiden Fassungen des Andantinos der Pariser Sinfonie sagt er, daß »jedes einen anderen Caractére« habe (9. 7. 1778). Und über das Andante einer in Mannheim komponierten Klaviersonate (KV 309?) meint er: »ich will es ganz nach den Caractére der Mad:selle Rose machen ... wie das andante, so ist sie« (6. 12. 1777; Rosa Cannabich war seine Klavierschülerin; (siehe Schlußkapitel). Ohne das Wort zu gebrauchen, erläutert Mozart in Briefen zu »Idomeneo« und »Entführung« von ihm komponierte charakteristische Züge einzelner Bühnenfiguren (s. S. 197). Doch der musikanschauliche Hintergrund kommt nicht zur Sprache, mit einer Ausnahme: Im Brief vom 27. 12. 1780 erläutert Mozart u. a. die für Raaff geschriebene Idomeneo-Arie »Vedrommi intorno« (Nr. 6). Sie sei »gut« und »schön« — »aber wenn ich sie für Zonca geschrieben hätte, so würde sie noch besser auf den Text gemacht seyn. — er Raaff liebt die geschnittenen Nudeln zu sehr — und sieht nicht auf die Expreßion.« Hier bewertet Mozart also das Charakteristische, Text-Ausdeutende höher als das schöne Gleichmaß der »geschnittenen Nudeln«. Ähnlich läßt sich die Conclusio seiner Ausdrucks-Exegese der Idomeneo-Arie »Fuor del mar« (Nr. 12) verstehen: »und überhaupt ist daß — die Prächtigste aria in der opera —«; desgleichen seine (vom Vater voll bestätigte, 29. 12. 1780) Forderung, im Quartett des dritten Aktes müßten die Sänger »mehr reden als singen«. Doch übersehen wir nicht, Mozart spricht nicht vom Normalfall, sondern weist auf prägnante Besonderheiten und in der Regel nicht auf deren Einbindung in größere Zusammenhänge hin, und außerdem ist »Idomeneo« wohl Mozarts kühnstes musikdramatisches Werk.

Dafür, daß Mozart das Charakteristische nicht in einen Konflikt mit dem Schönen treiben wollte, sprechen zwei Symptome. Nicht irgendwann, sondern gerade bei der Beschreibung eines Extremfalls von Charakterisierung, nämlich der musikalischen Darstellung des Zorns von Osmin in der »Entführung« (26. 9. 1781), stellt Mozart das bereits erwähnte bekannte Postulat auf, die Musik müsse »allzeit Musick bleiben«. Einen anderen Extremfall bildet der in Mozarts Briefen sich spiegelnde Prozeß der Gestaltung der Szene mit der unterirdischen Stimme (der »Voce« des Neptun) im dritten Akt »Idomeneo«. Mozarts Äußerungen sind in mehrfacher Hinsicht von Interesse. Eine Perspektive ist die der zeitgenössischen Debatten um die Glaubwürdigkeit von Geistererscheinungen auf der Bühne. Sie wurden in den späten 60er Jahren vor allem von Lessing angeheizt und liefen auf ein Bekenntnis pro Shakespeare und contra Voltaire hinaus. Mozart hat sich zu diesem Dramaturgen-Streit nie geäußert. Dennoch bemerkenswert ist sein Urteil über die meist als Vorbild verstandene Erscheinung des toten Königs in »Hamlet«: »Wäre im Hamlet die Rede des Geistes nicht so lang, sie würde noch von besserer Wirkung seyn« (29. 11. 1780). Das wirkt im Diskussionszusammenhang als ausgesprochen fortschrittlich. — Eine andere Perspektive richtet sich auf das Vater-Sohn-Verhältnis. Entgegen der gewohnten Harmonie in Sachfragen werden hier Unterschiede deutlich. Wie kaum sonst macht der Vater brieflich einen Kompositionsvorschlag: »Wie wär es, wenn nach dem *wenigen* unterirrdischen Lermen die Instrumenten *piano aushielten aigentlich auszuhalten anfiengen.* dann ein *Crescendo bis ins Schröckliche machten,* und beym *decrescendo die Stimme zu Singen anfieng?* und so ein schauderndes crescendo bey *jedem Absatz der Stimme.* Durch den Lermo, der kurz seyn muß, und nur wie ein Stoß von einem Erdbeben, dadurch die Statue des Neptuns sich bewegt wird alles aufmerksamm, welche Aufmerksammkeit durch den Eintritt einer stillen anhaltenden und dann anwachsenden schröckbarstarken Harmonie vermehret und alsdann erst auf höchste steigt, da gar *eine Stimme* erfolgt. mir scheint ich sehe und höre es.« (29. 12. 1780) Ohne ausdrücklich darauf einzugehen, berichtet Mozart von seiner Lösung: »das Accompagnement bey der Unterrirdischen Stimme besteht in nichts als 5 stimmen; nemlich; in 3 Posaunen, und 2 Waldhorn, welche an dem nemlichen orte Placirt sind, wo die Stimme herkömmt. — das ganze Orchestre ist bey dieser Stelle still.« (3. 1. 1781) Doch damit nicht genug, nach ersten Probenerfahrungen schreibt er dem Vater: »der orackel spruch ist auch noch viel zu lange — ich habe es abgekürzt« (18. 1. 1781). In diesem Fall neigt also Leopold Mozart stärker zum musikalisch Charakteristischen und zu Theatereffekten, während der Sohn eine Reduktion der Mittel auf das Wesentliche anstrebt. Dieser Unterschied enthält aber keinen Widerspruch, denn auch die von Mozart komponierten Blechbläserklänge charakterisieren die Aura der Voce. Vielmehr bildet das Kriterium für Mozarts kompositorisches Handeln die angestrebte Glaubwürdigkeit einer Göttererscheinung, die offensichtlich ihre naive Akzeptanz in der Barockoper bereits verloren hatte. Daß er hierauf sensibler als sein Vater reagierte, zeigt eine Formulierung bereits vom 29. 11. 1780, die erst dessen, eben nicht entsprechenden, Kompositionsvorschlag ausgelöst hatte: »Stellen Sie sich das Theater vor, die Stimme muss schreckbar seyn — sie muss eindringen — man muss glauben, es sey wirklich so — wie kann sie das bewirken, wenn die Rede zu lang ist, durch welche Länge die Zuhörer immer mehr von dessen Nichtigkeit überzeugt werden?«

Wenngleich es streng genommen auf eine unstatthafte Verallgemeinerung hinausläuft, läßt sich doch aus diesen beiden Symptomen eine gewisse Grundeinstellung Mozarts herauslesen. Demnach stehen das Schöne und das Charakteristische wohl in einer Spannung. Diese wird aber im jeweils konkreten Fall unter dem Zeichen einer Suche nach glaubhaften Lösungen zur Balance. Die Glaubwürdigkeit wiederum läßt sich jenem eingangs dieses Kapitels besprochenen Begriffsfeld des Natürlichen als dem Vernünftigen zuordnen. Womit sich andeutungsweise der Kreis schließt.

ZUR ÄSTHETISCHEN POSITION

Sicherlich keine Überinterpretation ist es, zu sagen, Mozarts Interesse richte sich bei seinen Äußerungen über Musik primär auf konkrete Einzelsituationen. Etliche derartige Briefzitate werden daher hier nicht behandelt, sondern sollen in anderen Zusammenhängen als Einstiegshilfen dienen. Bei der Art der verbalen Zeugnisse ist es auch problematisch, Mozarts Musikanschauung von den Ansichten anderer her (die sich ja auch nicht zu einer leicht praktikablen Geschichte der Musikanschauung bündeln lassen) präzisieren zu wollen. Als ein Postskriptum sei aber doch versucht, wenigstens ansatzweise Mozarts Position in einen weiteren Rahmen zu stellen.

Als solcher kann das 1986 erschienene Buch »Klassische und romantische Musikästhetik« von Carl Dahlhaus dienen. Beim

Versuch einer Anwendung gerät man rasch zur Vorfrage, in welcher Rolle sich Mozart äußerte, ob als Kenner, Liebhaber oder Künstler. Die Antwort ist klar: eindeutig als Künstler. Damit aber wird ein Vergleich etwa mit Kants Philosophie hinfällig. Denn Kant leistet den Aufbau einer Ästhetik auf der Basis des Liebhabers. Seine Überlegungen zum sensus communis (einem Geist der öffentlichen Meinung, der in einer Art »Stimmung der Erkenntniskräfte« auf etwas aus ist) sind zentral; mögliche Berührungspunkte zu dem, was Mozart über die beabsichtigte Wirkung seiner Musik sagt, sind aber marginal. Mit anderen prominenten Beispielen geht es kaum einfacher. Johann Georg Sulzer wählt in seiner »Allgemeinen Theorie der schönen Künste« als Basis die Position des Kenners (der zwischen Künstlertum und Liebhaberei in der Mitte steht). Erst wenn Sulzer über den Künstler sagt, er müsse »das Mechanische der Kunst verstehen und auch die Ausübung derselben in seiner Gewalt haben«, beschreibt er Mozarts Sprechhaltung. Bedenkt man im weiteren, daß es ein wesentlicher Fortschritt der im 18. Jahrhundert entstehenden Ästhetik war, das barocke System von Kunstregeln, die als von Natur gegeben aufgefaßt worden sind, überwunden zu haben, so entsteht leicht der Eindruck, Mozart betrachte seine Kunst betont traditionalistisch. Doch hat er nicht die Kunstregeln etwa eines Johann Joseph Fux, sondern die seiner Zeit im Auge, und vor allem kommt ihm nie der Gedanke von der Naturgegebenheit dieser Regeln. Zumindest spricht er ihn ebensowenig wie den anderen Gedanken an einen sensus communis aus. Das Äußerste, was er an Kriterien für sein Tun zu erkennen gibt, sind seine »Ohren« und seine »Empfindungen«. Aber nicht im Sinne eines naiven Sensualismus, sondern eingebunden in einen betont vernünftigen, auf das »Natürliche« abzielenden Schaffensvorgang ist dieses Kriterium zu verstehen.

Die Nüchternheit in Mozarts Aussagen ist in ihren Motiven kaum zu durchschauen. Sie mag die Nüchternheit des Fachmanns, die des auf seinen Vater ernsthaft eingehenden Sohnes und auch die einer sich unsentimental und unpathetisch gebenden Persönlichkeit sein. Was er an Balance- und Originalitäts-Idealen hervorkehrt, steht gegen eine übertriebene Erhabenheit — und vielleicht auch gegen eine missionarische Gesinnung —, wie sie in der damaligen Dichtung Klopstock vertrat. Wenngleich Mozart Klopstock nie erwähnt (Leopold Mozart erzählt einmal seiner Tochter von einer »Messias«-Deklamation im Salzburger Rathaus in eher hämischem Ton, 19. 5. 1786), nur einmal dessen »Ode an Edone« in einem Bäsle-Brief parodiert (10. 5. 1779), sind seine literarischen Aversionen unverkennbar. Seine Nüchternheit läßt ihn selbst ein »Laus Deo«, wie es Joseph Haydn am Ende seiner Partituren zu notieren pflegte, oder einen Hinweis auf Gotteslob und Gemütsergötzung als Ziel der Musik, wie ihn Johann Sebastian Bach gerne anbrachte, unterdrükken. Daher fehlt selbstverständlich auch eine klare Stellungnahme zu all den Inhalten, die Dahlhaus als bezeichnend für die klassisch-romantische Musikästhetik ansieht.

Mozarts Aussagen machen es aber möglich, gewisse historische Begrenzungen zu ziehen. Jene Verzerrung des klassischen Schönheitsbegriffs, die die zunehmende Aufwertung der Kategorie des Charakteristischen im 19. Jahrhundert bewirkte, sieht Mozart als latente Gefahr, der er ausweicht. Auf der anderen Seite widersprechen seine Bemerkungen zum Wort-Ton-Verhältnis in »Idomeneo« und »Entführung« dem wichtigen Merkmal der Ästhetik, die »Affektdarstellung ... zu einem Gefühlsausdruck von innen heraus umgedeutet« zu haben. Mozarts Worte klingen dagegen durchaus nach einer für ihn noch bestehenden Gültigkeit der Nachahmungstheorie; wobei er diesen Ansatz wohl kommentierend übersteigt, aber wie weit, bleibt offen. Zweifellos stehen wir hier vor einem ebenso heiklen wie zentralen Punkt, an dem die Ansichten sich scheiden. Während Dahlhaus in aller Eindeutigkeit den Beginn der klassisch-romantischen Ästhetik mit dem »Ende der Nachahmungstheorie markiert«, erklärt Gunthard Born Mozarts Musikauffassung von der musikalischen Rhetorik der älteren deutschen Kompositionslehre her (die bis herauf zu Meinrad Spiess, Tractatus musicus, Augsburg 1745, tradiert wurde). Statt eines Entweder-Oder könnte auch ein komplizierter gestalteter Wandel eine mögliche Antwort bilden. Jenseits der Musikforschung wird ja verschiedentlich die Meinung vertreten, daß Rhetorik und Affektenlehre innerhalb der Aufklärung die Gefühlskultur sogar evoziert haben und an der Ausprägung der Ästhetik des 18. Jahrhunderts beteiligt waren. Weder diese, noch speziell musikanschauliche Zusammenhänge sind aber hinlänglich aufgeklärt. Doch selbst wenn sie es wären, ließe sich das Heikle dieses Punktes kaum zu klaren Entscheidungen bringen, da Mozarts Äußerungen zu wenig systematisch sind.

In ähnlich eingeschränktem Maße geben auch Verwendung und Nicht-Verwendung einiger Lieblingswörter in der damaligen Kunstdiskussion Aufschluß über Mozarts Position. Wiederum läßt sich die historische Grenze nach oben hin deutlicher als nach unten ziehen. Das Wort »Erhaben«, das um und nach 1800 auch auf die Musik Mozarts gerne angewandt wurde, kommt in Mozarts Briefen so gut wie nicht vor (außer negativ akzentuiert in Hinblick auf die Bardendichtung). Mozart hielt es mehr mit dem unpathetischen Begriff des »Geschmacks«, der in der Geschichte ästhetischen Theoretisierens der ältere ist. Sowohl die deutsche Version wie das italienische »gusto« (selten das französische »gout«) gebrauchen er und Leopold Mozart häufig. Vergleicht man die Belegstellen mit dem, was in philosophiegeschichtlichen Werken über den Wandel des Begriffs »Geschmack« im 18. Jahrhundert zu lesen ist, sieht man Musikerjargon und systematische Reflexionen schwer versöhnbar nebeneinander stehen. Dabei fällt der Wandel genau in Mozarts Schaffenszeit. Während noch Leopold Mozarts Lieblingsdichter Christian Fürchtegott Gellert (1767) im Geschmack einen sensus communis sieht (ein »inneres Gefühl der Seele, wodurch sie ohne Vernunftschlüsse von der Wahrheit oder Falschheit einer Sache überzeugt wird«) und Johann Georg Sulzer (1771) eine Verfeinerung dieses allgemeinen Vermögens als nationale Aufgabe der Deutschen anspricht, rücken Herder (1773) und vor allem Kant (1790) von der Allgemeinheit des Begriffs ab: einerseits durch dessen Historisierung, andererseits dadurch, daß das Richtmaß für unser ästhetisches Urteilen als unbestimmte Idee des Übersinnlichen in unsere Subjektivität verlegt wird. Damit wird zugleich der Geschmack des bloß Urteilenden der produktiven Subjektivität des Genies untergeordnet.

Nicht nur berühmt, sondern auch bezeichnend ist Haydns Ausspruch über Mozart, dieser habe »geschmack, und über das die größte Compositionswissenschaft«. In traditioneller Weise sind hier Sachwissen, Verstand und ein sensus communis aesteticus verknüpft. Mozart selbst mag ähnlich gedacht haben; indirekt geht das aus einer Polemik gegen das Pariser Musikleben hervor, wenn er sich an einen Ort wünscht, »wo die leüte ohren hätten, herz zum empfinden, und nur ein wenig etwas von der Musique verstünden, und gusto hätten« (Brief vom 1. 5. 1778). Doch in der Regel bezieht er den Begriff weniger auf Kompositionen als auf das Instrumentalspiel und das Singen. »Geschmack und Empfindung«, »expreßion und gusto« sind stehende Forderungen. Soweit es erkennbar ist, scheint Mozart mit Geschmack ein Moment der Ausgewogenheit und Angemessenheit gegenüber dem nahverwandten Begriff der Empfindung andeuten zu wollen oder in anderen Fällen einfach die persönliche Spielart des einzelnen Musikers zu meinen. Wendet Mozart den Begriff auf Kompositionen an, so sucht er damit zu differenzieren. Er redet dann von seinem Geschmack, dem seines Vaters, vom Geschmack in Mannheim, Paris oder in Deutschland (bei Leopold Mozart fällt auch das Wort vom »Geschmack der Nation«, Brief vom 29. 4. 1778) und begibt sich damit auf ein Feld, das wir heute mit Begriffen wie Personal-, Lokal- und Nationalstil bezeichnen. Immerhin rückt er damit vom Allgemeinen des Begriffs ab. Er läßt auch einen Sinn fürs Historische durchscheinen, wenn er den Vater als Komponisten mit dem Hinweis tröstet, »daß sich der gusto immer ändert« (Brief vom 12. 4. 1783). Von Gedankengängen in der Art Kants findet sich keine Spur; auch versteht Mozart unter Genie, noch wenig reflexionsbelastet, ein »superieures Talent« und nicht mehr.

Was hier offenbleibt, reizt zur Interpretation der Musik selbst. Denn selbstverständlich besteht die Musikanschauung eines Musikers auch aus einer Theorie ohne Worte in seinem musikalischen Tun und in seinen Werken.

Musik und Gesellschaft

Als nächster Schritt soll die Perspektive vom Komponisten und seinem Selbstverständnis auf die Art, in der er sich komponierend verhält, gelenkt werden, und zwar vorerst möglichst allgemein. Angesprochen werden gesellschaftliche Bedingungen und Erscheinungsformen von Mozarts Komponieren.

Stil setzt eine einigermaßen geschlossene Gesellschaft als Basis voraus. Diese Binsenweisheit verlangt allerdings, konkret angewendet, einen Weg zwischen soziologischem Reduktionismus und einer Ignoranz gegenüber historischen Gegebenheiten zu suchen. Obwohl es sich als Ansatz anbietet, verzichte ich auf ein Exzerpt aus Standardwerken zur österreichischen Sozialgeschichte von Maria Theresia bis Leopold II. sowie zur gesellschaftlichen Rolle der Musik und des Musikers im 18. Jahrhundert. Die entscheidende Frage nach dem Wandel im Wien der 80er Jahre und der Art, in der ihn Mozart erlebte, würde eine entsprechende Materialanhäufung wohl veranschaulichen, aber nicht lösen. Zu unterschiedlich akzentuiert sind die Antworten in der Geschichtsschreibung selbst. Zum Beispiel gibt es seit zwei Jahrhunderten zwei gegensätzliche Denkschulen in der Einschätzung Kaiser Josephs II. — ferner ein Schwanken zwischen Einvernahme und Absonderung Österreichs (und speziell der Wiener Kultursituation) in die deutsche Musikgeschichte — und auch völlig unterschiedliche Gewichtungen der Berufsbilder des Hofkapellmeisters und des freien Künstlers. Auf diesem relativ offenen Feld darf sich auch unsere Interpretation von Mozarts kompositorischem Verhalten legitim bewegen.

MOZARTS ERWARTUNG UND ERFAHRUNG

Gewiß hat Mozart selbst gesellschaftliche Zustände als Basis wie als Hemmnis für sein Schaffen erfahren. Aus seiner Biographie wird offenkundig, daß er ständig mit Traditionen und Erwartungen konfrontiert war, die einmal eher als Äußerlichkeit, dann wieder als musikalisch Wesentliches erscheinen. Ich gehe davon aus, Mozarts eigene Perspektive, so wie er sie in seinen Briefäußerungen zu erkennen gibt, zu skizzieren, freilich mit dem Gedanken, ihre geschichtliche Position zu erfassen. Um diese zu bestimmen, empfiehlt die moderne Historik, zwischen »Erfahrungsraum« und »Erwartungshorizont« zu differenzieren. Man möchte meinen, die Dinge lägen klar auf der Hand: Erfahren hat Mozart von Kindheit an Anciėn régime, als ihn die Fürstinnen halb Europas hätschelten und der Vater auf Geld und Ehrengeschenke der Nobilität hoffte. Erwartet hat er als Mann, sich als freier Künstler verwirklichen zu können. Und nur ein kleiner Schritt ist es, von hier aus mit Hilfe des Grafen Arco und mancher Passagen im »Figaro« in Mozart den verhinderten Revolutionär zu sehen.

Um diesen trügerisch klaren Sachverhalt zu prüfen, sind die Briefe Mozarts nicht der einzig mögliche Ansatz, aber wichtig ist es sicherlich, ihre Tendenzen und gesellschaftlichen Inhalte, auch in ihrer Vagheit und Lückenhaftigkeit, zu erfassen. Erwartung und Erfahrung dürften in der Kindheit Mozarts für ihn und seine Familie einigermaßen ineinander aufgegangen sein, freilich im gesetzten Rahmen (den Kaiserin Maria Theresia mit dem so böse klingenden Wort vom herumziehenden Volk, vor dem sie ihren Sohn Erzherzog Ferdinand in Mailand warnte, markierte) und mit Störungen, vor allem durch Musikerintrigen (wie die Affligio-Affäre um die »Finta semplice« schon früh zeigt). Erst als Mozart selbst zu handeln beginnt, prägt sich seine Perspektive in den Briefen aus. Ihre Richtung ist klar: los von Salzburg, auch vom Vater, hin zur Eigenverantwortlichkeit. In München, Mannheim, Paris und dann in Wien wiederholt sich jeweils eine Kurve aus hohen Erwartungen und enttäuschenden Erfahrungen. Wobei der Anschein der Folgerichtigkeit und Mozarts mangelnde briefliche Gesprächigkeit nach dem Tod des Vaters Anlaß gibt, die Misere der letzten Jahre zu überpointieren, und dabei viel allgemeines historisches Wissen zu ignorieren, z.B. über die tatsächlichen Schwierigkeiten Josephs II. in seinen letzten Regierungsjahren, oder über die Berühmtheit Mozarts in Wien und auch die Tatsache, daß er in seinem letzten Lebensjahr ausgezeichnet, jedenfalls besser als ein Arzt, Pfarrer oder Universitätsprofessor, verdiente.

Doch auf die Frage, welche Erwartungen Mozart erfüllten, geben seine Briefe irritierenderweise keine einheitliche Auskunft. Zunächst einige Beispiele für seine Erwartungen an die höfische

Welt: In Augsburg, nach schlechten Konzerteinnahmen, äußert er: »ich bin recht froh wenn ich wieder in ein ort komme wo ein Hof ist!« (Brief vom 16. 10. 1777) Nachdem in Mannheim sich erste Enttäuschungen über den zögerlichen Kurfürsten eingestellt hatten, empfiehlt der Vater, nach München zu gehen. »Man hat erstaunlich viel Herrschaft: Schlösser und Klöster um München herum, und beständig mit jagen, Reiten und fahren unterhaltung genug, wenn man einmal bekannt ist; Gelegenheit zur Composition für die Kirche und das Theater: und im Winter mehr Unterhaltung als an allen Orten die ich kenne.« (Brief vom 20. 11. 1777) Als ein Jahr später Mozart diesen Rat aufgriff und von Paris aus nach München übersiedeln wollte, sieht der Vater die Situation völlig verändert; es bestehe Kriegsgefahr, außerdem sei »fast ein Battallion Tonkünstler itzt in München« (Briefe vom 15. 10., 19. 10. und 28. 12. 1778). Zuvor, mitten in der Pariser Misere, wünscht sich Mozart allgemein »einen guten dienst, gut in Caractére und gut in geld — es mag seyn wo es will« (Brief vom 9. 7. 1778). In Wien bemühte er sich von Anbeginn beharrlich und letztlich mit Erfolg um Ansehen und eine Stellung am Hofe Josephs II.; aber er hegte auch vergebliche Hoffnungen, etwa bei der Prinzessin von Württemberg als Klavierlehrer reüssieren zu können (Brief vom 31. 8. 1782).

Nun einige Beispiele für die Erwartungen, die Mozart in ein freies Künstlertum setzte: Bezeichnenderweise bei seinen ersten Schritten zur Selbständigkeit, in München, am Beginn der Paris-Reise, begeisterte er sich für ein »Project« des »Herrn Albert« (Wirt des Gasthofs »Zum Schwarzen Adler«, bei dem die Familie Mozart abzusteigen pflegte): »er wollte 10 gute freünde zusammen bringen, wo ein jeder Monatlich nur 1 Ducaten spendiren dürfte, daß sind das Monath 10 Ducaten, 50 gulden, jährlich 600 f:, wen ich nun hernach von graf Seau nur jährlich 200 f: hätte, wären es 800 f: —— wie gefällten den Papa dieser gedancke?« (Brief vom 29. 9. 1777) Der Plan gefiel dem Vater überhaupt nicht, da er ihn für unrealistisch hielt (Brief vom 4. 10. 1777). Zu dieser Zeit versuchte Mozart auch, mit dem erwähnten Grafen Seeau, dem Intendanten des Residenztheaters, einen Vertrag über jährlich vier zu liefernde Opern auszuhandeln. Vergeblich. Später, in Paris, erhielt er sogar vom Vater den Rat, Mäzene zu suchen und die marktwirtschaftlichen Möglichkeiten des Musiklebens zu nutzen, wofür es ja Vorbilder gab: »Könntest du, wie Hannauer, wie der seel: Schobert etc: von einem Prinzen in Paris einen monatl: Gehalt bekommen, — dann nebenbey fürs Theater, fürs Concert Spirituel und fürs Concert des amateurs zu zeiten etwas arbeiten, — und dann einige mahl par subscription etwas gravieren lassen — ich aber und deine Schwester Lection geben, und deine Schwester in Concerten und Accademien spielen, so würden wir gewiß recht gut zu leben haben.« (Brief vom 6. 4. 1778)

In Wien hat sich Mozart vielfach marktwirtschaftlich betätigt. Das geht weniger aus seinen Briefen als aus anderen Quellen hervor und ist hinlänglich bekannt. Erwähnenswert ist aber sein Kontakt mit Philippe Jacques Martin (Briefe vom 8. 5., 25. 5. und 29. 5. 1782), einem der frühen Veranstalter sogenannter Dilettantenkonzerte (in der »Mehlgrube« und dann im »Augarten«). Denn anders als etwa in der preußischen Metropole Berlin stand das Konzertwesen in Wien zu dieser Zeit noch in den Anfängen. Laut Mozart war jener Martin »ein recht guter, Junger Mensch, der sich durch seine Musique, durch seine schöne Schrift, und überhaubt durch seine geschicklichkeit, guten Kopf, und starken geist, sich fortzubringen bemühet« (Brief vom 29. 5. 1782). Solche Konzertreihen waren damals meist kurzlebig, hatten unternehmerischen Versuchscharakter und waren stark von der allgemeinen wirtschaftlichen und politischen Lage abhängig. Und die verschlechterte sich in den späten 80er Jahren sehr. Mozarts Projekte und Aktivitäten auf dem Musikmarkt (deren es sicher mehr gab, als uns bekannt ist) sind in diesem Rahmen zu sehen. In guten Zeiten waren schöne Gewinne zu machen, aber Stabilität war kaum zu erwarten. Diese hätte Mozart vielleicht als freier Künstler durch die (quellenmäßig dubiosen) Ehrensold-Angebote ungarischer Magnaten und Amsterdamer Musikfreunde nach 1791 erreichen können.

Welchen der beiden Bereiche Mozart bevorzugen mußte, steht fest. In München, Mannheim, Paris und Wien kreisen seine Pläne um »das Gewisse« (siehe die Rangordnung der Chancen im Brief vom 23. 1. 1782). Symptomatisch sind auch seine Überlegungen inmitten der Geldsorgen im Brief vom 8. 10. 1790 aus Frankfurt an seine Frau. Er denkt, nach enttäuschten Hoffnungen bei Hofe, wieder marktwirtschaftlich, plant Geschäfte mit dem Verleger Hoffmeister, nimmt sich vor, »in advent fange ich ohnehin an kleine quartett-suscriptions-Musiken zu geben — scolaren nehme ich auch« — und resümiert dennoch: »nichts kann mich von diesem Plane ab-bringen als ein gutes Engagement irgend an einem Hofe.« Das hätte die erwünschte Stabilität gebracht, wenn auch nicht allein durch die damals eher mäßige Entlohnung eines Hofkapellmeisters, sondern vielmehr durch das Prestige dieses Amtes und die sich eröffnenden aufführungs-praktischen Möglichkeiten. Im gleichen Sinne symptomatisch ist auch Mozarts Freude über Salieris und der Sängerin Cavalieri Lob für die »Zauberflöte« in seinem letzten Brief (14. 10. 1791) an seine Frau: »Sie sagten beide ein Opera, — würdig bey der größten festivität vor dem größten Monarchen aufzuführen«.

MUSIKER–PRAGMATIK, SOZIALKONFLIKTE UND DAS UNBEDINGTE

Mozart zeigt sich hier als Pragmatiker, dem es mehr als um alles andere um seine Verwirklichung als Künstler geht. Dieser Zug an ihm begegnet uns nicht zum ersten Mal (vgl. S. 66 ff.). Seine Sozialkritik richtete sich nicht nur gegen Fürsterzbischof Colloredo und den Grafen Arco, sondern auch gegen die »grobe, lumpenhafte und liederliche Hof-Musique« in Salzburg (Brief vom 9. 7. 1778). Er registriert genüßlich den Konflikt zwischen Ancien régime und Marktwirtschaft in der vom Münchner Hof kolportierten Geschichte (Brief vom 12. 11. 1778 aus Mannheim), daß der Kurfürst, verärgert über Offiziere, die Sängerinnen im Theater auspfiffen, ihnen Ruhe gebot, diese aber den Befehlsüberbringern frech erwiderten »sie ›seyen um ihr baar geld‹ da und ›hätte ihnen kein mensch zu befehlen‹«. Anschaulich und abschätzig charakterisierte er den ihm sehr wohlgesonnenen Erzherzog Maximilian, der zu geistlichen Würden gelangt war: »als er noch nicht Pfaff war, war er viel witziger und geistiger, und hat weniger aber vernünftiger gesprochen« (Brief vom 17. 11. 1781). Ebenso kritisierte er das salbungsvolle Gehabe des in Mannheim umschwärmten Dichterfürsten Christoph Martin Wieland (Brief vom 28. 12. 1777). Die auf einer Augsburger Soiree erscheinende »Noblesse« zählte er im Brief vom 16. 10. 1777 auf als »Ducheße arschbömerl, die gräfin brunzgern, und dan die fürstin riechzumtreck, mit ihrn 2 töchter, die aber schon an die

2 Prinzen Mußbauch vom Sauschwanz verheyrathet sind«. Andererseits berichtet er (Brief vom 5. 12. 1781) von einem »schönbruner Ball«, den Joseph II. für den Großfürsten und späteren Zaren Paul I. gab, mit der Attitüde eines Aristokraten, dem jede Verwischung der alten Standesgrenzen ein Horror ist. Er mokiert sich über einen »Ball voll friseurs und Stubenmädchens«, tadelt des Kaisers Volksnähe und sein Auftreten ohne Garde und kommt zu dem Schluß: »das geht nicht, Pöbel bleibt doch immer Pöbel«. Mit einem Wort, Mozart gibt sich in seinen Briefen sozialpolitisch wenig prinzipientreu. Was er für sich dachte und vielleicht in seinen Werken äußerte, ist eine andere Frage, die vorderhand völlig offen bleibt.

Die Musiker-Pragmatik wurde Mozart schon als Kind vertraut. Sein Vater plante ja die Reisen aus der Überzeugung heraus, daß sich ein Musiker in Paris, London, Wien oder in Italien berühmt mache (noch im Brief vom 23. 2. 1778 so formuliert). Diese Vorstellung war in Mozart fest verankert. Gab es in Paris Enttäuschungen, wollte er nach Italien, traten in Wien Schwierigkeiten auf, dachte er an England und Paris (nicht erst 1786, sondern bereits 1782). Der dazugehörige Kontrapunkt in den väterlichen Ermahnungen lautet: »höre vorher, was sie da machen, was ihnen am besten gefällt« (Briefe vom 16. 3. und 29. 4. 1778). Mozart verstand es, sich als Komponist auf Situationen einzustellen und Erfolgschancen zu kalkulieren, egal ob er in Mannheim für die Kinder des Kurfürsten Karl Theodor die sechs leichtesten Variationen aus KV 179 zusammenstellt und für die »Comtesse« Karoline Luise ein Rondeau schreibt (Brief vom 29. 11. 1777), ob er in Wien in Erwartung des Großfürsten Paul nach »Russischen favorit liedern« sucht, »um darüber variationen spiellen zu können« (Brief vom 24. 11. 1781), oder ob er für die im Wiener Musikleben wichtige Tonkünstler-Societät ein Oratorium zu schreiben beabsichtigt (Brief vom 21. 7. 1784).

Aus eigener Erfahrung bekräftigt Mozart dem Vater gegenüber: »ohne reisen / wenigstens leüte von künsten und wissenschaften / ist man wohl ein armseeliges geschöpf!« (Brief vom 11. 9. 1778) Denn außer dem frühen Ruhm, den Leopold Mozart mit den Reisen des Sohnes bezweckte, verfolgte er auch die Absicht, ihn mit dem, was sich in der musikalischen Welt tat, intensiv zu beschäftigen. Durch Nachahmung zu lernen, ist eine eiserne Regel jeglicher Kompositionslehre. Von seinem Nachahmungstalent war Mozart selbst sehr angetan. Die Richtigkeit seines vielzitierten Ausspruchs, daß er »alle art und styl vom Compositions annehmen und nachahmen« könne (Brief vom 7. 2. 1778), bestätigt der Vater postwendend: »du selbst |: wie ich :| bist überzeugt, daß du alle Compositionsarten nachzuahmen im Stande bist« (Brief vom 16. 2. 1778).

Wir bewegen uns hier an einer Nahtstelle zwischen Biographie und Werk, über deren interpretatorische Brisanz man sich einig ist. Aber das, was an dieser Nahtstelle aufeinandertrifft, sich aneinander reibt und auch miteinander verschmilzt, ist kaum präzise nachzuvollziehen. Mit dem neidvollen Gefühl, ausgeschlossen zu sein, begegnen wir als Leser immer wieder den kleinen Andeutungen zwischen Vater und Sohn, die offenbar genügten, um beim Partner eine klare Vorstellung vom »gout« — eines Komponisten, eines Interpreten, eines Publikums, einer Stadt, eines Landes, damals und einige Zeit vor der damaligen Gegenwart — lebendig werden zu lassen. Als Musiker wie als Wissenschaftler mühen wir uns, etwas zu erspüren und zu verstehen, was einst so selbstverständlich und eben auch leicht unterscheidbar war, und können nur aus (vielleicht falschen) Versatzstücken ein Bild rekonstruieren, das uns aus Gründen, die möglicherweise mit dem vermeintlichen Sachverhalt gar nichts zu tun haben, gefällt.

Aber auch für Mozart bestand das Problem der trivialen Tatsache, daß »Erfahrungsraum« und »Erwartungshorizont« nicht das gleiche sind. Doch auf der Nahtstelle zwischen diesen Bereichen ereignet sich der schöpferische Akt. Künstler und Kunstliebhaber der damaligen Zeit vermochten den Erfahrungsraum viel besser als wir zu beherrschen. Aber ein Erwartungshorizont besitzt in jeder Gegenwart etwas Widersprüchliches, denn Grenzen der Sicht will vor allem der Künstler nicht gelten lassen. Hier haben wir, die wir wissen, wie es ausgegangen ist, die bessere Beobachtungsposition. Gerade zur Zeit Mozarts war die Situation noch dadurch besonders kompliziert, daß der Begriff des Originalgenies die Erwartung wesentlich mitbestimmte. Auch ein breiteres Publikum beschränkte sich nicht auf jene trägen Erwartungen, die an eingeschliffene Traditionen gebunden sind, sondern wünschte etwas »Originales« geboten zu bekommen.

Ob unter diesem »Originalen« bloß der Reiz der Abwechslung und der modischen Effekte, allgemein das Ereignis einer musikalischen Aufführung oder aber kompositorische Ansprüche, die aus einem Stück ein Werk machen, gemeint waren, mag in wechselnden Situationen für den Künstler oft schwer kalkulierbar gewesen sein. Jede Entscheidung war aber für sein Tun folgenreich. Über das Vorhandensein dieses Risikofeldes mit seinen Unwägbarkeiten darf uns unser sicheres Urteil zwischen Groß- und Kleinmeistern, zwischen den Erfolgreichen und den Verkannten nicht hinwegtäuschen.

Mozarts Pragmatismus, wie der seiner Komponisten-Kollegen, kam also nicht von ungefähr. Denkt man insbesondere an die Fülle der Lokalstile in den 1760er und 70er Jahren, auf die sich Mozart bei seinen Reisen einzustellen hatte, wird sein Sozialverhalten verständlicher. Vor allem mußte es ihm darum gehen, sich als Musiker durchzusetzen. Das Konflikt-Potential zwischen seiner Erwartung und dem Horizont seines Publikums und der Musiker, die seine Musik zu spielen hatten, beleuchtet jene Diskussion um das »Populare«, die Mozart mit seinem Vater führte (s. S. 88). Darin aber wird eine Unbedingtheit, eine Grenze seiner Kompromißbereitschaft spürbar. Er neigte dazu, die gesellschaftlichen Auswirkungen zu beschönigen. Diese wiederum sind im einzelnen bekannt, ebenso die Kritiken, die Mozart für seine Opern und seine Kammermusik hinnehmen mußte. Freilich sind sie eher als Dokumente der Verunsicherung denn als negative Spiegelung wesentlicher Eigenheiten von Mozarts Personalstil aufzufassen (s. »Mozart und die Nachwelt«). Auch gehört zum Gesamtbild, daß Mozart als Sinfoniker und gar mit seinen Klavierkonzerten stets reüssierte, daß er etwa mit seinen letzten drei Klaviersonaten und seiner letzten Violin-Klavier-Sonate KV 547 sehr wohl einem Breitengeschmack nachkam und mit der »Zauberflöte«, rezeptionsgeschichtlich gesehen, genau die richtige Mischung aus Anspruch und dem »Popularen« traf.

Dennoch macht die Rezeptionsgeschichte auf Dinge aufmerksam, die hinter Mozarts Pragmatismus stehen. Vor allem, wenn man Vergleiche zu anderen Komponisten zieht. Ein allseits beliebter, Mozart auch persönlich vertrauter Kollege aus dem Wiener Umkreis war Carl Ditters von Dittersdorf. Wenn er auch nie darüber ein Wort niederschrieb, muß es für Mozart hart gewesen sein, im selben Jahr 1789, als er letztlich enttäuscht aus Berlin heimkehrte, mitansehen zu müssen, wie Dittersdorf am Hofe Friedrich Wilhelms II. eine Oper und ein Oratorium aufführen konnte, einen auch finanziell glänzenden Erfolg hatte und dort überhaupt den Höhepunkt seiner Laufbahn erreichte. Sechs Jahre später allerdings wurden der Witwe Mozarts in Berlin alle Ehren zuteil, Benefiz-Opernaufführungen gewährt, und der König bedauerte die »ungünstigen Umstände«, die Mozart »die Früchte seiner Werke einzuerndten verhinderten«. Dittersdorf aber, der damals noch lebte, war bereits zu einem Komponisten von gestern geworden, und 1812, als Mozart schon als ein Klassiker der Musik galt, bedauerte der Lexikograph Ernst Ludwig Gerber, daß die Musik Dittersdorfs, dieses »jovialen, humoristischen Volkskomponisten, ... mit ihm begraben« sei.

Die Zeit mußte für Mozart erst reif werden. So abgegriffen diese Erklärung sein mag, so viel an historischen Tatsachen birgt sie doch in sich. Zumindest grosso modo trifft für das späte 18. Jahrhundert zu, daß die kompositorischen Ansprüche stiegen, zugleich der Geschmack sich vereinheitlichte, wobei all dies mit dem Aufstieg des Bürgertums und seiner Ideale zusammenhängt. Falsch jedoch wäre es, von diesem Wandel her auf eine hochgespannte Konfliktsituation zwischen den Anforderungen des Ancien régime und dem Ziel eines freien Künstlertums in den 70er und 80er Jahren linear rückzuschließen. Diesen Konflikt gab es wohl, aber er wurde durch den anderen, zwischen den Erwartungshorizonten von Künstlern und Breitenpublikum, gebrochen bzw. kompliziert. Der Geschmack des anonymen Publikums mußte erst gebildet werden. Wie in der Literatur so in der Musik wurde dieses Ziel verfolgt. Die zeitgenössische Kritik, Musiker, Unternehmer — und aufgeklärte Fürsten — wußten von dieser pädagogischen Aufgabe und von dem hinderlichen Zwiespalt zwischen dem Anspruch an den Kompositionsstil und der Notwendigkeit leichter technischer Aufführbarkeit.

Die Diskussion um das »Populare« ist also keine Besonderheit des Briefwechsels von Vater und Sohn Mozart. Einer der berühmtesten Klavierkomponisten und -improvisatoren der Zeit, Carl Philipp Emanuel Bach, personifizierte gleichsam den Begriff des Originalgenies. Viele seiner Fantasien und Sonaten wirken ausgesprochen exzentrisch. Um so bemerkenswerter sind Äußerungen Bachs in seinem Briefwechsel mit dem Leipziger Verleger Johann Gottlieb Immanuel Breitkopf, in dem er viel Verständnis für marktwirtschaftliche Zwänge zeigt. Um Breitkopf zur Annahme seiner Sonaten zu bewegen, hebt er hervor, daß sie neu, der Mode entsprechend, kurz, leicht spielbar und mit einem Wort gut verkaufbar seien. Manche Passagen (etwa im Brief vom 23. 9. 1785) lesen sich wie die Ermahnungen von Vater Mozart. In seiner Autobiographie gelangt Bach zu allgemeinen Überlegungen über den Zwang, »für gewisse Personen und fürs Publikum« komponieren zu müssen. Wenn er dann von »bisweilen lächerlichen Vorschriften« berichtet, meinen wir, eine Klage über feudale Zustände herauszuhören. Aber Bach bekennt, daß »diese nicht eben angenehmen Umstände« sein »Genie ... zu gewissen Erfindungen aufgefordert« haben. Daß ungewöhnliche und vor allem ehrenvolle Aufträge zu besonderen Leistungen anspornten, wissen wir aus den Biographien des vorhin erwähnten Dittersdorf wie Joseph Haydns, der als wohlbestallter esterházyischer Hofkapellmeister Meisterwerke für auswärtige Auftraggeber schuf. Ja man kann sogar vermuten, daß C.Ph.E. Bach in seinem Sonatenschaffen eher zu einer großangelegten Synthese seiner verschiedenartigen Ansätze gefunden hätte, wenn er, ähnlich wie bei seinen Streichersinfonien, von einem bestimmten Mäzen anstatt vom anonymen, allmählich heranwachsenden Breitenpublikum herausgefordert worden wäre.

DIE »ÖFFENTLICHKEIT« MUSIKALISCHER AUFFÜHRUNGEN

Feudale oder auch bürgerliche Auftraggeber und der große Anonymus des in steigender Zahl Noten kaufenden Publikums bilden zusammen nur einen Bereich des Musiklebens. Das Bild ändert sich in gewisser Weise, sobald wir stärker auf das Verhältnis des Komponisten zu jenem Publikum achten, das Musikaufführungen besucht. Die Art einer Veranstaltung wie die Zusammensetzung des Publikums waren für den Komponisten leichter einzuschätzen als die Wünsche des großen Anonymus. So liegt die Annahme nahe, daß sich dieser gesellschaftliche Faktor insgesamt deutlicher in den Partituren widerspiegelt.

Möglich ist es, die damals sich ausprägende Idee der Öffentlichkeit aufzugreifen und auf musikalische Unterschiede zwischen Kompositionen für öffentliche und private Veranstaltungen zu achten. Sie finden sich etwa zwischen einigen der sechs im Jahre 1784 komponierten Klavierkonzerte Mozarts. Die in Kontrapunktik und Modulatorik anspruchsvollsten, aber nicht allzu virtuosen und mit kleinem Orchesterapparat ausgestatteten Konzerte in Es-Dur KV 449 und in G-Dur KV 453 schrieb Mozart für seine Schülerin Barbara Ployer bzw. für Akademien im Sommerhaus von deren Onkel, dem »H. Agenten Ployer zu döbling auf dem Lande« (Brief vom 12. 6. 1784). Dagegen hat er sein spieltechnisch schwierigstes Konzert überhaupt, KV 450 in B-Dur, und das ähnlich brillante und großflächig angelegte in D-Dur KV 451 (Konzerte, von denen Mozart selbst meinte, daß sie »schwitzen machen«, Brief vom 26. 5. 1784) für sich als Pianisten und für Subskriptionsakademien (eine davon fand am 1. 4. 1784 im Burgtheater statt) komponiert. Der unverkennbare Unterschied zwischen diesen beiden Konzert-Paaren mag verschiedene Ursachen haben. Mozart liebte ganz allgemein die kompositorische Abwechslung und ging, wie damals üblich, auf die Fähigkeiten seiner Interpreten ein. Warum aber bietet er seiner Schülerin Ployer statt leichtfaßlicher Konvention sehr ungewöhnliche Satz- und Formverläufe? Sie studierte bei ihm nicht nur Klavier, sondern auch Tonsatz; auf ihre daraus ableitbaren Interessen könnte die oft apostrophierte »Kühnheit« dieser beiden Werke anspielen. Doch wäre es auch möglich, daß die Unterschiede in Orchesterapparat und kompositorischem Anspruch mit der Art der Veranstaltung zusammenhängen. Im Falle Ployer waren es Privatakademien vor einem kleinen Kreis, vermutlich von Freunden und Kennern (wir wissen allerdings nur von der Anwesenheit des gerade in Wien weilenden Giovanni Paisiello bei der Uraufführung des G-Dur-Konzertes); bei den Subskriptionskonzerten ging es dagegen um glanzvolle Auftritte in einem entsprechenden Raum und Rahmen vor einer möglichst großen und illustren Gesellschaft. So scheint es auch verständlich, daß Mozart im Finale des Es-Dur-Konzertes, wie Jahre zuvor schon im D-Dur-Konzert KV 175, viel Kontrapunktik einsetzt, ebendies in den Konzerten KV 450 und 451 aber vermeidet und für die Wiederaufführung des Konzertes KV 175 bei

Burgtheater-Akademien (am 3. 3. 1782 und am 23. 3. 1783 vor dem Kaiser) ein neues, unkontrapunktisches Schlußrondo (KV 382) schreibt.

Obwohl sich hier alles zu einem schönen Sinn fügt, dürfen wir daraus auf keine soziologische Regel schließen. Sie paßte schlecht zu anderen historischen Beispielen, und selbst bei dem unseren kommt manches, näher besehen, wieder ins Gleiten. So waren weder bei Ployer die bürgerlichen Kenner noch im Burgtheater die aristokratischen Ignoranten unter sich. Im Gegenteil zeichnet die Wiener Gesellschaft sogar aus, daß Theater- und Musikveranstaltungen ohne ständische Berührungsängste von Aristokratie und gehobenem Bürgertum (in den Vorstadttheatern auch von weniger gehobenem) besucht wurden. Auch gab es keine Konkurrenz zwischen aristokratischen und bürgerlichen Salons. Die Subskriptionslisten zu Mozarts Akademien und die Namen privater Gastgeber illustrieren das. Die Musikkenner gingen auch in die großen Akademien, während etwa ein Graf Zinzendorf (der sich in seinen von allen Historikern gerne zitierten Tagebuch-Äußerungen nicht besonders jovial gibt und wenig musikalisches Fachwissen zeigt) am 23. 3. 1785 auch ein »Concert de l'agent Ployer, ou j'entendu sa fille toucher du Clavecin a merveille« (vielleicht eines der beiden erwähnten Konzerte) besuchte. Und ob das Publikum in Salzburg oder München bei den ersten Aufführungen des Konzertes KV 175 (mit dem kontrapunktischen Finale) musikalisch gebildeter war als der Fugen-Liebhaber Kaiser Joseph II. und das Publikum bei den Wiener Akademien (wo das Konzert mit neuem Finale gespielt wurde), bleibt auch zweifelhaft.

Vermutlich wichtiger waren (und sind ja auch noch heute) die Unterschiede in der Situation der Aufführung. Ein Sich-Produzieren vor einer großen Gesellschaft und die Erwartungshaltung eines Publikums, das sich um relativ viel Geld das Recht erworben hat, Mitreißendes geboten zu bekommen, ist etwas anderes als bei einer privaten Einladung zu spielen oder zuzuhören. Hierin liegt ein gut greifbares gesellschaftliches Moment, das zudem nicht nur für die Klavier- und anderen Konzerte, sondern auch für die Sinfonien, Konzertarien, für Mozarts »freies Phantasieren« usw. gilt. Dennoch läßt sich auch hieraus keine allgemeine Regel ableiten. Weniger deshalb, weil sich Mozart in seiner

Programmgestaltung nicht strikt an eine Regel des Angemessenen, sondern zwangsläufig auch an das Verfügbare hielt. Der Grund liegt vielmehr darin, daß das Wiener Konzertwesen in seinen damaligen Anfängen durch vielfältige Experimente, das Ausnützen aller möglichen und unmöglichen Gelegenheiten gekennzeichnet ist und sich folglich das meiste irgendwo zwischen öffentlichem Konzert, privater Soiree und Konzertcafé abspielte. Das tut der Bedeutung des Gesellschaftlichen keinen Abbruch, im Gegenteil; es ist nur kompliziert und leider aufgrund der Lückenhaftigkeit und Zufälligkeit der Überlieferung in seinen Ausformungen schwer überschaubar.

Außerdem hängt das zu erreichende kommunikative Einverständnis bei irgendeiner Aufführung zwar von der Wahl der richtigen Partitur, zumindest ebenso aber von der Art, wie mit ihr umgegangen wird, ab. Auch hier macht ein undoktrinärer Pragmatismus die Sache vielfältig und für uns oft verwirrend. Repräsentativer Glanz, nicht nur in den Logen, sondern auch auf der Bühne akustisch durch einen entsprechend großen Orchesterapparat wie bei der Uraufführung des »Lucio Silla« Ende 1772 in Mailand, war einer Opera seria angemessen. Ähnlich spiegelt sich das höfische Gepränge in der Aufführung des »Idomeneo« mit großem Schlußballett Anfang 1781 in München wider. Davon in der Situation und als Ereignis sehr verschieden war die Aufführung dieser Oper im Wiener Privattheater des Fürsten Auersperg im Frühjahr 1786. Mozart hatte für den Anlaß einiges umgearbeitet und ergänzt, das entscheidend andere steht aber nicht in den Noten und ist auch atmosphärisch schwer nachzuvollziehen, da das kleine Theater (heute Lerchenfelderstraße 6) längst abgerissen wurde. Es geht aber aus der Besetzungsliste hervor, die überwiegend hochadelige und bürgerliche Dilettanten nennt (die die anspruchsvollen Partien, zumindest in diesem Rahmen freundschaftlichen Wohlwollens, zu meistern wußten). Offensichtlich hat niemand diese Aufführung als gesellschaftlichen oder musikdramatischen Fauxpas angesehen (der unvermeidliche Graf Zinzendorf erwähnt sie sogar, da seine Freundin Louise von Dieden daran teilnahm).

Enttäuschend unergiebig sind die Ergebnisse, wenn man den Spieß umdreht und nicht nach bestimmten gesellschaftlichen Implikationen von Klavierkonzerten, Sinfonien, Kammermusik usw. sucht, sondern ausgesprochene Gebrauchsmusik auf Spezifika hin betrachtet. Natürlich besitzen Serenaden oder Harmoniemusik ihre Gattungsmerkmale, die Mozart allerdings durch kompositorische und oft auch spieltechnische Anforderungen sublimiert, man kann auch sagen, ihren Gebrauchswert reduziert. Die Serenade, beliebt als Ständchen am Vorabend von Namenstagen, Hochzeiten usw., ist ein Musterbeispiel für das Ineinander von Privatem und Öffentlichem, sie ist eine in die Öffentlichkeit getragene Privatsache in Form bezahlten, aber nicht gewerbsmäßig betriebenen Musizierens. Vergleicht man Mozarts Salzburger Serenaden untereinander, findet sich nichts Schichtenspezifisches. Auch ist nicht auszumachen, was z. B. bei der Haffner-Serenade die Person der Widmungsträger (Elisabeth Haffner und ihr Bräutigam Franz Xaver Späth) mit der Struktur der Musik Spezielles zu tun hat. Nicht anders verhält es sich bei den wenigen Harmoniemusiken Mozarts. Kompositionsdatum und eventuelle erste Aufführungen der »Gran Partita« genannten Bläser-Serenade KV 361 sind unbekannt; eine (auch nicht völlig gesicherte) Aufführung fand am 23. 3. 1784 in einer Burgtheater-Akademie des mit Mozart befreundeten Klarinettisten Anton Stadler statt. Die Bläser-Serenade KV 375 schrieb Mozart für den Theresientag (15. 10.) 1781, an sich für die Schwägerin des Malers Joseph Hickl, aber das Stück wurde am selben Abend auch noch für zwei andere Theresien gespielt. Die c-Moll-Serenade KV 388 komponierte Mozart 1782 wahrscheinlich für den Fürsten Alois Joseph von Liechtenstein, der eine Harmoniemusik einzurichten plante und Mozart Hoffnungen auf einen langfristigen Kompositionsauftrag dafür machte (Brief vom 23. 1. 1782). Auch hier ergibt ein Vergleich keine schichtenspezifischen Unterschiede. Die hohen Ansprüche der drei Stücke passen besser für eine Akademie-Aufführung denn als Ständchen. Und was sich Mozart bei der düsteren »Nacht-Musique« für den jungen Fürsten Liechtenstein dachte, bleibt ein Rätsel, das ich lieber nicht soziologisch zu lösen versuche.

Gerade ein Werk wie KV 388 bringt einen auf den Gedanken, ob Mozart nicht, unter der Maske des zeitüblichen Pragmatismus, einem inneren Impulse folgend in manchmal geradezu provozierender Weise auf autonome Kunst abzielte. Dagegen sprechen unsere Überlegungen im Kapitel »Die Persönlichkeit des Künstlers« zu Mozarts Künstlerstolz, der sich im hic et nunc verwirklichen will. Der auftretende Widerspruch läßt sich kaum interpretierend ausgleichen, sondern drängt zu der Annahme tiefsitzender Unvereinbarkeiten in Mozarts Persönlichkeit. Allerdings mit Einschränkungen, denn wir wissen nicht einmal sicher, ob Mozart KV 388 tatsächlich für den Fürsten Liechtenstein komponierte, und bei den meisten davor genannten Werken ist so manches an den konkreten Umständen und damit an der gesellschaftlichen Basis ebenfalls ungewiß. Kurz gesagt, sowohl gut Passendes wie Ungereimtes kann das Ergebnis historisch falscher Daten oder lückenhafter Überlieferung sein.

ZUM BEISPIEL »MENUETT«

Die Bandbreite an Möglichkeiten zwischen gesellschaftsgebundener und autonomer Kunst läßt sich noch auf andere Weise, anhand einzelner Gattungsgeschichten, betrachten. Ich beschränke mich auf Hinweise zu einem einzigen, allerdings ergiebigen Beispiel, dem des Menuetts. Über den Wandel seiner Form und seiner gesellschaftlichen Funktion ist schon viel nachgedacht und geschrieben worden. Dabei sind für uns interessante Schwierigkeiten zutage getreten, die in der Sache selbst begründet liegen. Am Hofe Ludwigs XIV. eingeführt, wurde das Menuett als Paartanz mit hochstilisierten Figuren zum offiziellen Tanz par excellence, mit dem man noch im frühen 19. Jahrhundert repräsentative Bälle eröffnete. Noch Beethoven komponierte Tanz-Menuette. Daneben wurde schon im 17. Jahrhundert das Menuett als stilisierte musikalische Form in die Suite aufgenommen. Später wird es ein wichtiger Bestandteil der Serenade (bis hin zu Brahms und sogar Schönberg). Besonders unübersichtlich wird die Geschichte des Menuetts durch seine Aufnahme in die Sinfonie und alle Arten von Sonatenzyklen in der Kammermusik. Die Vielfalt an Menuetten bei Mozart kommt also nicht von ungefähr. Es scheint sogar, daß Mozart und Haydn mit wahrer Lust das verwirrende Qui-pro-quo rund um den Begriff »Menuett« auskosteten. Die Vielfalt besteht aber nicht nur in rein musikalischen Strukturen und Stilschichten, in Tempowahl, Besetzung usw., sondern auch im Ausdruck und in der Funktion von alledem.

Die erwähnten Schwierigkeiten treten innerhalb zweier extremer Phänomene auf: Auf der einen Seite dient das im späten 18. Jahrhundert altertümlich werdende Tanz-Menuett einer soziologischen Deutung als zu Musik gewordenes Zeichen des Ancien régime. Ein schönes Beispiel bringt das bekannte F-Dur-Menuett aus dem »Don Giovanni«, das in der Ballszene des ersten Finales ebenso schichtenspezifisch für die Aristokratie wie der »Teutsche« für die Bauern eingesetzt wird. Auf der anderen Seite stehen Versuche, am Gegenstand Menuett das klassische Komponieren auf den Begriff zu bringen. Besonders dann aber, wenn man — in einleuchtender Weise — für den zweiten Fall kein Tanzmenuett, sondern das stilisierte Menuett in Sonatenzyklen heranzieht, droht die Polarität zum Bruch zwischen zugespitzt gesellschaftlicher Funktion und deren ebenso gezielter Überwindung zu führen. Um den Bruch zu vermeiden und das stilisierte Menuett nicht der Autonomieästhetik überlassen zu müssen, wurde versucht, etwa in einem Sinfonie-Menuett gesellschaftliche Inhalte zu entschlüsseln.

Der eine Weg setzt bei dem Umstand an, daß in der Mannheimer und Wiener (nicht in der Berliner) Sinfonik der Vorklassik der zuvor dreisätzige Zyklus um das Menuett erweitert wurde, womit dieses in einen Zusammenhang gestellt war, der viel weniger als der der Suite oder Serenade Assoziationen mit der feudalen Welt gestattet. Ferner ist es möglich, bestimmte Idiome in der Musik der zu einer dreiteiligen Form A B A zusammengefügten Teile Menuett und Trio soziologisch zu deuten. Das Menuett enthält vor allem »höfische« (punktierte Rhythmen, aufsteigende Dreiklangsmelodik, gehende Bässe, Kontrapunktik) und »galante« (Vorhaltsmelodik, Albertibässe, typische Kadenzfloskeln), das Trio »volkstümliche« Idiome (Schlichtheit im Satz, Dreiklangsmelodik, walzer- oder ländlerähnlicher Charakter). Von ihrer Herkunft her sehr unterschiedliche Idiome werden so zu einem Ganzen als musikalisches Bild der Überwindung ständischer Grenzen. So weit, so gut. Ins Gleiten gerät dieser zweite Schritt der Deutung, sobald man ihn auf den Ausgangspunkt rückbindet und auf den Zusammenhang zwischen dem Menuett und den übrigen Sätzen in einer Sinfonie, einem Streichquartett usw. achtet. Dann zeigt sich nicht nur, daß durchführungsartige Techniken und die motivisch-thematische Arbeit in das Menuett eingedrungen sind, sondern auch, umgekehrt gesehen, daß etwa die Kontrapunktik keinesfalls auf den Menuettsatz im Zyklus beschränkt bleibt (von den »galanten« Idiomen ganz zu schweigen). Dieses Verfließen der Idiome zwischen den einzelnen Sätzen wirkt, um im Bild zu bleiben, als phantastisch verflochtenes Rahmengebinde auf die »Überwindung ständischer Grenzen« im Menuett zurück — und läßt so Zweifel an der semantischen Prägnanz der (zwischen Menuett und Trio wohl deutlich abgegrenzten) Idiome entstehen.

Allerdings lassen sich solche Einwände gleichsam beim Schopf packen und ins Zentrum einer Interpretation stellen. Das wäre der zweite Weg. Ausgangspunkt sind dabei nicht einzelne Idiome, die aufgrund ihrer Herkunft mit gesellschaftlichen Inhalten assoziierbar sind, sondern eine angenommene Grundspannung klassischer Musik, die speziellere Merkmale, wie die motivisch-thematische Arbeit oder das von einem Sinn für Symmetrie erfüllte Spiel mit der Periodik und Metrik, zu durchdringen und vielleicht tatsächlich zu tragen imstande ist. Es ist die Spannung zwischen Norm und Abweichung. Denn so vielfältig die Erscheinungsformen des Menuetts, besonders bei Mozart, sind, verbindet sie doch alle das Erbe des Tanzes. Die Form im Großen (mit oder ohne Trio) und vor allem die Periodenstruktur (selbst in einem so exzentrischen Stück wie KV 355) sind als Rahmen vorgegeben. Er ist also die Norm, die ohne Zweifel vom höfischen Tanz herrührt. Mozart geht aber, wie schon gesagt, in einer Weise vielfältig mit dem Menuett um, die nicht bloß als artifiziell zu bezeichnen ist und nicht nur den herkömmlichen Charakter des Tanzes nach der einen oder anderen Seite hin erweitert, vielmehr manchmal als mutwillige Verzerrung erscheint. Dieser Spannung erzeugende Vorgang läßt sich als Individuation auffassen. Und Mozarts Wille wiederum ist als ein Aufbegehren gegen die Norm, als »Überwindung absolutistischer Regelhaftigkeit« interpretierbar. Vor dem historischen Hintergrund der Zeit im Vorfeld der Französischen Revolution erscheint das Bild vom Revolutionär im Kampf mit dem Ancien régime.

Die gleiche Spannung zwischen Norm und Abweichung läßt sich aber sogar anhand unseres Beispiels von vorhin, der Tanzszene im »Don Giovanni«, völlig anders interpretieren. Dann nämlich, wenn man den Inhalt dieser Musik sozusagen aus ihrem Inneren heraus zu verstehen sucht. Hans Heinrich Eggebrecht findet in ihm ein »Sich-Bewegen im Takt«, ein »Aufstellen« und »Antworten«, ein »Erregen und Erfüllen von Erwartungen«. Aber er vermeidet eine historische Interpretation des Tanzbildes, sieht vielmehr den Tanz als »Prinzipielles« dieser Musik und erkennt in diesem Prinzipiellen das »Menschliche«, den »Geist«.

Solch eine autonomieästhetische Deutung ist selbstverständlich soziologisch angreifbar, wie umgekehrt musikalische Vergleiche die Prägnanz soziologischer Deutungen aufweichen. Paradoxerweise halten letztere auch einer Kritik unter soziologischem Aspekt nicht völlig stand. Das läßt sich selbst an jenen Gebrauchstänzen, die Mozart für die Maskenbälle in den Redoutensälen am Wiener Hof schrieb, nachweisen. Mozart lieferte in den Jahren 1788 bis 1791 eine Reihe von Menuetten, Kontretänzen und Teutschen. Die drei Tanzarten haben unterschiedlichen Charakter. Die Menuette sind kunstvoller im musikalischen Satz und in der Orchestrierung als die anderen Tänze. Die Teutschen sind am einfachsten und volkstümlichsten. Die Kontretänze sind mit Tonmalereien, witzigen Effekten und Anspielungen wohl die spritzigsten. Auf den ersten Blick meint man musikalische Abziehbilder für Bürger-Bauer-Edelmann vor sich zu haben. Ohne deshalb Qualität und individuelle Züge all dieser Tänze unterschätzen zu wollen, vermögen musikalische Argumente eine solche Vorstellung doch nicht aufzulösen. Als zu einfach erweist sie sich erst bei einem Blick auf die konkreten historischen Umstände. Kaiser Joseph II. förderte und besuchte auch selbst diese Bälle mit dem für ihn bezeichnenden Ziel, durch gemeinsamen Tanz und unter Maskenfreiheit Standesgrenzen zu lockern. Berichten zufolge tanzte die Aristokratie jedoch nur Menuett und mied den Trubel bei Kontretanz und Teutschem. (Freilich lag der Grund dafür nicht nur in einem resistenten Dünkel, sondern auch in der überwiegend nur Aristokraten eigenen, früh erlernten und stets geübten Fähigkeit, ein Menuett zu tanzen.) Für uns Interpreten ergibt sich dadurch aber eine überraschende Wendung: Die unverkennbaren gesellschaftlichen Idiome der einzelnen Tänze und ihrer Musik werden vor dem höheren politischen Ziel dieser Bälle sogar zum Störfaktor. Die schichtenspezifische Identifikation der Ballbesucher war zu stark, jedenfalls ging sie über die vermutlich beabsichtigte, anregende Funktion einer bunten Programmpalette hinaus. Geglückt als raffinierte Komposition ist genau diese Tanz-Kombination jedoch im »Don Giovanni« — freilich mit dem Pferdefuß, daß dieses Arrangement einer idealen Gesellschaft statt den Zielen Josephs II. den Verführungsplänen Don Giovannis als Ablenkungsmanöver dient.

AUSKLANG

Um »Don Giovanni« auszuweichen, kann diese Deutung nur wieder im Allgemeinen, bei grundlegenden Merkmalen von Mozarts Instrumentalstil und beim ungut pathetischen Wort vom »Menschlichen« münden. Deshalb hat aber die Autonomieästhetik nicht gesiegt. Auch wenn die soziologische Deutung der Norm-Individuation-Spannung als Aufbegehren des einzelnen gegen absolutistische Regelhaftigkeit übers Ziel schießt und nicht innerhalb jenes historischen Horizonts liegt, den die Regentschaft Josephs II. besaß und in dem sich die Briefäußerungen Mozarts bewegen. Innerhalb dieses Horizonts ist aber auch eine Verknüpfung des gesellschaftlichen Daseins der Musik mit der Autonomieästhetik nicht möglich. Der Grund ist einfach der, daß es zur Zeit Mozarts in Wien eine von Repräsentations- oder Geselligkeits- und Unterhaltungsfunktionen weitgehend freie Konzertform (in der Art eines heutigen Kammermusik-Konzerts), die einem Ideal der ästhetischen Autonomie entsprochen hätte, nicht gab.

Die Modernität im gesellschaftlichen Gehalt der damaligen Instrumentalmusik kommt besonders in der Rezeption des immer beliebter werdenden Streichquartetts zum Tragen, von dem gesagt wurde, es gleiche einem Gespräch vier vernünftiger Leute. Doch auch diese Art aufklärerischer Ideologie entwickelte sich weiter. Nach dem Tode Josephs II. wurde der Gedanke an eine Revolution nicht nur von oben her unterdrückt, sondern vor allem durch die steigende Sorge um das bedrohte Vaterland überlagert. Dem vaterländischen Gemeinsinn dienten auch die Musik und das Musizieren. Im geistigen Umkreis der Regierung des Grafen Stadion wurde jener andere Gedanke, Musik schaffe eine höhere Form der Demokratie (den Mozart selbst allerdings nie ausgesprochen hatte), Teil eines politischen Programms. Ignaz von Mosel schrieb im ersten Jahrgang der »Vaterländischen

Blätter für den österreichischen Kaiserstaat« 1808: »Die Tonkunst wirkt hier täglich das Wunder, das man sonst nur der Liebe zuschrieb: Sie macht alle Stände gleich. Adelige und Bürgerliche, Fürsten und ihre Vasallen, Vorgesetzte und ihre Untergebenen sitzen an einem Pulte beysammen, und vergessen über der Harmonie der Töne die Disharmonie ihres Standes.« Eine solche Äußerung dürfen wir selbstverständlich nicht auf Mozart rückprojizieren, um seine Absichten zu entschlüsseln. Aber sie ist eine historisch sinnvolle Konsequenz dessen, was bereits Joseph II. anvisierte. In einigem rezeptionsgeschichtlichen Abstand wächst also jenem gesellschaftlichen Gehalt, der uns in der Musik Mozarts und ihrer historischen Situation so vertrackt erschien, doch noch eine klare Basis zu.

Derartige musiksoziologische Skizzen machen wohl manches historisch verständlicher, aber sie können tiefer liegende Ursachen nicht offenlegen. So verfestigt sich immer mehr unsere Annahme, daß Mozarts Erfolge und seine Probleme mit dem Erwartungshorizont seiner Umgebung ihre gemeinsame, allen Pragmatismus durchdringende tiefere Ursache doch in einer künstlerischen Unbedingtheit haben. Die nüchterne Sachlichkeit in den musikalischen Produkten dieser Unbedingtheit bringt eine Mahnung von Mozarts Vater auf den Punkt (Brief vom 25. 12. 1780 nach München, in Hinblick auf die anlaufenden »Idomeneo«-Proben): »Suche nur das ganze Orchester bey guter Laune zu erhalten, ihnen zu schmeicheln und sie durch die Bank mit Lobeserhebungen Dir geneigt zu erhalten; denn ich kenne Deine Schreibart, es gehört bey allen Instrumenten die unausgesetzte erstaunlichste Aufmerksamkeit dazu, und es ist eben kein Spaaß, wenn das Orchester wenigstens drey Stunden mit solchem Fleiß und Aufmerksamkeit angespannt seyn muß.« Was solche Aufmerksamkeit erheischt, sind nicht außergewöhnliche technische Anforderungen und es entspringt nicht der exzentrischen Lust, die Musiker zu überfordern, sondern ist eine »Schreibart«, die auch die »Sonata facile« schwierig macht.

Mozarts »Schreibart«

Der Terminus »Schreibart« bezeichnet das Handwerkliche, das in Partituren Faßbare am Begriff des Personalstils. Als Leopold Mozart ihn verwendete, hatte er die ihm vertrauten Schwierigkeiten der Musiker mit der Musik seines Sohnes vor Augen. Was aber sind die Qualitäten dieser »Schreibart«, was ist das Unkonventionelle an ihr, das Mühe machte? Gibt es überhaupt einen einheitlichen Personalstil Mozarts? Und wenn ja, wie läßt sich der Unterschied zu dem seiner Zeitgenossen einsichtig machen? Wird das, was wir finden, nicht in hoffnungslos viele Einzelmerkmale oder schwer begrenzbare allgemeine Tendenzen zerflattern, anstatt auf ein anschauliches Paradigma konzentrierbar zu sein?

Auf der Suche nach einer Strategie kamen mir spontan Assoziationen mit der Mathematik und sogar mit der Evolutionstheorie. Wenngleich sie, niedergeschrieben, absurd erscheinen mögen, beginne ich mit ihnen: Das Einmaleins bereitet Kindern bekanntlich viel Mühe und ist später doch eine selbstverständliche Voraussetzung für unser Rechnen. Und auch in höheren geistigen Tätigkeiten wie dem eleganten Lösen einer Differentialgleichung oder dem Komponieren eines Musikstücks spielen mechanisierte Vorgänge eine große Rolle. Ihre zweite Natur gibt uns eine Stütze für den »höheren« Gebrauch von Freiheit, sie engt aber bestimmte andere Freiräume wiederum ein. Diese Wechselbeziehung ist zu akzeptieren. Insofern wären sich Leopold Mozart mit seinen Mahnungen an den Sohn und ein Anhänger der heute modischen evolutionären Erkenntnistheorie vermutlich einig. Ein gravierender Unterschied entstünde jedoch, bedächten sie ihren jeweiligen Gegenstand. Leopold Mozart hätte nur Verständnis für jenen Bereich, den Karl Popper die Welt Drei nennt. Diese Welt der Kulturproduktion hat eben Geschichte, d.h. sie unterliegt einem viel schnelleren Wandel als die Gegenstände der Evolutionstheorie.

Vom Gesellschaftlichen als wichtige historische Voraussetzung sind so kaum viel stabilisierende Auswirkungen auf Kunstprodukte zu erwarten. Die Schwierigkeiten Mozarts mit seiner

Umgebung sind demnach nicht erstaunlich, sie gehören gleichsam zur Natur seiner musikalischen Gradationen. Und damit hatte wohl auch unsere Schwierigkeit mit dem gesellschaftlichen Sucus seiner Kunst im vorigen Kapitel zu tun. Im Vergleich dazu sind die Voraussetzungen in der musikalischen Kompositionsgeschichte fester gefügt. Tonsystematik, Musiktheorie, Satzlehre sind Gegenstände, die sich nicht nur begrenzen und bestimmen, sondern auch klar auf einzelne Produkte beziehen lassen. Dennoch sind sie nicht das gleiche wie das Einmaleins beim Rechnen, weder was ihre Evidenz noch was ihre zeitliche Gültigkeit anlangt. Euklids Geometrie gilt immer noch, antike Musiktheorie wirkt kurios auf uns, weil wir von unseren musikalischen Erfahrungen her keinen Weg zu ihr finden.

Diese bunten Assoziationen legen zumindest eines nahe: Dem Gegenstand ist es angemessener, zunächst die Entwicklung von Mozarts Komponieren zu betrachten, anstatt allgemeine Hypothesen über seinen Personalstil zu entwerfen. Idealiter sollte letzteres aus ersterem hervorgehen.

Diese Strategie verfolgt die Mozart-Forschung seit ihren Anfängen bei Otto Jahn um die Mitte des 19. Jahrhunderts. Im Grunde blieb auch der Ansatz derselbe: Was lehrte man Mozart, was hat er von anderen Komponisten und ihrer Musik gelernt, und wo steht er in der Musikgeschichte des 18. Jahrhunderts? So objektiv dies klingt, so sehr spiegeln die Antworten stets die Vorurteile der Autoren wider. Noch am wenigsten trifft dies für die erste Frage zu. Aber selbst hier verstärkt die moderne Entwicklungspsychologie durch ihre Lehre von der frühen Prägung des Menschen eine Tendenz hin zu fatalistischen Deutungen. Doch kann man sich auch an den alten Spruch vom »Prima manent« halten, der Ähnliches unverbindlicher formuliert. Jedenfalls ist es möglich, Aussagen zum Unterricht Mozarts von Geniebegriff und Geschichtsteleologie weitgehend freizuhalten.

DIE ANFÄNGE UND DAS BAUKASTENPRINZIP

Über die entwicklungspsychologisch so wichtige frühe Kindheit Mozarts wissen wir nichts von auffälligen oder nachteiligen Vorkommnissen. Sobald die weitere Entwicklung greifbar wird, hat sie mit Musik zu tun. In eine Musikerfamilie hineingeboren zu sein, ist für einen angehenden Musiker bekanntlich (wenn auch unerklärlich) eine entscheidendere Voraussetzung als eine vergleichbare Herkunft bei einem Dichter oder Maler. Musik war Mozart jedenfalls sehr früh etwas Vertrautes (das sich in Anekdoten, wie der von seiner schrecklichen Angst vor Trompetentönen, spiegelt). Mit Musik verbunden ist auch unsere wohl zu einseitige Vorstellung von der Dominanz des Vaters bei Mozarts Erziehung. Mozart hat ja nie eine Schule besucht. Das erinnert weniger an aristokratische Gepflogenheiten als an alte Kapellmeisterpraxis, aber auch an andere berühmte Beispiele, selbst noch aus dem 19. Jahrhundert (etwa Franz Liszt oder der englische Philosoph John Stuart Mill). Wenn Mozart später behauptet, er habe nie schreiben gelernt, so ist das nicht wörtlich zu nehmen, weist aber darauf hin, daß durch die Forcierung seiner musikalischen Fähigkeiten und bedingt durch die vielen Reisen ein geregelter Lehrgang kaum möglich war. Trotzdem hat Mozart alle für einen weltmännischen Musiker wichtigen Fertigkeiten und Kenntnisse offensichtlich gut erlernt.

Wie der Clavier- und andere Instrumentalunterricht im einzelnen aussah, können wir nur vermuten. Genau aber wissen wir, in welche kompositorische Sphäre Mozart eingeführt wurde. Nannerls »Notenbuch« (eine, wie damals noch üblich, vom Vater für Lehrzwecke angelegte handschriftliche Sammlung einfacher, kurzer Stücke) und Mozarts eigenes frühes Komponieren geben darüber Aufschluß. Wieder treffen wir auf das Menuett, diesmal nicht unter gesellschaftlichen, sondern unter didaktischen Vorzeichen. Man begann mit sogenannten »Galanteriestücken«, vor allem Menuetten und kurzen Allegro-Sätzen. Leopold Mozarts Vorgangsweise ist zeitgemäß, zwei Jahrzehnte zuvor hatte man Suiten zur Einführung verwendet. Die Stückchen in Nannerls »Notenbuch« stammen vermutlich überwiegend von Leopold Mozart selbst; andere, namentlich genannte Komponisten (der Wiener Georg Christoph Wagenseil, die beiden mit Nürnberg assoziierbaren, Johann Nikolaus Tischer und Johann Joachim Agrell) lassen keine Vorliebe für irgendeine lokale Besonderheit erkennen. Zu komponieren begann man mit zweistimmigen Menuetten. So hat es auch Mozart gehalten, als er später selbst unterrichtete. Die damalige Vorgangsweise ähnelt prinzipiell der heutigen beim Harmonielehre-Unterricht (der allerdings den vierstimmigen Satz bevorzugt): Geübt wird mit vorgegebenem Baß oder vorgegebener Oberstimmenmelodie, wobei die übrigen Stimmen zu ergänzen sind; weiters mit vorgegebenem Vordersatz, dem ein Nachsatz sinnvoll hinzuzufügen ist; schließlich mit diversen Satzmodellen, die zu variieren sind.

Die kompositionstechnische Basis, die so gelegt wurde, war zeitgemäß und nicht retrospektiv. So hat Leopold Mozart offensichtlich ältere Techniken ausgespart: Übungen in Kontrapunkt und zunächst wohl auch im Generalbaß (das »Notenbuch« enthält allerdings drei modulierende Generalbaßübungen, die doch auf eine Lehre, vielleicht in etwas vorgeschrittenerem Stadium, hinweisen). Wichtiger als alles Didaktische und Chronologische sind die Auswirkungen auf Mozarts späteres Komponieren. Die Vorstellungen von Verlauf und Bau der Musik, die er sich von Kindheit an aneignete, gehen eben nicht, wie es älterer Tradition entsprochen hätte, vom linearen Element, von einem melodischen Motiv aus, das es weiterzuspinnen, in verschiedene Stimmen auszubreiten, untereinander und mit anderen Motiven zu verflechten, auf eine ebenfalls lineare Stütze eines Generalbasses zu beziehen und nach längerem Fluß auf eine Kadenz hin zu steigern gilt. Vielmehr setzt die Mozart gelehrte Vorstellung, trivial gesagt, bei einem Baukastenprinzip an. Der musikalische Verlauf ist von vornherein in Bauteilen disponiert. Ein Gefühl für Symmetrie, für Korrespondenzen und Kontraste zwischen diesen Bauteilen zu entwickeln, ist primäres Gebot und wird durch das Erlernen der Fähigkeit, die Bauteile im Inneren sinnvoll zu strukturieren, ergänzt. Für dieses didaktische Ziel ist ein Tanz mit seinen formalen und metrischen Normen viel besser als Übungsfeld geeignet als etwa eine zweistimmige Invention. Daß ausgerechnet das Menuett mit seiner barocken Herkunft zum Exemplum wurde, überrascht nur auf den ersten Blick; denn das Menuett hatte um die Jahrhundertmitte bereits einigen Wandel ins Galante durchgemacht und eine erstaunliche Vielfalt in Ausführung und Verwendung erreicht.

Beim Durchspielen der Stücke aus dem »Notenbuch« mag die Typik, die einem immerfort begegnet, vielleicht penetrant anmuten. Das hat mit dem Baukastenprinzip zu tun. Es betrifft aber auch Details einfachster Art (Melodiewendungen, Verzierungen, Schlußfloskeln und Baßführungen). Der Reiz dieser Musik liegt freilich nicht in Wiederkehr und Typik, sondern im

Spiel mit diesen Versatzstücken. Wobei die Phantasie im Variieren sich sowohl auf Details wie auf die Kombination der Teile richtet. Beispiele dafür geben nicht zuletzt Mozarts eigene frühe Kompositionen. Dies um so mehr, als sie ja nicht frei von den didaktischen Absichten des Vaters entstanden sind.

Die ersten Kompositionen Mozarts sind kleine Clavier- bzw. Clavicordstücke, entstanden vermutlich zu Beginn und im Frühjahr 1762. Notiert hat sie anfänglich der Vater. Etwa 1764 erlernte Mozart das Notenschreiben. Ein Witz der Forschungsgeschichte ist es, daß das F-Dur-Menuett mit Köchels Nummer 1, häufig verwendet als Kennmelodie von Mozart-Sendungen in Rundfunk und Fernsehen, ziemlich sicher nicht Mozarts opusculum primum war. Mozart hat das Stück eindeutig selbst notiert, folglich nicht vor 1764 komponiert. Zu den frühesten Stükken zählen die Menuette KV 2, 4 und 5 sowie die Allegro-Sätze KV 3 und 9a. Wichtiger erscheint die nicht zu klärende Frage, was wirklich vom Sohn stammt und was der Vater jenem unterschob. Sicherlich hat der Vater den musikalischen Satz, den der Sohn niederschrieb, stillschweigend korrigiert. Didaktisches wird zudem in dem Umstand deutlich, daß die ersten Menuette alle in F-Dur stehen, zweistimmig und zweiteilig sind und deutliche Gemeinsamkeiten in der Baßführung und in den Kadenzen zeigen, während die Melodik (vielleicht bewußt so gefordert) unterschiedlich ist.

KV 4 notierte Leopold Mozart als »di Wolfgango Mozart d. 11ten May: 1762« komponiert, KV 5 ist mit 5. 7. dieses Jahres datiert. Trotz des zeitlichen Abstands von zwei Monaten stehen die beiden Menuette, wie man auf den ersten Blick erkennt, in einem Variationsverhältnis. Das Baßgerüst ist vorgegeben (oder jedenfalls festgehalten), und die beiden Kadenztakte kehren stereotyp wieder. Doch im übrigen ist die Melodiestimme gezielt unterschiedlich gemacht. Beide Menuette sind wie üblich zweiteilig notiert, aber im dreiteiligen Schema A — B — A' angelegt. Das Baukastenprinzip ist leicht durchschaubar: In KV 4 lassen sich die zehn Takte des ersten Teils zwanglos in vier plus sechs Takte und diese wiederum in eine Folge von zwei Takten gliedern. Dabei haben diese Zweitaktgruppen unterschiedliche Funktion. Die beiden ersten Takte haben eine öffnende, die beiden folgenden eine schließende Funktion. T. 5/6 und ihre bekräftigende Wiederholung in T. 7/8 haben wiederum öffnende, T. 9/10 schließende Funktion. Die beiden schließenden Taktpaare sind sehr ähnlich, die beiden öffnenden gezielt unterschiedlich. Die durch diese Kombination von Korrespondenz und Kontrast bereits hergestellte Beziehung zweier Satzglieder wird durch die tonale Anlage noch verstärkt. Die ersten vier Takte stehen in F-Dur, die folgenden sechs Takte in C-Dur, der Dominant-Tonart zu F-Dur. Aber auf dieser übergeordneten Ebene erscheint eine andere Abfolge der Funktionen. Während das erste Glied die Grundtonart stabilisiert, gibt das zweite Glied einen neuen Impuls. Die sich so ergebende tonale Spannung drängt zu einer Lösung jenseits des Doppelstrichs am Ende des ersten Teils. Was danach eintritt, ist aber nicht die exakte Wiederkehr des Anfangs, sondern eine Variante, die durch die Verkürzung des Trillers von T. 1 ausgelöst erscheint. Das Taktpaar und seine Wiederholung einen Ganzton höher bilden zugleich eine verkürzte Variante des tonalen Verlaufs des ersten Teils. T. 11/12 führen von der Tonika F zur Subdominante B, T. 13/14 betonen die Dominante C. Erst in T. 15 kehren die beiden Anfangstakte exakt wieder. Um diese Wiederkehr zu stabilisieren, werden sie wiederholt. Dem Anfang schließt sich hier aber nicht die Kadenz von T. 3/4 an. Damit wird einerseits der musikalische Fluß gefördert, andererseits wäre es überflüssig, das F-Dur in einer Kadenz festzuhalten, da es in dem anschließenden Glied ab T. 19 (im Gegensatz zu T. 5 ff.) ohnehin nicht mehr verlassen wird. So wird das kontrastierende Moment des ersten Teils bei seiner Wiederkehr verringert; das korrespondierende Moment (und zugleich die klangliche Abwechslung) wird durch den von T. 14 an bis zum Schluß betriebenen ständigen Wechsel der Oktavlage im Tonraum erhöht.

Der musiktheoretisch wenig vorgebildete Leser möge sich nicht täuschen lassen. Die beschriebene musikalische Struktur ist denkbar einfach. An dem kleinen Menuett ist aber nicht nur das angewandte Baukastenprinzip abzulesen, es beinhaltet latent auch eine weitreichende Formengeschichte. In seiner Einfachheit und Konventionalität wirkt es wie eine Drehscheibe. Wobei wir sie in Richtung auf die Barockmusik und die in ihr so häufig vorkommenden A — B — A-Formen (mit dem Musterbeispiel der Da-capo-Arie) betrachten, oder auf die klassische Sonatenform beziehen können. Letzteres mag weit hergeholt erscheinen. Tatsächlich enthält das Menuett, in nuce, alle Bestimmungsmerkmale der Sonatenform: die fundamentale Tonika-Dominant-Spannung (mit charakteristischen Unterschieden zwischen Exposition und Reprise), der erste Teil entspricht einer Exposition mit zwei Themen, die Takte 11—14 sind eine Durchführung (des Anfangsmotivs wie des klanglichen Verlaufs und in ihrer Funktion als vollständige Kadenz mit dem Zielpunkt des Repriseneinsatzes), die Reprise stabilisiert (und enthält mit dem ständigen Lagenwechsel ein Merkmal vieler späterer Sonatensätze Mozarts).

Den Modellcharakter des eben Beschriebenen bestätigt KV 5. Ohne die Grundstruktur zu stören, variiert dieses Menuett das vorangegangene. Der Variation offen stehen vor allem die öffnenden Glieder der Melodiestimme, weniger die schließenden und weniger die Baßlinie. Den einzigen markanten Unterschied zu KV 4 bringt die Reprise von KV 5: sie setzt nämlich in T. 15 sofort mit dem zweiten Glied des ersten Teils (T. 5 ff.) auf der Tonika ein. Diese Vorgangsweise ist, besonders in den sogenannten Vorformen des Sonatensatzes, allgemein üblich.

Das Denken in Variationen unterstreicht das nächstkomponierte Stück, das mit 16. 7. 1762 datierte Menuett KV 6. Es steht KV 5 näher als KV 4 (mit dem Unterschied, daß Mozart das Lagenwechselspiel in der Reprise zum Bau eines weitgespannten Bogens mit dem Höhepunkt in T. 18 umfunktioniert). De facto bildet dieses Stück nur einen Satz in Klavierfassung zum eigentlichen KV 6, einer Sonate für Klavier und Violine. Und damit noch nicht genug, hat Leopold Mozart dieses Menuett des Sohnes instrumentiert und als Trio in das Menuett I seiner Serenata in D aufgenommen. Dieses väterliche Kompliment deutet darauf hin, daß gerade die so sehr didaktisch anmutende Variationenkette von KV 4 zu KV 6, einer naheliegenden Vermutung widersprechend, auf einen eigenen Einfall Wolfgangs zurückgeht.

Warum aber hat Leopold Mozart KV 6 so sehr ausgezeichnet? Wenn er Wolfgangs ersten eigenen Einfall musikalisch umkränzen wollte, hätte er das »Thema«, also KV 4, gewählt. Ist ihm dagegen eine besonders geschickte variative Gestaltung in KV 6 der hinreichende Anlaß, so weiß ich nicht, wie er im Notentext nachzuvollziehen wäre. Auf welchen konkreten Umstand der liebevolle Blick des Vaters fiel, ist also nicht auszumachen. Die Unklarheit, vor der wir hier stehen, dürfte symptomatisch für eine viel umfassendere Frage sein: Wie verhält sich Mozart zu seinen kompositorischen Vorbildern?

DAS VERHÄLTNIS ZU DEN VORBILDERN

Wenn etwas anerkannt wissenschaftlichen Charakter auf dem Feld der Interpretation von Musik hat, dann ist es der Vorgang, Kompositionen anhand von Belegen und Merkmalen in historische Zusammenhänge einzuordnen. Studien in diese Richtung sind seit den Anfängen der Mozart-Forschung bevorzugt betrieben worden. Lassen wir noch kurz deren Erfolg beiseite und schauen auf die Ziele, die sich herausgebildet haben. Aus der großen Menge bloß positivistischer Klarstellungen heben sich zwei gegensätzliche Richtungen der Interpretation ab. Die eine will Mozarts Musik als konsequentes Ergebnis der vorangegangenen Kompositionsgeschichte oder zumindest als Fülle von Einzelheiten, die historische Vorbilder haben, sehen. Selbstverständlich kommt dabei eine Erörterung der Individualität Mozarts zu kurz oder bleibt einem pflichtschuldig nachgereichten Bewundern von Mozarts Genialität verhaftet. So ist bei Wyzewa/Saint Foix (die eine monumentale stilhistorische Studie schrieben) zu lesen, Mozart habe die übernommenen Vorbilder »verklärt« und mit der »Bedeutsamkeit« einer »Schönheit« belebt, die viel »originaler« als die Vorbilder selbst sei. Dessenungeachtet waren sich die beiden Autoren des »Genies der Assimilation« so sicher, daß sie einzelne Werke Mozarts aufgrund der Vorbildstruktur verläßlich chronologisch bestimmen zu können meinten. Darüber hinaus haben sie kompositionstechnische Vorgangsweisen auf ein Persönlichkeitsbild rückbezogen: »Stets hat dieses poetische Genie mit seiner wesenhaft femininen Natur den Anstoß von außen gebraucht, um seine Kunst neue Wege einschlagen zu lassen.« Diese schaffenspsychologische Einschätzung entspricht jener durch Richard Wagner, welcher Mozart als den »absolutesten aller Musiker« bezeichnen konnte, weil er die Musik überhaupt als eine unselbständige und einfühlsame Kunst, als »göttliches Weib«, ansah. Die Ansichten von Wyzewa/Saint Foix sind in sich stimmig, sie beziehen sich auf die Kompositionsgeschichte des 18. Jahrhunderts und lassen sich in der Rezeptionsgeschichte verankern. Zweifelhaft bleibt nur, ob die Autoren ihr Ziel auch erreichen und ob das, was sie treffen, wesentlich an Mozarts Kunst ist.

Im Gegensatz dazu steht die Vorgangsweise, jene Originalität Mozarts, die bei aller Bewunderung aus dem Auge verloren worden war, ins Zentrum des Interesses zu rücken. Aus der Außergewöhnlichkeit von Mozarts Musik wird dann eine Unvergleichlichkeit. Eine solche Perspektive kann aber nicht mehr bei musikhistorischen Gegenständen ansetzen, sondern wird den metahistorischen Kunst- und Geniebegriff idealistischer Philosophie zum Ausgangspunkt wählen, der freilich zur musikalischen Struktur hin, wie sie in Partituren notiert vorliegt, vermittelt werden muß. Mit einem im Rahmen der Kompositionsgeschichte angewandten Kausalnexus wird dies nicht zu bewerkstelligen sein. So gesehen bleibt Mozart nur mehr lose Vorbildern verhaftet; seine Werke sind kategorial von ihnen unterschieden. Hier stellt sich allerdings die konkrete Frage, ab wann denn dieser kategoriale Unterschied greift: ab KV 6 oder ab dem Jeunehomme-Klavierkonzert KV 271 (wie Charles Rosen meint), oder greift er überhaupt nur bei etlichen besonderen, eben klassischen Werken?

Unsinnig erscheint alles Extreme. Wer wird allen Ernstes behaupten wollen, KV 6 zeichne, abgesehen von der Jugend des Komponisten, irgend etwas unter tausend anderen kleinen Menuetten aus dieser Zeit aus. Und wer wird leugnen, daß sich das Jeunehomme-Konzert eben nicht als eine Ansammlung von Vorbildelementen auch nur einigermaßen adäquat erfassen läßt. Ein vernünftiger Kompromiß wäre es, den Gegensatz zwischen einem Rückbinden auf die allgemeine Kompositionsgeschichte und einem Abheben Mozarts von seiner Komponistenumgebung als einen Prozeß von einem zum anderen Pol zu sehen; nicht als Einbahnstraße, aber doch unter der Voraussetzung, daß selbst ein Mozart einen Weg von der Typik zum individuellen Werk zu gehen hatte. Mag dieser Weg auch verschlungen sein (und selbst wenn er für den Interpreten nicht mehr als eine metaphorische Stütze ist), so läßt sich über ihn doch eher rational diskutieren als über die Vermittlung des Geniebegriffs zur musikalischen Struktur.

Die plausible Historiker-Forderung, Mozart von der ihn umgebenden Musik her zu verstehen, widerspricht freilich der Rezeptionsgeschichte. In ihr verschwamm die Musik des späten 18. Jahrhunderts zu einem Meer der Unkenntlichkeit, aus dem Mozart, Haydn und einige andere mehr oder minder profiliert emporragen. So bleibt den Historikern nichts anderes übrig, als diese Metapher zu akzeptieren und das Meer Schritt für Schritt trockenzulegen. Das ist mühsam. Zum Beispiel für die Gattung der Sinfonie schätzt ein Kenner der Materie (Jan La Rue) die Produktion des 18. Jahrhunderts mit 20000 Stücken. Diese Zahl steht jedem Versuch entgegen, zu definieren, worin das Typische der damaligen Sinfonik (sei es insgesamt, sei es in Teilbereichen oder im Einzelfall) liegt. Und dazu kommen methodische Schwierigkeiten der Strukturanalyse.

DIE VERARBEITUNG VON VORLAGEN

Mozart befaßte sich von seinen ersten Menuetten an mit der Technik des Variierens von Modellen, die der Vater vorgab oder die Tradition anbot. In seiner Entwicklung sind als nächstes jene Schritte von besonderem Interesse, die ihn auf dem Weg zu größeren Formen für Orchester (Sinfonien und Konzerte) zeigen.

In der Zeit von 1767 bis etwa 1770/72 schrieb Mozart sieben Klavierkonzerte. Genaugenommen bearbeitete er Sonatensätze anderer Komponisten. Vier der Konzerte (KV 37, 39, 40 und 41) sind ausgesprochene Pasticci (die Vorlagen stammen in der Mehrzahl von den wenig originellen Kleinmeistern Honauer und Raupach, der Rest von C. Ph. E. Bach, Eckard und Schobert). Bei den drei späteren (KV 107 [21^{b}] I, II und III) hat Mozart nicht Einzelsätze, sondern Sonatenzyklen, diesmal von Johann Christian Bach, als Vorlage gewählt. Die Stützfunktion all dieser Vorlagen ist offensichtlich; sie war vielleicht nötig, weil Mozart vor der Aufgabe stand, die ihm bereits vertraute moderne Sonatenform mit der für ihn neuen, älteren Konzertform zur Einheit zu bringen. Ein anderer Aspekt mag der didaktische gewesen sein. Wie aus den Autographen klar hervorgeht, war Leopold Mozart bei der Niederschrift der Partituren mit am Werk und wohl darüber hinaus an der Bearbeitung beteiligt. Neben diesen und möglichen zeitökonomischen Gründen ist zu bedenken, daß damals die Parodietechnik durchaus gebräuchlich war. Vorhandenes zu bearbeiten, hatte noch nicht den Anruch des Plagiats.

Mehr interessiert freilich das möglicherweise Originelle in diesen Konzerten. Kaum ungewöhnlich mutet die Vorgangsweise an, aus einer Sonate ein Konzert zu machen. Die Beispiele von Mozart sind allerdings die vorderhand einzig bekannten. Doch dürften Einzelheiten originell sein: In den drei Bach-Konzerten hat Mozart selbst stets die Instrumentierung notiert, während der Vater den Klavierpart und den Baß eintrug. In dem (nur aus zwei Violinen bestehenden) Orchesterpart des G-Dur-Konzerts KV 107 (21^b) II fällt auf, wie sehr Mozart im Variationensatz bemüht ist, von Variation zu Variation eine unterschiedliche Begleitung zu finden, und wie er darüber hinaus jedes bloße Mitgehen mit dem Klavierpart vermeidet. Auch die Form enthält bemerkenswerte Züge: So fügt Mozart in die Schluß-Tutti der ersten Sätze der Bach-Konzerte (schon zuvor und erstmals in KV 39) eine Solo-Kadenz ein. Johann Christian Bach, der sich als Anreger anbietet, hatte dies in seinen eigenen damaligen Klavierkonzerten aber nie getan. Aufschlußreich ist auch ein anderes Detail, das mit der notwendigen Anpassung der Vorlage an die Konzertform zusammenhängt. Der aus der Sonate übernommenen Solo-Einleitung mußte zu Beginn jedes Konzerts eine Tutti-Einleitung vorangestellt werden. In ihr werden (wie in der alten Parodietechnik) Anfang und weitere Themeneinsätze der vorgegebenen Solo-Einleitung deutlich beibehalten, sonst aber wird viel variiert. Die Schlußbildungen dieser Tutti-Einleitungen sind im ersten und dritten der Bach-Konzerte neu. Solche »codette« sind, der Form entsprechend, auch am Ende der Solo-Einleitung (die auf der Dominante zu stehen hat) und am Schluß des Satzes nötig. In jedem der drei Konzerte geht Mozart anders mit dieser Forderung um. Im ersten wird die codetta der Tutti-Einleitung (T. 24—28) in der Solo-Einleitung (T. 70—75) und am Schluß (T. 148—152) schlicht wiederholt. Im zweiten wird erst in der Solo-Einleitung eine neue codetta eingefügt (T. 53—57), diese jedoch am Schluß des Satzes (T. 108—112) wiederholt. Und im dritten Konzert wird die neue codetta der Tutti-Einleitung (T. 24—27) in der Solo-Einleitung in variierter Version verdoppelt (T. 68—74) und am Schluß in ursprünglicher Version verdoppelt (T. 153—159) gebracht. Damit tritt selbst bei einer so konventionellen Forderung an den Komponisten wie der, eine abschließende Kadenz markant zu setzen, der Wille zur Abwechslung deutlich hervor. In Werken frei von Vorlagen hat ihn Mozart später weiter kultiviert. Ein schönes Beispiel gibt der erste Satz des B-Dur-Violinkonzerts KV 207: Die codetta der Tutti-Einleitung (T. 22—24) wird in der Solo-Einleitung durch eine längere und völlig neue (T. 66—72) ersetzt, und nach der Solo-Kadenz (T. 172—181) werden beide codette so aneinandergereiht, daß die der Tutti-Einleitung (einen Bogen zurück zum Anfang andeutend) den Schluß des Satzes bildet.

DIE STILLAGE DER ERSTEN SINFONIEN

Während die Zusammenarbeit von Vater und Sohn Mozart bei den frühen Klavierkonzerten in den Autographen klar zum Ausdruck kommt, ist sie bei den ersten Sinfonien schwerer zu durchschauen. Bis 1771 (also etwa zur selben Zeit wie die Konzerte) entstanden nicht weniger als 22 Sinfonien. Neben der großen Zahl beeindrucken der mit 1764 frühe Beginn der Produktion und der Verzicht, Vorlagen zu bearbeiten. Die ersten Sinfonien entstanden während der großen Reise der Familie Mozart in London und Den Haag. Bei ihrem Vergleich mit den wohl gleichzeitig im »Londoner Notenbuch« eingetragenen Stücken fällt auf, wie experimentell und manchmal unbeholfen letztere, die vom Vater unkontrolliert entstanden sind, wirken, und wie gekonnt dagegen Orchestersatz und Form der Sinfonien bereits sind. Dieser Unterschied weist zwangsläufig auf die Rolle des Vaters hin. Mozart hatte selbstverständlich nicht erst auf Reisen, sondern schon daheim in Salzburg viel Orchestermusik gehört. Der dominierende Sinfonie-Komponist am Salzburger Hof war aber Leopold Mozart.

Ein Vergleich liegt nahe, ist aber schwierig, da sich die Sinfonien Leopold Mozarts nur selten exakt datieren lassen. Vor allem aber bringt er nicht das erwartete Ergebnis: Des Vaters Sinfonien unterscheiden sich von den ersten des Sohnes durch größere Vielfalt (in Metrik und Modulatorik, in der Harmonik durch stärkere Betonung der Subdominante, durch selbständigere Führung der Bläser und einen stärker verflochtenen Streichersatz). Mozart hat also den Vater nicht genau imitiert. Vielleicht aber hat der Vater ihn ganz bewußt zu einer zwar modernen, aber doch konventionellen und leicht praktizierbaren Sinfonie-Komposition angeleitet. Will man den Gegensatz zuspitzen, liefe er darauf hinaus, daß jene für die spätere Sinfonik Mozarts bezeichnenden Merkmale eines vielfältigen und beweglichen Orchestersatzes in den 1760er Jahren sich eher in Werken des Vaters als in denen des Sohnes »ankündigen«. (Ein ungewolltes Argument dafür bringt A. A. Aberts These, ein Kopist habe bei der »Alten Lambacher« Sinfonie KV 45a Vater und Sohn Mozart verwechselt, da das in »extremer Weise auf Addition gleicher Glieder angelegte« Stück mit seiner »mühseligen Erfindung« eher Leopold Mozart zuzuschreiben sei. Neue Quellenfunde bestätigen aber den Autor Wolfgang Mozart.)

Doch wird von Fachleuten das sinfonische Vorbild Mozarts weniger beim Vater als bei anderen Komponisten gesucht, die und deren Werke Mozart auf der großen Reise kennen- und schätzen gelernt hatte. Unter ihnen nehmen Johann Christian Bach und Karl Friedrich Abel eine Vorzugsstellung ein. Bei einem Vergleich von Mozarts ersten fünf Sinfonien mit denen aus Bachs recht bekanntem op. 3 stößt man aber nicht auf die erwarteten überzeugenden Gemeinsamkeiten. Und von einer weiteren Suche schreckt die Tatsache ab, daß Bach wie Abel bis 1772 jeweils etwa 25 Sinfonien geschrieben haben. Darüber hinaus fragt es sich, worin das für Bach oder Abel Personaltypische besteht, um es bei Mozart wiederfinden zu können. Bachs »singendes Allegro« erweist sich anhand der Partituren auch nicht gerade als Schlüssel der Erkenntnis (außerdem ist dieser Begriff ebensogut auf die Musik viel älterer Meister wie Pergolesi anwendbar). So müßte man die Suche entschieden über Leopold Mozart, Bach und Abel hinaus ausweiten. Nicht, um in Riesenmengen von Sinfonien wie in einem Heuhaufen die berühmte Stecknadel zu finden. Vielmehr wäre so etwas wie eine Grammatik und Syntax der sinfonischen Sprache dieser Zeit herauszudestillieren. Dies hat die Forschung noch nicht geleistet (doch sind Studien wie die von Judith Schwartz, in der Sinfonien von 58 Komponisten verglichen wurden, auf dem richtigen Weg).

Vermutlich geht es vielen Hörern ähnlich wie mir, wenn sie die erste Sinfonie KV 16 des achtjährigen Mozart hören. Ich empfinde die Frische einer hervorbrechenden naiven Genialität. Historisch begründen läßt sich dieser Eindruck freilich nicht. Im

Gegenteil findet eine Umschau bei den vielen Sinfonien der Zeit so manche Satzbilder, die etwa im ersten Satz von KV 16 alle drei, acht, vier oder sechs Takte wechseln, mehrmals wieder, allerdings nicht in gleicher Reihenfolge. Bei der Durchsicht von einigen hundert Sinfonien würde sich vermutlich der zupackende unisono-Anfang ebenso wie die nachfolgende Sequenzkette über eine zweimalige vollständige Kadenz als recht konventionell erweisen. Die naive Genialität ist dann dahin. Der Eindruck der Frische bleibt davon unberührt. Denn er wird nicht bloß durch die einfache und schematische Struktur der einzelnen Satzbilder, als vielmehr durch deren Anlage auf Effekt hin, durch ihre Vielzahl und ihre kontrastreiche Abfolge erzeugt. Die Frische, die wir empfinden, war durchaus intendiert und hängt mit jenen gesellschaftlichen Funktionen der Orchestermusik zusammen, von denen im vorangegangenen Kapitel die Rede war. Eine Sinfonie wie KV 16 ist daher als ein völlig auf das Ereignis der musikalischen Aufführung hin ausgerichtetes Produkt und nicht als Werk im klassischen Sinne aufzufassen.

Einige Bemerkungen zur musikalischen Struktur: Das Prinzip der kontrastierenden und korrespondierenden Reihung (das dem sprachwissenschaftlichen Begriff der Parataxe entspricht) führt zwangsläufig zu einer Geschlossenheit der Kleinabschnitte und zu einem Formverlauf, der weniger von logischer Folge als von einem Baukastenspiel bestimmt ist. Als Sonatenform betrachtet, erhält der erste Satz von KV 16 ein eher verwirrendes Aussehen. Die ersten 30 Takte stehen in Es-Dur und führen zur Dominante. Aber es gibt auf dieser tonalen Basis drei verschiedene Satzbilder; keines erreicht den Rang eines Hauptthemas. Der Teil von T. 31 bis zum Schluß der Exposition steht in der Dominanttonart B-Dur. Innerhalb dieser 27 Takte finden sich sogar vier verschiedene Satzbilder, ohne daß eines als Seitenthema hervor- oder als Überleitung zurücktreten würde. Von den insgesamt sieben (allerdings unterschiedlich langen) Kleinabschnitten werden sechs einmal wiederholt. Es herrscht also Balance zwischen den verschiedenen Satzbildern (die auch der ständige Wechsel in der Dynamik unterstreicht), die aber, außer im tonalen Verlauf, kaum etwas mit einem übergeordneten Prinzip der Sonatenform gemeinsam hat. Der zweite Teil nach dem Doppelstrich ist fast gleich lang wie der erste. Von einer »Durchführung« kann zunächst überhaupt nicht gesprochen werden, vielmehr erscheint der Sinfonieanfang, kaum verändert, nun in B-Dur wieder. Was sich im weiteren ändert, betrifft nicht die Abfolge der Satzbilder, sondern allein den tonalen Verlauf, der Durchführungscharakter erhält. Die Dominante B zu der ab T. 93 stabilen Tonika-Tonart Es-Dur wird auf »unnötigen« Umwegen erreicht (die Wiederholung der beiden ersten Satzbilder ab T. 70 ff. in c-Moll kommt überraschend, ebenso der Wechsel von Moll nach Dur T. 81, doch dann setzt Mozart eine Quintenkette c — f — B nach Es-Dur).

Im großen ist die Form also denkbar einfach (A — A') und wird von einem tonalen Bogen Tonika — Dominante — Tonika getragen. Bei einem Vergleich des ersten Satzes von KV 16 mit denen einiger nachfolgender Sinfonien (KV 19, 19a, 22, 43, 45, 45a, 48 und 73) fällt auf, daß keiner dem anderen formal völlig gleicht. Wohl stehen alle in Dur-Tonarten, haben eine Länge von etwa 80—100 Takten, sind (mit oder ohne Wiederholungen) zweiteilig, zeigen eine Neigung auch zu weiteren symmetrischen Unterteilungen und haben vor allem alle den gleichen tonalen Bogen wie KV 16. Der Reiz der Abwechslung liegt aber im Detail.

Während der erste Satz von KV 16 sieben verschiedene Satzbilder hat, steigt die Zahl in KV 19 und 19a noch an und pendelt sich in den folgenden Sinfonien auf immerhin etwa fünf ein. Die A — A'-Form wird in den einzelnen Sinfonien in verschiedener Art abgewandelt. In KV 19a schiebt Mozart im Teil 2 zwischen den ersten beiden Satzbildern ein neues ein (T. 51 ff.). In KV 22 und 45a wird Teil 2 durch eine Verarbeitung des ersten Satzbildes im Vergleich zum Teil 1 stärker verändert. Diese beiden Sätze bewegen sich also zwischen A — A'-Form und »Sonaten-Allegro« mit verkürzter Reprise. Noch etwas weiter in die gleiche Richtung geht KV 43. Doch beschränkt sich auch hier die Durchführung zu Beginn von Teil 2 auf ein Baukastenspiel (in KV 43 werden zwischen den variierten Wiederholungen des ersten Satzbildes neue Kadenz-Blöcke eingeschoben) und enthält keine kontrapunktische Arbeit. Durchführungscharakter hat wie in KV 16 auch in weiteren Sinfonien die Modulatorik zu Beginn von Teil 2, sie bedient sich gelegentlich des Mechanismus der Quintenkette (etwa in KV 19: h-Moll — E-Dur — A-Dur —

D-Dur — A-Dur, ähnlich in KV 22 und 43), der sich in Durchführungen späterer Sonatensätze Mozarts (und anderer Komponisten) häufig wiederfindet. Noch einen Schritt weiter geht Mozart in KV 48: Hier paraphrasiert er in Teil 2 zunächst den ganzen Tonika-Abschnitt von Teil 1 und bringt dann eine nahezu vollständige Reprise. Eine andere Variante (die allerdings vom Durchführungscharakter wieder wegführt) besteht darin, am Beginn von Teil 2 neue Satzbilder zu setzen und ihnen entweder eine verkürzte (KV 19) oder vollständige Reprise (KV 45 und 73) folgen zu lassen.

Für sich unwichtig erscheinende Details gewinnen durch ihre Wiederkehr an Interesse. So vermeidet Mozart (in KV 16, 19, 22, 43 und 45) jegliche Wiederholung des zweiten Satzbildes im weiteren Verlauf; auf diese Weise bleibt etwa die effektvolle »Mannheimer Walze« T. 10—14 in KV 22 ein Einzelereignis. Eine andere Auffälligkeit betrifft den Übergang vom Tonika- zum Dominant-Bereich in Teil 1: Nach der uns geläufigen Formenlehre sollte zunächst moduliert werden und dann, am besten nach einer Wechseldominante, das Seitenthema auftreten. Diese Lehre besaß freilich für Mozart noch keine kodifizierte Verbindlichkeit, dennoch neigt er in seinen frühen Sinfonien (außer in KV 45a) durchaus zu einem Dualismus der musikalischen Charaktere. Ein (abgesehen von der großen Zahl der Satzbilder) der Regel entsprechender Übergang findet sich in KV 43 (ohne Wechseldominante auch schon in KV 16). In anderen Sinfonien (KV 19, 22, 45 und 48) erscheint der zum Anfang kontrastierende Charakter bereits auf der Wechseldominante, also im Zustand des tonalen Übergangs. Besonders deutlich wird dies in KV 48, da hier das Neue in T. 14—17 zugleich innerhalb der zweiten Periode als Nachsatz zum Vordersatz des ersten Satzbildes fungiert. Diese Merkwürdigkeit hat noch weitreichendere Folgen: In Teil 2 wird der wiederkehrende Sinfonieanfang vor allem dadurch variiert, daß die Takte 14—17 breiter ausgesponnen werden (T. 47—55), dafür aber in der nachfolgenden, sonst vollständigen Reprise übergangen werden. Die damit wiederhergestellte Balance im großen bringt im Detail einen verstärkten Zug zum Schluß hin. Noch weiter intensiviert wird dieser Impuls in zwei anderen Sinfonien mit einer der Reprise angefügten Wiederkehr eines hier nicht erwarteten Satzbildes (ohne daß dabei Reminiszenz-Charakter entsteht): In KV 22 erscheint am Schluß das erste Satzbild; dies ist deshalb als Lösung einer Spannung aufzufassen, weil es zu Beginn von Teil 2 hartnäckig wiederholt wurde, dann im weiteren Verlauf entsprechend der Parallele zu Teil 1 verschwindet, aber in seiner Wiederkehr zuletzt als Überraschung zugleich als Bestätigung der Vorzugsrolle des ersten Satzbildes wirkt. In KV 45 stellt Mozart ebenfalls einen überraschenden Bezug her, aber zu einem anderen Formabschnitt; nach der Reprise erscheint nun nicht der Sinfonieanfang, sondern der Anfang von Teil 2 wieder. Zu den kleinen Auffälligkeiten zählen in diesen Sinfonien selbst so einfache kontrapunktische Techniken wie ein Ansatz zu imitatorischer Stimmführung (KV 19a, T. 9 ff.; KV 43, T. 14 ff.) oder ein markanter Stimmtausch (KV 45a, T. 1 ff. zu T. 11 ff.). Auch in der Instrumentation gibt es kleine Besonderheiten, z.B. die solistischen Oboenfiguren in KV 48, T. 14 ff. und 47 ff.

ORIGINALITÄT UND INDIVIDUALITÄT

Mozarts Originalitäts-Spiele haben ihren Reiz, sind aber weder in der damaligen Kompositionspraxis originell noch schaffen sie ein individuelles Werk. Dem oft beschworenen Hervorbrechen von »Tiefe« und »innerster Seele« dürfen wir uns als Empfindung beim Hören ruhig hingeben; aber als schaffenspsychologische Erklärung ist es wohl ein subjektivistisches Mißverständnis. Bevorzugt werden langsame Sätze als Beweise genannt (z.B. das G-Dur-»Adagio« der Sonate KV 7 oder das g-Moll-»Andante« der Sinfonie KV 22), aber hier »Tiefe« zu zeigen, war eben auch Konvention. Wo Mozart beginnt, unverwechselbar eigene Züge zu erlangen, ist schwerlich präzise zu sagen. Als Wunderkind-Komponist erreichte er aber früh eine erstaunliche Vielseitigkeit. Klavierstücke, verschiedene Kammermusik, Sinfonien, Divertimenti, Lieder, Kirchenmusik und sogar schon Bühnenwerke fallen in die Zeit vor 1770. Sicherlich kommt Mozart vom Klavier her, und ebenso offensichtlich sind etliche seiner frühen Kompositionsniederschriften (besonders im »Londoner Notenbuch«) nicht von vornherein auf bestimmte Besetzungen hin ausgerichtet, sie sind also eine Art Particell. Aber nachdem es ihm geglückt war, in verschiedenen Gattungen Tritt zu fassen, faszinierte es ihn, selbst seine Hauptinteressen zu wechseln. Er fühlte sich nicht an das Komponieren von Klavierstücken gebunden (das in den Jahren zwischen 1765 und 1774, kaum nur bedingt durch die Quellenlage, eine überraschend geringe Rolle spielt), oder er machte 1774 bis 1778 eine Pause in der Sinfoniekomposition (und wendete sich in dieser Zeit mehr dem Divertimento zu). Daß hier und später auch äußere Gründe maßgeblich waren (besonders für das weitgehende Fehlen von Kirchenmusik in den 1780er Jahren), spricht nicht gegen Mozarts Fähigkeit, sich frei in den Gattungen zu bewegen.

Diese Wendigkeit beinhaltet nicht notwendigerweise die andere Fähigkeit, einzelne Kompositionen zu individualisieren, sonst wäre jeder geschickte Modekomponist ein Mozart. Doch eignete ihm stärker als anderen der Drang, sich vielleicht nicht von Moden, aber von Routine zu lösen. Die Pause in der Sinfoniekomposition ließe sich auch so erklären. In den Jahren unmittelbar davor schrieb Mozart jeweils etwa sechs Sinfonien. Die Produktion war also sehr reich. Doch geradezu absurd mutet die Vielfalt der von Mozart-Forschern dafür aufgestellten Vorbilder an: einmal sind es italienische, dann typisch österreichische, Johann Christian Bach, die Mannheimer, Joseph und Michael Haydn usw. Mozart hat zweifellos Vertrautes bewahrt und abgewandelt und auch in diesen Jahren, in Italien wie in Wien, viel Neues gehört und aufgenommen. Aber über all diese Vielfalt hinweg fällt doch auch ein Zug zur Vereinheitlichung auf. Der bunte Ereignisreichtum der ganz frühen Sinfonien (und Sonaten) erscheint nun im einzelnen mehr ausgeweitet und im ganzen übersichtlicher; die Form nähert sich in den Eröffnungssätzen jenem Schema an, das wir Sonatenhauptsatzform nennen.

Diese Entwicklung läßt sich allerdings sehr unterschiedlich deuten. Man kann dem 16jährigen Mozart lobend zugestehen, daß er nach kindlichen Anfängen zur formalen Bewältigung der Sinfonik vorgedrungen und zu einem ernstzunehmenden Komponisten geworden sei. Man kann aber auch eine gewisse Glätte der orchestralen Brillanz (besonders bei Werken im italienischen Ouvertürenstil und selbst bei solch qualitätvollen wie der D-Dur-Sinfonie KV 181) konstatieren. Letzteres provoziert freilich den Gedanken an Werke vom Niveau der g-Moll- und der A-Dur-Sinfonie (KV 183 und 201). So wenig sie bloß als Ergebnis gewonnener Routine zu verstehen sind, so schwer läßt sich ihre Genialität entschlüsseln. Das Aufwühlende, Packende im Ausdruck der g-Moll-Sinfonie hat zuallererst mit der gewählten Tonart zu tun (es findet sich auch in g-Moll-Sinfonien eines Joseph Haydn oder bei Durchschnittskomponisten wie Johann Baptist Vanhal, Franz Beck oder Pierre van Maldere); und es hat darüber hinaus Anteil an einer Zeitströmung um und nach 1770, die man heute auch in der Musik als »Sturm und Drang« bezeichnet. Und die Heiterkeit der A-Dur-Sinfonie bildet wohl einen Gegensatz zum Pathos in Moll — aber ihr »unverkennbar Mozartisches« ist kaum auf den Punkt zu bringen.

Spekulieren wir von hier aus weiter, gelangen wir zur Vermutung, daß die Individualität dieser Werke gar nicht so sehr in einzelnen Ausdrucksmomenten liegt, sondern eher in einer geglückten Beziehung zwischen einem sich gelegentlich auch ins Extreme vorwagenden Ausdrucksdrang und dem Streben nach satztechnischer Vereinheitlichung. Die formale Bewältigung dieser Beziehung hat im Innenleben des musikalischen Satzes zu einem deutlichen Wandel im Vergleich zu den ersten Sinfonien geführt: durch häufigere Verwendung der zunächst kaum vorhandenen Kontrapunktik — durch Ansätze zur zyklischen Vereinheitlichung von der Motivik her (die gerade in der g-Moll- und der A-Dur-Sinfonie faßbar werden) — durch eine Neigung, die Reihung von Taktgruppen in Form von Perioden zu etwas größeren Einheiten zu binden (Mozart geht langsam von der »Parataxe« zur »Hypotaxe« über) — und nicht zuletzt durch eine Ausweitung der Harmonik, die nicht nur die Farbigkeit der Musik erhöht, sondern die Möglichkeit eröffnet, über die Reihung von Kadenzfloskeln hinaus vom Detail her weiter gespannte Bogen zu bilden (aber trotz dem Wandel der ursprünglichen Intentionen hält Mozart an der Erfüllung des schon in den ersten Sinfonien vorgegebenen tonalen Rahmens fest).

So kommen wir zu dem Schluß, Mozart habe wohl Individuelles und Werkhaftes, manchmal mehr, manchmal weniger, angestrebt, aber er sei an die Basis seines anfänglichen Komponierens und an einen herkömmlichen Orchesterklang gebunden geblieben. Der Tendenz nach widerspricht die Idee einer formalen Durchgestaltung der Buntheit und dem al fresco der angewandten satztechnischen Mittel. Das Gespür, hier an eine Grenze gelangt zu sein, könnte Mozart veranlaßt haben, eine Pause im Schreiben von Sinfonien einzulegen. Mit dem Ausweichen auf die Gattung des lockerer gefügten Divertimentos entging er einem Form-Dilemma. Für diese Behauptung spricht auch Mozarts weitere Vorgangsweise. In der (nach heutiger Quellenlage) vereinzelt dastehenden Pariser Sinfonie KV 297 aus dem Jahre 1778 suchte er neue Klänge und Klangverläufe mit konventioneller Motivik zu erkunden. 1779, wieder in Salzburg, knüpft Mozart zunächst in der Sinfonie KV 318, zumindest was die Form anlangt, an Früheres an. Unserem Begriff vom »Symphonischen« des Orchestersatzes entspricht er weniger in Sinfonien als in der Posthorn-Serenade KV 320.

Ein anderer Bereich, der Mozart in der Zeit der Sinfonie-Pause sehr beschäftigte, war der kirchenmusikalische. Um 1770 hatte die Salzburger Kirchenmusik eine glanzvolle Phase (Mozarts Messe KV 139 entstand 1768/69). Mit dem 1772 inthronisierten, aufklärerisch gesinnten Fürsterzbischof Hieronymus Colloredo änderten sich die Rahmenbedingungen. In der über Jahrzehnte hin recht einheitlichen und nach außen hin geschlossenen Salzburger Kirchenmusiktradition trat nun ein markanter Generationswechsel ein. Anton Cajetan Adlgasser (ein Schüler Johann Ernst Eberlins) und Leopold Mozart komponierten kaum mehr; die neuen und modernen Kirchenmusik-Komponisten waren Michael Haydn und W. A. Mozart. Obwohl er die Salzburger Tradition, vor allem Werke Eberlins, genau studierte (Studienbuch von 1773), blieb Mozart, wie Haydn, seinen eigenen Voraussetzungen treu. Beide kamen von der Instrumentalkomposition her, und beide behielten den von dort vertrauten metrischen Periodenbau selbst in Vokalfugen ihrer Kirchenmusik bei. Für die Entwicklung von Mozarts »Schreibart« sind von daher kaum Impulse zu erwarten, wohl aber dokumentieren Mozarts Salzburger Kirchenwerke seinen Willen zum Wandel, selbst auf einem mit gutem Grund traditionsverpflichteten Terrain.

»NON SÒ D'ONDE VIENE« KV 294 ALS PARADIGMA

Mozart wagt es auf verschiedenen Gebieten, konventionelle Vorgaben mit dazu teilweise unpassenden Mitteln zu erfüllen. Diese Vorgangsweise ist an sich noch nicht originell, aber modern. In welchem Ausmaß sie Mozart originell anwendet, ist ehrlicherweise (noch) nicht zu sagen. Erläutern aber läßt sich jener nächste Schritt seiner Entwicklung, der die Individualisierung auch des formalen Rahmens ermöglicht. Es geht mir nicht darum, einen Wendepunkt zu bestimmen. Ein derartiger Versuch würde die große Vielfalt von Mozarts Produktion (die ihre, wenn auch »äußerliche« Wurzel im Ereignischarakter vorklassischer Musik hat) unterlaufen. Auch beseitigt die Individualisierung nicht sämtliche typenhaften Stützen der Form. Gerade die wichtigste, die tonale Komponente der Form behält Mozart meist bei. Verkompliziert wird die Sache auch dadurch, daß kaum zu entscheiden ist, ob ein Weitertreiben der Individualität mehr ein Ergebnis instrumentaler Spiel- und Erfindungsfreude oder mehr aus einem intensiven Eingehen auf den Text in der Vokalkomposition bzw. auf die Handlung in der Oper hervorgegangen ist. Wechselbezüge sind offenkundig; und sie haben auch ihre Geschichte, sei es in der instrumentalen Führung von Singstimmen (wie bei J. S. Bach), sei es in der schlichten Kantabilität einer im 18. Jahrhundert neuen Instrumentalmusik. Aber unbeschadet all dieser genetischen Verwicklungen gibt es einen ohrenfälligen Unterschied zwischen dem trotz Lebhaftigkeit im Detail vielleicht sogar faden Durchlaufen eines Formgehäuses und einem gelegentlich sogar exzentrischen Innenleben und dem individuellen Beleuchten desselben Formrahmens.

Da sich diese Individualisierung auf die »Schreibart« in allen Gattungen der Musik auswirkt, kann ein Beispiel zur Erläuterung auch von überallher genommen werden. Ich wähle eines, das gleich einen weiteren Aspekt miterfaßt (obwohl Stefan Kunze es bereits ausführlich analysierte): Denn ohne Zweifel verändert eine zunehmend radikalere Individualisierung die Beziehung zu Vorbildern. Mozart benützt eine musikalische Typik und bestimmte Vorbilder nicht mehr, um sie naiv aufzugreifen oder nachzuahmen, sondern vielmehr, um damit eigenwilligen Gestaltungen eine Stütze oder Absprungbasis zu geben.

Mein Beispiel hat mit einer Mozartschen »favorit sache« des von ihm hochgeschätzten Johann Christian Bach zu tun. In einem Brief vom 28. 2. 1778 aus Mannheim schreibt er: »ich habe auch zu einer übung, die aria, non sò d'onde viene etc: die so schön vom Bach componirt ist, gemacht, aus der ursach, weil ich die vom Bach so gut kenne, weil sie mir so gefällt, und immer in ohren ist; denn ich hab versuchen wollen, ob ich nicht ungeacht diesen allen im stande bin, eine Aria zu machen, die derselben vom Bach gar nicht gleicht? —— sie sieht ihr auch gar nicht, gar nicht gleich.« Diese Ankündigung macht neugierig, ob Mozart, seinen Bach in Ohren, ihn in der Arie KV 294 doch nicht verleugnen kann oder ob er aus exzentrischer Lust alles anders macht. Notwendig gemeinsam ist beiden Stücken der (aus Metastasios »Olimpiade« III 6 stammende) Text und der in ihm ausgedrückte Affekt, der gleich in der ersten Verszeile als »tenero affetto« bezeichnet wird. Ungewißheit über eine starke Gefühlsregung, die der wissende Zuhörer, aber nicht der Protagonist selbst, als hervorbrechende Liebe erkennt, bestimmt den Arientext bis hin zum Bekenntnis »Nel seno a destarmi sì fieri contrasti, non parmi, che basti la sola pietà«. (Gemeint ist die Liebe des Königs Clistene zu seinem unerkannten Sohn Licida; komponiert ist die Arie allerdings für Aloysia Weber.) Die Steigerung kämpft gegen das unvermeidliche da capo an und wird doch von ihm in ein geschlossenes Bild integriert. Diese innere Spannung des Affektbildes zwischen Ziel und Wiederkehr kann ein Komponist mit unterschiedlichen Akzenten darstellen.

Bach gliedert seine Arie in ein Orchestervorspiel (T. 1—22), einen ersten Teil (T. 22—56) mit kurzem Orchesternachspiel (das ähnlich wie das Vorspiel schließt), einer variierten Wiederholung dieses Teils (T. 61—104), wiederum mit Nachspiel, und in einen zweiten Teil (T. 110—128), dem eine Orchesterüberleitung (T. 128—132) zum da capo folgt. Die tonale Anlage unterstreicht den Zusammenhang des gesamten ersten Teils: Ausgehend von C-Dur führt der erste Textdurchlauf nach G-Dur, während der variierte zweite Durchlauf nach C-Dur zurückkehrt. Der ebenfalls in C-Dur beginnende Teil 2 mündet in a-Moll. Die Orchesterüberleitung betont die Dominante zum Tonika-Einsatz des da capo. Großteils unterstützt die Motivik diese Anlage. Das Orchestervorspiel stellt drei Motive vor, die dann ausschließlich und in gleicher Reihenfolge das motivische Geschehen im ganzen ersten Teil bestimmen. Die Abfolge von motivischen Charakteren ist kreisläufig; der mittlere ist unruhig und aufgebrochen, die beiden anderen sind arios mit viel Terzenparallelen.

Die Arie enthält aber auch vorwärtsdrängende Impulse, vor allem in den Längenverhältnissen der Teile durch den unproportional kurzen zweiten Teil. Dessen Kürze an Takten wird noch durch die Tempobeschleunigung vom »Andantino« zum »Allegro assai« verschärft. Vermittelt wird dieser Gegensatz durch Steigerungsmomente innerhalb von Teil 1: Die drei Motive des Vorspiels stehen alle in C-Dur, die beiden letzteren beim ersten gesungenen Durchlauf aber in G-Dur. Die damit erreichte Spannung wird durch die Verwendung des zweiten, unruhigen Motivs in der folgenden Orchesterpassage (T. 56 f.) und vor allem durch den der Wiederholung vorangestellten und (durch die vom Bisherigen abweichende rhythmische Struktur der Singstimme) spontan wirkenden Ausruf »Non, non sò, non sò ...« (T. 61—65) weitergetragen.

Neben den bereits erwähnten schließenden Komponenten im variierten zweiten Text-Durchlauf erhöht die deklamatorische Anlage der Singstimme die Spannung, indem der unruhige zweite Motiv-Bereich ausgeweitet und sowohl in ihm wie im dritten Motiv-Bereich ein Vorwärtsdrängen zur Kadenz hin betont wird. Offen bleibt dennoch die Funktion dieses Verlaufs. Bei seinem ersten Erklingen weist er auf den »Allegro assai«-Teil voraus, später im da capo hat er einen strahlenden Schluß der Arie zu bilden. Die Doppelgesichtigkeit ist wohlkalkuliert, um die Spannung zwischen einem vorwärtsdrängenden Affektgehalt des Textes und der traditionellen Arienform in Balance zu halten.

Mozart übernimmt wie Bach die Form des Arientextes im großen. Auch darüber hinaus gibt es musikalisch-formale Gemeinsamkeiten, die allerdings mehr in der allgemeinen Arientradition als im speziellen Vorbild Bachs begründet sind. Mozart disponiert die Tempo-Steigerung ähnlich wie Bach: Dem Orchestervorspiel und einem langen ersten Teil in »Andante sostenuto« und Dreier-Takt folgt ein knapper zweiter Teil in »Allegro agitato« und Zweier-Takt. Im Unterschied zu Bach komponiert jedoch Mozart anstatt eines bloßen da capo-Hinweises einen den ersten Teil stark variierenden Schlußteil in »Tempo primo«. Er verringert dadurch die kreisläufige Geschlossenheit. Wie sehr und in welcher Art er statt dessen einen Steigerungsverlauf betont, zeigt sich im Detail.

JOHANN CHRISTIAN BACH

Arie des Alessandro

aus der Oper „Alessandro nell' Jndie“

(Metastasio)

na - sce nel pet - to mi na - sce nel pet-to, quel gel, che le
Bu - sen so schnelle, den Bu - sen so schnelle, des Frosts, der die
ve - ne scor - ren - do mi va; non so d'on - - de
A - dern er - starrt mir zu Eis; nicht weiß ich die
vie - ne quel gel, — che le ve - ne scor - ren - do mi va, — quel
Quel - le des Frosts, der die A - dern er - starrt mir zu Eis, — des
te - - ne-ro af - fet - to non so, — d'on-de vie - ne quel gel, che le
zärt - li - chen Be - bens, nicht weiß — ich die Quel - le, des Frosts, der die

50
ve - ne scor - ren - do mi va, scor -
A - dern er - starrt mir zu Eis, er -
55
poco rit. a tempo
ren - do mi va, scor - ren - do mi va.
starrt mir zu Eis, er - starrt mir zu Eis.
60
65
Non, non so, non so, d'on - de vie - ne, d'on - de vie - ne quel
Nein, ach nein, nicht weiß ich die Quel - le zärt - li - chen Be - bens, nicht
cresc.

te - ne-ro af - fet. - to non so, d'on - de vie - ne quel mo - to che i -
weiß ich des Be - bens, des zärt - li - chen Quel - le, dess Wo - gen durch-
gno - to mi na - sce nel pet - to, mi na - sce nel pet - to, quel
zo - gen den Bu - sen so schnel - le, den Bu - sen so schnel - le, des
gel, che le ve - ne scor - ren - do mi va,
Frosts, der die A - dern er - starrt mir zu Eis,
scor - ren - do mi va, non
er - starrt mir zu Eis, nicht

85
so, — don - - de vie - - ne quel gel, — che le
weiß — ich die Quel - - le des Frosts, der die
90
ve - ne scor - ren - do mi va, — quel te - ne ro af - fet - to non
A - dern er - starrt mir zu Eis, — des zärt - - li-chen Be - bens nicht
95
so, — don-de vie - ne quel gel, che le ve - ne scor - ren - do mi
weiß — ich die Quel - le, des Frosts, der die A - dern er - starrt mir zu
rinforz.
100
rit.
a tempo
va, — scor - ren - do mi va, — scor-
Eis, — er - starrt mir zu Eis, — er-

ril.
a tempo
105
ren - do mi va.
starrt mir zu Eis.
Nel
Im
Fine
110
Allegro assai
se - no a de - star - mi sì fie - ri con - tra - sti sì
Bu - sen zu er - we - cken so bit - ter ein Wei - nen solch
115
fie - - ri con - tra - sti, non par - mi, che ba - sti la
bit - - ter - lich Wei - nen, reicht, will es mir schei - nen Er -

120
so - la pie - tà, non par - mi, che ba - sti la
bar - men nicht aus, reicht, will es mir schei - nen, Er -
125
so - la pie - tà, la so - la pie - tà, la
bar - men nicht aus, Er - bar - men nicht aus, Er -
rit.
più lento
so - la pie - tà.
bar - men nicht aus.
Andantino
130
Non
Nicht
Dal segno 𝄋 sin' al „Fine"

Mozarts Arie ist insgesamt etwas kürzer als die Bachs; dementsprechend ist es auch das Orchestervorspiel. Während bei Bach die ersten zehn Takte den Arienanfang exakt vorwegnehmen, differenziert Mozart bereits hier. Einen in sich geschlossenen Bogen bildet die gesungene Fassung des Anfangs (T. 14 bis 20); im Orchestervorspiel dagegen ist das gleiche Satzgerüst viel aufgebrochener und klangfarbenreicher (Klarinetten contra Violinen) gestaltet. Diese Art Differenzierung basiert immer noch auf einem Denken in musikalischen Blöcken. Wie sehr aber Mozart bereits Wege gefunden hatte, das Baukastenprinzip so zu verwandeln, daß in sich geschlossen erscheinende Glieder sich öffnen, stärker aufeinander reagieren und übergreifende Verlaufsbogen ermöglichen, ist schon im Orchestervorspiel zu erkennen. Das Ausmaß des Wandels verdeutlicht ein Vergleich mit Bach. Er hatte die drei, den weiteren Verlauf von Teil 1 bestimmenden charakteristischen Motive im Vorspiel einfach aneinandergereiht. Der Charakter des ersten Motivs (mit viel melodischem Stufengang, Vorhalten und Terzenführung) ist dem bei Mozart von vornherein ähnlich. Bach ist um ruhigen Fluß von Zwei-Takt-Gliedern bemüht. Die ersten beiden ergänzen sich wie Frage und Antwort (melodischer Anstieg und Abstieg von der Tonika zur Dominante und zurück). Der Anschluß zu den nächsten beiden Gliedern in T. 4 ist eng; der Kadenz-Verlauf wird aber durch den Sextakkord in T. 8 um ein weiteres Zwei-Takt-Glied erweitert, wodurch der Gesamtverlauf etwas an Zug zum Schluß hin gewinnt. Ohne seinerseits das Ziel des ruhigen Fließens aufzugeben, bringt Mozart doch zusätzliche kleine Impulse in den Ablauf, und zwar von Anbeginn. Er bringt jenen etwas emphatischen Intervallsprung mit nachfolgendem Stufengang abwärts, den Bach in T. 3/4 setzt, bereits in T. 1/2. Zum ansteigenden Stufengang, mit dem Bach eröffnet, führt Mozart erst in T. 3/4 hin und gibt ihm dann eine andere Funktion als Bach. Mozart beläßt den harmonischen Verlauf drei Takte lang in der Tonika und spannt ihn erst dort, wo Bach ihn bereits wieder zur Tonika löst, zur Dominante hin an, deren später Eintritt eine Erweiterung der Vier-Takt-Gruppe notwendig macht. Den weiterführenden Impuls verstärkt er durch eine Zunahme an Klang vom anfänglichen »a mezza voce« über eine Vermehrung der Bläserstimmen und insgesamt durch eine Ausweitung des

Klangraums hin zum »Forte« in T. 4/5. Den Übergang vom ersten zum zweiten Motiv (T. 10) vollzieht Bach behutsam (durch Beschleunigung der Bewegung aus der Mitte des Klanges heraus), aber an sich ist der Unterschied im Charakter der beiden Motive groß. Was Mozart ab T. 6 bringt, nimmt, im Gegensatz zu Bach, nichts aus dem Verlauf von Teil 1 exakt vorweg. Doch auch er nützt, zumindest vom Ansatz her, den Gegensatz zwischen einem ruhigen bogenförmigen Arioso und einer unruhig in sich kreisenden Motivik. Das Bindeglied zwischen T. 6ff. und den Textstellen »quel moto che ignoto mi nasce nel petto« (T. 37ff., 50ff., 123ff. und 136ff.) besteht nur in der (wohl markanten und bei Bach vorgegebenen) Sechzehntel-Nebennoten-Bewegung der Violine II. Daß Mozart sich darauf beschränkt, hat seinen Grund nicht nur im Willen zur Differenzierung, sondern auch im Willen zum Bauen übergreifender Verläufe. Das besprochene Steigerungsmoment in den ersten sechs Takten läßt eine Antwort nach T. 6 (etwas der Beziehung von T. 1/2 und 3/4 bei Bach Ähnliches) erwarten. Mozart entspricht auch dieser Symmetrie-Erwartung. Er erweitert (T. 6/7) im Vergleich zu Bach (T. 10) die Phase des Übergangs von einem zum anderen Motiv. Dann aber setzt er über die Nebennoten-Bewegung kein aufgebrochenes Motiv wie Bach, sondern eine leise und ruhig fließende Kadenzbewegung, die wiederum, im Unterschied zum Anfang drei-taktig, durch Wiederholung und ein angefügtes und ebenfalls wiederholtes ein-taktiges Kadenzglied ausgebaut wird. Wie sehr Mozart auf die Wirkung eines Hinübergleitens vom Detail zu größeren Zusammenhängen bedacht ist und nicht die acht Takte ab T. 8 für sich sieht, veranschaulicht die nur scheinbare Umfunktionierung jener absteigenden Bewegung, die bei Bach (T. 8/9) die übliche Kadenzfunktion hatte. Der neue Impuls von T. 7/8 entpuppt sich doch im Verlauf als Kadenz in einem übergreifenden Sinn. Mozart dürfte auch hier absichtsvoll Versatzstücke aus der Bachschen Komposition verwendet haben, zumal er danach bei der Stelle »quel moto …« in der Singstimme zunächst exakt auf Bach anspielt und dieses kleine Zitat mit jener Nebennoten-Bewegung kombiniert, die bei Bach in anderem motivischen Zusammenhang auftritt.

Der dargestellte Unterschied ist nicht spektakulär, aber feinsinnig und folgenreich zugleich. Mozarts perspektivisches, auf größere Zusammenhänge gerichtetes Komponieren, das sich im Orchestervorspiel ankündigt, erweitert sich mit Arienbeginn. In Arioso und sehr ruhiger Baßführung wird der gesamte Text von Teil 1 als Bild des »tenero affetto« (nur diese Worte werden wiederholt) ein erstes Mal vorgeführt (T. 14—28). Im Prinzip ähnlich ging Bach vor, nur betont Mozart noch mehr einen in sich geschlossenen Arioso-Charakter. Bei beiden schließt diese Passage in der Dominante. Danach aber trennen sich ihre Wege (außer im tonalen Gerüst). Mozart interpunktiert den Ablauf viel stärker (Generalpausen in T. 36, 45, 49 und 56). Dadurch bekommen Texte, die Ungewißheit ausdrücken (»Non sò d'onde viene ...« — »quel moto, che ignoto ...«) einen Anfangsakzent, der seinerseits auf den »tenero affetto« als Erklärung verweist. Mozart spannt diese textliche Beziehung dadurch an, daß er inhaltliche Unterschiede durch musikalische Gegensätze und durch Wiederholung der Abfolge betont. Dabei bleibt die neu eintretende, unruhig kreisende Bewegung der »quel moto«-Passagen vom Ansatz her stabil (T. 37 ff. und 50 ff). Die »Non-sò«-Passagen (T. 29 ff. und 45 ff.) dagegen sind unterschiedliche Varianten des Arienanfangs. Die Konstellation bringt in die an sich reihende Anlage das Entwicklungsmoment ein. Einen unerwarteten Impuls erhält es durch den Umstieg von der Zwei- zur Drei-Takt-Gruppierung, durch ein neues Begleitmuster und durch die absteigende Melodierichtung. Die Aufmerksamkeit des Hörers wird so auf zwei psychische Facetten gerichtet, die Mozart gegeneinanderstellt: eine Frage, was denn das für ein »tenero affetto« sei, und ein Hineinhorchen in den »moto ignoto ... nel petto«. Die zweite »Non sò«-Passage (T. 45—49) ist knapper und drängender gehalten (auch durch die Rückkehr zur Zwei-Takt-Gruppierung). Durch diesen weiteren Impuls eröffnet sich die Möglichkeit, auch die zweite »quel moto«-Passage in diese Entwicklung einzubinden. Mozart tut dies nicht sofort, er hält die Spannung zurück (Ähnliches trat erstmals bereits in T. 6/7 auf), um sie an unvermuteter Stelle durch einen Sextsprung aufwärts und ein Crescendo über den Sekundakkord der Wechseldominante (T. 55/56) in sehr emphatischer Weise nochmals zu steigern und den Satz »quel gel, che le vene —« im wörtlichen Sinne aufzureißen. Die musikalisch wie text-deklamatorisch damit erreichte bisher höchste Anspannung und Realistik (indem der Logik des Steigerungsverlaufs noch eine Spontanwirkung hinzugefügt wird) verlangt notwendig eine klärende Fortsetzung des Relativsatzes »— scorrendo mi va«. Die Konvention einer glanzvollen Darstellung sängerischer Virtuosität am Schluß des ersten Teils einer Arie bekommt so eine sehr individuelle Bedeutung (daß das »scorrendo« durch ein musikalisches »correndo« ausgedrückt wird, darf nicht stören; bei der Wortausdeutung Negationen zu ignorieren, ist alter, schon im Barock geübter Komponistenbrauch). Oder unter konventioneller Perspektive gesehen: Ein sich immer mehr hervordrängendes Entwicklungsmoment mündet letztlich doch, gemäß der Arienform, in einen sich schließenden Bogen; nicht sehr auffällig greift Mozart auf den Arienanfang zurück, indem er die Begleitung ab T. 61 an die in T. 20 ff. angleicht.

Da Mozart den ersten Text-Durchlauf nicht wie Bach variiert wiederholt, wird trotz der Ausweitungen sein erster Teil deutlich kürzer als der Bachs (71 Takte zu 109 Takten). Der »Allegro«-Teil aber ist bei Mozart viel länger als bei Bach (45 zu 18 bzw. mit Nachspiel 23 Takte). Im Bewegungsmuster der Begleitung unterscheidet sich das Mozartsche »Allegro« wenig von dem Bachs. Aber entschieden mehr als Bach bemüht sich Mozart um einen weiträumigen Steigerungsverlauf. Beide verwenden das einfache Steigerungsmittel, ein Motiv der Singstimme stufenweise ansteigend zu wiederholen, Mozart jedoch nicht in Zwei-Takt-, sondern in Sechs-Takt-Gruppen. Der Weiträumigkeit dient auch der Verzicht darauf, wie Bach durch ein sehr aufgebrochenes Motiv die Aufgeregtheit des Protagonisten auszudrücken. Der im ganzen zweiten Teil dominierende melodische Gestus ist gekennzeichnet durch einen Anfangsakzent auf »nel seno« mit nachfolgendem Stufengang abwärts (die im Teil 1 zunächst spontan wirkenden emphatischen Intervallsprünge bis hin zu T. 65 ff. »quel gel ...« werden nun zum Prinzip erhoben). Die Einsätze steigen von f'' (T. 74) über g'' (T. 80), as'' (T. 93) zum b'' (T. 97) an. Mozart geht also in den zeitlichen Abständen nicht schematisch vor, sondern schiebt nach der zweiten Stufe den flächig komponierten Satz »non parmi che basti la sola pietà« ein, staut damit wieder einmal eine Entwicklung, um danach die Einsätze der »seno«-Passagen zu verkürzen (in T. 92/93 verdichtet er bereits den Anfangsakzent, indem er den zuvor zweitaktigen Orchestervorhang auf einen Takt verkürzt, der nun als gedehnter Auftakt zum Gesangseinsatz fungiert). Unschematisch verläuft auch der Abstieg vom Höhepunkt T. 97. Mozart verwendet den dominierenden Gestus auf as'' (T. 100) nochmals, aber nun auf den Text »non parmi...« und in aufgebrochener Deklamation. Bis hierher spart er sich jenes Mittel auf, das Bach sofort einsetzte. Die unterschiedlich ausdifferenzierten Sequenzketten bilden weder einen bloßen Ausklang, noch stellen sie einen in Konfusion mündenden Seelenzustand dar. Der Verlauf nähert sich wohl einem derartigen Bild, aber dann tritt gleichsam unvermittelt eine Wende ein. Einerseits erfüllt Mozart die konventionelle Erwartung eines Abschlusses von Teil 2 und des Beginns des da capo; in T. 117 setzt tatsächlich ein allerdings stark verändertes da capo ein. Andererseits funktioniert er die Zäsur zum Überraschungsmoment, zu einem sich aus dem resignierenden »no, no« aufbäumenden »Non sò d'onde viene« um.

Das Zusammentreffen von Reihung und logischem Verknüpfen an formal entscheidender Stelle erzeugt ein großes Spannungspotential für den weiteren Verlauf. Konkret auf den Punkt bringt Mozart diese Wende durch den Kniff, die Rückkehr zu Text, Tempo und Takt des Arienanfangs mit dem dominierenden Gestus aus dem »Allegro«-Teil, nochmals in dessen Extremlage auf as'' und b'', zu verknüpfen. Und zugleich gibt der Kniff, nachträglich, ein musikalisches Bild jener »fieri contrasti«, von denen im Text des »Allegro«-Teils die Rede war. Doch das »fiero« enthält bereits den Keim des Versöhnlichen, durch den Einsatz des da capo und dadurch, daß die Anspannung zum Hochton b'' auf dem Wort »tenero« erfolgt. Einmal mehr nützt Mozart einen Impuls für ein weiteres Disponieren. Die Lösung zum Bild des »tenero affetto«, zum geschlossenen Arioso des Arienanfangs wird hinausgezögert. Zunächst greift er die »moto ignoto«-Passage in einer, durch die Sextsprünge in der Singstimme, erregter wirkenden Fassung wieder auf (T. 123 ff.). Im Ablauf ähnlich zu Teil 1 folgen, durch Pausen voneinander abgesetzt, ein »Non sò«-Einschub und eine weitere »moto ignoto«-Passage. In ihr kommt es, in gewisser Analogie zu Teil 1, zu einer nun eben nicht mehr so unvermittelt einsetzenden Schlußsteigerung, die im emphatischen Oktavsprung aufwärts und im stufenweisen Abstieg danach unverkennbar auf den dominierenden Gestus des »Allegro«-Teils anspielt, und damit auch einen Bogen zurück zum Beginn des da capo andeutet. Nun erst (T. 144 ff.) tritt ein nahezu wörtliches Zitat des Arienanfangs auf (genauer der ersten vier Takte des Orchestervorspiels, in dem die Singstimme den ursprünglichen Klarinettenpart übernimmt). Der Terminus »Zitat« ist insofern berechtigt, als der kurze Rückgriff auf den Anfang dissimilierend überspannt wird von einer nur wenig veränderten Wiederholung der T. 140 ff. in T. 150 ff. Und aus diesem Material heraus entfaltet sich der knapp gehaltene virtuose Schluß der Arie.

Insgesamt heißt dies aber, daß die Abwandlung von Teil 1 im da capo wesentlich von einem Weiterwirken von Teil 2 bestimmt ist. Dennoch läßt Mozart nicht die von daher verstärkten Entwicklungsmomente über die kreisläufige Arienform siegen. Der Schluß des Textes »quel gel, che scorrendo mi va« läßt sinnvollerweise keine musikalische Besänftigung zum »tenero affetto« zu. Ausklingen kann die Erregung daher erst im Nachspiel. Diese sieben Takte entsprechen weitgehend den Takten 7—14 des Vorspiels. Doch auch hier wird ein Versatzstück so eingefügt, daß im Detail weitreichende Zusammenhänge zu einem Ziel gelangen: zum einen als Konsequenz aus dem zunächst zitathaften Rückblick auf den Arienanfang und aus dem Rückblick auf die begleitenden Streicherbewegungen (ab T. 154 auf T. 20 ff.; latent geht die Artikulation in T. 154 aus T. 141 und T. 111 hervor), zum anderen als einen radikalen Wandel des Mittelteil-Gestus zur melodischen Kadenzformel, die eben schon in T. 8 vorhanden war.

So »gar nicht, gar nicht gleich« zu der Bachs ist Mozarts Arie nicht. Aber gerade aufgrund von Gemeinsamkeiten im formalen Rahmen und in der Wahl musikalischer Charaktere und durch Übernahmen einiger Details macht Mozart Unterschiede nur um so deutlicher. Diese Unterschiede lassen einige Absichten erkennen: Mozart reduziert die statischen Momente der Form (durch Verzicht auf gliedernde Orchesterzwischenspiele, auf eine variierte Wiederholung des ersten Teils in unmittelbarer Folge und auf ein vollständiges da capo). Er verringert aber auch, in scheinbarem Widerspruch dazu, die Zahl der Motive. Damit ergibt sich die Notwendigkeit, mit dem Vorhandenen beweglicher umzugehen, um nicht der Eintönigkeit zu verfallen. Ein im Vergleich zu Bach viel größerer Nuancenreichtum ist die Folge. Aber Mozart beschränkt sich nicht darauf, Details in Hinblick auf den Arientext stärker zu differenzieren. Vielmehr kultiviert er eine sozusagen mittlere Ebene des Formverlaufs, die bei Bach wenig ausgeprägt ist. Ich meine damit (vom genetisch vorrangigen Kompositionsprinzip der Parataxe ausgehend) seine Vorgangsweise, musikalische Satzglieder, statt sie bloß aneinanderzureihen, weiträumig zu disponieren, Entwicklungen eine Zeitlang zurückzuhalten oder Unvermutetes einzuschieben, auch Heterogenes zu kombinieren, um so stets aufs neue Verlaufsenergien zur Weitung des Ausdrucksraumes zu nutzen. Wie sich zeigte, ist dieses Disponieren von Teilverläufen mittlerer Länge geeignet, zwischen ausdifferenziertem Detail und der Gesamtform zu vermitteln. Mit dem Ergebnis, daß die konventionelle Arienform wohl einen übergeordneten Zusammenhang sichert, aber durch den Binnenverlauf, der vom Detail her immer weitere Zusammenhänge erschließt, verwandelt erscheint. Begriffe wie Individualisierung oder Dramatisierung (Charles Rosen) beziehen sich auf diesen Sachverhalt.

Unter dem Gesichtspunkt der Kompositionstechnik ist das ganz andere bei Mozart eine forcierte Vermittlung der an sich gegensätzlichen Kompositionsprinzipien der Reihung und der Entwicklung, des Baukastenprinzips und der Verlaufsgestaltung. Der Vorgang verhindert schematische Lösungen und erzwingt geradezu eine genaue Bestimmung der Details in ihrer Funktion fürs Ganze. Eine derart offene Lösung, wie sie Bach am Schluß des ersten Teils seiner Arie wählte, ist mit Mozarts Formverständnis nicht mehr vereinbar. Das kompositorische Kalkül, aus einem dynamischen Verlauf die Bestimmtheit des Ganzen hervorgehen zu lassen, macht ein Musikstück zum Werk. Aber all das ereignet sich von vornherein auf einer handwerklichen Ebene und geht allen Gedanken an Klassik und Kunstmetaphysik voraus.

KONTRAPUNKT UND FUGEN

Radikaler gesehen, ist das eigentliche Gegenprinzip zum parataktischen Komponieren nicht dessen eben beschriebene, differenzierende Überformung (die Hypotaxe), sondern die Kontrapunktik, das lineare Fortspinnen, das kontinuierlich Fließende als Musikideal. Obwohl dieses Prinzip eine altehrwürdige Tradition besitzt, bildete es keineswegs die Basis für Mozarts kompositorische Anfänge. Wann er damit vertraut wurde, ob ihn der Vater Kontrapunkt lehrte, ob er den Fuxschen »Gradus ad Parnassum« schon früh (durch den Vater, der ihn besaß) oder erst in der Wiener Zeit (vielleicht durch Joseph Haydn vermittelt) studierte, ob er zur Zeit des Besuchs bei Padre Martini in Bologna eine strenge Auffassung von Kontrapunktik noch gar nicht kannte (offensichtliche Schwierigkeiten mit der ihm gestellten Prüfungsaufgabe für die Aufnahme in die Accademia filarmonica am 9. 10. 1770 lassen es vermuten), sind strittige Fragen. Fest steht dagegen, daß Mozart später in Wien durch seinen schon 1781 beginnenden, nahen Kontakt mit dem Musikerkreis um Gottfried van Swieten viel Alte Musik kennenlernte und daß ihn Fugen von J. S. Bach besonders beeindruckten.

Als irrig erscheint es mir aber, dem schönen Bild »Mozart geleitet von Bach« zuliebe einen zu schroffen Umschwung anzunehmen, als hätte Mozart 1781 zum ersten Mal eine Fuge bewußt gehört. Dem widerspricht sein Komponieren und Musizieren davor und auch die allgemeine Kompositionsgeschichte. Es ist ja nicht so, daß der galante Stil alle Liebkinder des musikalischen Barock völlig verdrängte. So wie weiter höfische Festopern geschaffen wurden, wurden auch nach Bachs Tod Fugen komponiert, zum Teil archaisierend von besonderen Kennern, zum Teil innerhalb betont konservativer lokaler Traditionen (wie der der Salzburger Kirchenmusik), vor allem aber im galanten Stil selbst. Fugen und Fugatos in Kammer- und Orchestermusik zu verwenden oder Imitationen sogar in Tänzen anzubringen, ist keine Besonderheit Mozarts und Joseph Haydns, es war auch bei ihren Vorgängern und ihrer Komponistenumgebung durchaus üblich.

Freilich sind kontrapunktische Techniken nicht mehr der Normalfall. Sie werden eher als etwas Besonderes, als zusätzlicher Schmuck angesehen. Außerdem werden Fugen im galanten Stil eben zu galanten Fugen. Das äußert sich in der Themenbildung und noch mehr im metrischen und kadenzharmonischen Korsett, in das Fugen nun gesteckt werden. Dieser Vorgang ist deshalb bemerkenswert, weil er die beiden konträren Grundprinzipien musikalischer Komposition zu vereinigen sucht und, vom Standpunkt J. S. Bachs aus gesehen, sicherlich ein Gewaltakt zu Lasten der ursprünglichen Idee der Fuge ist. Die neue Idee ist es, den Reiz des Aufeinanderprallens und Ineinanderspielens von Heterogenem zu kultivieren. Vom Ansatz her gehorcht der Vorgang dem Baukastenprinzip, ihm stehen aber Möglichkeiten offen, die ich vorhin differenzierende Überformung nannte. Ihren Gipfel erreicht die Entwicklung dadurch, daß die Kombination unterschiedlicher Satz- und Stilprinzipien einer übergeordneten Kombination unterschiedlicher Formen (Fuge und Sonaten- oder Rondoform) eingefügt wird.

Mozart greift in ein vorgerücktes Stadium dieser Entwicklung ein. Ein Kenner der Materie (Warren Kirkendale) meint sogar, kein Komponist seit dem Barock habe sich so vielfältig mit der Fuge auseinandergesetzt wie Mozart. Folgerichtig und der allgemeinen Entwicklung entsprechend, baute sich Mozart von seinen Anfängen im galanten Stil her ein Verständnis von Kontrapunktik auf, das bei Stimmtausch, imitatorischen Stimmbeziehungen u. ä. ansetzt und die erwähnte Kombination der Kompositionsprinzipien bereits als Selbstverständlichkeit enthält. Die kontrapunktischen Anfänge finden sich in Stücken aller Gattungen. Sie und die weiteren Schritte zur Fugenkomposition sind auch nicht (wie die Gattungstradition vermuten ließe) auf die Kirchenmusik beschränkt. Die erste, als Ulk gemeinte, Fuge setzt Mozart an den Schluß des »Galimathias musicum« KV 32 (1766). Schon vorher, im »Londoner Notenbuch«, haben einige Stücke Anfangsimitationen (z. B. KV 15h, 15w, am weitesten ausgeführt in der c-Moll-Gigue KV 15z), verquere kontrapunktische Stimmführungen (besonders in KV 15g, T. 13 ff.), und am Schluß steht das Fragment eines als »Fuga« bezeichneten Versuchs (Chorsatz ohne Text?). Die ersten ausgeführten und ernst gemeinten Fugen schreibt Mozart dann doch in kirchenmusikalischen Werken. Auch die Fortschritte sind in diesem Genre zu verfolgen. Von kadenzreihenden, thematisch wenig ausgeprägten Stücken führen sie immer mehr zu einer differenzierenden Überformung. Parallel dazu entwickelt Mozart auch in der Instrumentalmusik die Kontrapunktik weiter. Die beiden Streichquartettfugen in KV 168 und 173 mögen auf spezielle

Anregungen in Wien 1773 zurückgehen, sie passen aber durchaus ins Bild der Entwicklung.

Dieses Bild bliebe unvollständig, würde man nur das Schriftliche, eigene Kompositionen und Studienabschriften, beachten. Mozart verstand es, den Reiz der Fuge als etwas Besonderes (das dem Zuhörer das Fluidum der Kennerschaft verlieh) auch bei Auftritten als Pianist und Organist zu nutzen, sei es im Prima-vista-Spiel oder im Improvisieren von Fugen. »Das fugirt spiellen hat mir noch überall die meiste Ehre gemacht! —«, schreibt er dem Vater aus Paris (18. 7. 1778). Immer wieder erwähnt er in seinen Briefen Erfolge mit Fugen. Sie reichen weit in die Wunderkindzeit zurück. Leopold Mozart erinnert sich in einem Brief vom 5. 1. 1778 an eine Szene und an einen Organisten namens »Hasse oder Hass ..., der dir beym Fürst Pugiatowsky in Wienn das thema von der Fuga vom Scarlati hat aufgegeben«. Die Begegnung mit einem Angehörigen der polnischen Fürstenfamilie Poniatowsky könnte sich 1768 oder schon 1762 ereignet haben. Bezeichnend für das damalige Stilideal von Fugen ist die Wahl eines Themas von Domenico oder Alessandro Scarlatti. Im Frühjahr 1770 in Florenz legte der Marquis Eugenio von Ligniville, »der stärkste Contrapunctist in ganz Italien« (außerdem Kammerherr und Postdirektor) Mozart »die schwersten Fugen« vor. Leopold Mozart berichtet stolz (Brief vom 3. 4. 1770) von den »schwersten Themata ..., die der Wolfg: wie man ein Stück Brod isst, weggespielt und ausgeführt« habe. Für München (Brief vom 28. 9. 1777) empfiehlt er dem Sohn, dem Kurfürsten besonders seine Fähigkeiten »in den Fugen, Canonen und Contrapuncts Composition« vorzuführen. Von einem Klosterkonzert in Augsburg (Brief vom 23. 10. 1777) schreibt Mozart dem Vater, er sei »mit lauter fugen themata Bombadiert« worden. Aus Mannheim schickte er ähnliche Berichte; einmal, als er beim Orgelspiel während der Messe in »bestem humor« war (Brief vom 13. 11. 1777), habe er statt eines gesungenen Benedictus als Organist »den gedancken vom Sanctus« aufgenommen »und führte ihn fugirt aus ... nach dem ite missa est, spiellte ich eine fugue«.

Es ist also nichts Ungewöhnliches, wenn Mozart gleich zu Beginn seiner Wiener Zeit, als er sich Kaiser Joseph II. präsentieren wollte, die Absicht hegte, vor ihm »brav fugen zu spillem, denn das ist seine Sache«; oder wenn er für den Sekretär des Fürsten

Kaunitz, Herrn von Hippe, »Capricit und fugen gespiellt« hatte. Auch der Baron van Swieten folgte dem Trend, sich durch ein Interesse für Fugen als Musikkenner auszuweisen (Mozart nützte diesen Ruf, als er Constanze bei dessen Schwester als Fugen-Liebhaberin einführte, Brief vom 20. 4. 1782). Van Swieten (der als einer der Initiatoren des musikalischen Historismus gilt) hat seine weitgespannten Interessen für kirchliche und geistliche Musik mehr als andere kultiviert und auf Alte Musik konzentriert.

Mozart erwähnt am 10. 4. 1782 Johann Sebastian Bach zum ersten Mal in einem seiner Briefe: »ich gehe alle Sonntage um 12 uhr zum Baron van Suiten — und da wird nichts gespiellt als Händl und Bach. — ich mach mir eben eine Collection von den Bachischen fugen. — so wohl sebastian als Emanuel und friedeman Bach. — Dann auch von den händlischen.« Diese vielzitierte Aussage ist allerdings nicht zu einseitig zu interpretieren. Mozart nimmt Bach und seine Söhne zusammen. Außerdem ist das Zitat eingebettet in die Bitte an den Vater, ihm »die 6 fugen vom händel, und die Toccaten und fugen vom Eberlin« aus Salzburg zu schicken. Fugen von Händel und wohl auch von C. Ph. E. Bach hatte Mozart schon in seiner Salzburger Zeit gekannt (im Brief vom 24. 12. 1783 ersucht er den Vater um Übersendung der letzteren, unter dem Hinweis, er habe bei seinem Salzburg-Besuch 1782 vergessen, diese Bitte zu äußern). Musik von Johann Sebastian Bach dagegen dürfte Mozart tatsächlich erst durch van Swieten kennengelernt haben. Ein enger Historismus wurde in diesem Kreis aber nicht betrieben. »... wir lieben uns mit allen möglichen Meistern zu unterhalten; — mit alten und mit Modernen. —« (Brief vom 29. 3. 1783).

Mit der Pflege dieser Interessen stiegen Mozarts Ansprüche an die Fugenkomposition. In Worten schlägt sich dies aber wenig dramatisch nieder. Seiner Schwester schreibt Mozart (20. 4. 1782), er habe Fugen von Eberlin, an die er sich nicht mehr erinnern konnte, wieder in die Hände bekommen und nun »leider gesehen, daß sie — gar zu geringe sind, und wahrhaftig nicht einen Platz zwischen händl und Bach verdienen«. Mit der Bemerkung »seine klavierfugen sind lauter in die länge gezogene versettl« spricht Mozart eine Schwäche Eberlins an, aber dieses Urteil weist nicht unbedingt auf eine ausschließliche Orientierung an ein Bach-Ideal hin. Ihm ging es allgemeiner um »fugen von wichtigkeit« (4. 1. 1783); zu diesen zählte er etwa auch die von Michael Haydn, dessen Kirchenmusik er dem van-Swieten-Kreis bekannt machte: »die fuge in te Domine speravi, hat allen beyfall erhalten, wie auch das Ave maria, und tenebrae etc:« (12. 3. 1783).

EIN NEUER ENTWICKLUNGSSCHUB?

Die Auswirkungen in der Musik selbst sind unterschiedlich. Sie betreffen das Gegeneinander von kontrapunktischer und galanter »Schreibart«, deren satztechnischen Ausgleich und ein Für-sich-Nehmen der Fuge und anderer alter kontrapunktischer Formen. Alle drei Arten stellen eine Auseinandersetzung mit dem herrschenden galanten Stil und seinem Baukastenprinzip dar. Ihm entspricht es eher, die Kontrapunktik zur Verschärfung der Kontraste zwischen den Satzgliedern heranzuziehen, als einen Satzausgleich anzustreben oder sich in einer strengen Fuge selbst aufzugeben.

Die erste der drei Arten hat sowohl in der allgemeinen Kompositionsgeschichte wie speziell bei Mozart einen genetischen Vorrang. Der letzte Satz des Streichquartetts KV 387 gilt demnach als gutes Beispiel für diese Entwicklung, darüber hinaus aber auch als qualitativer Sprung auf das Niveau des berühmten Schlußsatzes der »Jupiter«-Sinfonie. Dieser Zusammenhang wird von der Ähnlichkeit der beiden Fugen-Themen provoziert. Gemeinsame Quelle ist das Initium einer alten Credo-Melodie, die oft zu kontrapunktischen Übungen verwendet wurde und auf die nicht nur Mozart, sondern vor ihm wiederholt Joseph Haydn (schon in den Sinfonien Nr. 3 und 13), Matthias Georg Monn, italienische Klaviermeister wie Baldassare Galuppi und sicher noch viele andere in Kompositionen anspielten. Bei Durchsicht einiger Beispiele gewann ich den Eindruck, daß bei ihnen im Unterschied zu KV 387 die Kontrastierung der beiden Schichten noch wenig angespannt ist. Allerdings wird im Schlußsatz einer (in DTÖ Bd. 39, S. 33ff. enthaltenen) Sinfonie von Monn ein zunächst lockeres Nebeneinander gegen Ende hin zum Gegensatz zugespitzt: das Thema erscheint mit zwei Kontrapunkten in Umkehrung, dann aber folgt eine Kadenzbewegung völlig im galanten Stil.

KV 387 ist das erste Streichquartett nach neunjähriger Pause. Wie KV 173 davor, enthält es einen fugierten Schlußsatz. Bei einem Vergleich wirkt der ältere doch eher bieder. Er bringt keine angespannte Kombinatorik und begnügt sich mit einer Einvernahme der Kontrapunktik in den galanten Stil. KV 387 ist auch das erste der Joseph Haydn gewidmeten Quartette, mit 31. 12. 1782 datiert, und drängt sich schon von seiner Entstehungszeit her als Paradigma für das Bach- und das Haydn-Erlebnis Mozarts auf. Die Kontrapunktik im Schlußsatz legt allerdings andere Bezüge als die zu J. S. Bach nahe; und auch das kombinatorische Spiel in diesem Satz muß nicht auf Haydns Quartette rückgeführt werden. Hier entwickelte die Mozart-Forschung einen gewissen Zuordnungszwang, wohl aus dem Bedürfnis heraus, jeglichen Wandel in Mozarts Komponieren an großen Erlebnissen zu verankern. Diese Orientierung wird im konkreten Fall schon dadurch erschwert, daß Mozarts Vorgangsweise in KV 387 sich durchaus sinnvoll aus seinem eigenen Weg begreifen läßt. Seit der Zeit der Komposition von KV 173 hat in allen Gattungsbereichen die Individualität der Werke und die satztechnische Elastizität sehr zugenommen. Mit dem letzten Satz von KV 387 vom Materialansatz her vergleichbar innerhalb der Haydn gewidmeten Quartette ist der letzte Satz von KV 464. Doch die Imitatorik ist hier (vor allem durch die Tendenz, aus den ersten vier Takten das motivische Geschehen des ganzen Satzes zu entfalten) viel stärker in den galanten Stil eingebunden als in KV 387. Zum Paradigma stilisiert, wäre KV 464 eines für die zweite Art des Umgangs mit Kontrapunktik. Der Gegensatz zwischen KV 387 und 464 ist jedoch nur scheinbar. Vor dem Hintergrund von Mozarts Individualisierungsstreben stellen diese Werke zwei verschiedene Akzente im Umgang mit ähnlichem Material dar. Einmal pointiert Mozart Vielgestaltigkeit und Kontrastierung, das andere Mal eine beweglich gehaltene, aber hartnäckig verfolgte Monothematik.

Die Beschreibung einer Fugenimprovisation in einem Brief aus Augsburg vom 23.—25. 10. 1777 nimmt die Idee im Schlußsatz von KV 387 vorweg. Mozart war zur Tafel im Kloster vom Hl. Kreuz geladen und musizierte nach dem Essen. Nach einigen Darbietungen auf der Violine und auf dem Clavichord »zischerten die andern dem H: Dechant ins ohr, er sollte mich erst orglmässig spiellen hören; ich sagte, er möchte mir ein thema geben, er wollte nicht, aber einer aus dem geistlichen gab mir eins. ich führte es spazieren, und mitten darin, |: die fugue gieng ex g minor :| fieng ich major an, und ganz was scherzhaftes, aber in nämlichen tempo, dann endlich wieder das thema, und aber arschling; endlich fiel mir ein, ob ich das scherzhafte wesen nicht auch zum thema der fugue brauchen könnte? —— ich fragte nicht lang, sondern machte es gleich, und es gieng so accurat, als wenn es ihm der Daser [ein Salzburger Schneider] angemessen hätte. der H: Dechant war ganz ausser sich.« Mozart trieb also mit »fugue« und »scherzhaftem Wesen« sein Verwechslungsspiel. Statt dessen könnte man auch andere Begriffe wie ernst und heiter oder gelehrter und galanter Stil einander gegenüberstellen.

Den Unterschied zwischen diesen beiden Material- und Ausdruckssphären kehrt Mozart gleich zu Beginn des Schlußsatzes von KV 387 heraus. Einer durch alle Stimmen laufenden Präsentation des Fugenthemas mit seinem Kontrapunkt (T. 1—17) folgen zwei Satzglieder im galanten Stil (T. 17—29 und 40—51). Der fugierte Teil fixiert die Tonart G-Dur, der galante leitet zur Dominant-Tonart D-Dur über. Dieses al fresco überdeckt Mozart mit einem feinen Netz detaillierter Wechselbezüge. So gehorcht die Fugenexposition nicht den strengen Regeln des Kontrapunkts: Das Thema besteht nur in einem knappen, aber gedehnten Signal, dessen Fortspinnung im Kontrapunkt reiht stereotyp Vorhaltsbildungen (eine geläufige Vokabel des galanten und empfindsamen Stils) aneinander und ist im Grunde nur eine rhythmisch verschobene Durchgangsbewegung, die zu den anderen Stimmen eine durchgehende Folge von Viertel-Noten ergibt; Dissonanzen werden nicht stets konsonant vorbereitet; die vier Themeneinsätze erfolgen in regelmäßigen Abständen und ergeben zwei achttaktige Perioden mit entsprechendem klanglichem Kadenzgerüst. Umgekehrt ist die galante Passage nicht frei von Kontrapunktik. Der Stimmtausch zwischen Violine I und II (T. 17 ff. und 23 ff.) verdient das Wort noch nicht, aber die reihende Wiederholung der beiden Kadenztakte ab T. 29 führt zum Aufbau von sogar vier verschiedenen motivischen Schichten übereinander; danach allerdings (T. 39 ff.) bleibt das Galante frei von allem Gelehrten (und der diatonisch geführte

Kontrapunkt des Fugenthemas wandelt sich nun zur chromatischen Folge von galanten Seufzervorhalten).

Wiederum al fresco betrachtet, wiederholt sich diese Gegenüberstellung von Gelehrt und Galant in den Takten 51—124, nur diesmal auf der tonalen Basis von D-Dur. Aber vorgestellt werden die beiden Bereiche jeweils mit neuen Themen oder mit Themen, die davor eher verborgen blieben. Letzteres trifft für T. 51 ff. zu: Die rhythmische Struktur ist in Violine II T. 9 ff., der Themenkopf auch in den Tönen exakt in Violine II T. 32 f. vorgegeben; nun aber wird daraus ein Thema, das im ganzen Satz am besten dem barocken Muster (Themenkopf — Fortspinnung — Kadenz) entspricht. Doch selbst diese Fugenexposition (T. 51 bis 69) enthält galante Züge: Die Themeneinsätze in regelmäßigen Vier-Takt-Abständen ergeben zwei achttaktige Perioden, von denen die zweite durch ein harmonisches Mittel um zwei Takte erweitert ist (die in T. 65 erreichte Wechseldominante wird durch den chromatischen Schritt gis — g in T. 66 zur zweiten Stufe von D-Dur umfunktioniert, die die Erweiterung der Kadenz bewirkt); außerdem erfolgt das Fortspinnen des Themas mechanisch sequenzierend und ab T. 61 zusätzlich in Terzenparallelen. Ein zweites kontrapunktisches Satzglied (T. 69—91) enthält die Kombination des Themenkopfes wie zuvor mit dem Credo-Thema und einem neuen in der Bratsche; die drei Themen werden vollständig durchgeführt und wiederum in zwei achttaktige Perioden unterteilt, wobei die zweite auch hier durch das Mittel des chromatischen Schrittes (ab. T. 85) erweitert ist. Ihm folgt ein galanter Teil (T. 92—124) mit ebenfalls zwei neuen Themen (eine latente Beziehung hat der Themenkopf T. 92 zum Krebs des Themenkopfes Violine I/T. 77 f.). Das erste ist in einer achttaktigen Periode gefaßt und wird wiederholt (mit anderer Artikulation und anderem Begleitmuster); das zweite, viertaktige (ab. T. 108), wird exakt wiederholt, doch dann wird durch Umfunktionierung der beiden Kadenztakte (T. 115 ff.) zu einer ansteigenden Bewegung die Erwartung auf den nachfolgenden Durchführungsteil bzw. die Wiederholung des ganzen ersten Teils gelenkt.

Im Sinne der Sonatenform besteht die Durchführung aus zwei Satzgliedern (T. 125—142 und 143—173), deren Verhältnis zueinander und deren Funktion für den größeren Zusammenhang ambivalenter als alles Bisherige ist. Wohl wird das Prinzip, Gelehrt und Galant gegenüberzustellen, fortgesetzt. Aber durch alle Stimmen geführt erscheint in der ersten Passage kein altes oder neues Thema, sondern bloß die Überleitungsfloskel der Violine II T. 123f. Und in der zweiten Passage wird eine galante Melodiefloskel mit dem zu ihr heterogenen Credo-Thema kombiniert und dieses erst ab T. 159 verdrängt. Beiden Passagen gemeinsam ist ein Wandern durch viele Tonarten (Mittelzäsur in b-Moll). Diese tonale Instabilität im Innern (die von einem stabilen Bezug von Anfang und Ende in G-Dur umschlossen wird) gleichen Verknüpfungsmechanismen im motivischen Geschehen und in der Abfolge der Klänge wiederum aus. Ein beliebtes, hier angewandtes Mittel ist die Bildung von Quintreihen. So erfolgen die Einsätze der Überleitungsfloskel vom Ton h′ in T. 125 ausgehend (damit die wiederholten Trugschlüsse auf h davor aufgreifend) in durch den Quintenzirkel ansteigender Reihe bis zum Ton c in T. 139. Ähnlich gereiht sind die Einsätze des Credo-Themas (und auch der galanten Floskel) von b in T. 143 bis d in T. 159; danach kehrt sich die Reihe, ohne Themeneinsätze, um (d — g — c — f) und wird vom anderen Prinzip der Reihung der galanten Floskeln im Halbtonabstand (die sich bis zur Verschiebung von verminderten Septakkorden T. 168—170 verdichtet) abgelöst. Einen diesen Mechanismen vergleichbaren Außenhalt stellt das Gerüstintervall der Quart dar: Es ist markant im Credo-Thema enthalten, trägt aber auch den (diatonisch von der trugschlüssigen Baßbewegung T. 115—117 vorbereiteten) chromatischen Anstieg der Überleitungsfloskel ab T. 123 (dessen melodische Weiterführung in der Folge von Ganz- und Halbtonschritt abwärts einen Reihen-Mechanismus ergibt); diese chromatisch ansteigenden Bewegungen in der ersten Passage finden gegen Schluß der Durchführung ihre symmetrische Entsprechung in der chromatisch absteigenden Quart der Violine I T. 163—173.

Zur ausgeprägten Doppelgesichtigkeit wandelt sich die Ambivalenz der Durchführung durch das ihr Folgende. Die Reprise setzt nach einer Generalpause in T. 175 nicht mit dem Credo-Thema des Anfangs ein, sondern greift auf die erste galante Passage ab T. 17 zurück. Damit aber erhält das Auftreten des Credo-Themas in der Durchführung T. 143ff. die Funktion eines

Reprisenersatzes. Nimmt man die Passage T. 125—142 als sehr erweiterte Überleitung und berücksichtigt des weiteren, daß in der Durchführung außer dem Credo-Thema nichts aus der Exposition durchgeführt wird, erscheint dieser Teil eher als schrittweise Annäherung an die Reprise denn als Durchführung.

Entsprechend variativ ist der weitere Verlauf der Reprise. Er setzt nicht in der Grundtonart G-, sondern in C-Dur ein und bringt in einem Lagenwechselspiel den Expositionsverlauf bis T. 51. Damit kommt das in T. 51 beginnende zweite gelehrte Satzglied wie von selbst in die Grundtonart zu stehen. Doch wird die tonal nun endgültig erreichte Reprise durch den abweichenden motivischen Verlauf konterkariert. Immer mehr wird deutlich, daß Mozart in der Reprise das galante Moment über das gelehrte siegen lassen will. T. 209 ff. entspricht weniger T. 51 ff. als T. 69ff., aber reduziert auf die paarige Imitation von Credo- und zweitem Fugenthema. Anders als in T. 69 ff. erscheint nunmehr das Credo-Thema durch von unten nach oben führende Imitationseinsätze hervorgehoben. Der dritte Einsatz erfolgt über einem Orgelpunkt, und der vierte, am Höhepunkt angelangt, bringt erstmals im ganzen Satz das Credo-Thema frei von jeglicher Kontrapunktik mit homophoner Begleitung und (damit diese Umfunktionierung noch mehr auffällt) in Es-Dur, das in einer lang ausschwingenden Reihung des Begleitmusters in eine G-Dur-Kadenz mündet (T. 233). Die zweite galante Passage der Exposition (T. 92—124) wird recht getreu (mit Lagenwechsel und einer Ausweitung gegen Schluß) ab T. 235 wiedergebracht.

Die Coda ab T. 268 erweckt Assoziationen zur Durchführung. Zunächst durch das Wiederaufgreifen der Überleitungsfloskel, die nun aber nicht mehr in Quintenfolgen, sondern in einem stabilen Tonart-Rahmen (G — C— G) imitiert wird. Die Passage bereitet, wie in der Durchführung, einen Eintritt des Credo-Themas vor. Es wird nun ab T. 282 sehr hervorgekehrt und mit gelehrter Attitüde in Engführung gebracht, die sich jedoch rasch zu schlichten Kadenzschritten löst. Den Eindruck, hier ein letztes Auftrumpfen des Gelehrten gehört zu haben, verstärkt der nachfolgende leise Sieg der Homophonie über das Credo-Thema, mit dem der Satz schließt.

Das Wechselspiel von galant und gelehrt ist deshalb als beherrschender Formgedanke des Satzes zu bezeichnen, weil es nicht irgendwie, sondern nach einem, eben beschriebenen, dramatischen Konzept erfolgt. Und zur Gestaltung dieses besonderen Konzepts benützt Mozart den Typus des Sonatensatzes und der Fuge. Jedoch verschmilzt er Sonate und Fuge nicht zu einer höheren Einheit, die ein allgemeines Muster abgeben könnte. Die heterogenen Form- und Stilaspekte hält Mozart vielmehr durch den Kontrast und die Korrespondenz von Gliedern zusammen. Die Abgrenzung der Sphären ermöglicht erst den Reiz und die formale wie inhaltliche Spannung ihrer vielfältigen Bezugnahmen.

Der Schlußsatz von KV 387 steht für eine kompositorische Neigung Mozarts und führt sie zugleich ins Extreme. Die Pointierung wird schon im Abstand zu den übrigen drei Sätzen von KV 387 klar. Und sie legt die Annahme nahe, daß es, im Sinne der Symmetrie, neben einer musikalischen Dialektik ohne Synthese auf der anderen Seite der kompositorischen Möglichkeiten auch eine mit Synthese geben könnte. Diese müßte das Baukastenprinzip selbst verwandeln und eine Mitte zwischen architektonischer und logischer Verlaufsform finden. Eine solche, Mozart unterstellte Zielvorstellung ergibt die zweite der drei Arten, auf die Herausforderung durch den strengen Stil zu reagieren.

DIE SYNTHESE VON GALANTEM UND GELEHRTEM STIL

Wir begeben uns hier in einen Bereich, der mit Reizwörtern des Mozart-Schrifttums wie »motivisch-thematische Arbeit« oder »klassische Synthese« umstellt ist. Ich möchte sie vermeiden. Was der Idee nach zum tragenden Prinzip erhoben wird, haben wir in Form eines Beziehungsgeflechts als unterschwelliges Gegenprinzip auch in KV 387 vorgefunden. Zur Intensivierung bieten sich verschiedene Möglichkeiten an: Detailbezüge lassen sich verdichten, die kontrapunktische Arbeit läßt sich verstärken, oder die Variation des motivischen Materials läßt sich vertiefen. Eine andere Möglichkeit, die Stabilität des Baukastenprinzips zu lockern, besteht darin, die metrische Übersichtlichkeit zu stören oder phasenweise aufzugeben. Kompositorisches Ziel aber wäre es, eine neue Satzgrundlage zu erlangen. Sie müßte über die Verkomplizierung, das Spiel mit der Vielfalt und auch über jene Dramatik, die Mozart dem Baukastenprinzip abgewann, hinausgehen. Und sie entzöge so dem Streben nach Individualisierung die Notwendigkeit, Versatzstükke der Tradition als eine Art Reibebaum benützen zu müssen, um sich artikulieren zu können. Die neue Satzgrundlage müßte also etwas Einfaches sein.

Diese Einfachheit (soll sie sich ohne Bruch aus der bisherigen Entwicklung herausbilden) muß sich, ihrer Idee nach, auf einer Mitte zwischen strengem und freiem Satz, gelehrtem und galantem Stil, zwischen Fuge und »Galanteriestück« bewegen. Die Kontrapunktik ist längst in den galanten Stil einbezogen. Darin liegt nicht das Problem. Eher in den Verzerrungen, die die Polyphonie dabei erlitten hat. Um ihnen aber nicht nur durch komplizierte Konstrukte ausgleichend zu begegnen, ist es nötig, daß sich die »Galanterie« selbst wandelt. Und zwar in ihrem Zentrum. In ihm stehen musikalischen Nippes-Gegenstände, Schmuck, Verzierungsmanieren, glitzerndes Tönespielwerk: Dinge, die der Bedeutsamkeit eines Fugenthemas diametral entgegengesetzt sind und die auch im anspruchsvollen Sonatensatz in die sogenannten Überleitungen und Zwischenspiele abgedrängt worden sind. Diesen Gegensatz gilt es, wenn nicht aufzulösen, so doch völlig durchlässig zu machen. Auf diesem Wege befindet sich Mozart bei seinem vielfach beobachtbaren Bemühen, Verzierungen festzuschreiben, Manieren und ganz primitive galante Floskeln zum Gegenstand kompositorischer Arbeit aufzuwerten.

Die Nagelprobe für das Gelingen liegt in der Fähigkeit, die Annäherung der Sphären auch bei weitgehender Reduktion der Mittel, selbst im zweistimmigen Satz und ohne Defizite auf der einen oder anderen Seite zu erreichen. Als Beispiele bieten sich Meisterwerke des geringstimmigen Satzes wie die bei Mozarts Salzburg-Besuch im Sommer 1783 entstandenen Duos für Violine und Viola KV 423 und 424 oder das 1788 für seinen Freund Michael Puchberg komponierte Divertimento für Violine, Viola und Violoncello KV 563 an. Wenn ich dennoch einen Satz aus einer Klaviersonate als Anschauungsobjekt vorziehe, dann deshalb, weil gerade in der Klaviermusik traditionell jene Merkmale der »Galanterie« einen bevorzugten Platz haben. Und ein besonders günstiges Beispiel ist der erste Satz der Sonate KV 533 (datiert mit 1. 3. 1788).

Mozart kommt in ihm auf weite Strecken mit Zwei- und Dreistimmigkeit aus. Daraus ergibt sich von vornherein die Notwendigkeit, in das Figuren- und Laufwerk eine latente Mehrstimmigkeit hineinzukomponieren, die »Galanterie« also stimmführungsmäßig aufzuwerten. Mozart beginnt sogar einstimmig, wie in einer Fuge, doch diese Assoziation wird durch die sich gleichsam einschleichende Begleitung nivelliert und durch die einer galanten Melodiephrase ersetzt (periodisch gegliedert in 2 + 2 + 4 Takte; die Folge b′ — e′ — f′ in T. 3/4 macht die Verdopplung des f und vor allem den Eintritt des von b′ herführenden a leicht möglich; zudem ist die Begleitung T. 4—8 harmonisch nur wenig bewegt). Die Assoziation kehrt aber latent wieder, sobald ab T. 9 das zuvor Gehörte im Stimmtausch (doppelter Kontrapunkt) erscheint. Der Stimmtausch nähert Thema und Begleitung einander ihrem Rang nach an. Die flächenhaft einheitliche Achtelbewegung und die lange stabil bleibende Tonika der Grundtonart F-Dur erleichtern dies. Aus dieser Konstellation heraus setzt Mozart in T. 15 durch das Abweichen von einer bloß mechanisch stimmvertauschten Wiederholung der ersten Periode einen weiteren Schritt in Richtung einer Öffnung des Baukastenprinzips hin zu einem fließenderen musikalischen Verlauf. Er wendet dabei das alte Mittel an, Zäsuren zu vermeiden (Gioseffo Zarlino im 16. Jahrhundert sprach vom »fuggir le cadenze«). Auf der Basis des einheitlichen Bewegungsmusters in Achtelnoten ergänzen sich Harmonik und Kontrapunktik in der Erfüllung dieser Absicht.

Der Umstieg erfolgt im siebten Takt der zweiten Periode (T. 15), indem Mozart den fünften Takt in Stimmtausch wiederholt, aber (im Unterschied zu T. 5) derart, daß das durch Stufengang erreichte b im Baß einen Sekundakkord der Dominante ergibt, der sich lege artis T. 16 in einen Sextakkord der Tonika auflöst. Von Anfang an betonte Mozart die Grundstellung des Tonika-Dreiklangs. Das Abgehen davon zu weniger stabilen Umkehrungsakkorden erleichtert das Vermeiden von Zäsuren. Die zweite Periode wird so um zwei Takte verlängert und schließt auch nicht auf der Tonika wie die erste, sondern auf dem Terzquartakkord der Dominante. In der Folge ab T. 19 bleiben bis zum Eintritt des zweiten Themas in T. 43 wohl klare Taktgruppierungen erhalten (4 + 4 + 4 + 2 + 4 + 4 + 2), aber die ›Zäsuren‹ zwischen ihnen werden meist tonal unterlaufen (Trugschluß T. 21/22, Quintsextakkord der Dominante T. 26, modulatorische Bewegung ab T. 33 von d-Moll bis zum C-Dur des zweiten Themas). Relativ deutlich markiert der T. 31 die Tonika von F-Dur und teilt damit die gesamte Passage in zweimal zwölf Takte.

Die motivische Arbeit, als zweite Komponente, kommt fast völlig mit dem bisherigen Material aus, das durch Stimmtausch und Imitation weitergesponnen wird. Schon der Einsatz T. 19 führt motivisch (wie harmonisch) die vorangegangene Bewegung weiter, ist doch dieser »Themenkopf« aus der Kadenz T. 6, 14 und unmittelbar aus T. 16—18 abgeleitet. In T. 23—26 kehren die Takte 15—19 in Stimmtausch wieder. Danach wird der Themenkopf T. 19 imitiert. Nur die Takte 31/32 bringen eine neue Figuration und betonen so (zusätzlich zur Harmonik) die Mittelachse der Passage. Ab T. 33 wird, und so schließt sich der Bogen, auf das Anfangsthema zurückgegriffen, es wird imitiert und dann abgespalten. Mit den Kadenzakkorden T. 40/41 bricht all dies an Entwicklung ab.

Aber die ganze Passage von T. 19—42 (mit ihrer völlig aus dem Anfang des Stückes entfalteten Kontrapunktik) wäre ihrer Funktion im Sonatensatz nach eigentlich eine »Überleitung«, d.h. ein Ort, an dem unthematische »Galanterie« erwartet wird. Im gezielt komponierten Wandel dieser Erwartung liegt ihr Besonderes.

Den einheitlichen Fluß trägt Mozart auch in den Dominant-Bereich der Exposition hinein. In dessen erster Passage (T. 41 bis 66) ist der Anschluß besonders eng. Die Überleitungsfloskel T. 41/42 ist als eine weitere Variation (figurierte Augmentation) des Motivs vom Anfang des Stücks zu verstehen. Und ähnlich wie zuvor in T. 19 und 22 wird die kadenzierende Wirkung des Stufengangs abwärts umfunktioniert. Die Überleitung von der Wechseldominante G zur Dominante C-Dur entpuppt sich in T. 45f. und noch mehr in der Engführung T. 49f. zum Anfangsimpuls, wenngleich das Neue in ihm sich auf die Triolenbewegung beschränkt, die allerdings dem Anfang und Schluß des Dominant-Bereichs seine Charakteristik gibt. Demgegenüber tritt das zunächst als etwas Neues (als zweites Thema) wirkende Motiv T. 43ff. immer mehr zurück (in der Oberstimme von T. 59 bis 61 fungiert es nur mehr als Überleitung). Beherrschend werden vielmehr verschiedene Ausprägungen des Stufengangs abwärts und des kontrapunktischen Spiels mit ihm (Imitation, Stimmtausch, Lagenwechsel, Wechsel der klanglichen Färbung, in T. 45f. sogar motivische Umkehrung).

Diese um eine denkbar einfache melodische Grundform sich bewegende Vielfalt bekommt zum Schluß hin Konkurrenz von im Tonraum weiter ausgreifenden Dreiklangszerlegungen ohne jegliche kontrapunktische Durcharbeitung. In den Vordergrund treten letztere in der Kadenz auf der Wechseldominante T. 63 bis 66. Die von diesem Wechseldominant-Bereich getragene zweite Passage (T. 66—88) vollzieht den Übergang. Einen markanten Impuls setzt das Motiv T. 66ff. (im Ansatz eine Umkehrung des Anfangsmotivs) zu einer weitausholenden Aufwärts- und Abwärtsbewegung (mit dem Kulminationspunkt c″ in T. 73), die sich von der eher kreisenden Bewegung im gesamten bisherigen Verlauf deutlich abhebt. Zugleich nimmt Mozart in den beiden Sequenzketten der Abwärtsbewegung das Spiel mit dem Stimmtausch immer mehr zurück und geht ab T. 82 zu einem Auf und Ab akkordisch begleiteter Skalen (sozusagen zur nackten Form dessen, was in T. 66—81 noch kunstvoll verbrämt war) über.

Die Sonatenexposition erreicht hier und in der dritten Passage (T. 89—102) ihren Höhepunkt an rein spieltechnischer Virtuosität. In dieser Schlußpassage in C-Dur wird noch einmal eine Kadenzbewegung (die Dreiklangszerlegung von T. 63ff.) zum Anfangsimpuls umfunktioniert, und noch einmal wird eine weitere figurative Variation des Stufengangs abwärts eingebaut. Einen deutlichen Umschwung aber setzt Mozart in der Metrik. Während zuvor locker gefügte regelmäßige Taktgruppierungen dem einheitlichen Fluß ein unauffälliges Gerüst gaben (selbst in der Passage T. 41—66: 8 + 8 + 4 + 2 + 4), werden nun unregelmäßige Gruppierungen stärker betont (3 + 7 + 4).

Ich verzichte darauf, Durchführung und Reprise des Satzes gleich ausführlich zu besprechen, und weise nur auf einige Konsequenzen, die Mozart aus dem bisherigen Verlauf zog, hin. In der Durchführung werden nicht nur hintereinander Motive aus dem Tonika- und dem Dominant-Bereich der Exposition (T. 103ff. und 125ff.) verarbeitet, als übergeordnetes Prinzip ist vielmehr erkennbar, stufengangsbestimmte Bewegungen mit Dreiklangszerlegungen zu konfrontieren. Da nun auch letztere in das Stimmtausch-Spiel einbezogen werden, vollzieht sich eine Angleichung dessen, was sich in der Exposition als Polarität entfaltet hatte.

In der Reprise wird der Tonika-Bereich der Exposition (in an sich üblicher Weise) sehr verkürzt (T. 145—168), aber auch verdichtet (durch Stimmtausch und durch die Stimmführung in den Sequenzketten; außerdem löst der Dur/Moll-Wechsel weitausholende modulatorische Wege aus). Im viel längeren, dem Dominant-Bereich der Exposition entsprechenden Teil, der nun lege artis auf der Tonika steht, wird die Steigerung zum Schluß hin verstärkt. Intensiviert ist die Weitbogigkeit in der Anlage der zweiten Passage (T. 193—225). Einen im Vergleich zur Exposition zusätzlichen Impuls gibt die Kombination des Motivs von T. 193ff. mit dem Anfangsmotiv in T. 201ff. (in einer historisch vorweggenommenen »Meistersinger«-Kontrapunktik), der dann aus Gründen der Symmetrie eine Verlängerung der absteigenden Sequenzkette erfordert (und in chromatischen Schritten im Quartrahmen T. 214—217 erfolgt). Außerdem bewirkt das forcierte Lagenwechselspiel eine Steigerung auf den Schluß hin (besonders ab T. 226).

Bei einem Vergleich mit KV 387 wird die andersgeartete Konstellation in KV 533 noch deutlicher. Gemeinsam aber ist beiden Sätzen die Spannung zwischen Gelehrt und Galant als Ausgangssituation. KV 533 beginnt mit einer Quasi-Fugenexposition und schließt mit reinen Dreiklangszerlegungen. Die Verlagerung von einem zum anderen Pol gibt sogar auch hier einen dominierenden Formaspekt ab. Allerdings läßt sich der Gegensatz auch als einer zwischen Stufengang und Akkordzerlegung, oder zwischen Achtel- und Triolenbewegung beschreiben. Und das sind viel allgemeinere, aber auch radikalere Gegensätze. Der Satz beginnt einstimmig und schließt im unisono; er kommt erst langsam stimmführungsmäßig und harmonisch in Bewegung. Was sich dazwischen an Dramatik entwickelt, bleibt viel stärker als die motivische und rhythmische Vielgestaltigkeit von KV 387 auf die Einfachheit des Anfangs und Schlusses bezogen. Erreicht wird dies durch eine allseitige Reduktion der Mittel, die zugleich der größeren Beweglichkeit der verbliebenen Mittel dient. Wir sehen: einfache Floskeln werden als Themen beleuchtet, sie wandeln sich aber weiter; die Kontrapunktik durchzieht weite Bereiche des Satzes, bleibt aber meist auf das sehr einfache Prinzip des Stimmtausches beschränkt; Melodie und Begleitung lassen sich austauschen und auch voneinander lösen; Kadenzfloskeln werden zu Kopfmotiven umfunktioniert; kleine rhythmische und metrische Unterschiede heben größere Flächen voneinander ab. Wohl findet sich jedes dieser Merkmale in vielen anderen Werken Mozarts wieder, aber ihre Kumulierung in KV 533 und ähnlichen Werken führt doch zu einem sehr hohen Grad an Durchlässigkeit jenes Baukastenprinzips, von dem Mozart als Kind komponierend ausging. (Da dieses gliedernde Prinzip aber immer noch conditio sine qua non der erreichten Beweglichkeit ist, wären Assoziationen mit den Begriffen des Vegetativen oder Naturhaften irreführend.) Die Verwesentlichung einfacher Bewegungsvorgänge hat Mozart mit Kalkül komponiert, aber ohne es zu verbergen.

Mozart hat also eine Mitte zwischen den Sphären gefunden. Während die erste Art, auf die Herausforderung durch die Kontrapunktik zu reagieren, die schon zuvor erreichte musikalische Dramatik auf bestimmte Weise zu intensivieren gestattet, führt die zweite Art tatsächlich zu einer neuen Satzgrundlage. Mozart hat sie aber nicht zum stets gültigen Muster für sein Komponieren erhoben. Sie verdrängt nicht, sondern bereichert das Bisherige. Allgemein erleichtert die Aufwertung des Elementaren einerseits die Durchlässigkeit zwischen unterschiedlichen Satzanlagen und Ausdrucksbereichen, andererseits aber auch die klare Zeichnung von Unterschieden auf lapidare Weise.

Ein Fazit unserer paradigmatischen Betrachtung des Entwicklungsweges von Mozarts »Schreibart« liegt im gewonnenen Eindruck, hier einen evolutionären Vorgang vor sich zu haben, dem die Einbrüche und großen Umschwünge fehlen. Auch zweifle ich an dem (freilich festgeschriebenen) engen Konnex von wichtigen Entwicklungsschritten in der Komposition und bestimmten Erlebnissen, Reiseeindrücken, Begegnungen in der Biographie. Selbstverständlich hat es diese Einflüsse in reichem Maße gegeben, und haben sie Entwicklung (auf schwerer durchschaubarem Weg, als gemeinhin angenommen) herausgefordert. Aber das Entscheidende, und das ist die Individualisierung der »Schreibart«, läßt sich nicht auf solch einen Konnex zurückführen. Wenn ich eine einschneidende Phase in Mozarts Entwicklung nennen soll, dann ist es nicht primär die erste Wiener Zeit 1781/82 mit Bach- und Haydn-Erlebnis, sondern die biographisch zunächst wenig spektakuläre Zeit vor und um die Paris-Reise, etwas weiter gefaßt, die Zeit zwischen der Opera buffa »La finta giardiniera« und der Opera seria »Idomeneo«.

NUN DOCH ZUM »STIL«

»Stil« (in seiner Herkunft von den »genera« der antiken Rhetorik) war von vornherein ein normativer und kein historischer Begriff. Doch selbst als historischer benötigt er etwas Bindendes, das nichts anderes als ein in einer bestimmten Zeit herrschender Geschmack sein kann. Die Crux eines historischen Stilbegriffs liegt darin, daß sein Maßstab des Zeitgeschmacks unausweichlich mit dem Für-sich-Sein des Kunstwerks kollidiert. Dabei beruht diese Crux auf genau jener historischen Realität, die Leopold Mozart mit seinen Bedenken gegenüber der schwierigen »Schreibart« seines Sohnes, und dieser wiederum mit seinem Anspruch einer Musik, die nicht »ins Leere falle«, angesprochen hat.

»Stile«, »maniera«, »gusto« und ähnliche Begriffe machen in allen Künsten Gattungsforderungen als Stilideal geltend. Wir sind auf dieses vielfältige und materialreiche Feld und auf die anschließende Frage, wie sehr Mozart im einzelnen diesen Forderungen entsprach, nicht näher kompositionsgeschichtlich eingegangen (vgl. aber Kap. »Aussagen zur Musikanschauung«). Die Wirkungsgeschichte zeigt jedoch, daß Mozart vor allem in der Opern- und Kammermusik-Komposition Kritik zu spüren bekam. Der Grund mag teilweise in einer speziellen Experimentierlust liegen. Aber so läßt sich nicht erklären, daß ähnliche Rezeptionsprobleme in den Klavierkonzerten oder Sinfonien nicht auftraten. Eher war es doch die »Schreibart«, die sich in einer Gattung mehr, in einer anderen weniger als Verständnissschranke erwies. Da diese Rezeptionsunterschiede kaum nur auf eine Kollision zwischen »Schreibart« und Gattungsforderung zurückzuführen sind, müssen auch andere Urteilskomponenten (wie die Wertschätzung für den Pianisten Mozart oder die Anonymität im Verhältnis zwischen Komponist und Notenkäufer im damals neuen Musikmarkt) mit hereingespielt haben.

Von Anfang an gab es außerdem den Begriff des Personalstils, vor allem für die klassischen Repräsentanten einzelner »genera dicendi«. Wie immer bei Stilbegriffen wird auch hier eine Einheitlichkeit bzw. eine Einheit in Varietät gefordert, die den Stil eines Künstlers von dem eines anderen unterscheidet. Das Unterscheidende in Mozarts kompositorischem Weg liegt aber weniger in der Wahl und Ausprägung bestimmter Materialien und Techniken als in der sie durchdringenden Individualisierung. Dieses Wesensmerkmal, das auch mit Worten wie Dramatisierung, Differenzierung, Umdeutung usw. umschrieben wird, ist eher eines der Beweglichkeit, als daß es in klar begrenzbaren Strukturelementen leicht faßbar wäre. Den prinzipiellen Unterschied zwischen den beiden Wegen eines Künstlers, Eigenheiten zu schaffen, bezeichnet auch Goethes Unterscheidung zwischen »Manier« und »Stil«. Sein Stilbegriff wurde nicht nur für die Klassik maßgebend, er eignet sich auch sehr gut zur Anwendung auf Mozart. Nach Goethes Meinung erreicht ein Künstler erst dann Stil, wenn es ihm gelingt, über eine »treue Nachahmung« hinaus zugleich mit ihr sich eine neue Sprache zu schaffen. In einem so verstandenen Personalstil bleibt die individuelle Manier an das Wesen der Dinge gebunden. Treffen sich, selten genug, »Manier« und »Wesen«, so ist das Ergebnis etwas Personales und zugleich Normatives.

Dieser Stilbegriff selbst ist klassizistisch und gibt den Blick frei auf all die Versuche, das »Klassische« in Mozarts Musik mit Hilfe von Antithesen wie Norm/Abweichung, Teil/Ganzes, Einheit/Mannigfaltigkeit usw. analytisch aufzuzeigen. Ähnliches mag schon Mozart selbst im Sinn gehabt haben, als er seinem Individualisierungsstreben die Forderung nach »filo« entgegensetzte.

Zur Veranschaulichung nur ein kleines Beispiel: die »Adagio«-Einleitung zum Streichquartett KV 465 (datiert mit 14. 1. 1785). Sie gibt seit 200 Jahren Anlaß zur Kritik und zu Erklärungsversuchen (auf die ich hier nicht eingehe) und bedingte auch die Bezeichnung »Dissonanzen«-Quartett. Die harten Querstände (as/a″, h/b″, d/des″ usw.) während der ersten acht Takte, der funktionsharmonisch sehr kompliziert erscheinende tonale Verlauf bis T. 13 und die durch die ständige Imitatorik bis T. 16 verschlungene Satzstruktur machen diese Bezeichnung plausibel. Aber all die »Manieriertheit« durchzieht ein »filo« hin zum nachfolgenden »Allegro«.

Dieser »filo« enthält zwei Aspekte, einen tonalen und einen stimmführungsmäßigen. Außerdem besitzt der Verlauf einen losen, aber doch stabilisierenden metrischen Rahmen in der Folge von drei Acht-Takt-Gruppen (ein Periodenbau ist am stärksten in der ersten Gruppe, als Ausgleich zu den harmonischen Abnormitäten, ausgeprägt; die zweite und dritte Gruppe sind in T. 16 ineinander verschränkt; die dritte erreicht ihre Vollständigkeit durch die beiden Fermaten in T. 22). Der tonale Bezug des »Adagios« zum »Allegro« ist, wiederum im Rahmen, evident: Das Stück beginnt mit dem Ton C (wohl wird die Tonika nicht fixiert, der Weg führt aber in T. 4 zur allerdings instabilen Dominante), erreicht in T. 16 endgültig die Dominante, die sich dann in das C-Dur des »Allegro« löst. Mozart gehorcht demnach selbst in dieser ungewöhnlichen langsamen Einleitung dem (letztlich von der antiken Rhetorik sich herleitenden) Prinzip, durch klaren Bezug von Anfang und Ende einen stabilen Rahmen zu errichten. Doch auch der harmonische Verlauf im Inneren hat seine Logik, die er durch konsequente Anwendung von Stimmführungsmustern erhält. Die Baßführung im Violoncello von T. 1 bis 12 besteht aus einem chromatischen Quartfall, der diatonisch zur Sext erweitert ist (mit regelmäßigen, zunächst zwei-, dann eintaktigen Schritten); verkürzt und in umgekehrter wie direkter Richtung wird der chromatische Quartfall in den Takten 13—16 wiederholt. Die Stimmführung der drei übrigen Stimmen ist bis T. 16 von so elementaren Floskeln wie der Mordent-Figur und dem Stufengang (auf- und abwärts im Quart- oder Quintrahmen) bestimmt. Zudem verbindet Mozart die drei Oberstimmen bevorzugt in Terzenparallelen. Derart flächig eingesetzte Mechanismen sind an sich typische Durchführungstechniken, die hier einmal gleich zu Beginn des Stückes zum Einsatz kommen.

Wie sehr Mozart Neues als Umdeutung des Bisherigen gestaltet und so den Faden über Abschnittsgrenzen hinwegspinnt, zeigt die Relation des »Allegro«-Anfangs zum »Adagio«-Anfang. Der stufenweise Abstieg des Basses im Rahmen der Sext c′ — e in T. 23—26 bringt, nun diatonisch, den Anfang des Violoncellos T. 1—12 wieder. Das Kopfmotiv in der Violine I variiert den Stufengang von T. 4 u. ö. Außerdem hält Mozart an der starken Neigung zu Terzenführungen fest.

Ein derartiges Sich-Treffen von Individualisierung und »filo« hebt, unter dem Gesichtspunkt von Goethes Stilbegriff, Mozart kategorial von der Durchschnittsproduktion ab. Freilich wird solch ein Maß nicht für jedes Werk Mozarts gelten und nicht für jedes Werk durchschnittlicher Komponisten zu leugnen sein. Zudem besteht die Durchschnittsproduktion nicht nur aus dem Aneinanderreihen von Klischees in schöner Übereinstimmung mit dem Zeitgeschmack. Auch ein sogenannter Durchschnittskomponist hat seine Manieriertheit (in der Vorklassik noch mehr als danach) und paßt sie in das Bindende eines formalen Rahmens ein. Und vor allem zeigt Mozarts eigener Entwicklungsweg, wie gleitend der Übergang ist. Dennoch wird man bei aller Skepsis gegenüber einer Kunst-Metaphysik den Unterschied, der einfach in der Konzentration des Sich-Treffens liegt, als kategorial anerkennen.

Wie verhält sich aber dann Mozart zu Joseph Haydn? Beide bewegen sich auf demselben Niveau. Sosehr sich darüber die Fachleute einig sind, so sehr zweifeln das Publikum und der Musikmarkt beharrlich und weltweit daran, daß dem so sei (vor 200 und mehr Jahren zweifelten sie eher an Mozarts Ebenbürtigkeit). Mag sein, es gibt Ausdrucksunterschiede mit ihren unwägbaren Auswirkungen. Immer wieder behauptet werden aber auch Unterschiede in ihrer »Schreibart«, und ich meine sie hörend zu erkennen. Sie sind, bei näherem Besehen, schwer präzise zu fassen. Neigt Mozart mehr zur Polythematik und zu langen Melodien, Haydn zur Monothematik und zu kurzen Motiven? Gegenbeispiele sind jeweils leicht erbracht, die freilich eine derartige Tendenz nicht ausschließen. Als Kritiker steht man zwischen dem Ruf nach Statistik und dem Eingeständnis, daß es eben die Individualisierung ist, die unsere Unterscheidungskriterien unterläuft. Ob Mozart zum Beispiel als erster die Subdominante konsequent zur Erweiterung harmonischer Spannungen nutzte, bleibe dahingestellt; einen besonderen Sinn für einen fein differenzierten Tonartenplan und einen weiten Blick für tonale Zusammenhänge besaß er in faszinierendem Maße.

Aber auch Haydn. Vielleicht aber war doch Mozart mehr Melodiker, mehr auf fließende Linien bedacht, während Haydn mehr das beiden gemeinsame Erbe der parataktischen Komposition mit allem Raffinement auskostete? Vergleicht man die Einleitung des »Dissonanzen«-Quartetts etwa mit dem ebenfalls, aber in anderer Art, ungewöhnlichen Beginn des Haydn-Quartetts op. 33/1, ist die Antwort: ja. Doch dann mahnt wieder das Gewissen, ein solches Urteil beruhe auf einer unzulässigen Einschränkung in der Wahl der Beispiele. Ist einfach die Melodik Mozarts plastischer, gestischer? Oder kommt man der Sache näher, indem man durch Analogien von außerhalb der Musik musikalische Grundstrukturen bezeichnet, etwa Drama und Diskurs, Raumfaktor bei Mozart und Zeit-Prozeß bei Haydn gegenüberstellt?

Vorderhand sind diese Fragen ehrlicher als klare Antworten. Aber wahrscheinlich werden, auch nach vielen umfangreichen und genauen Studien, Antworten, die etwas von der Offenheit der Frage miteinschließen, die richtigeren sein, um das »Wesen« der Personalstile von Mozart und Haydn zu treffen.

Musikdramatik

Mozart kommt als Komponist eindeutig von der Instrumentalmusik her. Unzweifelhaft ist er aber auch der große Opernkomponist unter den Wiener Klassikern. Schon als Kind hat er das Phänomen Theater kennengelernt. Wechselbezüge liegen also nahe, und sie haben ihre Mitte im Begriff der Dramatik, der schon im vorangegangenen Kapitel über die »Schreibart« zur Sprache kam. Ihn zu präzisieren, soll nun im Hinblick auf den Gattungsbereich Musiktheater versucht werden.

In seinen Briefen äußert Mozart scharf umrissene Gattungsvorstellungen. Offensichtlich von Vorhaltungen des Vaters herausgefordert, aber auch auf die Wiener Situation reagierend, stellt er am 16. 6. 1781 klar: »glauben sie denn ich werde eine Opera Comique auch so schreiben wie eine opera Seria? — so wenig tändelndes in einer opera seria seyn soll, und so viel gelehrtes und vernünftiges, so wenig gelehrtes muß in einer opera Buffa seyn, und um desto mehr tändelndes und lustiges. daß man in einer opera Seria auch kommische Mußick haben will, dafür kann ich nicht; — hier unterscheidet man aber in dieser sache sehr gut. ich finde halt daß in der Musick der hanswurst noch nicht ausgerottet ist; und in diesem falle haben die franzosen recht.« Anders ist die Situation im Brief vom 7. 5. 1783, in dem er den Vater bittet, bei Varesco vorzufühlen, ob dieser trotz der Verstimmung wegen des »Idomeneo« wieder bereit wäre, für ihn ein Libretto zu schreiben. Hier dienen klare Rollenangaben einer ersten Verständigung: »das nothwendigste dabey aber ist. recht Comisch im ganzen. und wenn es dann möglich wäre 2 gleich gute frauenzimmer Rollen hinein zu bringen. — die eine müsste Seria, die andere aber Mezzo Carattere seyn — aber an güte — müssten beide Rollen ganz gleich seyn. — das dritte frauenzimmer kann aber ganz Buffa seyn, wie auch alle Männer wenn es nöthig ist.« Völlig unbeeinflußt sind die Eintragungen im Werkverzeichnis: Mozart bezeichnet sowohl »Le nozze di Figaro« wie »Don Giovanni« und »Così fan tutte« als »opera buffa«. Zumindest die beiden Erstgenannten sind als Problemfälle jeglicher Gattungstypologie anzusehen (in den Textbuch-Erstdrukken wird »Figaro« als »comedia per musica« und »Don Giovanni« und »Così« als »dramma giocoso« geführt). Was Mozart beabsichtigt, wird nicht ersichtlich. Entweder er benutzt die eindeutige Typologie als eine Art Außenhalt für sein Vorgehen oder auch nur als ein beiläufiges Verständigungsmittel.

Die Unvereinbarkeit seiner Aussagen mit der tatsächlichen Gestalt seiner »Meisteropern« läßt sich natürlich verschiedentlich interpretieren. Unbestritten ist der Unterschied des Niveaus zwischen Mozart und seinen Opern komponierenden Zeitgenossen. Ist er ein Außenseiter in der damaligen Opernszene, oder hat er als Musiktheaterideal seiner Zeit verwirklicht, was bei den Dutzendkomponisten ein unverbindliches Einerlei blieb? Diese Pointierungen lassen sich gut mit den Stichwörtern »Proteus Mozart« und »Stilsynthese« veranschaulichen.

»PROTEUS« ODER »SYNTHESE«?

Vom »Proteus Mozart« ist allenthalben die Rede, vielleicht in Analogie zum »proteischen Dichter« Goethe, vielleicht unter dem Einfluß Heideggerscher Gedanken. Wenn bereits 1792 von Goethe gesagt wurde, daß er »wie ein Proteus« sein ganzes Wesen »nach der Erfordernis jedes Gegenstandes« umforme, mögen Rezeptionsschwierigkeiten der Anlaß gewesen sein, dahinter aber standen doch Eigenheiten der Kunst Goethes selbst. Das Pendant bei Mozart ist zunächst die Individualisierung seiner »Schreibart«, dann das Werkhafte seiner Stücke im Unterschied zum Typenhaften der seiner Zeitgenossen. Doch »Proteus« meint noch mehr, leitet sich dieser Name doch vom griechischen Protos, einem Wort für das Anfängliche, Erste ab. Darauf bezogen ist die vordergründige Eigenschaft des urzeitlichen Wassergottes Proteus, sich stets aufs neue verwandeln zu können. Und das ergibt für einen modernen Künstler einen gewaltigen Anspruch. Wobei allerdings zu bedenken ist, daß in der Antike die Wandlungsfähigkeit des Proteus nicht nur kosmogonisch gedeutet, sondern auch teilweise in ungünstigem Licht gesehen wurde.

Der Begriff »Stilsynthese« ist bescheidener. Aber er beinhaltet doch mehr als ein Nebeneinander verschiedener Stile. Synthese setzt Gegensätze voraus und ist in unterschiedlicher Weise möglich. »Stilsynthese« und »Proteus« lassen sich in der Annahme einer Mozartschen Gattungskreation »Musikkomödie« vermitteln (Stefan Kunze faßt unter diesem Begriff »Le nozze di Figaro«, »Don Giovanni« und »Così fan tutte« zusammen; Gunther Reiß konstatiert im Gehalt »gesellschaftlicher Utopie« einen von Mozart bis Brecht reichenden Zusammenhang von »Musikkomödien«). Ähnliches wurde im Hinblick auf Mozarts erste Opern und selbst auf den »Idomeneo« noch nie behauptet. Damit wird aber ein gattungsschöpferisches Potential Mozarts primär in der Tradition der Opera buffa bzw. in deren Überwindung gesehen (obgleich Mozarts Weg vom Singspiel zur »deutschen Oper« historisch konkretere Auswirkungen hatte). Das in diesen »Musikkomödien« enthaltene Gegeneinander von Komischem und Tragischem, Ideellem und Realem, »Romantischem« und dessen Parodie, wurde bereits im frühen 19. Jahrhundert als besondere Qualität erkannt, aber nicht als Synthese, sondern als das »Transitorische«, das »Freiheit nach allen Seiten hin« eröffne, gedeutet (Franz Horn).

Im Anspruch bescheidener als das Proteus-Bild ist es jedoch, Mozarts Opern gewissermaßen als eine Konsequenz der Operngeschichte bzw. der Geschichte der Reformforderungen auf diesem Feld zu interpretieren (Constantin Floros). Und auf diesem Feld dominiert einmal mehr die opera buffa. Diese Art Oper war ja von vornherein ein Produkt des Reformwillens und hat im Laufe des 18. Jahrhunderts etliche Entwicklungsimpulse erhalten. Einen wichtigen Wandel allerdings hat die Opera buffa mit Opéra comique und deutschem Singspiel gemeinsam: Sie alle gehen von einer pointierten Einfachheit und Lebensnähe aus, die dann doch in ihrem Gehalt und ihren künstlerischen Erscheinungsformen vertieft und auszuweiten versucht wird. Insofern erscheint Mozart durchaus als Glied in einer Kette. Selbst in der Konfrontation von Ernst und Heiter. Carlo Goldoni (mit dessen Texten sich Mozart seit der »Finta semplice« beschäftigte) forderte für die Buffa-Librettistik neben buffonesken auch seriöse Figuren und dazu »parti di mezzo carattere«. Er will damit Standesunterschiede zwischen den handelnden Personen verdeutlichen; darüber hinaus aber ist es ein Anliegen seiner Reform, dem Publikum nicht nur etwas zum Lachen, sondern auch gelebte Tugendhaftigkeit zu bieten. Stefano Arteaga geht 1785 noch weiter, wenn er von einem »dramma di mezzo carattere«

spricht und dessen mittleren Charakter tatsächlich als Aufhebung des Gegensatzes beschreibt (»lo che in sostanza vuol dire, che non abbia alcuno«).

So gibt es innerhalb der Geschichte der Opernreformen durchaus die Perspektive auf »Synthese«. Idealiter richtet sie sich, und das ist ihr Gemeinsames mit der Entwicklung in anderen Theatergattungen, auf Ziele der Aufklärung. Während jedoch auf manchen Gebieten gattungsmäßig Neues (etwa das »bürgerliche Trauerspiel«) entstand, bleibt diese Perspektive innerhalb der Operngeschichte doch stark an gattungseigene Traditionen gebunden. Gerade das Musterbeispiel Opera buffa beweist viel Beharrungsvermögen gegen die Herausforderung durch Mozart in einer bis zu Donizettis »Don Pasquale« (1843) reichenden stabilen Gattungspflege. Konkret ging Neues vor allem von den Reibeflächen der Opera buffa mit der Opera seria aus, in einer beide Seiten anregenden Weise. In der Terminologie kommt dies in den Wörtchen »mezzo« oder »semi«, die traditionellen Begriffswörtern angefügt wurden, deutlich zum Ausdruck.

Die Vorgangsweise der Librettisten und Komponisten bei der »Synthese« ähnelt prinzipiell jenem Baukastenverfahren, das uns bereits im Kapitel über Mozarts »Schreibart« begegnete. Im 18. Jahrhundert sprach man vom »Chiaroscuro«. Jedenfalls basiert die Geschichte der parti buffe und dann der opera buffa auf kontrastierenden Einschüben in eine ernste Handlung. Doch auch für die andere Seite der Entwicklung bei Mozart ist es ebenso sinnvoll, auf solch eine Architektur aus unterschiedlichen Versatzstücken zu achten. Im Textbuch-Druck zur »Finta giardiniera« sind die Darsteller in parti serie und parti buffe getrennt. Weitergehend, kann man (mit Alfred Einstein) im »Don Giovanni« Commendatore, Donna Anna, Don Ottavio und Donna Elvira als parti serie und Don Giovanni selbst als parte di mezzo carattere auffassen. Man kann auch mit Rücksicht auf die feinere Differenzierungskunst Mozarts etwa für den »Figaro« einzelne Nummern als seriahaft bezeichnen (C. Floros): die vier Accompagnato-Rezitative (für jeden der vier Hauptdarsteller) oder die Cavatine (Nr. 11) wie die C-Dur-Arie (Nr. 20) der Gräfin und die Rache-Arie (Nr. 18) des Grafen. Oder noch mehr ins Detail gehend, kann man auf das Neben- und Übereinanderschichten von Seria- und Buffa-Elementen in der Friedhofs-Szene und im zweiten Finale des »Don Giovanni« oder auf die Parodie einer Rache-Arie mit der des Bartolo (Nr. 4) aus dem »Figaro« und auf ähnliche Beispiele in »Così fan tutte« hinweisen.

So wie in der Entwicklung von Mozarts »Schreibart« irgendwann eine Situation erreicht ist, die nicht mehr gut als Individualisierung des Baukastenprinzips erklärt werden kann und sich die Frage nach einer neuen Satzgrundlage stellt, so ist Ähnliches auch in Hinblick auf seine Musikdramatik der Fall. Ein Werk wie der »Don Giovanni« ist mehr als ein mit individuellem Zugriff entworfenes Gebilde aus Versatzstücken der Operntypologie. Das leuchtet spontan ein. Schwierig aber ist es, einen mittleren Weg der Interpretation zwischen dem »Proteischen« des individuellen Werks und einer aus der Geschichte hervorgegangenen und von Mozart erreichten Beispielhaftigkeit zu beschreiben.

In groben Zügen ist der geschichtliche Wandel klar: In der hoch- und spätbarocken Oper hatten Musik und Aktion sehr unterschiedliche Aufgaben. Für sich genommen ergaben die Musiknummern, Arien vor allem, ein Kaleidoskop von Affektbildern. Erst durch ihre Einfügung in die Handlung wächst ihnen eine dramatische Funktion zu. Dieses Gattungserbe meinte vorhin der Terminus Baukastenprinzip. Der Vorteil dieses Prinzips für die Aufführungspraxis, die damit viel Freiraum für situationsbedingte und individuelle Lösungen gewinnt, liegt auf der Hand. Die Entwicklung im Laufe des 18. Jahrhunderts bringt eine Annäherung und wechselseitige Durchdringung von Musik und Aktion. Diese Art »Synthese« lockert jedoch die Geschlossenheit der einzelnen Opern- und Musiktypen (Arie, Ensemble und Rezitativ beginnen aufeinander zu reagieren und einander zu durchdringen) und eröffnet neue Freiräume für Komponisten und Librettisten. Mit Inhalt erfüllt werden diese Freiräume durch die genutzte Möglichkeit, die Bühnenfiguren feiner zu zeichnen, sie in ihren Aktionen und in ihren zwischenmenschlichen Beziehungen zu charakterisieren, sie in ein spezifisches Ambiente zu stellen und darüber hinaus ihrem Handeln und Empfinden einen, gerade durch Musik sinnlich erfahrbaren, immateriellen Raum zu geben. Ein Blick in Partituren und, soweit möglich, das Hören und Sehen von Opern eines Niccolò Jommelli oder eines Giovanni Paisiello lassen einen verstehen, wieviel Mozart seinen von ihm verbal oft geringgeschätzten italienischen Kollegen verdankt.

Dennoch geht ein »Don Giovanni« etwa über einen »Rè Teodoro« Paisiellos an Qualität hinaus. Was aber in solch einem Paradigma die gewonnenen Freiräume zum Muster bindet, ist nicht eindeutig zu sagen, sondern hat zumindest zwei Aspekte.

Eine vom Ansatz her einfache Lösung ist es, zwischen »äußerer« und »innerer« Handlung zu unterscheiden und eine tragende Spannung zwischen diesen Handlungsschichten anzunehmen (Sabine Henze-Döhring). Die Buffa- und Seria-Elemente und ganze Handlungsstränge, wie Don Giovannis Konflikte mit Masetto und mit Donna Elvira, machen die äußere Handlung aus. Der Motor der inneren Handlung aber ist Donna Annas Racheschwur. Wohl können auch Donna Anna und Don Ottavio gegen Don Giovanni nicht an, aber die Kraft von Donna Annas Racheverlangen ist jener Faden, der sich durch das bunte äußere Geschehen zieht, immer mehr, bis hin zur Arie »Non mi dir«, in den Vordergrund tritt und die Antwort aus dem Jenseits wenn auch nicht begründet, so doch die Katastrophe Don Giovannis als nicht nur überraschende, sondern gerechte Lösung der Konflikte (im Sinne des genauen Titels »Il dissoluto punito ossia il Don Giovanni«) erscheinen läßt. Das Spannungsmoment dieser einfachen Interpretationsfigur liegt also in dem Umstand, daß die Parataxe der äußeren Handlung auf ein Kontinuum der inneren Handlung stößt.

Auffällig ist, daß diese Spannung sich schlecht als konkrete Konsequenz der Operngeschichte verstehen läßt, aber andererseits zu Assoziationen mit einer viel weiter gefaßten Dramengeschichte einlädt. Das Zurücktreten der Wirkungs- zugunsten der Ausdrucksästhetik ist als ein »allgemeiner europäischer Stilwandel« zu sehen; ein Konflikt zwischen Theatralik und Dramatik bleibt dennoch bestehen. Das zeigt das Beispiel Goethe. Einerseits gibt er der Theatralik Tiefe (»Es ist nichts theatralisch, was nicht für die Augen symbolisch wäre.«) und läßt sich in seinem Theaterschaffen von der Oper, speziell von der Mozarts, beeindrucken. Andererseits ist er der Schöpfer des deutschen klassischen Dramas. Die von Theatereffekten sich lösende Verinnerlichung der Handlung in »Iphigenie auf Tauris« ist mit ihrer Dialogstruktur kaum der klassischen Oper »Don Giovanni« ähnlich; allerdings wird auch der Charakter Don Giovannis weniger in Arien direkt, als in Ensembles indirekt entwickelt (wobei ein dramentheoretischer Vergleich mit Klopstocks »Spiegelungstechnik« möglich ist). Aber hat die Anlage des »Don Giovanni« nicht der Tendenz nach eine Ähnlichkeit mit der Bearbeitung von Shakespeares »Romeo und Julia« durch Goethe, der »das Interessante zu konzentrieren« und durch Beschränkung der theatralischen »disharmonischen Allotria« einen Ausgleich sucht (Brief an Caroline von Wolzogen, 28. 1. 1812)? Außerdem und unabhängig davon erinnert die Konstellation aus buntem Vordergrund und einfachem zielgerichtetem Handlungsverlauf im Hintergrund an die rituelle Struktur des geistlichen Spiels und seine vielfältigen Nachwirkungen im Drama der Neuzeit. Ich gehe hier diesen Assoziationen nicht weiter nach.

In der Wirkungsgeschichte hat die literarische Romantik E. Th. A. Hoffmanns und die ihr folgende Inszenierungspraxis diesen Impuls aufgenommen und den Don Giovanni-Donna Anna-Konflikt und das Erscheinen des Steinernen Gastes in einer Weise betont, die geradezu eine psychoanalytische Tiefenhermeneutik vorwegnimmt. Damit verzerrte sich aber der Da Ponte-Mozartsche Balanceakt zwischen dramaturgischer Bestimmtheit und Merkmalen der offenen Form. Darüber hinaus wird ganz allgemein ein tendenzielles Herausheben des »Don Giovanni« aus der Operngeschichte problematisch, sobald man auf die nach ihm entstandenen Opern Mozarts, sei es »Così fan tutte« oder »La clemenza di Tito« blickt, die keine vergleichbar stringente »innere« Handlung aufweisen. Und selbst für den »Don Giovanni« wird die dualistische Interpretationsfigur durch Mozarts Wiener Fassung in Frage gestellt, denn die für die Prager Fassung gewählte Stringenz ist in der Umarbeitung für Wien deutlich gelockert. Hat Mozart, von der Bühnenpraxis erzwungen, einen erreichten Stand preisgegeben, oder hat er sich nach einem »proteischen« Akt absichtlich wieder stärker der Operntradition mit ihren Freiräumen zugewandt? Die Diskussionen darüber werden in der Mozart-Forschung mit guten Argumenten, aber hoffnungslos divergent geführt. Diese Unentscheidbarkeit weist letzlich auf den Mozartschen Balanceakt hin (was allerdings noch nicht die üblichen Mischfassungen in der Bühnenpraxis legitimiert).

Der andere, auf die Instrumentalmusik gerichtete Aspekt erscheint noch stärker als Ablenkungsmanöver von der Operngeschichte. Doch auch er eignet sich dazu, jenes Übermaß an Gehalt in Mozarts Opern, das sich nicht auf die Gattungstypologie rückbinden läßt, verständlich zu machen. In negativer Weise sprachen diesen Aspekt bereits Mozarts zeitgenössische Kritiker an. Der Vorwurf einer schwierigen, unsanglichen Stimmführung läuft auf die Behauptung hinaus, die Gesangspartien seien instrumental angelegt. Und der andere Vorwurf, ein überladener Instrumentalsatz überdecke den Gesang, verrät eine ähnliche Irritation der Gattungserwartungen. Positiv gesehen ergibt sich aber die Annahme einer weiteren »Synthese« (die sich durchaus mit der Opern-immanenten verträgt): Mozart habe seine gründliche Kenntnis der italienischen Oper und ihrer Entwicklungsmöglichkeiten mit ebensolcher der neuen, immer mehr zu einer deutschen Domäne werdenden Instrumentalmusik verbunden. Der nationale Unterschied war ihm dabei kaum ein Hindernis; die »Entführung aus dem Serail« etwa ist ja auch ein deutsches Singspiel, das ohne Opera-buffa-Musik-Vorbild in seiner Eigenart nicht zu erklären wäre. Der verbleibende Gegensatz Oper-Instrumentalmusik ist auch nur auf den ersten Blick ein schroffer. Überbrückt wird er durch den Begriff der Dramatik, der im heutigen Fachschrifttum sowohl für Theater- wie für Instrumentalmusik verwendet wird. Doch auch formal leichter faßbare Wechselbezüge sind überlegenswert. Beispielsweise eine Strukturparallele zwischen dem Bezug von äußerer und innerer Handlung in der Oper und dem Vorgang in der Instrumentalmusik, den oft parataktisch auf Vielfalt hin angelegten äußeren Verlauf auf einen ihn durchdringenden »filo« hin zu binden. Auch die in Tonartwahl und Disposition der musikalischen Glieder sehr kalkulierte Gestaltung Mozartscher Opernfinali führt bei näherer Betrachtung nicht nur zur Einsicht in einen durch Musik erzeugten theatralischen Raum, sondern legt überdies eine Analogie mit der Sonatenform der Instrumentalmusik nahe.

ZUR ENTWICKLUNG

Die Diskussion um das »Proteische« und die »Stilsynthese« läuft nicht nur vor dem Hintergrund der Gattungsgeschichte ab, sondern ist natürlich auch von der personalstilistischen Entwicklung Mozarts geprägt. Ausgangs- und Zielpunkt sind klar: Sie führt von der typenhaften Nachahmung zu den »Meisteropern«. Welches Werk zu den letzteren zu zählen ist und welches nicht, wurde im Laufe der Wirkungsgeschichte recht unterschiedlich entschieden. Insgesamt aber geht die Tendenz dahin, diesen kanonisierten Bereich auszuweiten. Heutzutage sind alle vollständigen Opern von »Idomeneo« bis »Titus« einbezogen. Doch stabil ist auch diese Einteilung nicht. Seitdem einige der »Jugendopern« hochwertige Aufführungen erfuhren und damit in die Randbereiche des Repertoires eindrangen, ist das Urteil, sie seien nur typenhafte Nachahmung, zum Teil beachtlich ins Gleiten geraten.

Aber wo beginnen? Wie bei Mozarts »Schreibart« sind auch hier klare Scheidungen unsinnig, zumal dort wie da eingehende Vergleiche mit Mozarts Zeitgenossen fehlen. Das Untypische im Typischen macht wohl den Reiz der »Jugendopern« aus. Nehmen wir das Beispiel des »Re pastore«. Er hat ein typisches Metastasio-Libretto mit einem milden, versöhnlichen Herrscher und mit Konflikten zwischen Staatsräson und Liebe, die, durch Zufall und durch Mißachten der Intimsphäre ausgelöst, schlußendlich doch von einem Sieg der Menschlichkeit überwunden werden. Alexander der Große vereint die beiden Liebespaare und verspricht ein neues Reich zu erobern, damit sozusagen jeder eines bekommt, worauf die glücklich Vereinten devot reagieren: »Oh grande, oh giusto«. Diese Lösung wirkt heutzutage auf uns weniger aufklärerisch als vielmehr gekittet und eher peinlich. Mozart arbeitet dieses Finale nicht kunstvoll aus, aber jugendlich unbeholfen ist das Ergebnis auch nicht. Das Urteil einer gewissen »Oberflächlichkeit« aber zielt mehr in die Richtung eines souveränen Umgangs mit theatralischen Effekten. So verstehen lassen sich der solistische Einsatz von Instrumenten oder die erstaunlich hohen Anforderungen an die Sänger (besonders für die Tenorpartie des Alessandro). Freilich steht dem gegenüber auch noch eine andere Seite des Theaterspiels, die der Verinnerlichung (im Geniestreich des »L'amerò«) und der differenzierten Charakterzeichnung (etwa des Aminta, wenn er im ersten Akt den Purpur erhält).

Ebenfalls auf Metastasio zurück geht Giovanni de Gamerras Libretto des »Lucio Silla« (eines zwischen Menschlichkeit und

Barbarei schillernden Protagonisten). Das Ungewöhnliche liegt hier in besonderem Maße im Instrumentalklang, angeregt wohl vom großen Orchesterapparat, der Mozart 1772 im Mailänder Teatro Ducale zur Verfügung stand. Man meint (was genau untersucht werden müßte), eine Personencharakteristik in orchestralen Klangfarben zu hören. Der Dirigent Nikolaus Harnoncourt ging in einem Interview noch weiter und behauptete, die Klangsphäre der Tomba-oscura-Szene des ersten Aktes finde sich in ihrer Ungewöhnlichkeit erst bei Schubert wieder und sei von Mozart nicht weiterverfolgt worden.

Das Untypische im Typischen war für Mozart Ergebnis von Experiment und Erfahrung. Zu verstehen ist die Entwicklung kaum als zwingende Konsequenz, latent aber doch als ein Weg vom Untypischen zu einer neuen bestimmten Eigenart. Letzteres gilt allerdings für die einzelnen Opern mit unterschiedlicher Gewichtung. In der Diskussion kristallisieren sich heute immer mehr zwei Werke als für Mozarts Entwicklung besonders wichtig heraus. Wobei ihre Vorzugsstellung wiederum unterschiedlich zu sehen ist. Das eine ist die opera buffa »La finta giardiniera« (1774/75), das andere die opera seria »Idomeneo« (1780/81). Beide Opern hat Mozart durch sein nachwirkendes Interesse ausgezeichnet. Die »finta giardiniera« arbeitete er 1780 zu einem deutschen Singspiel um; der »Idomeneo« lag Mozart noch in seiner Wiener Zeit sehr am Herzen; nach vergeblichen Bemühungen kam es 1786 im Hause des Fürsten Karl Auersperg zu einer Privataufführung in geänderter Fassung.

Die Komposition der »Finta giardiniera« fällt in eine Zeit, für die wir insgesamt einen Individualisierungs-Schub in Mozarts »Schreibart« vermuteten. Vielleicht hat Mozart in dem Bemühen, das ihm zunächst in der Instrumentalmusik vermittelte Baukastenprinzip in seinen Beengungen zu überwinden, der Opera buffa als Entwicklungsfeld gegenüber Sinfonie und Kammermusik den Vorzug gegeben (doch wäre dies durch umfangreiche gattungsvergleichende Studien zu prüfen). Noch wahrscheinlicher ist, daß Mozart in der »Finta giardiniera« einen Standard erreicht hat, der ihn von seinen italienischen Kollegen deutlich unterscheidet. Für den Vergleichsfall von Pasquale Anfossis »Finta giardiniera« ist dies in aller Detailliertheit kürzlich bewiesen worden (Volker Mattern). Den (von der Gattung Oper unabhängigen) Basis-Unterschied bringt Mozarts »Schreibart«, die entschieden komplizierter als jene Anfossis ist. Darauf baut ein weiterer durchgehender Unterschied auf, der sehr wohl die Gattung betrifft. Es gab eine spezifische Erwartung (so etwas wie eine Buffa-Atmosphäre mit ihrer Lebhaftigkeit und ihrer Empfindsamkeit), an die ein Komponist sich zu halten hatte. Diese musikalisch erzeugte Atmosphäre grundierte den Text flächig von Tableau zu Tableau, ohne auf dessen Einzelheiten wesentlich einzugehen. Anfossi erfüllte diese Erwartung. Mozart tat es ebenfalls, aber beließ es nicht dabei. Er ging auf Einzelheiten der Handlung ein, interpretierte sie und konturierte damit die psychischen Wandlungen der vorgestellten Personen.

Individualisierung heißt zuallererst Differenzierung: nicht nur der »Schreibart«, sondern ebenso der Formen von Arie und Ensemble. Auch formal ist Anfossis Oper einfacher und einheitlicher. Die Differenzierung des musikalischen Formgerüstes erschien Mozart wohl nötig, um das Gegeneinander von flächiger Anlage im Sinne der Buffa-Tradition und neuer, die Handlung interpretierender Schicht zu einem Miteinander vermitteln zu können. So ist auch zu erklären, daß er nicht etwa die von der Stil- und Rollentradition vorgegebenen Begrenzungen auflöst, aber beweglicher mit ihnen umgeht. Bei den parti serie bleibt Mozart konventioneller als bei den buffe oder denen des mezzo carattere. Freilich sind schon von der Tradition her die beiden ersteren in sich gefestigter als die, auch moderneren, parti di mezzo carattere. Entsprechend interessant sind Unterschiede zwischen Mozart und Anfossi; nicht zuletzt, weil die beiden Partien mittleren Charakters, Sandrina und Belfiore, die Protagonisten sind. Während bei Anfossi hier ein empfindsamer Stil vorherrscht, vermeidet Mozart offensichtlich absichtsvoll eine klare stilistische Zuordnung. Ohne nun gleich die Frage nach dem zu deutenden Gehalt anzuschließen, läßt sich zusammenfassen, daß Mozart einen Aufwand an musikalischer Komplikation und Differenzierung treibt, um so Beweglichkeit und Prozessualität der Handlung zu steigern.

Damit entsteht ein Gattungs-Überschuß, dessen Gehalt einmal mehr gattungsungebundene Erklärungen nahelegt. Im Falle der »Finta« wird kaum von seiten der Instrumentalmusik her zu argumentieren sein, weil der Innovationsschub eher umgekehrt, von der Oper in Richtung auf die Instrumentalmusik, verlief. Assoziationen (die vielleicht mehr als bloße Zufallsparallelen enthalten) sind zur Geschichte der deutschen Dramentheorie möglich. Man kann an Lessings »Hamburger Dramaturgie«, seine Ablehnung von einheitlichen Affekten zugunsten von »vermischten Empfindungen« oder an seine Forderung, bei der Komödiendichtung die Charaktere der Personen wichtiger als die Situationen der Handlung zu nehmen, denken. Die Ablehnung der »reinen« Gattungen und die Ablösung der (vom französischen klassizistischen Drama sich herleitenden) Regeldogmatik durch eine innere Gesetzlichkeit und Einheit der Form geht mit dem schon erwähnten Stilwandel von der Wirkungs- zu einer Ausdrucksästhetik Hand in Hand, der auch Mozarts Vorgangsweisen umfaßt.

Mit der »Finta giardiniera« hat Mozart sich aber nicht nur von seinen Buffa-komponierenden Zeitgenossen abgesetzt, er hat sich selbst auch eine Basis für weitere Opernwerke geschaffen. Die zahlreichen und prägnanten Entsprechungen zu späteren Opern (die V. Mattern nachwies) können als Antizipationen verstanden und die »Finta giardiniera« in mehrfacher Weise als ein Fenster in die Zukunft bezeichnet werden. Beim »Idomeneo« ist die entwicklungshistorische Situation entschieden anders. Vermutlich ist sein Eigenwert höher, aber die Auswirkungen bis hin zum »Titus« sind geringer. Viele Fachleute sind sich darüber einig, der »Idomeneo« sei Mozarts kühnste Oper; auch Kategorien des »Sturm und Drang« hat man auf ihn bezogen. Daneben wurde auch der Gedanke geäußert, der »Idomeneo« sei eine Art radikalisierter Gluck, und gerade deshalb habe Mozart diesen Weg (außer teilweise im »Don Giovanni«) nicht weiterverfolgt.

Wenngleich der »Idomeneo« ein faszinierendes Werk ist, wird seine viel beschworene »Kühnheit« meist zu sehr mit gattungshistorischen Überlegungen begründet. »Sturm und Drang«, das erahnbare Hineintragen von Mozarts persönlichem Sohn-Vater-Konflikt in dieses Werk, die Ausdruckskraft der Musik, passen schlecht zur Opera seria. Doch übersieht man dabei, daß nicht nur die Opera buffa, sondern auch die Seria im 18. Jahrhundert einen Wandel durchmachte (er ist wohl weniger spektakulär, aber auf weite Sicht, denkt man an Rossini und die Folgen, sogar zukunftsträchtiger als jener der Buffa). Damit kommt aber das

Bild vom neuen Wein — Mozarts Musik — in alten Schläuchen — der Opera seria — ins Wanken; und noch mehr die Vorstellung, Mozart habe der Münchner Hofgesellschaft anno 1781 ein maskiertes bürgerliches Drama präsentiert.

Vergegenwärtigen wir uns die Situation, in der Mozart im Herbst 1780 den Auftrag für den »Idomeneo« erhielt: Kurfürst Karl Theodor hatte zwei Jahre zuvor seinen Hof von Mannheim nach München verlegt. Selbstverständlich übersiedelten mit dem Hof auch das in Europa berühmte Mannheimer Orchester und die Theatertruppe. Und ebenso selbstverständlich behielt der Kurfürst seinen Operngeschmack und die in Mannheim geübten Aufführungsgepflogenheiten bei. Am glanzvollen Hof Karl Theodors wurde, ähnlich wie am rivalisierenden Hof Herzog Karl Eugens in Stuttgart, ein bestimmter Typus der opera seria bevorzugt: ein mixtum compositum aus italienischer und französischer Tradition. Italienisch an ihm waren der Zuschnitt der Arien, die Sprach- und Gesangskultur, französisch die Vorliebe fürs Spektakel, für Chöre und Ballett, für das bühnenwirksame Erscheinen des »Wunderbaren«. Von seinem Ansatz her entspricht der »Idomeneo« durchaus diesem Typus.

Etwas von einem mixtum compositum enthält aber auch die Aufführungstradition. Kurfürst Karl Theodor hörte sich gerne heitere Opern an, aber es wäre an seinem Hof (wie auch an dem seines Münchner Vorgängers Max III. Joseph) undenkbar gewesen, eine Opera buffa zum theatralischen Höhepunkt des Karnevals zu machen. Hier setzte sich die höfische Repräsentation gegenüber dem Unterhaltungswert, ständisches Denken gegenüber der in den Singspielen vorgeführten Welt, oder einfach die Tradition gegenüber einem modischen Gusto durch. So historisch einleuchtend dies ist, bleibt es doch bei der für unsere Begriffe kuriosen Konstellation, daß ernste Opern mit tragischen Leidenschaften in mythologischen Handlungen alljährlich das Hauptereignis des Karnevals bildeten. Zu Brechungen und unterschwelligen Verknüpfungen der einen Welt mit der anderen mußte es kommen, ja sie machten vielleicht den besonderen Reiz der Aufführungen aus und bewahrten sie davor, zur sinnentleerten Pflichtübung zu verflachen.

Diese nicht ganz gattungs-»reinen« Voraussetzungen, zusammen mit der Herausforderung, die die Qualität des Münchner

Theaters Mozart bot, sind Argumente für die Sonderrolle des »Idomeneo«, erklären sie aber nicht, ebensowenig wie die Einsicht in den Wandel der Opera seria. Zwar sind schon vor Mozart Tendenzen da, der Affekthaftigkeit eine verinnerlichte Dimension zu geben (die schon von Metastasios Libretti her, zumindest für die Protagonisten, angeregt wird), den Hauptkonflikt einer Handlung herauszuarbeiten, dabei aber den alten Rezitativ-Arie-Schematismus zu lockern, Accompagnati und Ensemblesätze einzufügen. Und obwohl auch vor Mozart schwankende Gemüter, wie das Idomeneos, musikalisch dargestellt wurden, scheint doch Mozart alle seine Vorgänger an musikalischer Dramatik zu übertreffen. Am berühmten Beispiel des Quartetts »Andrò ramingo e solo« ist nicht die Tatsache seiner Verwendung in einer opera seria, auch nicht die Unterschiedlichkeit in den Affekten der Personen das Außergewöhnliche; vielmehr liegt es darin, daß Mozart hier, wie überhaupt in dieser Oper, versucht, wechselseitiges Reagieren und vor allem einen inneren Wandel der Personen durch Musik sinnlich erfahrbar zu machen.

Mozarts Genie bewegt sich hier aber immer noch in einem historischen Erfahrungsraum. Seit der Mitte des 18. Jahrhunderts gab es eine ganze Reihe von Reformen auf verschiedenen Gebieten des Theaters, denen ein Wille zur Intensivierung von Ausdruck und Dramatik gemeinsam ist. Auf seiner Reise nach Mannheim und Paris hatte Mozart diesbezügliche Erfahrungen sammeln können, er hatte Persönlichkeiten wie den Ballettreformer Noverre kennengelernt und sich für die Melodramen Bendas begeistert. Im »Idomeneo« gibt es aber weder Melodramen noch neuartige Ballettpantomimen. Wohl hat Mozart sich anregen lassen, jedoch leitete er aus dem Vorbild Bendas nicht nur Mittel zur drastischen Darstellung ab, er übernahm auch Ansätze zur Leitmotivik, die der Vereinheitlichung dienen. Dabei beschränkte er sich auf konventionelle Floskeln (die durch kalkulierte Wiederholung besonders beleuchtet erscheinen), spannt aber mit ihnen ein Netz von der Ouvertüre bis zur letzten Arie Idomeneos. Außerdem verknüpft er aufeinanderfolgende Szenen, nähert Rezitativ und Arie einander an, verwendet über längere Strecken hin Zentraltonarten und stellt Beziehungen zwischen unterschiedlichen Nummern her (z.B. zwischen

Elektras Furienarie und dem Sturmchor). In diesem Zusammenhang erscheint Mozarts besondere Anstrengung um eine glaubhafte musikalische Darstellung der Stimme des Gottes Neptun im dritten Akt nicht nur als Bewältigung eines ästhetischen Problems, sondern auch als formales Kalkül. Übernimmt doch diese Voce-profonda-Szene eine Funktion als Haltepunkt innerhalb der andrängenden Dramatik rund um Idomeneo.

MUSIKALISCHE GRUNDLAGEN DER MUSIKDRAMATIK

Musikdramatik hat Vorgaben in Text und Szene, aber auch Voraussetzungen in der Musik selbst. Diese musikalisch-handwerkliche Seite von Mozarts Musikdramatik ist mit den Wörtern Disposition und Differenzierung schlaglichtartig erfaßbar. Da etwas vorhanden sein muß, das disponiert und differenziert werden kann, setzen diese Vorgänge ein musikalisches Material als Ansatz voraus. Dieser triviale Umstand wiederum führt zu der Frage, woher Mozart sein Material genommen hat und vor allem, wie sehr es von ihm geprägt worden ist. Einmal mehr scheint sich die Chance zu bieten, durch Reminiszenzenjagd das »Genie der Assimilation« zu durchschauen. Die musikalische Landschaft, in der Mozart lebte, läßt sich auf diese Weise zweifellos veranschaulichen. Die Suche verliert sich aber entweder in Details oder man wagt den historischen Details systematische Erklärungen abzugewinnen.

Dazu ein Beispiel: Die Vorbildrolle Glucks für den »Idomeneo« erwähnte ich vorhin. Sobald man sie aus ihrer Allgemeinheit und Verflochtenheit herauszulösen und auf ein konkretes Material hin festzumachen versucht, gerät man in einen Mechanismus, den ich an einem, zugegeben peripheren Fall erläutere: In seiner Schrift über »Glucks italienische Opern bis zum ›Orfeo‹« ist Hermann Abert bemüht, deren Bedeutung durch Hinweise auf Antizipationen von späteren Opern Glucks und anderer Komponisten herauszustreichen. Aus Glucks »Re Pastore« hört er »auch ernstere, bisweilen an Mozart gemahnende Töne« heraus und nennt u. a. die erst Szene des ersten Aktes.

In Melodie und Satzbau ähnelt der Beginn der Szene der Arminda zweifellos dem Knabenterzett »Zum Ziele führt dich diese Bahn« aus der »Zauberflöte«.

Jedoch läßt sich dieses musikalische Detail Glucks auch in die andere Richtung, nach der Seite der Vergangenheit hin, weiterverfolgen. So lautet der Anfang der Arie der Carmenta (Nr. 11) in der Oper *»Julo Ascanio«* von Johann Joseph Fux folgendermaßen:

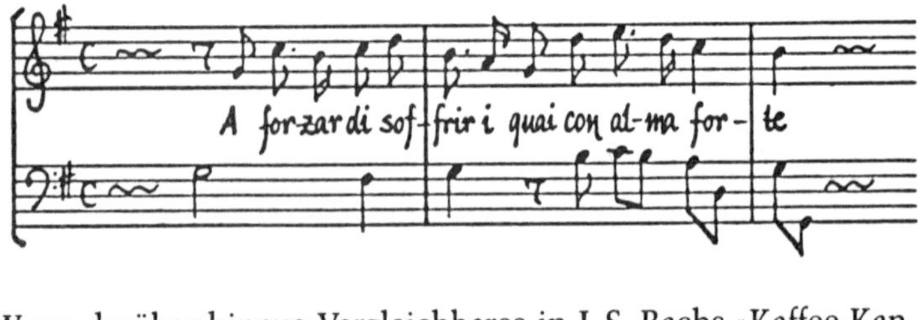

Wenn darüber hinaus Vergleichbares in J. S. Bachs »Kaffee-Kantate«, im »Augsburger Tafelkonfekt« 1737 und bis hin zu Beethoven anzutreffen ist, dann ist die Suche nach Mozarts Vorbild längst sinnlos geworden. Sie hat aber ein Ergebnis gebracht, das gar nicht angestrebt war. Denn die Beziehung Gluck—Mozart verflüchtigte sich, konkrete Gestalt nahm aber ein offensichtlich weit und lange verbreiteter Satztypus an.

Mozarts Schaffenszeit reicht gerade noch in eine jahrhundertelange Kunstauffassung hinein, die sich auf die Ausarbeitung von etwas Vorgegebenem und viel weniger auf die Erfindung konzentrierte. So wie im 15. und 16. Jahrhundert der Wechsel von der Cantus-firmus-Verarbeitung zur Parodietechnik die Grundlagen der musikalischen Satzgestaltung betraf, ist prinzipiell Vergleichbares auch für die Musik des 18. Jahrhunderts anzunehmen. J. S. Bach und Händel haben immer noch die von den alten Niederländern entwickelte Parodietechnik verwendet, wenngleich weniger intensiv als ein Lasso oder Palestrina, weniger um zu zeigen, was sich alles an einem vorgegebenen Satzkomplex variieren läßt, als vielmehr in Art einer Umtextierung mit entsprechender musikalischer Anpassung und aus arbeitsökonomischen Gründen. Auch in der Opernkomposition des 18. Jahrhunderts blieb diese Technik gebräuchlich. In hohem Maße setzte Gluck sie ein. Über die Arbeitsökonomie hinaus diente ihm die Parodietechnik dazu, einmal erreichte gute musikalische Lösungen für bestimmte Bühnensituationen festzuhalten und als etwas Bleibendes durch unterschiedliche Handlungen laufen zu lassen. Der Unterschied dieses Vorgangs zur Übernahme diverser traditioneller Affekt-Bilder und Satztypen mit ähnlicher stabilisierender Funktion liegt darin, daß Gluck seine individuellen, oft ausgesprochen kühnen Prägungen zum roten Faden wählte.

Diese Konstellation lädt zum Vergleich mit Mozart ein. In alter Parodietechnik gearbeitet sind das Oratorium »Davidde penitente« über das Fragment der c-Moll-Messe und im Grunde auch die Pasticcio-Konzerte für Klavier. Daneben gibt es etliche Werke, auch Opern (»La finta giardiniera«, »Idomeneo«, »Don Giovanni«), in unterschiedlichen Fassungen und weitere Bearbeitungen eigener Werke, auch Entlehnungen von anderen Komponisten. Alles in allem nicht allzu viele. Die Absicht solcher Material-Übernahmen war Mozart vertraut, Nutzen sah er in Zeitersparnis. Aus der Vorteil versprechenden Absicht, für die »Tonkünstler-Sozietät« ein Oratorium zu schreiben, entstand

1785 der »Davidde penitente«, aber schon zuvor war Mozart auf der Suche nach anderen passenden Lösungen gewesen und hatte seine Schwester gebeten (Brief vom 21. 7. 1784), ihm die Partitur seiner Azione sacra »Betulia liberata« (1771) zu schicken: »vielleicht könnte ich doch Ja und da etwas davon Stückweise brauchen«. Über eine Einlage-Arie für die Anfossi-Oper »Il curioso indiscreto«, das für den Tenor Valentin Adamberger geschriebene »Rondeau« KV 420 »Per pietà, non ricercate«, meinte Mozart in einem Brief an seinen Vater (2. 7. 1783), daß er es nicht aus der Hand geben wolle, denn »ich kann es sehr gut in eine Meinige opera brauchen«.

Ein zugespitztes Originalitätsempfinden ist Mozart demnach nicht zu unterstellen. Aber mag er auch manches für unser Verständnis recht locker gehandhabt haben, ist doch zu betonen, daß er den Gebrauch der Parodietechnik in der Art und im Ausmaß von Gluck offensichtlich als ungeeignet für seine künstlerischen Ziele ansah. Wenn auch Antizipationen und Repliken in seinen Werken häufig vorkommen, so bewegt sich sein »Genie der Assimilation« auf einer anderen Ebene: auf der von kleinräumigen, minuziösen Bezug- und Übernahmen. Man kann wohl von Mozartschen »Lieblingsmotiven« (Anna Amalie Abert), die in unterschiedlichen Werken immer wieder auftauchen, kaum aber von Lieblings-Sätzen oder -Nummern sprechen. Kleinräumigkeit der Übernahmen und Intensität der Verarbeitung bedingen sich in Mozarts musikalischem »Beziehungszauber« wechselseitig.

Für Gluck wäre also eine blockhafte Anlage, durchaus in individualisierter Gestalt, kennzeichnend, für Mozart hingegen ein Zug zur radikalen Differenzierung. Idealiter gesehen. Freilich kennt auch Gluck eine sehr weitgehende Konzentration aufs Detail (extrem im Ballettdrama »Semiramis« 1765), und selbstverständlich schreibt auch Mozart für seine Opern flächig konzipierte Chöre etc. mit nur schmückender Differenzierung. Die grundlegenden Kompositionstendenzen sind jedoch sehr unterschiedlich. Nicht zufällig hat Thrasybulos Georgiades das Besondere bei Mozart u.a. durch einen Vergleich des Priestermarsches aus der »Zauberflöte« mit einem der Funktion nach ähnlichen Marsch aus dem ersten Akt von Glucks »Alceste« veranschaulicht. (Während Gluck Vier-Takt-Gruppen mit dem jeweils gleichen Impuls zu einem gleichmäßigen Verlauf aneinanderreiht, bringt Mozart alle zwei Takte einen neuen Impuls, ohne je etwas exakt zu wiederholen.) Mozarts radikales Differenzieren verhindert aber nicht ein weiträumiges Disponieren von Szenen und Finali, sondern verändert es nur von seinen Voraussetzungen her.

RADIKALE DIFFERENZIERUNG UND DISPOSITION

In zwei Briefen (vom 26. 9. und 13. 10. 1781) hat Mozart versucht, seinen Vater an der Arbeit an der »Entführung aus dem Serail« teilhaben zu lassen, indem er ihm kompositorische Details schilderte und allgemein über das Musiktheater räsonierte. Der Inhalt dieser Briefe ist schon oft als dramentheoretisches Bekenntnis Mozarts interpretiert worden. Irgendeinen utopischen Dramenbegriff entwirft Mozart aber nicht. Vielmehr äußert er sich als betonter Praktiker. Sein Wort von der »Poesie« als »der Musick gehorsame Tochter« (das sich genaugenommen nur auf die Opera seria bezieht) und seine Kritik an den »teutschen dichtern« und schlechten Librettisten stellen keine allgemeingültige Rangordnung auf, sie beziehen sich vielmehr auf das wahre Ideal des Theaterpraktikers: »da ist es am besten wenn ein guter komponist der das Theater versteht, und selbst etwas anzugeben im stande ist, und ein gescheider Poet, als ein wahrer Phönix, zusammen kommen.« Der folgende Satz in diesem Zitat hat auch nichts mit ideologischen Zielen des Theaters, aber mit der Sorge um die Wirkung aufs Publikum zu tun: »dann darf einem vor dem beyfalle des unwissenden auch nicht bange seyn.«

Mehr für unser Thema brauchbar sind die teilweise sehr konkreten Hinweise Mozarts auf kompositorische Einzelheiten, vor allem zur ersten Arie des Osmin »Solche hergelauf'ne Laffen« (Nr. 3) und der zweiten Arie Belmontes »O wie ängstlich, o wie feurig« (Nr. 4). Doch auch hier spricht Mozart primär die Pragmatik an: das Ausnützen der Fähigkeiten der Sänger (Fischer und Adamberger) und den Einsatz besonderer kompositorischer Mittel, die Effekt versprechen. Bei der Osmin-Arie erwartet Mozart vor allem vom Schluß »gute Wirkung«, weil er den »Zorn« Osmins, als den Grundaffekt der Arie, ins Komische gesteigert habe. Die von Mozart erwähnten Mittel sind die zuletzt bei

Osmins Triumph-Gesang »Erst geköpft, dann gehangen« verwendete »türkische Musick«, die »schönen tiefen Töne« Fischers und ein Steigerungsverlauf mit Überraschungen. Als Stufen nennt Mozart: die Verdopplung des Tempos (statt Viertel nun Achtel als Silbenträger) ab »Drum beim Barte des Propheten« T. 125 ff. (die noch durch die rhythmische Verbreiterung und das tiefe F unmittelbar davor in der Wirkung verstärkt wird) und die tonale Abweichung des in F-Dur stehenden Arienverlaufs zu einem irregulären Schluß (allerdings wählt Mozart »keinen fremden ton ... sondern einen befreundten dazu, aber nicht den Nächsten, D minor, sondern den weitern, A minor«).

Nicht erwähnt Mozart seine Verwendung von Mitteln, die eher der Opera seria zugehören, wie Melismen (T. 4 ff.), ansteigende Sequenzen (T. 12 ff., 22 ff., 48 ff. usw.), gewichtige Kadenzschritte (T. 16 ff. u.ö.) und ein ebenso gewichtiges Anspannen des Gesangsambitus nach der Höhe und Tiefe hin (T. 117 ff.). Die Sphäre dieses musikalischen Materials paßt unter dem Gesichtspunkt der Rollenhierarchie nicht zur Figur des Osmin. Mit einer derartigen Norm-Abweichung wird aber üblicherweise Komik erzeugt. Außerdem erzwingt Mozart auf diese Art musikalische Einheit, denn die in Einzelheiten wie in der Form auftretenden Irregularitäten erhalten so die Basis eines irregulären Material-Ansatzes. Die von Mozart angesprochenen Steigerungsmomente gehen von einem bereits ungewöhnlichen Arienanfang aus. Abrupt und ohne das erwartete Orchestervorspiel setzt die Singstimme mit einer siebentaktigen Phrase ein (»Solche hergelauf'ne Laffen«), die aufgrund von Detail-Wiederholungen (T. 5/6) einem regulär viertaktigen Perioden-Vordersatz ein verzerrtes Aussehen gibt. Damit werden von vornherein zwei Prinzipien exponiert, die den weiteren Formverlauf bestimmen: die abrupten Umschwünge und die stereotype Wiederholung von Details. Nicht aber beginnt Mozart mit tonalen Irregularitäten. Das hat formale Gründe. Offensichtlich ist er bemüht, eine Einheit aus Regulärem und Irregulärem zu bilden. Das Reguläre besteht aus der Form A (T. 1—55) und A' (T. 56—124) und in immer wieder hergestellten tonalen Bögen auf der Basis von F-Dur. (Letzteres ist ja geradezu ein Grundprinzip in Mozarts Instrumental- wie Vokalmusik, das auch extreme tonale Abwege einzubinden vermag.) Der markanteste derartige Bogen in der

Osmin-Arie setzt in T. 49 bzw. vor Beginn des Teils A' T. 55 ein und schließt mit der Kadenz T. 74; abrupte tonale Wechsel wie von C- nach D-Dur in T. 55/56 oder von g-Moll nach F-Dur in T. 72—74 erfolgen innerhalb dieses Bogens. Der Verlauf der Arie kehrt aber mehr und mehr das Irreguläre hervor: im Detail in den immer weiträumigeren stereotypen Wiederholungen ab T. 125 und in der Form ebenfalls durch das, was dem Teil A' folgt. Der Teil T. 125—146 bringt neue Melodiefloskeln, aber ist als eine Art Stretta in stabilem F-Dur aufzufassen. Er ist der reguläre Arienschluß. Auf den irregulären des »Allegro assai« weist Mozart nicht zufällig in seinem Brief besonders hin.

Auf diese Art komponiert Mozart ein Psychogramm des »zornigen« Osmin. Für unser Thema bleibt nur festzuhalten: Die Anlage der Arie neigt zur Parataxe, aber nicht in unverbindlich konventioneller Weise. Vielmehr wird die Parataxe pointiert zur Charakterisierung eingesetzt. Das heißt im konkreten Fall, die Differenzierung betrifft die Formdisposition insgesamt, auch die Kombination der Materialien im Detail, aber in viel geringerem Maße die Details selbst.

Osmins Arie und die ihr folgende Belmontes haben durchaus Gemeinsamkeiten. In beiden wird eine auf sich konzentrierte Person in einer bestimmten Situation dargestellt. Der Opernkonvention entsprechend mündet jeweils eine dramatische Entwicklung im Affektbild einer Arie; bei Osmin ist es Wut, bei Belmonte Liebe. Osmin ist extrovertiert, und da er seine Wut an keinem Gegenüber auslassen kann, versteigt er sich in ein Wahnbild. Der introvertierte Belmonte horcht in sich hinein und vergewissert sich seiner Liebe zu Konstanze. Im Gegensatz zu Osmin vermag Belmonte jedoch seinen Zustand zu reflektieren und sich zu fragen: »täuscht mich die Liebe, war es ein Traum?« Dieser Unterschied ist als Motiv Mozarts zu verstehen, für Belmontes Arie eine andere musikalische Form zu wählen. Nicht das Irreguläre eines (komisch beleuchteten, also erst durch den Komponisten in Distanz gehaltenen) Wahnbildes ist Ziel des Verlaufs. Die formalen Funktionen wechseln: Während in der Osmin-Arie ein klares und konventionelles Formgehäuse, im Binnenverlauf vorbereitet, aber letztlich doch im Ausmaß überraschend durchbrochen wird, kommt nun in der Belmonte-Arie ein verunsichernder Steigerungsverlauf als Mittel der Intensivierung innerhalb eines zur Symmetrie neigenden Formgehäuses A — A' zu stehen.

Aufgrund dieser stärkeren architektonischen Geschlossenheit richtet Mozart seinen Differenzierungsdrang mehr auf Details im Inneren. Dementsprechend erwähnt er in seinem Brief vom 26. 9. 1781 vor allem Details, musikalische Satzbilder für bestimmte Gemütsregungen Belmontes: »O wie ängstlich, o wie feurig, wissen sie wie es ausgedrückt ist — auch ist das klopfende liebevolle herz schon angezeigt — die 2 violinen in oktaven. — ... man sieht das zittern — wanken — man sieht wie sich die schwellende brust hebt — welches durch ein crescendo exprimirt ist — man hört das lispeln und seufzen — welches durch die ersten violinen mit Sordinen und einer flaute mit in unisono ausgedrückt ist. —« Wie radikal er vom Arientext her den musikalischen Satz bestimmt, unterstreichen die Hinweise auf Dynamik und Instrumentierung. Derartige schmückende Zutaten werden nun zu Konstituenten des Satzes. Dieses Phänomen findet sich nicht nur bei den von Mozart genannten Stellen; ein Wechsel in Dynamik, Klangfarben, Tongeschlecht und in Bewegungsmustern durchzieht tatsächlich die ganze Arie. Viele unterschiedliche Satzbilder sind aneinandergereiht, nur hier engmaschiger als in der flächiger angelegten Osmin-Arie. Doch auch in der Belmonte-Arie gibt es repetitive Passagen, die aus der üblichen Periodenstruktur ausbrechen, allerdings nicht schon am Anfang, sondern erst ab T. 5 (die vier Takte Rezitativ nicht mitgerechnet) bei den verschiedenen text-darstellenden Satzbildern. Auch diese Disposition dient der Geschlossenheit.

Die beiden Teile der Arie sind exakt gleich lang. Sie weichen im Binnenverlauf aber recht stark voneinander ab. Geschlossenheit im Gerüst und reiche Differenzierung im Innern sind im Hinblick auf die Ausdrucksabsicht so disponiert, daß Belmonte zur Gewißheit über sein »liebevolles Herz« gelangt. Der Arientext enthält einen Steigerungsverlauf der Erregung bis zur Vision, Konstanze zu hören. Beim ersten Textdurchlauf im Teil A betont Mozart diese Steigerung durch die erwähnten Satzbilder und durch eine immer mehr aufgebrochene Gesangslinie bis hin zu einer musikalischen Konstellation (T. 47 ff.), die der im einleitenden Rezitativ (»Konstanze, dich wieder zu sehen«) nahekommt. Dieses Spannungspotential trägt über den Einschnitt beim reprisenartigen Einsatz des Teils A' hinweg. Mozart rafft daraufhin den Ablauf stark, so daß er bereits nach 20 Takten (T. 75) den zweiten Textdurchlauf abschließen kann. Die Enttäuschung der analogen Erwartung einer nochmaligen Steigerung von Belmontes Verunsicherung (der Text »täuscht mich die Liebe, war es ein Traum?« fällt ganz weg) nutzt Mozart als ein weiteres Spannungspotential, um nun spiegelsymmetrisch den Text des Arienanfangs aufzugreifen und hervorzuheben. Auch in der Schlußpassage dieser Arie baut er einen Verlauf durch Umblenden von einem auf ein anderes Satzbild. Zunächst dominiert das des »klopfenden Herzens« (von T. 5 ff., nun aber mit verschiedenen Texten verbunden), danach das des gebundenen Melos von T. 15f. mit beständiger Wiederholung der Worte »klopft mein liebevolles Herz«. Dieses schwelgerische Moment ist so intensiv, daß (umgekehrt zum Schluß von Teil A) die zuvor Erregung darstellenden Satzbilder nunmehr im Orchesternachspiel ab T. 103 gleichsam überwölbt werden und als kadenzierender Ausklang fungieren können.

Die noch darüber hinausgehende, von Mozart erreichte Radikalität in der Differenzierung einer Arie sei an der Bildnis-Arie aus der »Zauberflöte« erläutert. Sie bietet sich hier deshalb als Beispiel an, weil die dramatische Situation Taminos Parallelen zu der Belmontes in seiner zweiten Arie besitzt. Beide sind in einem verinnerlichten Zustand, Liebesvisionen steigen auf. In beiden Arien stellt der Protagonist in der Mitte des Ablaufs eine erregte und zweifelnde Frage an sich, die eine positive Antwort im sicheren Gefühl der Liebe findet. Hier wie dort greift Mozart eine Melodie aus dem Anfangsteil, aber nicht den Arienanfang, am Schluß wieder auf und weitet sie aus. Im Unterschied aber zu Belmontes Arie enthält der Text der Bildnis-Arie kaum jene zur musikalischen Nachahmung herausfordernden Wörter wie Klopfen, Zittern, Lispeln usw.; dementsprechend hat Mozart derartige Mittel zur Differenzierung des Ablaufs nur eingeschränkt benutzt. Dafür besitzt der Text der Arie Taminos mehr auf den Schluß hin zielgerichtete Entwicklung als der Belmontes. Bedenkt man zu diesen beiden Unterschieden noch die historische Tatsache, daß ein Sich-Verlieben durch ein Bild eine Standardsituation damaliger Opern- und Romandichtung war, wäre an sich eine folgerichtig und in klar abgegrenzten Flächen gegen den Schluß zu sich steigernde Komposition zu erwarten gewesen. Wie komplex Mozart die Entwicklung, die mit Tamino vor sich geht, umsetzt, zeigt das Mit-, Neben- und Gegeneinander verschiedener formbildender Schichten.

Der Text der Arie entspricht nicht der Form des Sonetts, aber kommt ihr nahe. Er besteht aus acht gereimten Verspaaren, die in der Komposition folgende Abschnitte bilden: 1 (T. 2—6), 2 (T. 6—15), 3 (T. 15—21), 4 (T. 22—34), 5 (T. 34—39), 6 (T. 39 bis 44, enthält nur einen Vers), 7 (T. 45—49), 8 (T. 50—61, bringt zweimal denselben Vers). Vom Inhalt her gliedert sich der Text in zwei fast gleich lange Teile: der erste (Abschnitt 1—4) führt Tamino, beeindruckt von der Schönheit des Bildes, bis zur Gewißheit über die eigene Empfindung »Ja, ja, die Liebe ist's allein«. Zu Beginn des zweiten Teils tritt Tamino aus seiner passiven Gefühlsseligkeit heraus: »O wenn ich sie nur finden könnte!« und gelangt zu der Vision »und ewig wäre sie dann mein«. Ein kurzes Vor- und Nachspiel (T. 1—2 und 61—63), ohne motivischen Bezug zueinander, umrahmen die Textvertonung.

Die Zweiteiligkeit des Textes hat Mozart in der Disposition der rhythmischen Bewegungsmuster und im Tonartenplan beachtet. Bis T. 33 herrscht im Orchesterpart eine Bewegung in Achtelnoten vor, die T. 34 in Sechzehntelwerte umschlägt. Allerdings kehrt ab T. 49 die Achtelbewegung wieder, so daß sich insgesamt in dieser Schicht doch eine Dreiteiligkeit ergibt. T. 33/34 wechselt auch in der Singstimme der silbentragende Notenwert vom Achtel zum Sechzehntel. Im ganzen ergeben die Werte der Bewegungsimpulse in der Singstimme keine Symmetrie mit der Achse T. 33/34, es besteht auch keine Kongruenz mit der Dreiteiligkeit des Orchesterparts, vielmehr durchzieht die acht Doppelvers-Abschnitte ein ständiger Wechsel von vorherrschenden Sechzehntel- (1, 3, 5, 7) und Achtelwerten (2, 4, 6, 8) als Silbenträgern. Tonal wird der textbedingte Umschwung T. 33/34 wohl durch die breit ausgesponnene Kadenz in B-Dur betont, aber durch die bereits T. 34 einsetzende Umdeutung der Tonika zur Dominante von Es-Dur wieder nivelliert. Den insgesamt deutlichsten Tonartwechsel bringen aber nicht die Takte 33/34, eher ist er in der Lösung der zehn Takte lang festgehaltenen und durch einen Pausentakt erhöhten Dominantspannung zur Tonika Es in T. 45 zu sehen (jedoch wird dieser Spannungsverlauf in der Piano-Dynamik und im aufgebrochenen Melos nicht mitvollzogen). Hinzu kommt noch der Tonartwechsel von Es nach B in T. 15. So entsteht im Tonartenplan eine Dreiteiligkeit mit relativ schwach betontem erstem Einschnitt: Es (T. 1 bis 15) — B (T. 16—34 bzw. 43) — Es (T. 34 bzw. 45 bis Schluß). Auf der Ebene der rhythmischen Bewegungsmuster und des Tonartenplans bilden die Takte 33/34 sicherlich einen markanten Umschwung — nur zog Mozart offensichtlich daraus keine Konsequenz für den Gesamtaufbau.

Eine gewisse Symmetrie besitzt die Melodieführung der Singstimme. Während im ersten Teil der Wechsel von abwärtsgerichtetem und kreisendem Melos dominiert, so umgekehrt im zweiten Teil der von ansteigendem und kreisendem Melos. Auffallend ist, daß das Motiv »O wenn ich sie nur finden könnte!« der Tendenz nach im Krebs zum einleitenden Motiv »Dies Bildnis ist bezaubernd schön« steht. Dies scheint den Einschnitt T. 33/34 zu betonen. Nur weicht Mozart der Eindeutigkeit der Achse T. 33/34 dadurch aus, daß er bereits gegen Ende des Abschnitts 4 (ab. T. 29) den Wechsel zum ansteigenden Melos vollzieht. Die Vorwegnahme der Symmetrieachse wird außerdem durch die Andeutung einer anderen symmetrischen Beziehung unterstrichen: Der zweimal gebrachte motivische Ansatz T. 29 bis 31 »die Liebe« stellt in etwa die Umkehrung der Stelle T. 6—8 »ich fühl es« dar. Dazu kommt noch eine weitere angedeutete Analogie der Takte 29—31 zur Stelle T. 45—47 »ich würde sie voll Entzücken«, wodurch wiederum eine Dreiteiligkeit latent wird, die zudem in T. 45 mit dem Tonartenplan parallel geht. Betrachten wir, wo die Melodik gebunden und geschlossen und wo sie durch Pausen, Wiederholung von Partikeln und durch Intervallsprünge aufgebrochen ist, so ergibt sich wieder ein anderes Bild: Der wohl stärkste Gegensatz besteht zwischen der völligen Zersplitterung der Gesangslinie in Abschnitt 6 (T. 39—43) »ich würde — würde — — warm und rein — was würde ich? —« und dem auch Textwiederholungen überbrückenden melodischen Bogen am Schluß der Arie (besonders ab T. 54). Die musikalische Verdeutlichung des inhaltlichen Gegensatzes zwischen Taminos Zaghaftigkeit und seinem Schwelgen in der Liebesvision leuchtet ein. Im ganzen aber entsteht auch in dieser Schicht keine Großgliederung, sondern eher das Prinzip des Wechselspiels, das gegen Schluß zum Extremen hin gesteigert wird. In den Abschnitten 1, 3, 5, 7 und 8 ist das Melos gebundener als in den übrigen Abschnitten.

Ein ähnliches Wechselspiel besteht zwischen Zwei- und Drei-Taktgruppen: Vorspiel und Abschnitt 1 (2+2+2), 2 (3+3+3), 3 (2+2+2), 4 (2+2+3+3+2), 5 (2+2+2), 6 (1+1+1+1+1), 7 (3+2), 8 und Nachspiel (2+3+3+3+3). Die von Beginn an klare Gruppenbildung wird erstmals im Abschnitt 4 gelockert und überbaut, im Abschnitt 5 wieder aufgenommen, hernach aufgesplittert (6), wiederum verdichtet (7) und zur Klarheit des Schlusses geführt (8). So hat Mozart auch in dieser Schicht den Abschnitt 5 als Neuansatz akzentuiert. Dem übergeordnet ist ein zielgerichteter Verlauf: Der erste Teil (Abschnitt 1—4) führt zu zuletzt unklaren Gruppierungen, ist im ganzen aber entschieden übersichtlicher als der zweite Teil, der die Aufsplitterung ins Extreme steigert und schließlich in klaren Dreiergruppierungen mündet. Auch wechselt das Überwiegen der Zweier- hin zur Dreiergruppierung. Deutlicher wird dieser Verlauf gegen den Schluß, wenn man die Schicht der Taktgruppierung mit der der Melodiebildung zusammen sieht. Von vornherein decken sich nicht, wie zu erwarten, Dreiergruppierung und gebundenes Melos, im Gegenteil, das doppelte Wechselspiel läuft eher gegeneinander (Zweiergruppierung gebundenes Melos, Dreiergruppierung und aufgebrochenes Melos), und erst der breite schwelgerische Schluß löst die Erwartung ein und verknüpft Dreiergruppierung und gebundenes Melos.

Die vom Text vorgegebene Zielrichtung ist noch in weiteren Nuancen der Komposition kenntlich. Der formale Bau des Textes enthält einen einzigen Doppelvers (Abschnitt 8) mit Textwiederholung. Diese unterstreicht den Versinhalt »und ewig wäre sie dann mein«. Mozart beginnt die Komposition mit einem Wechselspiel von exakter Textübernahme und deren Erweiterung durch Wiederholung. Ohne Textwiederholungen sind die entsprechend kurzen Abschnitte 1, 3, 5 und 7. Die Erweiterungen steigern sich von Abschnitt 2 zu 4, sind im Abschnitt 6 zurückgenommen und weiten sich dazu kontrastierend im Abschnitt 8 zum Höhepunkt.

Soweit die Grundlagen der aristotelischen Poetik gelten, wie auch hier, sind Bezugnahmen von Anfang und Ende formbildend. Eine einzige exakte Analogie kommt innerhalb der Bildnis-Arie vor. Wie schon gesagt, greift Mozart am Schluß (T. 51 ff.) die Passage »mein Herz mit neuer Regung füllt« (T. 9—15) des Abschnitts 2 auf. Da er das Übernommene steigernd weiterführt (T. 57 ff.), entsteht kein statischer Rahmen, aber eine ebenso bedeutungsvolle wie formal rundende Beziehung, die im konkreten Fall eine besondere Funktion hat. Wie sich aus den verschiedenen Einzelbeobachtungen ergab, ist die oft gestellte Frage, ob die Bildnis-Arie zwei- oder dreiteiliger Form sei, eine Scheinfrage. Die Leistung Mozarts besteht ja gerade darin, einer eindeutigen Gehäusevorstellung ausgewichen zu sein. Wir haben vielmehr ein Gewebe von formalen Impulsen vor uns: teils im Spiel der Gegensätze von Abschnitt zu Abschnitt, teils in Ansätzen zur Symmetrie oder zur Dreiteiligkeit, teils im disparaten oder kongruenten Verhältnis der Schichten zueinander. Die immer wieder kunstvoll vermiedene Eindeutigkeit wertet in der Aufmerksamkeit des Hörers das Detail der jeweiligen Passage und das Gewebe formaler Impulse auf. Das Moment, das dieses Gewebe letztlich doch bindet, ist die Zielrichtung auf den Schluß hin, verdeutlicht in der Analogie zwischen T. 9 ff. und 51 ff. Nur bringen es Gewebe und Detailreichtum im Ablauf mit sich, daß die Wiederaufnahme in anderem Lichte steht als beim ersten Erklingen. Sie bestimmen nun, was mit der »neuen Regung« gemeint ist, aus der die Vision des »ewig wäre sie dann mein« aufsteigt. Das Gewebe von Formimpulsen entstand aus der musikalischen Interpretation des ablaufenden Textinhaltes, aber sie unterläuft in gewisser Weise dessen Linearität. Das Ergebnis ist keine mysteriöse Vertiefung. Ziel Mozarts ist es offensichtlich, feinste und stärkste Regungen Taminos musikalisch zu zeichnen und sie in ein Verhältnis zueinander zu setzen. Durch die zum Prinzip erhobene Spannung zwischen Zielstrebigkeit insgesamt und Quasi-Zufälligem im einzelnen entsteht das Bild von einem spontan empfindenden und handelnden Tamino. (Mit der Analyse und der Tabelle sollte selbstverständlich nur Mozarts radikale Differenzierung erläutert, nicht aber die Qualität der Bildnis-Arie bewiesen werden.)

Bei den bisher besprochenen Beispielen handelte es sich um Arien. Schwerer als in diesen Formen läßt sich bei größeren En-

Doppelvers-Abschnitte	1 (T. 1–6) mit Vorspiel	2 (T. 6–15)	3 (T. 15–21)	4 (T. 22–34)	5 (T. 34–39)	6 (T. 39–44)	7 (T. 45–49)	8 (T. 50–63) mit Nachspiel
Textinhalt	Feststellung der Schönheit des Bildes	Gefühl		Gewißheit	Handelnwollen		Vision der Vereinigung	
Tonartenplan	Es		B		Dominante zu Es		Es	
Bewegungsimpulse im Orchester	♪				𝅘𝅥𝅯			♪
Bewegungsimpulse in der Singstimme	𝅘𝅥𝅯	♪	𝅘𝅥𝅯	♪	𝅘𝅥𝅯	♪	𝅘𝅥𝅯	♪
Melodik	gebunden	aufgebr.+geb.	gebunden	aufgebrochen	gebunden	aufgelöst	aufgebr.→gebunden	gebunden
Taktgruppen	2+2+2	3+3+3	2+2+2	2+2+3+3+2	2+2+2	1+1+1+1+1	3+2	2+3+3+3+3
Textwiederholungen	nein	ja	nein	ja <	nein	ja >	nein	ja <

semblesätzen, an denen mehrere Personen beteiligt sind, eine Balance zwischen Differenzierung des Details und Dispositionen des Ablaufs erreichen. Gluck hat etwa mit der Unterwelt-Szene in »Orfeo ed Euridice« (1762) ein Muster an weiträumiger Disposition vorgegeben, dessen überzeugende Wirkung von einer zu sehr in Details gehenden Differenzierung nur gestört würde und die Gluck auch vermeidet. Daß Mozart diesen Gegensatz nicht anerkennt und ein Sowohl-als-Auch komponiert, ist daher ein riskantes Unterfangen, das vom Ansatz her zu einem anderen Ergebnis führen muß als bei Gluck.

Als Beispiel wähle ich die 15. Szene aus dem zweiten Finale des »Don Giovanni«, den Auftritt des Steinernen Gastes, nicht nur, weil sie so berühmt ist. In einem Konflikt, den die Menschen auf der Bühne nicht mehr zu lösen vermögen, bricht eine »andere« Welt herein und entscheidet. Dies ist eine von der Barockoper her vertraute Situation, die (wie auch das Beispiel »Idomeneo« zeigt) zur Zeit Mozarts nur mehr schwer glaubhaft zu machen war. Der Komtur in seiner gravitätischen Pose, das zielgerichtete Wortgefecht zwischen ihm und Don Giovanni legten das Vorbild Glucks nahe, um die Szene überzeugend zu gestalten. Gluck hätte jedoch niemals wie Mozart in diesem ernsten Dialog Leporello eine wichtige Rolle gegeben (vgl. sein »Don Juan«-Ballett), dessen irritierende Wirkung Regisseure und Dirigenten auch heute noch oft herunterzuspielen suchen.

Mozart stellt die Szene in einen weiten Bezugsrahmen, um dem theatralischen Umschwung zum Numinosen Sinn zu geben. Die Tonart d-Moll kommt in der Oper nur viermal vor: am Anfang der Ouvertüre, in der Introduktion beim Duell Don Giovanni—Komtur, mitten im ersten Teil des ersten Finales beim Auftritt von Don Giovannis Gegenspielern Donna Anna, Donna Elvira und Don Ottavio (19. Szene) und dann im zweiten Finale. Damit ist, zumindest andeutungsweise, ein tonales Netz über Anfang, Mitte und Schluß gespannt, und es sind die irdischen Rächer Don Giovannis mit dem überirdischen in eine Beziehung gebracht (ohne daß jene bei Don Giovannis Untergang auf der Bühne anwesend sein müssen). Viel stärker, geradezu zitathaft, ist die Bindung des Anfangs der Komtur-Szene zurück zum Anfang der Ouvertüre. Richard Wagner sah in letzterem einen »idealen Prolog«, E. Th. A. Hoffmann hatte ihn zuvor in seiner

»Don Juan«-Novelle als Auftritt des Komturs gedeutet. Die Unterschiedlichkeit der Interpretationen ergibt sich aus der jeweiligen Betrachtungsrichtung, die entweder von einer rein musikalischen Vorstellung einer bestimmten Sphäre zu ihrer szenischen Konkretisierung oder umgekehrt vom zweiten Finale her als assoziative Rückbindung zum Anfang führt.

Die »Andante«-Einleitung der Ouvertüre hat aber auch für sich Anfang, Mitte und Ende und innerhalb dieses Rahmens eine eigene dramatische Spannung. Der allgemeine Charakter von Akkordschlägen am Anfang einer Ouvertüre wird hier deutlich individualisiert. Die bestimmte Sphäre ist die eines tragischen Pathos (dafür spricht die Kombination von d-Moll, punktiertem Rhythmus, weiten Intervallschritten in den Bläsern und chromatischem Quartfall). Andeutungsweise in Symmetrie zu den Takten 5—11 stehen die Takte 23—27 (sie greifen den punktierten Rhythmus wieder auf und bringen einen chromatischen Quartanstieg), nur ist der Schluß der langsamen Einleitung viel drängender und unruhiger (dynamischer Wechsel). Er wirkt als Folge des musikalischen Geschehens in der Mitte (T. 11—22). Die Synkopenbewegung, die Reihung engräumiger kreisender Motive und vor allem der sich verschärfende dynamische Wechsel spannen ein mit T. 11 eintretendes Moment der Verunsicherung (im Gegensatz zur rhythmischen Bestimmtheit davor) bis hin zu T. 18 bzw. 20 sehr an. Auf der Ebene der musikalischen Topik und der Form sind der Gegensatz zwischen Komtur und Don Giovanni und die Dominanz des Komturs hier vorweggenommen.

Ist auf diese Weise die große Zielrichtung der Handlung (im Sinne des Titels »Il dissoluto punito«) festgelegt, so besitzt die Komtur-Szene des zweiten Finales darüber hinaus noch einen näherliegenden und bildlich konkreteren Bezug auf das Duett Don Giovanni—Leporello (Nr. 22), die sogenannte Friedhofs-Szene. In ihr erhält der Komtur auf seinem Grabpodest einen höchst frivolen Besuch, den er dann allen Ernstes zu erwidern bereit ist. Der mit dem »Sì« des Komturs manifest werdenden Umkehr der Frivolität zum Ernst weicht Don Giovanni in seiner Antwort »Bizarra è inver la scena« noch aus. Die Bizarrerie in der Drei-Personen-Konstellation greift Mozart bei Erscheinen des Komturs im Palast Don Giovannis auf. Die formale Funktion dieses Vorgangs liegt im Hinauszögern der Lösung. Die Disposition der Szene hat also komplizierte Voraussetzungen. Das Ziel ist wohl klar, aber bis es erreicht ist, verhalten sich die drei Personen aufgrund dieser Voraussetzungen unterschiedlich. Der Komtur als richtende Gewalt und Leporello als komische Figur wandeln sich nicht, sie steigern sich nur in ihrer Erregung bzw. konfusen Aufgeregtheit. Don Giovanni aber läßt von seiner Frivolität ab, weicht nicht mehr aus und stellt sich dem Komtur selbstbewußt entgegen. Damit ändert sich die Personen-Konstellation. Gegen Ende der 14. Szene, nachdem Donna Elvira erschreckt über den vor dem Tor stehenden Steinernen Gast geflüchtet ist, hat sich Don Giovanni auf einen Dialog mit Leporello eingelassen, der die Frivolität der Friedhofs-Szene (bzw. auch der Duell-Szene der Introduktion) wieder aufgreift. In der 15. Szene wendet sich Don Giovanni immer mehr dem Komtur und sich selbst zu, so daß Leporello für sich bleibt und nach dem Abgang des Komturs in eine die Katastrophe kommentierende Position gerät.

Die Szene ist deutlich gegliedert. Die erste und längste Phase reicht vom Auftritt des Komturs T. 433 bis zu Don Giovannis erklärter Bereitschaft, ihm zuzuhören, T. 485, vom Beginn in d-Moll bis zur breit angelegten und damit bestätigenden Kadenz in a-Moll (»Parla, parla, ascoltando ti sto«). Insgesamt stellt sie eine auf die doppelte Länge erweiterte Fassung der langsamen Einleitung der Ouvertüre dar (genetisch ist die Lage freilich umgekehrt). Der Unterschied zwischen diesen Fassungen liegt darin, daß Mozart im Finale den Steigerungsverlauf ausbaut und dabei drängende Rufe des Komturs (»Parlo, ascolta!«) als Impulse einfügt und die Kontraste durch zwei motivische Einschübe erhöht: zum Überirdischen hin durch die merkwürdig chromatisierte Aufhellung nach D-Dur bei »Non si pasce di cibo mortale« (T. 453 ff.), ins Irdisch-Buffoneske durch die Parlando-Deklamation bei Don Giovannis und Leporellos Einwürfen (T. 444 ff. und 470 ff.). Die bei Szenenbeginn plötzlich eingetretene Verunsicherung Don Giovannis bezeichnet neben der kleingliedrigen und stets auftaktigen Deklamation (im Gegensatz zu der des Komturs) auch die Synkopenkette im Orchesterpart (T. 443 ff.). Die Überwindung dieses Zustands markieren Don Giovannis endgültige Abwendung von Leporello nach T. 451 und seine mit

T. 477 und 482 erreichte Festigkeit in der Deklamation (»Parla, parla ...«, mit abtaktig einsetzendem emphatischem Septsprung).

Die Situation verschärft sich in einer knappen zweiten Phase (T. 485—520). Des Komturs Forderung an Don Giovanni, eine andere Art Mahl mit ihm zu teilen, kulminiert (chromatisch ansteigend und in einer bis zur Dezime sich anspannenden Intervallik) in der drängenden Frage »Verrai?« (T. 510 ff.). Giovanni, der über die »Orchestermelodie« (ein Begriff Wagners) der Verunsicherung (T. 503—506) hinweg in einer Deklamation mit Fanfarenmotivik (ab T. 504) sich Mut macht, den punktierten Rhythmus des Komturs aufgreift und, als Ausdruck seiner Hybris, übersteigert, bekräftigt schließlich sein »Ho fermo il core in petto« (T. 512 ff.) in einer prägnanten Kadenz in g-Moll, der Subdominant-Tonart der Szene, die der Komtur in seinem »Dammi la mano in pegno!« seinerseits festhält. Zweimal, an den den Ernst besonders störenden Stellen (T. 501 ff. und 512), jeweils unmittelbar nach einer Phrase des Komturs, versucht Leporello, Don Giovanni Ausflüchte einzureden, wird von diesem aber ignoriert.

In der »Più stretto«-Phase (T. 521—553) ändert sich das Verhältnis zwischen Don Giovanni und Komtur. Die rhythmische Struktur von beider Deklamation gleicht sich an, zeitweise (T. 538 ff.) ist sogar der Komtur der unruhig Drängendere und Don Giovanni der selbstsicher Bestimmtere. Das letzte entscheidende Wort hat aber der Komtur (»Ah tempo più non v'è«), wie es Don Giovanni in der Introduktion zum ersten Akt, unmittelbar vor dem Duell hatte. Auf diese Stelle lassen sich außerdem die Tremolo-Effekte und die Läufe im Baß beziehen. Damit wird der durch die Tonart d-Moll bereits vorgegebene weite symmetrische Bogen verstärkt. Direkt aus der vorangehenden Phase weitergeführt ist die geradezu groteske Funktion Leporellos. In das der Aufforderung des Komturs »Pentiti!« folgende »No!« — »Sì!«-Gefecht greift Leporello insofern ein, als er das vierte »No!« Don Giovannis in ein »Sì! Sì!« (T. 544 f.) korrigiert und damit das beharrende, die Katastrophe auslösende letzte »No! No!« Giovannis sonderbar beleuchtet.

Die Katastrophe selbst komponiert Mozart als ein »Allegro« (T. 554—602) mit einer engräumig sich wiederholenden Aneinanderreihung unterschiedlicher, aber keineswegs neuer Satzbilder. Teilweise waren sie von vornherein auf den Komtur (punktierte Rhythmen, gleichmäßige Akkordschläge), teilweise auf den verunsicherten Don Giovanni (Synkopenketten) bezogen, verschiedentlich reichen sie aus dem vorangegangenen »Più stretto« herüber (Tremoli, Sforzati, rasche Läufe nun abwärtsgerichtet). Die Rolle des unerbittlichen Gerichts übernimmt nun ein unsichtbarer Chor, während Don Giovanni seine Verzweiflungsschreie auf ein rhythmisches Muster singt, das er vorher zuletzt bei den höhnischen Worten »No, vecchio infatuato!« (T. 535 ff.) benutzt hatte. Leporellos verzweiflungsvolle Kommentare laufen komplementär zu den Ausrufen Don Giovannis, trotz der Bühnendistanz dieser beiden Personen. Wie wichtig Mozart Leporello nimmt, zeigen zwei kleine, aber bedeutungsvolle Besonderheiten: Im »Allegro« reihen sich ab T. 555 regelmäßige Zwei-Takt-Gruppen aneinander; die einzige Erweiterung zu einer Drei-Takt-Gruppe und damit zu einer metrischen Störung verursacht Leporellos wiederholtes »come mi fa terror!« T. 577 (T. 575—578). Außerdem kommt das letzte »Ah!« nicht von Don Giovanni, sondern von ihm. Die Schlußtakte der Szene enthalten noch eine andere Doppelgesichtigkeit: Der chromatische Quartfall (Violine II, T. 595 f. und 597 f.), zum Untergang Don Giovannis passend, und die Andeutung einer Plagalkadenz werden von einem D-Dur-Dreiklang umschlossen. Ist dieser bloß ein konventioneller, sogenannter obligatorischer Durschluß, ist er die Dominante zum G-Dur der nachfolgenden scena ultima und damit auch eine die Stimmung aufhellende Überleitung, oder eine Anspielung auf das erstmals unvermutet eintretende D-Dur bei des Komturs Rede von der »cibo celeste«? Klar ist nur, und auch das hat wohl seinen Sinn, daß die Aufhellung von d-Moll zu D-Dur in der Ouvertüre (Andante — Molto allegro) weniger zwielichtig erscheint.

Die Seria-Buffa-Spiegelung (nur als formales Moment genommen) gibt der Komtur-Szene (wie in der Introduktion der Duell-Szene), da sie Mozart konsequent durchhält, eine prekäre Einheitlichkeit. In diese hinein wirken jene zielgerichteten Verläufe, für die Mozart bei Gluck Vorbilder finden konnte. Vielleicht durch sie inspiriert, aber auch einer darüber hinausreichenden Operntradition verpflichtet, sind gewisse Steigerungstechniken wie Tempobeschleunigung, Kontrastierung und Annäherung der zentralen Gegenspieler (in der Rhythmik der Deklamation, in der Tonalität, in der Dynamik und Klangfarbe, durch charakterisierende Satzbilder). Über jegliches Vorbild entschieden hinaus geht Mozart im Reichtum unterschiedlicher Satzbilder und vor allem in deren Differenzierung. Doch zeigt gerade das Beispiel der Komtur-Szene, daß eine Polarisierung zwischen Gluck und Mozart als eine zwischen Disposition in breiten Strichen und radikaler Differenzierung die Eigenart von Mozarts musikalischer Szenegestaltung nicht trifft. Zumindest in dieser Dimension (von den Schwierigkeiten bei einer Verallgemeinerung der Mozartschen Opernformen war schon die Rede) liegt die Eigenart im Wörtchen »und« zwischen den Begriffen Disposition und Differenzierung.

Welche Anstrengungen Mozart unternimmt, die Vielgestaltigkeit zu binden, zeigt vielleicht am besten die tonale Disposition. Die vollständige Kadenz in d-Moll gibt der Szene ihr tonales Gerüst. Welche Möglichkeiten Mozart das Scharnier des »und« eröffnet, beweist nicht nur die Mehrdeutigkeit des Dur-Schlusses. Die Verbindung von Disposition und Differenzierung als Möglichkeit, Form und Inhalt zu wechselseitigen Funktionen einzusetzen, veranschaulichen von Mozart gewählte Gewichtungen im tonalen Gerüst der Kadenz. Die Subdominant-Tonart g-Moll ist stärker präsent als die Dominant-Tonart und markiert auch wichtige Stationen der Handlung (besonders den Handschlag zwischen Don Giovanni und Komtur). Die an sich unvermeidbar wichtige Funktion der Dominante in der vollständigen Kadenz erscheint hier in gebrochenem Licht: In der ersten Phase des »Andante« richtet Mozart die Entwicklung auf sie hin, läßt sie aber als a-Moll erscheinen. Vor allem aber nötig ist die Dominante zur klaren Schlußgestaltung der Szene. Entsprechend häufig tritt sie im »Allegro«-Teil auf. Aber sie markiert die wiederholten (und alles andere als ein erfreuliches Ende verheißenden) Einwürfe des unsichtbaren Chors, außer in T. 563, stets als eine Dominante ohne Terz (ohne den zur Tonika führenden Leitton cis). Diese Art Individualisierung eines Kadenzgerüstes hat sicherlich mit dem Stimmungsgehalt der Szene zu tun; auch gibt Mozart seiner Betonung der Subdominante insofern einen allgemeinen Sinn, als er eine Moll-Dur-Parallele zwischen ihr und dem G-Dur des Scena-ultima-Anfangs setzt (so wie den Schluß der scena ultima in Parallele, einschließlich des chromatischen Quartfalls von d' nach a, zu dem der Komtur-Szene). Auf eine Nachahmung der Handlung läßt sich aber die Musik nicht reduzieren; dies würde der wesentlichen Verknüpfung von Differenzierung und Disposition widersprechen.

ZUM BEGRIFF DRAMATIK

Das anhand einiger Beispiele beschriebene Ineinander von Differenzierung und Disposition weist als Ergebnis auf den zu Anfang des Kapitels erörterten Begriff der Dramatik. Auch jetzt ist er schwer auf den Punkt zu bringen und kaum gegenüber anderen Begriffen wie Individualisierung, Verlebendigung und selbst den des Werks klar abzugrenzen. Wohl aber veranschaulichen die Beispiele Mozarts Position in einer allgemeinen Geschichte der Dramenpoetik. Die formalen Grundbegriffe der Gattungspoetik standen seit Aristoteles fest, gewandelt haben sich die Inhalte. Erst Hegel hat in der Dramentheorie den Schritt zur Historisierung des Formbegriffs getan, indem er Form und Inhalt in eine dialektische Beziehung brachte (»der Inhalt ist nichts als das Umschlagen der Form in Inhalt, und die Form nichts als das Umschlagen des Inhaltes in Form«). Wir haben in diesem Kapitel nicht nach dem »wahrhaften Inhalt« und dem »eigentlich Hindurchwirkenden« (Hegel) in Mozarts Opern gefragt; aber die Betrachtung der technischen Seite der Musikdramatik führte uns doch dorthin, wo mit der Dialektik zwischen Disposition und Differenzierung auch die Unabgrenzbarkeit von Form und Inhalt in den Blick kam. Und damit stehen wir vor den technischen Voraussetzungen im Kunstwerk für die von Hegel vollzogene dramentheoretische Wende.

Schon der Wortsinn des griechischen Verbs »dran« weist auf ein Handeln, Ausführen hin. Dies und auch so wichtige Begriffe wie Peripetie (plötzliche Wendung) oder Anagnorisis (plötzliches Wiedererkennen einer Person) aus Aristoteles' Poetik lassen sich ohne Mühe auf die Friedhof-Szene und auf die Komtur-Szene im »Don Giovanni« anwenden; ebenso auch das, was Hegel »kollidierende Umstände« und »Augenblicklichkeit wechselseitiger Äußerungen« im Drama nennt. Aber zielen diese Konflikte, Wendungen und »Augenblicke« mehr auf das Ganze der Handlung hin oder beleben sie vom Detail her den Ablauf? Eben sowohl als auch. Damit bleibt aber »dramatisch« ein umfassender und sehr beweglicher Begriff. Zugespitzt gesagt, geht es auch nicht primär um einen handlungsfördernden Konflikt zwischen der großen Linie und der aufs Detail gerichteten Differenzierung, Mozart bewerkstelligt es vielmehr, daß das eine zur Funktion des anderen wird und umgekehrt. Das heißt aber auch, nicht »dramatische« Steigerungsverläufe im großen oder kleinen, sondern ihre Wechselbezüge zu »handlungshemmenden« Momenten machen das Dramatische aus (nicht nur in ihrer Aufeinanderfolge, auch in ihrem Nebeneinander. Leporello wirkt nicht »dramatisch«, bestimmt aber wesentlich die Dramatik der Szene mit). So absurd es klingt, Wandel und Geschlossenheit bilden eine Einheit (in der auch nicht alles in einer vordergründigen Dialektik verspannt sein muß).

Zu den großen entwicklungshistorischen Leistungen Mozarts zählt aber zweifellos, diese Art Dialektik so sehr auf engem Raum zu gestalten, daß das Detail wie von selbst in ein Wechselspiel mit dem Ganzen treten kann. Denkt man zurück an die Affekteinheit in der Barockmusik und an die mühsamen Versuche, den Wechsel und die Vermischung der Affekte in Musik umzusetzen, fasziniert Mozarts wohlkalkulierte Mühelosigkeit in diesen Dingen sowohl in der Vokal- wie in der Instrumentalmusik. Ein besonders gutes Beispiel für ein Phänomen, das mit dem Wort Individualisierung nicht mehr hinlänglich charakterisiert werden kann, ist der Anfang des »Allegro«-Teils (T. 37 ff.) aus dem ersten Satz der Prager Sinfonie KV 504: acht Takte mit einem unruhigen, gleichsam suchenden, leisen Anfang und einem im sechsten Takt hervorbrechenden Fanfarenmotiv als Kadenz. Demnach eine zu 6+2 Takten verzerrte Vordersatz-Nachsatz-Spannung, die durch die Art des Wechsels in Motivik, Dynamik und Orchesterklang wieder ausgeglichen wird? Aber die kalkulierte Mühelosigkeit liegt anderswo. Das »Allegro« beginnt mit einer vier Takte langen Synkopenkette auf d' in der Violine I, der eine sich intensivierende Bewegung (vom Tonika-Sextakkord im zweiten Takt zum stufenweisen Anstieg zur Synkope in den beiden folgenden Takten) unterlegt ist. Der überraschend instabile »Allegro«-Anfang erhält zu Beginn des fünften Takts eine Wende, obwohl alle vier Stimmen mit dem gleichen Ton wie zu Beginn der beiden vorangegangenen Takte einsetzen. Aber die Synkopen verschwinden, und in der Violine I tritt ein opernhafter Parlando-Gestus hervor, der eine Brücke zum antwortenden Fanfarenmotiv schlägt. Dieser kleine dramaturgische Einfall fördert nicht nur die »Handlung«, sondern markiert zugleich die Mitte der Acht-Takt-Gruppe.

Aus dieser beweglichen Konstruktion mit drei verschiedenen Gesten bildet Mozart in diesem Sonatensatz eine Fülle von Konsequenzen: gleich anschließend T. 45 ff. durch Hinzufügen eines Oboenmotivs und Durchführen des Parlando-Gestus, der ab T. 77 ganz aus seiner Zufälligkeit heraustritt und Eigenwert erhält, bis er im Durchführungsteil (T. 143 ff.) neben und mit seiner ursprünglichen Antwort (Flöte/Oboe T. 43—45) imitatorisch verarbeitet wird. Die Bewegung zu Beginn in den tiefen Streichern (T. 38—40) funktioniert Mozart am Schluß der Exposition (T. 129 ff.) zu einem Höhepunkt um, ebenso wie das zunächst kontrapunktierende Oboenmotiv von T. 46 ff., das lange im Hintergrund blieb, in der Reprise und am Schluß des Satzes. Unmittelbares Weiterspinnen, Verkehrung der ursprünglichen Funktion und weiträumige Analogie- und Kontrast-Bildungen gehen ineinander auf. Vor allem aber entsteht der Eindruck, daß der Farbenreichtum, die Intensität der Verarbeitung, die »Dramatik« gerade dieses Satzes nur aus der besonderen Anlage der ersten acht Takte hervorgehen konnten, und doch zugleich (dies erscheint mir wesentlich) derselbe Ansatz zu deutlich anderen Werk-Lösungen hätte führen können. Der Einheit von Wandel und Geschlossenheit scheint auf der Wirkungsseite idealiter eine Einheit aus Folgerichtigkeit und Spontaneität zu entsprechen.

Mit all diesen Beobachtungen sollte freilich der Begriff der Musikdramatik nicht auf die Frage, wie etwas gemacht ist, reduziert werden. Aber gerade die Konzentration darauf hat die zentrale Rolle des »und« in der Dialektik der Gegensätze von Differenzierung und Disposition veranschaulicht. Damit ist aber die anders akzentuierte Frage nach dem »Klassischen« in Mozarts Musik unabweisbar geworden. Ebenso wie es notwendig sein wird zu überlegen, was denn eine Musik in Dialektik von Form und Inhalt eigentlich aussagt.

Klassizität

ZUM ANSPRUCH DES BEGRIFFS

Mozart ist selbstverständlich ein Klassiker. Aber was heißt das eigentlich? Wir brauchen zunächst Distanz, um die allzu vertrauten Antworten darauf überhaupt betrachten zu können. Sie ist leicht zu gewinnen, wenn wir dieselbe Frage auf Literatur oder bildende Kunst verlagern. Ich schuf mir diese Distanz, indem ich Thomas Stearns Eliots berühmten Essay »Was ist ein Klassiker?« las. Eliot verfaßte ihn als Vortrag vor der Londoner Vergil-Gesellschaft. Und allein schon diese Tatsache zwingt den Musiker zur Bescheidenheit. Die »Äneis« besitzt eine unvergleichliche Bedeutung für die abendländische Kulturgeschichte, die Mozarts Musik an Zeitdauer und Umfang der Wirkung überragt. Diese Feststellung steht jenseits jeglicher wertender Vergleiche von Kunstwerken. Eliot will auch seine Aussagen über »gewisse Eigenschaften« klassischer Dichtung gar nicht wertend verstanden wissen. Sie sind wohl als Huldigung an Vergil gemeint und enthalten Begriffe wie »Reife« oder »Höhepunkt der Entwicklung«. Dennoch erkennt Eliot an, daß eine nicht-klassische Kunst ein ebenso hohes oder auch höheres Niveau als eine klassische erreichen kann.

Eliot steht nicht im Verdacht, gegenwartsvergessen ein billiger Lobredner von Kunst-Heroen gewesen zu sein. Auch ist seine Absicht, das Wert-Setzende von Bewertungen einzelner Kunstwerke zu unterscheiden, sehr ernst gemeint, wie dies die Bezüge auf die Gegenwart gegen Ende seines Essays verdeutlichen. Irgendwann — und wenn es geschehen sei, genüge im Grunde das eine Mal — müsse ein »gemeinsames Maß des Vorzüglichen« gesetzt werden. »Daß wir die Norm jedoch aufrecht erhalten, ist der Preis unserer Freiheit, die Verteidigung der Freiheit gegen das Chaos.« Diesen Satz sagte Eliot am 16. Oktober 1944, und es ist klar, wem und welchem Zustand er Vergil und die europäische Kultur entgegenhielt. Fast ein halbes Jahrhundert danach würde er vielleicht diesen Schlußgedanken nicht so zugespitzt haben. Aber was unmittelbar davor steht, würde er heute vermutlich sogar schärfer formulieren: Da sprach Eliot nicht vom »Chaos«, sondern ausführlich von der Gefahr des »Provinziellen« in einer Zeit, die »Lebensfragen mit den Mitteln einer technisch-mechanischen Begriffswelt zu lösen sucht«. Der Terminus überrascht. Sieht Eliot urbane Kultur verlorengehen, obgleich die Glätte und Uniformität unserer Großstädte überallhin sich ausgebreitet hat? Offensichtlich provoziert Eliot mit dem Wort »provinziell« ein aktuelles Weltverständnis. Als »provinzielle Enge« bezeichnet er »eine Verzerrung der Werte, ein Außerachtlassen hier, ein Überbewerten dort«. Infolge dieses herrschenden Zustands hätten wir uns angewöhnt, »in der Enge gewonnene Maßstäbe auf den Gesamtbereich der menschlichen Erfahrung anzuwenden, wodurch das Zufällige mit dem Wesentlichen, das Vergängliche mit dem Dauerhaften verwechselt wird«. Urbanität und überblickendes Maß jedoch sieht er in Vergil und Rom vor sich. Der Dichter Eliot suchte sie im ganz eigenartigen Antike-Bezug seiner Werke lebendig zu erhalten.

Wie ehern Eliots Richtmaß steht, wird klar, wenn er den von ihm verehrten Goethe (über den er einen Essay »Goethe der Weise« geschrieben hatte) doch einer gewissen, sehr deutschen und im 18. Jahrhundert zeitgebundenen Provinzialität zeiht und ihm das Epitheton eines »universellen Klassikers« vorenthält. Um so weniger vermag dann Mozart solch ein Klassiker zu sein.

Doch haben bei Mozart Musiker und Musikliebhaber, Dichter und selbst Theologen ein Maß gesucht und gefunden: sowohl in einem Epigonentum wie als geheime Kraftquelle oder als heilsame Einsicht in die Überlegenheit eines anderen. Und all dies übersteigt die Suche nach etwas Absolutem. So unterschiedliche Dichter wie Hermann Hesse und Wolfgang Hildesheimer stimmen in einem überein: Mozart gäbe uns in der Erscheinungen Flucht einen Halt, etwas, das in seiner Fremdheit auch der modernen Zweifelsucht standhält. Die Wirkung Mozarts besitzt neben schönen Beispielen von Tiefe auch Weite. Sie ist nicht deutsch provinziell, sondern wachsend international — aber auch urban im Sinne Eliots? Kann Mozarts Musik in fremden Kulturen ein »gemeinsames Maß des Vorzüglichen« abgeben? Was bedeutet für einen Argentinier die Aufführung einer Mozart-Oper im Teatro Colon: ein Zeichen innerer Verbundenheit mit dem fernen Europa? Was bedeutet ein Mozart-Konzert für den modernen Japaner: auch eine Selbstvergewisserung? Letzteres wohl kaum, ersteres vielleicht. Es sei denn, man sieht all dies unter dem Aspekt der heute oft beschworenen Weltkultur. Ein »Mittelpunkt« dieser Weltkultur kann Mozart nicht sein, vorausgesetzt, daß sie überhaupt eine solche Mitte sucht; und schon gar nicht, wenn wir mit Eliot ihre zur Schau getragene Weltoffenheit der »Provinzialität« verdächtigen. Vermeiden wir eine Diskussion über das Thema »Verlust der Mitte« und belassen es bei der positiven Einschätzung der Wirkungsgeschichte Mozarts, so bleibt als Manko nur der Faktor Zeit. Doch die simple Tatsache, daß Vergil eine zehnmal längere Wirkungsgeschichte aufzuweisen hat, bekommt offensichtlich viel Gewicht. Vor allem deshalb, weil es doch sehr darauf ankommt, in welcher Zeit ein Künstler lebt und in welchen Zeitläuften sich seine Wirkung entfaltet. Das Was wird unweigerlich zum Wie.

Mit diesem Umstand ist zu rechnen, wenn wir Mozarts Klassizität mit den von Eliot genannten Eigenschaften konfrontieren. Streng genommen hat kaum etwas in der Musikgeschichte klassischen Rang erreicht. Am ehesten noch der gregorianische Gesang, der freilich nicht in bestimmten Kunstwerken kulminiert; seine Vorbildfunktion für die Form- und Satzgeschichte der Musik ist sicher groß, aber doch historisch beschränkt und für die Musik nach 1600 kaum mehr vergleichbar mit der der lateinischen Sprache und der Vergils für die Einheit europäischer Literatur. Wie weit kann Mozart trotzdem die von Eliot hervorgehobenen beiden Eigenschaften der »Reife« und des »Umfassenden«, »Universellen« erfüllen? Eliot bezieht den Begriff der Reife sowohl auf die historische Situation wie auf die Person und das Werk des Klassikers selbst. Unabhängig von der Person müsse eine »Reife des Zeitalters« und eine »der Sitten« als »Höhepunkt einer Entwicklung« erreicht sein (vor und nach einem solchen Höhepunkt sieht Eliot eine »sowohl exzentrische wie monotone Haltung« vorherrschen). Ihren Niederschlag findet diese Situation in einer »Reife der Sprache«. Der klassische Dichter hat an ihr Anteil und gestaltet sie zugleich zur Verfeinerung und Vielfalt des Satz- und Periodenbaus. Er vermag den Schattierungen des Fühlens und Denkens genauen Ausdruck zu geben durch ein »unbewußtes Gleichgewicht ... zwischen Tradition ... und Originalität« und zugleich dadurch, »daß er sich seiner Vorläufer bewußt ist«. Aus diesem Grund zweifelt Eliot bei Frühreifen an der Fähigkeit zum Klassiker. Das »Umfassende« zeige sich einerseits in der Allgemeingültigkeit klassischer Dichtung über die einzelnen Literaturen hinaus, andererseits in ihrem Widerhall »bei allen Klassen und Ständen«.

Die »Reife des Zeitalters«, die glückliche Harmonie gesicherter Macht und Stilisierung des Lebens war in Mozarts Salzburg und Wien, im Heiligen Römischen Reich knapp vor dessen Ende, nicht vorhanden. Ebensowenig im Weimar Goethes und Schillers. Leicht übertragen läßt sich dagegen das, was Eliot über die Entwicklungsphasen vor und nach einer Klassik aussagt. Das Exzentrische wäre zunächst etwa in Fantasien und Sonaten für Klavier von Carl Philipp Emanuel Bach oder als ästhetische Theorie bei Christian Friedrich Daniel Schubart, nach der Klassik in etlichen Phänomenen der Romantik zu finden, das Monotone im konventionell gewordenen galanten Stil und dann im Klassiker-Epigonentum. Die Reife der Sprache in der Leistung eines einzelnen kulminieren zu lassen, ist ein Gedanke, der gut und gern auf Haydn und Mozart zu übertragen ist. Auch was Eliot über Feinheit des Fühlens und Denkens, der Form und der Klangrede sagt, ist jedem Mozart-Liebhaber aus der Seele gesprochen. Wohl ebenso der Gedanke der Balance zwischen Tradition und Originalität; wenngleich die Forderung nach Traditionstiefe an unser Grundproblem rührt. Mozarts Wissen über seine Vorläufer reicht aber nicht über Bach und Händel, also kaum über die Großväter-Generation hinaus. Mozart war kein gelehrter Komponist in der Art wie Vergil ein gelehrter Dichter gewesen sein mag; auch reibt sich seine Frühreife mit Eliots Klassiker-Bild.

Weit trägt der Vergleich jedoch nicht. Zum einen ist Eliot im Sachlichen nicht sehr ausführlich. Zum anderen ließe sich Vergil so wenig oder so viel wie mit Mozart mit Johann Sebastian Bach oder Johannes Brahms oder auch mit Palestrina in Beziehung setzen. Wo liegt der Unterschied? Ist Mozart ein »umfassenderer« Klassiker als der evangelische Kirchenmusiker Bach und der katholische Kirchenmusiker Palestrina? Vermutlich ja. Die Allgemeingültigkeit, der von Eliot geforderte Widerhall »bei allen Klassen und Ständen«, ist bei Mozart eher als bei den anderen vorhanden — aber in welchem Maße? Die Lehre aus Eliots Essay ist jedenfalls die: Gerade weit hergeholte Analogien decken Probleme auf, als Instrument zur Differenzierung sind sie zwar untauglich, aber dennoch unvermeidlich. Klar aber macht der Gedankengang Eliots, daß wir Mozart nicht einfach mit dem Brustton der Überzeugung einen Klassiker nennen dürfen, wenn das Wort seinen umfassenden Sinn behalten soll. Nicht Einschränkungen, aber Präzisierungen sind nötig.

MOZART UND DIE GESCHICHTE DES KLASSIK-BEGRIFFS

Zutage trat der Konflikt zwischen einem Begriff, der über die Geschichte hinausragt, und der Tatsache, daß auch der größte Künstler und sein Werk der Geschichte verhaftet bleiben. Die Veranschaulichung dieses Konflikts führt zunächst vom Gedankengang Eliots weg. Dabei will ich den Begriff »Klassik« nicht in etwas Geschichtliches auflösen oder als bewußt eingesetztes Instrument irgendwelcher Machtansprüche entlarven, sondern den in ihm enthaltenen idealen Anspruch ästhetischer Reflexion doch gelten lassen. Fürs erste sind — paradoxerweise — historische Hinweise auf die Art, in der der Begriff »Klassik« auf die Musik Mozarts angewandt wurde und wird, nachzutragen.

Erst in der Zeit um 1800 bildete sich endgültig ein festes Konzert- und Opernrepertoire heraus, das seinerseits die Möglichkeit einer entsprechend stabilen Kanonisierung von Meisterwerken mit sich brachte. Dieser in gesellschaftlichen Veränderungen begründete Prozeß gab die Rahmenbedingungen für Mozarts posthumen Erfolg. F.X. Niemetschek, ein alter Bekannter Mozarts und dessen früher apologetischer Biograph, war vermutlich der erste, der das Wort »Klassik« mit Nachdruck auf Mozarts Musik anwandte. Niemetschek wollte als aufklärerisch gesinnter Bürger seiner Zeit das bloß Unterhaltende, »Modische« der Musik überwinden und ihr »klassischen« Gehalt zuerkennen. In Mozarts Musik findet er »reinen Ausdruck der Empfindung«, »Individualität« und klassische Harmonie: zwischen dem Originellen und der »Ökonomie«, zwischen »höchster Kompositionskunst« und »Lieblichkeit und Anmuth«, zwischen »größter Mannigfaltigkeit« und »strengster Einheit«. Im Kern steht damit das Vokabular fest, mit dem bis heute Mozarts Klassizität umschrieben wird. Was bei Niemetschek noch fehlt, sind ausführliche Überlegungen zu diesen Wörtern. Weniger in der ersten (1798) als dann in der zweiten Auflage (1808) seiner Mozart-Biographie tritt noch etwas anderes erstmals auf: die Ablehnung musikalischer Neuerungen mit Hilfe Mozarts und der Klassik. Beide Vorgaben Niemetscheks sollten sich im Laufe des 19. Jahrhunderts voll entfalten.

Es liegt auf der Hand, daß die Kanonisierung Mozarts mit dem musikalischen Fortschritt in Widerstreit kommen mußte. Als sich in den 1820er Jahren die moderne Musik von jenem Schönheitsideal, das man mit Mozart verknüpft sah, zu lösen begann und statt dessen das Charakteristische, Monumentale, auch weltanschaulich Geprägte angestrebt wurde, und als man die Originalität des Neuen gegen ein Mozart-Epigonentum ausspielte, geriet die Pflege seiner Werke in eine Verteidigungsposition. Ausgerechnet in diesem Stadium gewann der Klassik-Begriff eine strategische Funktion und weitete sich in den 1830er Jahren zu einem Epochenbegriff. Dieses historische Faktum ist für den Begriffsinhalt bedeutsam. Was sich inhaltlich zu verengen drohte, war die klassische Eigenschaft der Balance. In einer historischen Situation, in der Eliots »unbewußtes Gleichgewicht von Tradition und Originalität« sich zu einem klaren Bewußtsein vom aktuellen Ungleichgewicht zwischen Tradition und Originalität verschoben hatte, mußte es schwerfallen, jenes Gleichgewicht dieser Kunst voll zuzugestehen, die in der Gegenwart für den Begriff »Tradition« stand. Das von den Konservativen für die Gegenwart ersehnte »Maß«, das gegen den Wildwuchs des Originellen gestellt werden konnte, wurde zwangsläufig im klassischen Kunstwerk hervorgehoben. In Wien ging es bei der Verteidigung Mozarts noch um mehr, nämlich um die Verteidigung eines Lebensgefühls, eines Welt- und Menschenbildes. Auf den Punkt brachte sie Franz Grillparzer in seinem Gedicht »Zu Mozarts Feier«: »Das Reich der Kunst ist eine zweite Welt / Doch wesenhaft und wirklich wie die erste / Und alles Wirkliche gehorcht dem Maß. / Des sei gedenk, und mahne dieser Tag / Die Zeit, die Größres will und Kleinres nur vermag.«

Doch geprägt wurde der Begriff der musikalischen Klassik fern der Lebenswelt Mozarts in Mittel- und Norddeutschland, genauer im Umkreis der damals berühmten »Leipziger Allgemeinen Musikalischen Zeitung«. Auch in ihr ist viel von »Maß« zu lesen, aber die Denkbahnen leiten sich, anders als in Wien, von der Philosophie Hegels her. Hegels Wirkung war allgemein und groß; so konnte das Kuriosum entstehen, daß eine Klassik-Verteidigung ebenso wie eine Ideologie des Fortschritts mit Hegels Gedanken arbeitete. Einem Historiker muß daher dieser Vorgang als ein Aufpfropfen von fremden und jüngeren Philosophemen auf die Musik Mozarts erscheinen. Die damit gegebenen Nach-, aber auch Vorteile für ästhetische Überlegungen zur Klassizität Mozarts werden uns noch beschäftigen. Für eine Neigung zur Geschichtsklitterung aber spricht das Beispiel des Philosophieprofessors Amadeus Wendt. Er hat in den 1830er Jahren jenen Begriff von der Trias der Wiener Klassik, dem »Kleeblatt« Haydn, Mozart und Beethoven, endgültig fixiert, als die aktuelle musikalische Entwicklung dabei war, dieses Kleeblatt zu zerpflücken, Haydn fallenzulassen, Mozart zu achten und allein an Beethoven als zukunftweisendem Heros festzuhalten.

Die Verklärung klassischer Harmonie nahm immer mehr zu, je größer die Distanz zur Welt Mozarts wurde. Eine deutlich neue Farbe bekam sie seit dem späteren 19. Jahrhundert im Kampf gegen das Erbe Richard Wagners. Ohne daß sich an den glattgebügelten Eigenschaften der Klassizität viel geändert hätte, erhielt Mozarts Musik eine aktuelle Bedeutung, wurde zu einer — freilich recht abstrakten — ästhetischen Norm, die sich der Wagnerei entgegenhalten ließ. Es faszinierte neben dem alten ein neuer, von der Tradition des 19. Jahrhunderts sich lösender Mozart.

Die gegenwärtige Einschätzung Mozarts und der Wiener Klassik wird am besten über einen Seitenblick auf die der Weimarer Klassik klar. Ich wage das Pauschalurteil, daß heute kein Dichter der Goethe-Zeit (Hölderlin eingeschlossen) eine so große Faszination ausübt wie Mozart. Ferner bin ich überzeugt, daß dem durchschnittlich Gebildeten europa-, ja weltweit einige Werke Mozarts viel eher vertraut sind als Goethes »Faust« und auch als Vergils »Äneis«. Ein Germanisten-Symposion in New York 1984 stand unter dem Thema »Loss of the Past?«. Für die vor zweihundert Jahren noch als eher geschichtslos angesehene Musik ist diese angstvolle Frage eindeutig mit Nein zu beantworten. Die Diskussionen beim genannten Symposion zeigten deutlich, wie sehr Deutsche heute, im Unterschied zu anderen Nationen, ein gebrochenes Verhältnis zu ihren literarischen Klassikern haben. Warum nicht auch zu den musikalischen? Sicher nicht nur deshalb, weil diese in Wien gelebt hatten. Jegliche Kunstgeschichte ist häufig auch eine Geschichte von produktiv gewordenen Aggressionen. Es fragt sich nur, gegen wen sie sich richten und auf welchem Feld sie ausgetragen werden. Martin Walser gab 1964 mit seinem Vortrag »Imitation oder Realismus« den Auftakt zu einer veritablen Anti-Klassik-Kampagne. Brecht als literarische Autorität und ein marxistisch orientiertes historisches Hinterfragen als Instrument dienten der Gleichsetzung Klassik = Macht. So konnte der Kampf gegen das Selbstverständnis der Adenauer-Ära unter Intellektuellen stellvertretend auch gegen Goethe und Schiller geführt werden. Voll Verachtung, selbst mit Haß gegen die Väter und ihr Kulturerbe diskutierte man in Universitätsseminaren und inszenierte in Theatern klassische Dramen, bis der aufklärerische Widerspruch selbst zum Ritual verflachte.

Gleiches gab es in der deutschen Musikszene nicht. Im Beethoven-Jahr 1970 gingen wohl die Wogen hoch, aber Beethoven wurde nicht verdammt und mit politischen Systemen gleichgesetzt. Ein Widerspruch gegen Mozart wurde nicht laut. Wolfgang Hildesheimer, dessen Position und Funktion noch irgendwie mit der Walsers vergleichbar ist, erhob erstmals 1956 seine kritische Stimme: gegen ein altes Mozart-Bild, aber aus Begeisterung für Mozart und gar nicht im Sinne einer Entmythisierung des Genies. Musik als Mittel der Macht wurde als Diskussionsthema nie so zugespitzt, daß nur mehr in politischen Bekenntnissen über die »Wiener Klassik« zu reden gewesen wäre. Die Geschichte der Musik verlief seit dem 18. Jahrhundert anders als die der deutschen Literatur, entsprechend andere Feindbilder mußten sich ergeben. Die Begriffslosigkeit der Musik wirkte außerdem entschärfend. Aber ist es nur das, oder liegt der Grund für den Unterschied auch in einer andersartigen Aussage der Musik Mozarts, die sich so schwer auf den Begriff bringen läßt?

Wenn auch vieles moderat ablief, wirkt doch die jüngste Geschichte auf jeden neuerlichen Versuch, Mozarts Klassizität zu verstehen, weiter. Lange Zeit hindurch apologetisch eingesetzte und abgegriffene Wörter wie Maß, Harmonie, Synthese stellen von vornherein eine Belastung dar, die es ebenso zu bewältigen gilt wie die Herausforderung von jener anderen Seite, die Mozart dem Begriffsfeld der Klassik entreißen möchte. Hans Heinrich Eggebrecht verfaßte seinen wichtigen »Versuch über die Wiener Klassik« (1966 als Vortrag, 1972 in erweiterter Fassung gedruckt) — sicher nicht naiv oder zufällig — in einer Zeit, in der kein Professor ungestört und unberührt schönen Gedanken an Harmonie nachgehen konnte. Aber wie verhalten sich Gegenstand und Deutungen zueinander? Lassen sie sich historisch voneinander trennen — was hat schon Mozart mit uns, mit der Studentenrevolte vor zwanzig Jahren oder mit der Philosophie Hegels und deren Rezeption zu tun — oder entfaltet sich der Gehalt eines Kunstwerks erst in der Geschichte seiner Wirkung? Eine historische Deutung wird das Besondere der ganz bestimmten Situation, in der ein Komponist mit seinem Werk auf seine Lebenswelt reagiert, prägnant zu fassen trachten. Dagegen führt die Betrachtung des sich in der Rezeption entfaltenden Gehalts leicht zum Gedanken einer unendlichen Deutbarkeit des Kunstwerks und damit in die Nähe idealistischer Ästhetik. Ein extremes Entweder-Oder erscheint unsinnig — aber wo liegt der Bereich einer sinnvollen Synthese zwischen einem verengenden Historismus und einer ungreifbaren Kunst-Metaphysik?

Das einfachste wäre es, Mozarts eigene Musikanschauung mit dem nachträglich geprägten Begriff der musikalischen Klassik zu konfrontieren. Wie sich im Kapitel »Aussagen zur Musikanschauung« zeigte, sind Mozarts diesbezügliche Äußerungen spärlich; immerhin ergaben sich gewisse Konturen seines Schönheitsideals und Hinweise auf Prinzipien seines Komponierens. Grosso modo sind Gemeinsamkeiten zum Klassik-Begriff zu erkennen; doch lassen sie sich nicht näher bestimmen, da Andeutungen auf der einen und ausdifferenzierte und systematische Reflexionen auf der anderen Seite sich gegenüberstehen. Daher sind wir letztlich auf die Musik selbst, das heißt auf die in ihr enthaltene ›Theorie‹ angewiesen. Um aber diese Art Theorie auf den Begriff zu bringen, benötigen wir Theoreme, die mit Wörtern und nicht mit Musiknoten arbeiten. Womit sich der Kreis schließt und wir uns wiederum auf der Suche nach einem historisch angemessenen Theorem befinden.

Aus der Zeit um 1800 und danach gibt es etliche Porträts, die Mozart mit energisch männlichen Zügen, kurzem römischen Haarschnitt und mit einer Toga bekleidet zeigen: ein kurioser Anblick. Eine historische Kuriosität ist der Römer Mozart im Zeitalter Napoleons, des Empire und eines Opern-Klassizismus, der auch seiner Oper »Titus« zugute kam, freilich nicht. Zur unpassenden Verkleidung werden diese Bilder erst in Hinblick auf den historischen Mozart. Das hat neben physiognomischen auch ideengeschichtliche Gründe. Bei allen Versuchen, zu erklären, was Klassik sei, spielt die Antike eine gewichtige Rolle. Und es ist eine (von Goethe mit seiner Schrift »Winckelmann und sein Jahrhundert« sanktionierte) Banalität, daß in der Goethe-Zeit die Vorstellung von der Antike stark von Johann Joachim Winckelmann geprägt wurde. Die griechischen Plastiken, die im Laufe der Jahrhunderte ihre leuchtenden Farben verloren hatten, verleiteten ihn zu einem Wesensbild von »edler Einfalt und stiller Größe«. Für die Musik der Wiener Klassik ist mit dieser Vorstellung wenig anzufangen; ja es scheint noch weniger als für manche Phänomene der Musik davor. Antikes stand schon der Geburt der Oper Pate; und über literarische und bildnerische Umwege haben auch etliche ernste Opern Mozarts in Sujet, Libretto, Bühnenbild und Szene etwas Antikes mitbekommen. Aber die Musik selbst? Die »edle Einfalt und stille Größe« ist eher verwirklicht in Glucks Opern, in dessen programmatischen Ideen zu einer Opernreform, vielleicht auch in älteren italienischen Opern-Klassizismen, und sogar in der Vokalmusik von Johann Adolph Hasse (der »klassische Qualitäten« zugebilligt wurden) und Carl Heinrich Graun. Treiben wir dieses Spiel noch etwas weiter, betonen das Wohlausgewogene, Homogene und machen aus der »stillen« eine »monumentale« Größe (durchaus im Sinne der Begeisterung fürs Erhabene im ausgehenden 18. Jahrhundert, wie sie in der Händel-Renaissance zum Ausdruck kam), so ist die Musik der Zeit der französischen Klassik unter Ludwig XIV. — also des musikalischen Hochbarock — klassischer als die Wiener Klassik. Und das Unklassische an Bachs Passionen oder an Händels späten Oratorien (ihre Ausdrucksintensität und -vielfalt, ihre Dramatik, die Komplexität des musikalischen Satzes) wäre dann genau dasjenige, was sie mit den Wiener Klassikern verbindet. Das so entstehende Bild wirkt absurd (wenngleich ich mir zutraue, es in gelehrter Argumentationsweise und Ausführlichkeit vertreten zu können). Aber die Antwort auf die vorhin gestellte Frage lautet knapp: Weimar war nicht Wien, Plastik und Dichtung sind nicht Musik. Friedrich Schiller hatte vorbildlich klar Position bezogen, nur Gluck als Opernkomponist hochgeschätzt, Haydns »Schöpfung« ein »charakterloses Mischmasch« genannt und auf Goethes nachdrückliche Hinweise, daß Schiller sein »Vertrauen auf die Oper« bei Mozart bestätigt finden könnte, hartnäckig geschwiegen.

Mag also etwas vom »hohen« Stil der Griechen, wie ihn Winckelmann gesehen hatte, in der Musik Glucks anklingen, so ging die Begriffsübertragung doch andere Wege. Seit dem frühen 19. Jahrhundert (bei Thibaut, Kiesewetter usw.) gibt es teilweise noch heute verwendete Termini wie »Altklassiker«, »klassische Vokalpolyphonie«, der »Klassiker der Kirchenmusik« Palestrina. Gemeint ist ein strenger Kirchenstil oder allgemein die Strenge kontrapunktischer Setzweisen. Im Hinblick auf Kompositionstechniken wurde das Wort »klassisch« sogar schon von Marco Scacchi und Heinrich Schütz verwendet. Und losgelöst vom Terminus eröffnet sich ein weites Feld von Denkmodellen zur musikalischen Beziehung von Alt und Neu, das im Grund bis zur Bezugnahme der frühen Mehrstimmigkeit auf den Choral zurückreicht. Ein für uns hier zu weites Feld. Freilich läßt sich, zeitlich näher, auch an das »Serene« bei Winckelmann denken. Seine Anwendung auf Mozarts Auseinandersetzung mit dem strengen Fugenstil Bachs erscheint jedoch weit hergeholt. Das Spezifische bei Mozart liegt darin, daß er stärker als andere dazu neigte, den üblichen Weg vom Alten zum Neuen umzudrehen und vom Aktuellen aus aufs Alte zurückzugreifen, um Besonderes zu erreichen (siehe Kapitel »Schreibart«). Diese Vorgangsweise, und schon gar Ergebnisse wie die Geharnischten-Szene in der »Zauberflöte« sind aber in ihrer Eigenart durch eine Winckelmann-Assoziation nicht zu erhellen.

Diese verwirrende Diskrepanz zwischen Gegenstand und Begriff verspricht eine völlig andere Auffassung von Klassik zu beheben. So offensichtlich die Winckelmannsche Strenge in der

Klassik-Apologie des 19. Jahrhunderts weiterlebte, so verständlich ist der Wunsch, heutzutage von ihr loszukommen. Welche Lösungen sich da anbieten, veranschaulicht besser als alle musikalischen Aktivitäten ein prominentes Beispiel aus der deutschen Literatur: das vor einigen Jahren begonnene Riesenunternehmen der »Bibliothek deutscher Klassiker«. Von Klassikbegriff und Klassikerausgaben früherer Zeiten will man sich abheben. Frischer Wind ist erwünscht. Der Geist aufklärerischen Widerspruchs gegen einen Bildungskanon, in dem Egidius Schmalzriedt 1970 seine Tübinger Antrittsvorlesung »Inhumane Klassik« hielt, darf aber nicht wehen. Denn Schmalzriedt hält Klassik für ein bloßes Rezeptions- und nicht für ein Produktionsphänomen. Auf einen Kanon — und sei er noch so weit gefaßt — müssen sich Herausgeber einer Klassiker-Bibliothek dennoch einigen, und die »Grundbibliothek« kommt um die klassischen Namen nicht herum. Wobei eine neuerliche Goethe-Ausgabe viel schwerer zu begründen ist als etwa eine des Œuvres von Joseph Haydn, die ja noch gar nicht geschlossen vorliegt. Die ausgefeilter gewordene Quellenkritik und Editionstechnik sollen vielmehr einen richtigeren, also neuen Mozart oder Eichendorff — oder gar Goethe — präsentieren. Darin liegt schon eine Antwort auf die Titelfrage des die Bibliothek eröffnenden Almanachs »Warum Klassiker?«. Die so angelockte Neugierde des Lesers muß eine Richtung erhalten, zumal aus dem Kanon ein Angebot wurde, aus dem jedermann seinen eigenen Kanon zusammenstellen soll. Nach welchen Kriterien? Darauf gibt ausgerechnet Martin Walser in einem Essay »Was ist ein Klassiker?« die Antwort: Der Maßstab ist die Brauchbarkeit. Das ist eine sympathisch tolerante Definition des Klassischen, aber auch eine gefährliche, was Walser nicht verschweigt, denn: Brauchbarkeit wofür? Wofür sind Klassiker, auch Mozart, nicht schon gebraucht worden. Wofür läßt sich eine harmlose Schallplattensammlung oder Bibliothek brauchen? An diesem Punkt angelangt, ist erfahrungsgemäß das Propagieren höherer und edler Zwecke kaum zu vermeiden. Walsers Schlußsatz lautet: »Die uns beleben, die können wir brauchen, das sind Klassiker.« Um diese Aussage zu präzisieren, ist Gottfried Honnefelder in seiner Einleitung nicht um Ezra-Pound- und Bert-Brecht-Zitate verlegen, mit dem Ergebnis: »Klassisch ist die Stabilität der Innovation.«

Das alte Dilemma zwischen Originalität und Kontinuität scheint so gelöst. Zudem ist die Formel auf Mozart anwendbar. Daß Kunst mit Innovation zu tun hat (selbst der Epigone kann in veränderter historischer Situation innovatorisch wirken), ist wohl eine Banalität, die aber nichtsdestoweniger das Augenmerk auf das Originelle statt auf das Maßvolle lenkt. Beschränken wir uns in diesem Zusammenhang darauf, die historische Plausibilität eines derartigen Klassikbegriffs zu prüfen: Auch der Goethe-Zeit ist die Spannung zwischen Originalität und Tradition inhärent. Grob gesprochen kommt der Begriff der deutschen Klassik von den regel- und mustergläubigen Traditionen des Neuhumanismus und der französischen Klassik her, entfaltet und verzweigt sich, bis er im Widerstreit Klassik versus Romantik wieder zu einer einheitlichen apologetischen Strenge zurückfindet. Gegen die antikisierende und einer Vernunft-Kultur verpflichtete Variante trat ab den späten 1760er Jahren vor allem Johann Gottfried Herder auf, der eine »originale« und nationale Klassik forderte. Diese Auffassung hat nicht zuletzt Goethe aufgegriffen und — unmittelbar vor der Hochphase der Weimarer Klassik — so weit zugespitzt, daß er die Möglicheit für das Entstehen einer originalen deutschen Klassik leugnete, solange die Nation sich in einer unglücklichen, zersplitterten Lage befinde. Goethe nahm damit 1795 jene Argumente vorweg, die Eliot (seinerseits Sainte-Beuve folgend) gegen ihn erheben sollte. Diese in die Zukunft, damit aber auch ins Vage verlegte Hoffnung auf eine Klassik haben Friedrich Schlegel, Ludwig Tieck, überhaupt die Romantiker, weitergetragen.

Streng historisch betrachtet, ist freilich dieser Klassikbegriff im Musikschrifttum aus der Lebenszeit Mozarts noch weniger faßbar als der traditionelle. Eine vereinzelte, so oder so zu verstehende und entsprechend unterschiedlich gedeutete Bezeichnung von »classischen Musikern« im Titel einer Berliner Sammlung von Klavierstücken aus dem Jahr 1762 hilft nicht weiter. Repräsentativ für das Musikdenken ist vielmehr die rationalistische Auffassung in der »Theorie der Schönen Künste« von Johann Georg Sulzer; dort werden Klassiker als »Muster der guten und feinen Schreibart« und als Künstler, »bey denen die Vernunft sich auf einen hohen Grad entwickelt« habe, charakterisiert.

Weniger streng gesehen, paßt Mozart jedoch gut zur analogen

Forderung nach einer originalen Nationaldichtung. Schon allein deshalb, weil hier von der in Musik unerfüllbaren Antike-Nachahmung abgegangen und die Überlegenheit der Moderni über die Antiqui propagiert wurde. In den sowohl literarischen wie musikalischen Bestrebungen um ein deutsches Singspiel wird die Analogie zur Gemeinsamkeit. Aber auch allgemein war die Forderung nach dem Nationalen der Musikdiskussion in Deutschland geläufig. Der Flötenmeister am Hofe Friedrichs des Großen, Johann Joachim Quantz, sah den »vermischten Stil« als spezifisch deutsche Möglichkeit der Profilierung an — Haydn und Mozart haben ihn verwirklicht.

Läuft diese innovatorische Leistung in der Zusammenfassung vorhandener italienischer, französischer u. a. Idiome auf das hinaus, was Herder mit originaler Nationaldichtung meinte, oder eher auf eine Qualität des Universellen, die gerade darin besteht, daß sie das Nationale übersteigt? Darüber ist schon viel zu viel diskutiert worden, mit unterschiedlichen Ergebnissen, je nach Weltanschauung der Interpreten und je nachdem, ob etwa Mozarts Interesse für das deutsche Singspiel, die italienische Oper oder die reine Instrumentalmusik betrachtet wurden. Aber war denn Mozart der entscheidende Innovator — waren es nicht vielmehr Joseph Haydn oder gar schon Bach? Und vor dieser Frage wiederum steht die andere, ob es in der Musikgeschichte dieser Zeit überhaupt jenen »Geburtsaugenblick« gibt, der mit dem Ereignis Shakespeare für die deutsche Literatur zu vergleichen wäre. Dieses Ereignis trat genau zu dem Zeitpunkt ein, als die deutsche Sprache — mit den Worten Martin Walsers — »dem Hof- und Kirchendienst entlaufen und auf größte weltliche Abenteuer gierig war«. Ich bezweifle, daß das Johann-Sebastian-Bach-Erlebnis Mozarts in den 1780er Jahren oder das Philipp-Emanuel-Bach-Erlebnis Haydns und Mozarts um 1770 etwas Vergleichbares für die Geschichte einer hypothetischen deutschen Musiksprache bedeuten könnte.

Alles scheint auf die banale Einsicht hinauszulaufen, daß solche Vergleiche immer zu schiefen Konstruktionen führen. Herauskristallisiert hat sich aber eines: Der damaligen Musikgeschichte fehlt es an jener Zuspitzung der Ereignisse, die die deutsche Literaturgeschichte bestimmte. Die Weimarer Klassik fand in der Zusammenarbeit von Goethe und Schiller zur Zeit der »Xenien« eine klare Ausprägung, die mit nichts in der Wiener Klassik gleichzusetzen ist. Möglich wurde sie aufgrund vorhandender Spannungen und als Abwehr antiklassizistischer Neuerungen. Da es eine derartige Krise damals oder vorher im Musikleben nicht gab, konnte auch kein Streit zwischen Klassik und Romantik entstehen, so wie er 1808 in der Literaturgeschichte losbrach. Die Entwicklung in der Musik verlief sanfter. Nicht zuletzt deshalb ist der Epochenbegriff »Wiener Klassik« trotz seiner sachlichen Fragwürdigkeit viel praktikabler als der der »Weimarer Klassik«.

Doch uns geht es hier weniger um das Epochale eines bestimmten Zeitraums als um das Innovatorische in Mozarts Klassizität. Unsere Bedenken, aber auch die aktuellen Schwierigkeiten der Germanistik, die Begriffe »Innovation« und »Klassik« in einen vernünftigen Zusammenhang zu bringen, machen es ratsam, von der Formel »Klassisch ist die Stabilität der Innovation« wieder Abstand zu nehmen. Sie beinhaltet ein zu forciertes Erklärungsmodell. Ich halte es für besser, eine ausgesprochene Akzentuierung des Innovatorischen als etwas Antiklassisches aufzufassen, statt den Begriff des Klassischen sozusagen manieristisch auf ungewöhnliche Facetten hin abzuleuchten oder gar in sein Gegenteil zu verkehren.

VORLÄUFIGES FAZIT

So bewegen wir uns wie auf einer Spirale einmal mehr auf einen Punkt zu, bei dem sich erneut die Frage nach der geeigneten Theorie für das Klassische in Mozarts Musik stellt. Für unseren weiteren Weg haben die bisherigen Überlegungen immerhin einige Dinge klargestellt:

1. Der Terminus »Wiener Klassik« hat sich im Musikschrifttum als so praktikabel erwiesen, daß er heute als Epochen- und Stilbegriff weithin anerkannt ist. Akzeptiert und inhaltlich relativ unverbindlich, wie er ist, eignet er sich gut dazu, auch sehr unterschiedliche Interpretationen des »Wesens« von Mozarts Musik unter sein terminologisches Dach zu nehmen. Der Nachteil dieses Vorteils liegt auf der Hand: Die Brauchbarkeit verhindert es, das Klassische als eine (neben anderen) mögliche Eigenschaft von Mozarts Musik aus sich heraus präzis zu bestimmen.

2. Die außerhalb der Musik existierenden beiden Verstehensweisen von »Klassik« (Klassik als das Maßvolle, als die von der Antike überkommene Norm des Vorzüglichen und Klassik als das bleibend Neue) geben je für sich kein Modell ab, das den historischen Vorbedingungen der Musik Mozarts einigermaßen gerecht würde. Ihre mögliche dialektische Verbindung im Gegensatzpaar Antiqui/Moderni verspricht wohl, die einzelnen Facetten des Klassischen besser bestimmen zu können — sie ist aber auf andere Zweige der Kunst besser anzuwenden als auf den der Musik.

3. Der historisch sich anbietende Vergleich von Wiener und Weimarer Klassik trägt nicht weit. »Weimarer Klassik« als enger Begriff findet nichts Vergleichbares in der Musik. Weit gefaßt, als »Goethe-Zeit«, umschließt sie auch die Musik. Um zu präzisen Aussagen zu kommen, müßte die Individualität einzelner »Klassiker« miteinander konfrontiert werden. Mozart auf Schiller bezogen brächte ein mageres, auf Goethe bezogen ein reiches Ergebnis. Derartige Vergleiche vermögen bestimmte Seiten Mozarts zu beleuchten und historische und typenhafte Gemeinsamkeiten zu veranschaulichen — für eine Definition des Klassischen reichen sie nicht aus. Sie sind im einzelnen eher willkürlich als exemplarisch. Wollten wir daraus eine Summe ziehen, müßten wir zunächst Ordnungskriterien aufstellen, um schließlich wieder bei den in Punkt 2 genannten Problemen zu landen.

4. Immer drängender stellt sich so die Forderung, nach dem zu suchen, was die Teile, Vorbedingungen, Eigenschaften des Klassischen zusammenhält. Wohl sind diese für sich von Interesse und auch diskutierbar. Aus der in theoretischen Schriften vorliegenden Wirkungsgeschichte der »Wiener Klassik« gewann Ludwig Finscher acht Merkmale, die eine Art Begriffs-Sucus ergeben: Geschichtlichkeit, Stilvollendung, Stilsynthese, Stileinheit, Entfaltung der Stilmöglichkeiten, Ordnung zum Ganzen und innere Schlüssigkeit, Typik und Individualität, Allgemeinverständlichkeit. Würden wir diese Aneinanderreihung von Merkmalen als Bestimmung des »Klassischen« ausgeben, so träfe uns zu Recht ein Vorwurf, den Egidius Schmalzriedt so formulierte: »Die sogenannte archaische griechische Plastik oder die romanische Baukunst oder die Musik der Bachzeit lassen sich mühelos in ähnlicher Weise stilistisch quantifizieren und wer-

den doch nicht als ›Klassik‹ bezeichnet.« Das darf aber nicht heißen, daß jegliche Kunst mit dem gleichen Vorrat an Begriffen und Begriffskombinationen zu beschreiben wäre und dann die Ergebnisse auf der prinzipiell gleichen Ebene zu liegen kämen. Andernfalls wären metahistorische Modelle, wie sie Heinrich Wölfflin oder Gustav René Hocke entworfen haben, pure Fiktion. Auch sehe ich keinen Sinn darin, den Unterschied zwischen einem Manierismus und einem Klassizismus sophistisch aufzulösen. Eine Summe von Merkmalen aus der Wirkungsgeschichte bleibt aber als Begriffsbestimmung zu unspezifisch.

Demnach folgert aus Punkt 1 die Notwendigkeit, die Tradition des Musikschrifttums zu durchbrechen und von woanders her einen schärfer geprägten Klassikbegriff zu übernehmen. Punkt 2 ließ offen, ob es nicht andere und geeignetere Gegensatzpaare gibt. Eine Balance zwischen nahezu paradoxen Gegensätzen (wie sie schon Niemetschek auf Mozart anwandte) zu bilden, erscheint als guter Ansatz für eine Erklärung der in den Punkten 2 und 4 gestellten Probleme. Die Unabschließbarkeit von Gedankengängen nahe am historischen Detail (wie in Punkt 3) erzwingt den Mut zur Theorie.

Ich gehe in zwei Schritten vor: In einem ersten diskutiere ich die Anwendung des Klassikbegriffs Hegels auf die Musik Mozarts und in einem zweiten wende ich das Ergebnis auf die »Jupiter«-Sinfonie an.

Um dem Begriff der Balance sein Odium als Sedativum für unseren Gefühlshaushalt zu nehmen, ist er über seine eigene Wirkungsgeschichte im Musikschrifttum hinaus zu radikalisieren: ausgehend von der historischen Tatsache, daß die um die Mitte des 18. Jahrhunderts erhobene Forderung nach ästhetischer Autonomie sich gegen einen alten Kunstbegriff mitsamt seiner sozialen Einbindung richtete und etwas vom Licht der Aufklärung und von unverstellter Humanität verwirklichen wollte. Und dies, obwohl »Schönheit« als vollendete Harmonie angestrebt wurde. Worin das Radikale besteht, ist eine Frage, die den Blick auf anspruchsvolle Philosopheme aus dem Geiste dieser Zeit erfordert.

Anspruch und Radikalität dieser Gedanken erfordern ein Beispiel. Kants »Kritik der ästhetischen Urteilskraft« eignet sich kaum, da Kant den Begriff des Klassischen meidet. Wohl aber betont er die Rolle des Vorzüglichen und meint, daß in den redenden Künsten nur Muster »in alten, toten, nur als gelehrte aufbehaltenen Sprachen klassisch werden können«. Unserem Anliegen aber kommt die Ästhetik Hegels entgegen.

HEGELS KLASSIKBEGRIFF UND DIE MUSIK MOZARTS

Die idealistische Philosophie Hegels hat den Vorzug, das in der Wirkungsgeschichte Mozarts oft angewandte Prinzip, paradoxe Gegensätze zu vermitteln, in einer Weise durchzuführen, die sogar den Anspruch auf wahre Erkenntnis des Absoluten zu erheben vermag.

Um den zeitenthobenen Begriff der Klassik mit der Geschichte zu verknüpfen, bietet Hegel an, die Geschichte aufzuwerten, ohne sie ihrerseits zum Selbstzweck werden zu lassen. Der »Geist« sucht seine Entäußerung zu überwinden und zur »Idee« heimzukehren — ein Prozeß, der in der Geschichte erfolgt. Hegel behauptet, daß erst die klassische Kunst das Schöne zur Erscheinung bringe. Als »Mittelpunkt« habe die klassische Schönheit die »Einigung des Inhalts und der ihm schlechthin angemessenen Gestalt« in »freier Totalität«. Der Gegensatz von Inhalt und Form ist in Hegels Klassik-Begriff gelöst zur »Identität von Bedeutung und Körperlichkeit«, die »keine Trennung der Seiten« zulasse. Diese Mitte sei in der antiken griechischen Kunst erreicht worden, und zwar in einer über die Kunst hinausreichenden Weise. Daher spricht er von einer »glücklichen Mitte« zwischen »selbstbewußter subjektiver Freiheit« und »sittlicher Substanz«, von einer »Mitte freier Lebendigkeit« in einem »heiteren Reich«. Die Harmonie von Individuum und Staat, Kunst und Sittlichkeit resultiere im »Menschlichen«, das seinerseits wiederum »Inhalt der wahren Schönheit und Kunst« sei. Wobei Hegel das »Menschliche« der Klassik sehr körperhaft und nicht in einem übertragenen Sinne sieht, »weil die Äußerlichkeit des Menschen allein befähigt ist, das Geistige in sinnlicher Weise zu offenbaren«.

Aus dieser Konstellation ergeben sich seit über anderthalb Jahrhunderten für jeden, der Hegels Klassik-Begriff auf die Musik der Wiener Klassik anwendet, einige Diskrepanzen. Die perikleische Zeit ist nicht mit der der Jahrzehnte um 1800 gleichzusetzen, weil das dem Sinn der Entfaltung des Geistes widerspräche. Da die (angeblich unter Perikles erreichte) Harmonie von Individuum, Staat und Sittlichkeit in der Zeit rund um die Französische Revolution nicht gegeben war, bringt eine Übertragung bestimmter Merkmale des klassischen Kunstwerks eine wesentliche Einschränkung von Hegels Klassikbegriff mit sich. Außerdem wählt Hegel mit guten Gründen die griechische Plastik als Paradigma für die klassische Kunst und sieht dagegen die Musik als jene Kunst an, die von allen Künsten am wenigsten mit der Plastik gemein habe. Für ihn gibt die Musik der romantischen Kunst das Paradigma.

Eine naive Übertragung ist daher zu vermeiden; um eine wohlüberlegte kommt kein Hegel-Interpret herum. Es fragt sich nur, wie er sie begründet, genauer gesagt, wie er die bereits bei Hegel vorhandenen Diskrepanzen zwischen System und historischer Realität für seine Interpretation nützt, und das heißt, wie und wo er einen Sinn stiftet, der sich in derselben Ausdrücklichkeit bei Hegel selbst gar nicht vorfindet. Zwei Vorgangsweisen sind möglich: entweder den Anspruch der Philosophie auf ein erreichbares System absoluten Wissens aufzugeben, wodurch dann die Kunst ihre weltanschauliche Bedeutung als Vermittlungsweise geschichtlicher Wahrheit wiedererlangt, ohne von der (historisch längst irreal gewordenen) These Hegels vom Ende der Kunst bedroht zu sein — oder an dem Anspruch festzuhalten, mit allen Konsequenzen für eine eingeschränkte Bedeutung (oder sogar Verzichtbarkeit) der Kunst. Der zweite Weg ist deshalb der bessere, weil sich historische Wahrheit, Weltanschauung und Klassizität ohnehin nicht in Übereinstimmung bringen lassen und es hier primär um die Klassizität Mozarts geht.

Hegel selbst war die Diskrepanz bewußt. Das zeigen seine konkreten Ausführungen über Kunstwerke seiner Zeit. So erkennt er etwa in Schillers Dramen wohl »wahres sittliches Pathos«, nicht aber »Schönheit« an. »Schöne« Kunst erreiche ihrerseits dies sittliche Pathos als Inhalt nicht mehr und werde zum autonomen Spiel mit Belanglosem. Ähnlich denkt er über die moderne Oper: Wohl schätzt er sie als Zusammenfassung der Künste (im Hinblick auf Schellings Ideal eines Gesamtkunstwerks), erkennt in ihr auch das Vorbild der antiken Tragödie und sieht allein die Oper als geeignet an, antike Stoffe wieder auf die Bühne zu bringen. Doch diese Stärke der Oper, »ins Märchenhafte und Mythologische auszuschweifen«, ist zugleich ihre Schwäche: sie dient nur dem Genuß und macht so — in illusionärer und nicht aufklärender Weise — dem modernen Menschen die »Greuel« erträglich, daß etwa »Alceste für ihren Mann sterben will« oder »Iphigenie ihren Bruder schlachten soll«. Die Oper ist also Kunst, die ihren unbedingten Ernst bereits verloren hat. So wird auch verständlich, daß Hegel sein antikes Lieblingsdrama, die »Antigone«, nicht wiederaufgeführt sehen will — oder daß der Mozart-Liebhaber Hegel wohl das »Märchenhafte und Phantastische« der »Zauberflöte« lobt, aber »Figaro« und »Don Giovanni« schweigend übergeht, um sie nicht wegen der Reflektiertheit des Stoffes im ersten und wegen des Ernstes und Anspruchs im zweiten Fall kritisieren zu müssen.

Daher eignen sich die Opern Mozarts schlecht dazu, mit Hegel die Klassizität zu erörtern. Besser ist es, die reine Instrumentalmusik heranzuziehen, da sie für Hegel dem Wesen der Musik am nächsten steht. So bezeichnet er als ihre Hauptaufgabe: »die Art und Weise wiederklingen zu lassen, in welcher das innerste Selbst seiner Subjektivität und ideellen Seele nach in sich bewegt ist«. Dieses Zitat umschreibt allerdings jene Verinnerlichung, die die Kunst nach der Klassik in ihrer romantischen Phase erreicht. Dabei war Hegel bewußt, daß die auf die Substanz als Subjekt gerichtete neuzeitliche Entwicklung ihrerseits einmal Erreichtes stabilisiert; in einem umgangssprachlichen Sinne kann man sagen: auch sie wird klassisch. Überhaupt ist sein Begriff des Romantischen weder mit dem alltäglichen Wortgebrauch noch mit dem in den einzelnen Kunstwissenschaften gleichzusetzen. Er polemisiert gegen die »sogenannte romantische« Poesie und Musik, gegen ihre »heraufgeschraubte Naivetät«, ihre »schlechthin gehaltlosen Leidenschaften«, ihre »Zerrissenheiten«. Bis ins Vokabular hinein verhält sich Hegel wie ein zeitgenössischer Klassizist. Dies gilt auch für die Art, in der er die »wahrhaft idealische Musik«, die für ihn von Palestrina bis Mozart reicht, charakterisiert. Da ist die Rede von »Ruhe der Seele«, »klarem Ebenmaß«, zuletzt heißt es: »alles bleibt in gebändigter Form fest zusammen, so daß der Jubel nie in wüstes Toben ausartet und selbst die Klage die seligste Beruhigung gibt«. Von den uns geläufigen Stilbegriffen her gesehen, kommen sich also »Klassisch« und »Romantisch« bei Hegel bemerkenswert nahe. Doch darf diese Nähe nicht darüber hinwegtäuschen, daß die »romantische« Kunst eben ein Nicht-Mehr, eine Beschränkung aufs Subjektive, im Verhältnis zur »klassischen« Kunst darstellt.

Aus den Ansichten Hegels lassen sich drei mögliche Lösungen herausinterpretieren: Die erste, die durch den Antike-Bezug in der Oper zu erreichen ist, haben wir bereits als wenig geeignet erkannt; sie ist zu sehr ein »Lob des Nicht-Mehr«. Denkt man daran, daß Hegel auf anderen Gebieten, vor allem auf dem seines Bildungsideals, die Antike engagiert als Vorbild herausstellt, bietet sich als zweite Lösung an, diese positive und zukunftsorientierte Bezugnahme auf die Musik zu übertragen. Sie hat das Manko, die These vom Ende der Kunst durch eine Anlehnung der Kunst an den Bereich von Staat, Recht und Bildung zu unterlaufen. Eine dritte Lösung wäre es, Hegels Begriff des »objektiven Humors« (worunter er das freie Spiel der Kunst mit ihren eigenen Mitteln versteht) einzuholen. Da alle drei aus Hegels Denken ableitbar sind, liegt es nahe, sie auch aufeinander zu beziehen, um die Diskrepanzen zwischen ihnen zur Strukturierung der Spannung zwischen Inhalt und Form zu nutzen und einer naiven Behauptung klassischer Harmonie bei Mozart zu entgehen. Für ein dazu geeignetes Beispiel halte ich die »Jupiter«-Sinfonie — gerade aufgrund ihres zweifelhaften Titels. Zuvor ist noch Hegels Begriff des »Menschlichen«, der sich in gewisser Weise von der »klassischen« zur »romantischen« Kunst weiterentwickelt, auf seine Anwendbarkeit hin zu prüfen.

Die bisherigen Überlegungen haben wichtige Merkmale von Hegels Klassik-Begriff, die »glückliche Mitte«, die Identität von Natur und Geist, von Inhalt und Form, kritisch differenziert. Wieweit kann also das »Menschliche« als geglücktes Zusammentreffen von »Bedeutung und Körperlichkeit« sich in »romantischer« reiner Instrumentalmusik noch verwirklichen? Das emphatisch Menschliche steht im Zentrum der aufklärerischen Weltanschauung und trägt auch den Gedanken einer möglichen Autonomie der Kunst. Auf diesem Niveau ist auch ein historischer Brückenschlag zurück zur Antike leicht zu bewerkstelligen. Für den antiken Griechen hatte Ödipus mit dem Lösungswort »der Mensch« die orientalische Sphinx getötet — Hegel treibt die Erörterung der »Selbständigkeit des Klassischen« über das Ästhetische hinaus ins Religionsphilosophische, übersteigt den Anthropomorphismus der griechischen Götterwelt auf Christus hin, denn: »damit Gott als Geist sei, dazu gehört sein Erscheinen als Mensch, als einzelnes Subjekt, — nicht als ideales Menschsein, sondern als wirkliches Fortgehen bis zur zeitlichen, gänzlichen Äußerlichkeit der auch unmittelbaren und natürlichen Existenz«. Mit welchem Pathos wird dort und da das Menschliche beschworen!

Interessanter als bloß die Bedeutsamkeit der »Durchdringung des Geistigen und seiner Naturgestalt« ist aber ihre Erscheinungsweise, die ihrerseits eine Durchdringung von Gegensätzen ist. Das lösende Wort des Ödipus, die Unmittelbarkeit, der glückliche Augenblick, Momente, die wir staunend mit einem Gefühl des »Wie schön!« festhalten möchten, all das wird von jenem »Fortgehen«, jener Bewegung des Geistes erfaßt, die letztlich auch über die »unmittelbare und natürliche Existenz« hinwegzieht und sich auf sich selbst beziehen möchte. So weist auch in der Kunst als einer Vermittlungsweise des Geistes das einzelne Werk und innerhalb dieses Werks das geglückte Detail über sich hinaus, ist von einem sich öffnenden Impuls getragen, der unsere Phantasie erregt und dieses »Wie schön!« aufsteigen und wieder überwinden läßt. Gegenstand und Wirkung, und innerhalb des Gegenstands statische und dynamische, bestimmte und unbestimmte Momente gehen ineinander auf. Wie aber ist dieses Ineinander in Hinblick auf Mozarts Musik zu fassen? Hier bleibt uns Hegel die Antwort schuldig.

Die angesprochene Erscheinungsweise des »Menschlichen« musiktheoretisch einzuholen, ist also prekär. Nach Hegels Gedanken, daß sich Geist und Natur in faßlicher Äußerlichkeit treffen und zugleich dieses Sich-Treffen von dem sich entfaltenden Geist erfaßt und überwunden wird, ist das einzelne Werk ein Hinein des Geistes in die Natur und die geschichtliche Folge von Werken eine Bewegung des Geistes heraus aus der Natur zu sich selbst. Da das eine vom anderen nicht zu trennen ist, kann aber auch das einzelne Werk als Bild dieser Spannung zwischen »Existenz« des einzelnen und »Fortgehen« des Ganzen verstanden werden. Diesen Gedanken mit musiktheoretischen Termini auszudrücken wäre bereits Abstraktion. Die Durchlässigkeit bleibt aber gewahrt, wenn musiktheoretische Modelle gleichsam als Metaphern verwendet werden.

Ich behelfe mich mit einer Übertragung von Hegels Verständnis dessen, was Denken ist, auf ein Verständnis vom Komponieren. Danach wäre auch Komponieren ein Vorgang des Beziehens und Verflüssigens von Unterschieden, aber nur nach vorausgegangener Fixierung. Das vereinzelte Sein des Fixierten ist bereits ein »innerliches Äußerliches«, das heißt ein Ideelles, logisch Bestimmtes, in naturhafter Gestalt. Das gilt nach Hegel bereits für den »articulirten Ton, das Wort«. Zumindest ebenso wie für den Vorgang trifft für dessen Ergebnis, die Komposition, zu, daß in ihr das Naturhafte bereits durch Geist Vermitteltes ist. Der Musiktheoretiker kann wohl sozusagen dem »Wehen des Geistes« nachspüren, nicht aber wird er mit Hilfe von Abstraktions- und Reduktionsverfahren durch das Werk hindurch zu einem Bodensatz des rein Naturhaften vordringen. Selbst so nützliche Modelle wie die des Schichtenbaus (Heinrich Schenker) oder der Norm-Abweichung-Spannung (Hans Heinrich Eggebrecht) sind dazu ungeeignet. Folgen wir Hegels Unterscheidung der »klassischen« von der vorangegangenen »symbolischen« Kunst, so macht die Qualität der ersteren gerade das Faktum aus, daß die »Bedeutung« eben nicht mehr aus dem Werkzusammenhang herausfällt. Die Unfaßbarkeit der Synthese macht ihr »Klassisches« im Verhältnis zum »Symbolischen« aus und bewahrt dieses »Klassische« zugleich davor, auf das regelhaft Wohlgeformte eingeschränkt zu werden.

EXKURS ZUR MUSIKTHEORIE

Um diese sehr allgemeine Aussage griffiger zu machen, verweise ich auf einige bezeichnende Schwierigkeiten, die die Theorie mit der Musik Mozarts hat. Die erste entsteht beim Versuch, Bauelemente oder schlichtweg einzelnes dieser Musik abzugrenzen und dann zu charakterisieren. Schon vor bald 80 Jahren begannen Théodore de Wyzewa und Georges de Saint-Foix Werk für Werk Mozarts dadurch historisch zu bestimmen, daß sie konkrete Details auf Einflüsse rückbezogen, um dann mit diesem Verfahren eine logische Entwicklung zu finden. Die Kritik zeigte aber, wie sehr diese Methode zu einem System geführt hatte, das sich vom Gegenstand abhob. Vor allem die philologische Quellenkritik bewies, daß unter diesem System gezogene Schlüsse in Fragen der Chronologie und Echtheit von Werken falsch waren. Von Gestalttheoretikern wurde außerdem eingewandt, daß Wyzewa/Saint-Foix einen Werkbegriff gar nicht erreichen und das Ganze als eine Summe von Teilen ausgeben. Noch wichtiger sind, zumindest vorderhand, bestehende immanente methodische Schwierigkeiten. Wyzewa/Saint-Foix gingen von der auch heute nicht bezweifelten Annahme aus, Mozarts Kunst assimiliere in hohem Maße Vorgegebenes. Das heißt, Wyzewa/Saint-Foix und andere ähnlich denkende Forscher jagen keiner Schimäre nach, sondern wollen ein charakteristisches Phänomen fassen. Ihre Erfolge liegen im Aufweisen weitreichender Traditionen und personalstilistischer Zusammenhänge, ihre Mißerfolge in den anscheinend unüberwindlichen Unschärfen bei der Bestimmung der Vergleichsgegenstände im einzelnen.

Neuerlich veranschaulicht hat dieses Dilemma eine Diskussion zum Thema »Typus und Modell in Mozarts Kompositionsweise« anläßlich einer Tagung des Zentralinstituts für Mozart-Forschung in Salzburg 1973: Beklagt wurde einerseits der Mangel an ediertem Vergleichsmaterial aus Mozarts musikalischem Umkreis, andererseits die Unverbindlichkeit im Begriffsapparat, der jedoch für Vergleiche unumgänglich nötig ist. Allen war klar, daß Begriffe definiert werden müssen, um präzise angewandt werden zu können, diese Definitionen aber in Auseinandersetzung mit dem musikalischen Gegenstand erfolgen müssen. Um diesem Ziel näher zu kommen, suchten mozart-erfahrene Wissenschaftler ihre Beobachtungen am Werk auszutauschen, mit dem Ergebnis, daß schließlich folgende Termini undefiniert zur Disposition standen: Modell, Typus, Ausdruckstypus, Anspielung, Zitat, Selbstzitat, Reminiszenz, Plagiat, Figur, Allusion, Vorbild, Werkgattung, Zeitstil. Da diese Vielzahl aus konkreten Beobachtungen hervorging, kann sie nicht bloß Ausdruck der Verwirrung am Beginn eines Forschungsprozesses sein, sondern sie sagt auch etwas über die schwer faßbare Differenziertheit des Gegenstands, Mozarts Musik, aus. Kein Zufall dürfte es ferner sein, daß prinzipiell ähnliche Schwierigkeiten bei »strukturwissenschaftlichen« Untersuchungen auftreten, denen es zunächst nur um die exakte Erfassung einer Werkstruktur geht. Auch der Einsatz mathematischer und informationstheoretischer Modelle ändert nichts an der unterschiedlichen Plausibilität der Abgrenzung von Bauelementen. Daß das Definieren des Material-Ansatzes bei einer Stamitz-Sinfonie (Werner Korte) überzeugender ausfällt als bei Streichquartetten Mozarts (Werner Hümmeke), hat weniger mit der Methode als mit den gegenständlichen Unterschieden zwischen Stamitz und Mozart (und im weiteren zwischen den stilgeschichtlichen Begriffen der Vorklassik und Klassik) zu tun.

Das zweite Problem ergibt sich beim umgekehrten Verfahren, die letztliche Unfaßbarkeit der musikalischen Struktur in ihren Bestandteilen positiv aufzugreifen und ihrerseits zum Ansatz zu wählen. Allerdings ist mir kein Versuch bekannt, eine radikale Wandelbarkeit des musikalischen Ablaufs anzunehmen und einem ständigen Ausweichen vor entstehenden Sinnzusammenhängen nachzugehen. Analytiker suchen ihre Befriedigung lieber im Nachweis von Sinn und Zusammenhang; aber mit ihren Modellen könnten sie doch auch, bei einem Spiel gleichsam über die Bande, Un-Sinn als Absicht enthüllen. Für solch ein Vorgehen bietet sich offensichtlich eher die Musik von John Cage (und das, was er »aggregates« nennt) als die von Mozart an. In abgeschwächter Form greift diesen Gedanken aber Thrasyboulos Georgiades mit seiner These von der »Diskontinuität« im musikalischen Ablauf auf. Georgiades stellt der landläufigen Annahme, ein klassischer Komponist wolle in mehr oder weniger individueller Weise vorgegebene Schemata erfüllen, eine andere Auffassung von der Entfaltung der Musik in der Zeit gegenüber: Impulse von Detail zu Detail erzeugen Überraschung durch Nicht- oder nur teilweise Einlösung von trägen Erwartungen der Hörer, die auf Wiederholung oder kontrastierende Entsprechung gerichtet sind. Die These von der »Diskontinuität« spürt also dem nach, was ich vorhin mit »Wehen des Geistes« metaphorisch umschrieb.

Ein Versuch, Hegels Begriff der »Entfaltung des Geistes« durch eine radikal gesehene »Diskontinuität« musiktheoretisch zu konkretisieren, führte zu einem Irrtum. Er liefe eher auf eine Analogie zu Schopenhauers »Willens«-Begriff hinaus. Den Gegenbeweis erbringt der Umstand, daß jene Musiktheorie, die der Schopenhauerschen Philosophie am nächsten steht, die von

Ernst Kurth, sich offensichtlich schlecht auf Mozart anwenden läßt (Kurth schrieb über Bachs Polyphonie, dann über die »Tristan«-Harmonik und Bruckners Sinfonien). Daher sehen Georgiades und sein Schüler Stefan Kunze die »Diskontinuität« auch nicht isoliert, sondern in wesentlichem Zusammenhang mit dem Werkganzen. Ihrer Ansicht nach bestimmt der Impuls zur »Diskontinuität« das entstehende Werkganze und ermöglicht erst dessen Individualität. Dieser Ansatz bewegt sich damit in Richtung auf Hegels Gedanken einer »freien Totalität« im Kunstwerk. Er lenkt unsere Aufmerksamkeit mehr auf das Unfaßbare im Faßbaren als auf die verborgene Ordnung im zunächst unfaßbar Erscheinenden (wie dies Heinrich Schenker und seine Schule tun) und vermag so die strukturellen Voraussetzungen jener Unmittelbarkeit der Wirkung zu erläutern, von der bei Kant und Hegel bevorzugt die Rede ist.

FORM, INHALT UND WIRKUNG — EINE SPEKULATIVE INTERPRETATION DER »JUPITER«-SINFONIE

Mit diesem Exkurs auf musiktheoretische Modelle sollte nur die formale Seite der Behauptung, daß eine letztliche Unfaßbarkeit das »Klassische« der Musik Mozarts im Verhältnis zum »Symbolischen« ausmache, veranschaulicht werden. Wir waren aber von der Forderung ausgegangen, daß die in Partituren greifbare Form ausdrücklich mit Inhalt und Wirkung zusammengebracht werden muß. Dabei stoßen wir auf die ebenso simple wie heikle Frage: Wie kommt die begriffslose Musik zum Begriff? Selbstverständlich dadurch, daß man sie, wie Hegel sagt, zur »begleitenden Musik« macht und ihr von außen einen Inhalt anheftet, den sie dann musikalisch interpretieren, betonen oder distanzieren, »beleben« kann. Aber was wird aus der reinen Instrumentalmusik, treibt und ragt aus ihrer Immanenz ein Begriff heraus? Vorhin habe ich den mit der Musik der Wiener Klassik in Zusammenhang gebrachten Begriff des »Menschlichen« als Beschwörung einer Bedeutsamkeit beiseite geschoben. Nun kehrt er wieder. Sicherlich bringt die alles Faßbare durchziehende Unfaßbarkeit (konkretisiert als Wechselspiel zwischen »Diskontinuität« und entstehender Gestalt) eine »nach außen dringende« Spannung hervor. Und dieser Impuls legt uns als Wirkung die Illusion von Freiheit und Spontaneität nahe. Und sie wiederum läuft auf den Humanitätsbegriff der Aufklärung hinaus — nur ist dieser Begriff nicht der offenbar gewordene Gehalt der Musik. Im Grunde wäre er bereits die Überwindung der Kunst — sie selbst aber kann nur ein Auf-dem-Weg-Dorthin sein. Dies entspricht jedoch dem, was Hegel als die »Verinnerlichung« der »romantischen« Kunst bezeichnet, und entschlüsselt nicht den Begriff des »Klassischen«.

So bleibt uns nur, nach dem Mut zur Theorie auch den Mut zur spekulativen Konstruktion auf der Basis der Theorie Hegels aufzubringen. (Eine andere Möglichkeit wäre es, bei Erkenntnissen der Musikpsychologie anzusetzen.) »Klassisch« und »Romantisch« gilt es zu kombinieren. Ich versuche es mit Hilfe einer der drei auf Seite 236 genannten Interpretationen. Dabei verknüpfe ich die dritte Interpretation (das Spiel der Kunst mit sich im Sinne des »objektiven Humors«) mit der zweiten (dem ernst gemeinten und historisch weiterführenden Antike-Bezug) und verweise gelegentlich auf die erste (den Antike-Bezug in der Oper und Vokalmusik), alles in der Absicht, der für sich inhaltslosen Monade »objektiver Humor« durch einen Antike-Bezug Körper zu geben. Diese Willkür soll nicht bemäntelt, sondern in die Konstrukion miteingeholt werden. Gedanken Hegels über die klassische Kunst werden auf eine viel spätere historische Situation übertragen: vor allem der, daß das Ideal ohne »individuelle Einheit« und »Lebendigkeit … kahl und leer« bliebe, verbunden mit der bereits zitierten religionsphilosophischen Aussage Hegels, daß nicht ein »ideales Menschentum« genüge, sondern eine »unmittelbare und natürliche Existenz«.

Der »Verinnerlichung« romantischer Kunst entspricht nach Hegel die reine Instrumentalmusik am besten. Die Sinfonie galt in der Goethe-Zeit allgemein als ihre »erhabenste« Gattung. Der Erwartungshorizont hoher und tiefsinniger Ansprüche ist für einen Antike-Bezug günstig — die Zweifelhaftigkeit des Titels »Jupiter«-Sinfonie für Mozarts letzte C-Dur-Sinfonie unterstreicht dagegen dessen Willkürlichkeit. Die Assoziation mit Jupiter tauchte im frühen 19. Jahrhundert in England auf und wurde bald anderswo übernommen. In der Empire-Zeit und bei den anhaltenden klassizistischen Neigungen danach, ja selbst im Hinblick auf die bei Romantikern übliche Phraseologie für Mozarts Sinfonien überrascht das nicht. (Jean Paul spricht von »Mozartschen Donnerwolken«, Friedrich Rochlitz nennt die »Jupiter«-Sinfonie eine »furchtbare Sinfonie« und C. M. v. Weber »die große, allgewaltige, ergreifende«). Antikisierender Titel und Charakterisierung der Musik liegen also wirkungsgeschichtlich nahe beisammen. Ein Rückschluß auf Mozarts Intentionen ist aber nicht herzustellen. Mit diesem vorsichtigen Einbekenntnis will ich aber nicht das machen, was ich anderen vorwarf: Klassik auf ein bloßes Rezeptionsphänomen einzuschränken. Der Sinn meines spekulativen Spiels soll sich aber gerade im Gegeneinanderführen der Faktizität von Mozarts Partitur als Produktionsphänomen und der Willkürlichkeit des, wenngleich plausiblen, Titels als Rezeptionsphänomen erschließen.

Jupiter dient also dazu, der »Jupiter«-Sinfonie jene Körperlichkeit zu geben, die sie von vornherein nicht hat; zugleich damit einen objektivierenden Selbstzweck der musikalischen Analyse zu vermeiden. Dieser Vorgang kommt dem Denken Hegels nahe. Aus seiner Betonung der Wirkungsseite erklärt sich übrigens auch die jeden Musiker irritierende Tatsache, daß Hegel in seinen konkreten Aussagen der Musik das Architektonische abspricht und sich mehr auf die Beweglichkeit in der Abfolge musikalischer Phrasen konzentriert. So wie umgekehrt der auf die Partitur konzentrierte Musikanalytiker sich leicht falsche Illusionen über die Durchhörbarkeit der sich im Ablauf erfüllenden formalen Ordnung macht. Daher erscheint es günstiger, bei der Interpretation am Detail statt am Ganzen oder an übergreifenden Merkmalen wie der Ausdrucksvielfalt, den sich wandelnden Themen, der »Lebendigkeit« des Verlaufs anzusetzen. Ersteres steht der Wirkungsseite näher und betont außerdem das Individuelle besser, als es die »kahle Idealität« einer Mannigfaltigkeit in der Einheit vermag.

Fulgur, tonans: das sind wohl die gängigsten Epitheta für Jupiter, doch gibt es auch andere, weniger bedrohliche. Hegel gibt in seinen Schriften eine, die Vielfalt der Eigenschaften in klassischer Balance haltende Beschreibung des obersten Gottes der Antike. In ihm sieht er Naturprinzip und Geist vereinigt. Im Unterschied zu Kronos ist Zeus für Hegel »der Gott geistiger Subjektivität« — auf der anderen Seite ist er »der politische Gott, der ein sittliches Werk, den Staat, hervorgebracht hat« — aber auch auf die vielfachen Verwandlungen des Zeus weist er hin. In ein

Bild gefaßt, entspricht all dies Hegels Charakterisierung der Zeus-Darstellung des Phidias. Da ist davon die Rede, daß »*ein* Individuum als Herrscher« über die Götter stehe: »Diese Würde und Hoheit hat vor allem Phidias der Gestalt und dem Ausdruck des Zeus beigelegt, doch wird der Vater der Götter und Menschen zugleich mit einem heiteren, gnädigen Blick in thronender Milde hingestellt, in männlichem Alter, nicht mit der Wangenfülle der Jugend, ohne jedoch umgekehrt an irgendeine Härte der Form oder Andeutung der Gebrechlichkeit und des Alters anzustreifen.« Diese offenkundig auf Vermittlung von Macht und Gnade hin angelegte Beschreibung scheint für eine Übertragung auf Mozarts Sinfonie gut geeignet. Das der Musik Widerstrebende liegt eher in jenen Eigenschaften, die es zu vermitteln gilt. Es geht also zunächst darum, charakteristische Momente innerhalb des musikalischen Ablaufs zu suchen und mehr auf ihren Eigenwert als auf ihre Funktion für das Werk als Ganzes zu achten.

Wo tritt der Jupiter tonans aus Mozarts Musik hervor? Die Basis für sein Auftreten bildet die gewählte Tonart C-Dur. In der Tradition vor Mozart (bes. Johann Mattheson) galt diese Tonart als kriegerisch wie festlich und fröhlich. Abbé Vogler und Schubart gaben ihr zusätzlich das Attribut »rein«. Die Tonartencharakteristik ist zwar ein nebuloses Feld; selbst Skeptiker werden aber zugeben, daß C-Dur aufgrund ihrer zentralen Stellung im Quintenzirkel eine einfache und insofern natürliche Tonart ist, als sie auf den alten, ventillosen Blechblasinstrumenten gut spielbar war. Sie eignet sich also zur Feldmusik. Das trifft sich wiederum mit der traditionellen Verwendung von Pauken und Trompeten als Herrschaftszeichen im Krieg wie bei festlicher Repräsentation. Die Attribute von C-Dur leuchten also vom Gebrauch der Musik her ein, sind auch mit Mozarts »Jupiter«-Sinfonie assoziierbar. Schon die beiden ersten Takte und noch mehr die Passage T. 9—23 (mit den punktierten Rhythmen in allen Bläsern und den Pauken, den tirata-Figuren und der festen Markierung des 4/4-Taktes in den Streichern, der einfachen Harmonik und Baßführung, den Dreiklangszerlegungen usw.) sind inhaltlich kaum anders als mit festlich, kriegerisch, marschartig zu umschreiben. Freilich, was besagt dies schon? Wie viele der Sinfonien Mozarts und seiner Zeitgenossen beginnen mit einem rhythmisch markanten und volltönenden Entree. In anderen C-Dur-Sinfonien Mozarts findet sich ähnlich Festliches wieder, besonders deutlich in KV 96 und 338.

Doch will ich den Schein historischer Objektivität nicht weiter verfestigen. Als ich die Sinfonie auf »Jupier tonans« hin abhörte, fielen mir bestimmte Stellen besonders auf. Es waren zufällig solche, die in den üblichen Formanalysen keine große Rolle spielen, und für die ich plötzlich eine sinnvolle Erklärung fand. In der Expositon des ersten Satzes prägte sich mir jene Passage T. 81 ff. ein, die sich dem Haupt- und Seitenthema anschließt und nach der Lehrbuch-Vorstellung von Sonatensatz keine tragende, vielmehr eine überleitende Funktion hat, aber im speziellen Fall nichts überleitet, sondern einen Einbruch bildet. Nach dem Ausklingen des Seitenthemas in einer kadenziellen Bewegung, die eine C-Dur-Tonika erwarten läßt, folgt zunächst ein Takt Pause und dann ein vehementer Einsatz von c-Moll in einem Satzbild ähnlich den Gewittermusiken in Opern (volles Orchester, Tremolo, Vorhalte, punktierte Rhythmen in Blechbläsern und Pauken, chromatische Schritte über einem liegenden Baß, ansteigende Dreiklangszerlegungen). Ähnliches ereignet sich in der Reprise T. 269, nur dort in f-Moll. Im zweiten Satz wird das »Andante cantabile« des Anfangs T. 19 abrupt durch einen c-Moll-Satz abgelöst (der als Typus dem im ersten Satz verwandt ist: volles Orchester, Tonrepetitionen, liegender Baß, auf- und absteigende Dreiklangszerlegungen). In T. 47 kehrt diese Passage variiert wieder. Der »martialische« Höhepunkt des zweiten Satzes (volles Orchester in fortissimo, punktierte Rhythmen, ansteigende Dreiklangszerlegungen, Läufe über liegender Harmonie) zeigt jene Relation c-Moll zu C-Dur (T. 19 zu T. 71) gedehnt, die im ersten Satz (T. 81 zu T. 85) unmittelbar aufeinander folgte. Sogar im sehr fließenden Menuett treten schon während der ersten acht Takte als diskrete Kadenzkonturierung Blechbläser und Pauken hinzu. Überraschend markant und für sich stehend folgt dem sehr gebundenen und zarten ersten Acht-Takter des zweiten Teils ein zweimaliges Quasi-Trompeten-Signal (T. 24—27): ein Akzent ohne ersichtliche Ursache. Etwas unvermutet Forciertes hat aber auch das erste, nur leicht abgewandelte Auftreten des Fugato-Themas aus dem Finale im zweiten Teil des Trios (T. 68 ff.) an sich. Im Finale selbst erscheint das Fugato-Thema schon sehr bald, sozusagen mit Pauken und Trompeten, in einem Satzbild (T. 9—35), das an den Anfang der Sinfonie erinnert. Was so exponiert wird, läßt Folgen erwarten, die auch tatsächlich verschiedentlich eingelöst werden. Manches in der Wiederkehr dieses Satzbildes ist aber doch auffällig: Das einzige sforzato in vollem Orchester, das im ersten Teil des Finales steht, markiert einen überraschenden c-Moll-Einbruch, der beim zweiten sforzato zu C-Dur wechselt (T. 128 zu T. 130). Die Parallelität zum c-Moll-Einbruch im ersten Satz verstärkt noch die entsprechende Stelle im zweiten Teil (T. 326—334), die wie im ersten Satz von einem akzentuierten f-Moll-Akkord zu einer Kadenz in C-Dur führt. Bemerkenswert ist schließlich, daß das Fugato-Thema ein einziges Mal, da aber zu Beginn der Coda (T. 372ff.), von einem Blechblasinstrument, dem Horn, gespielt und damit ein »martialischer« Schluß eingeleitet wird.

Meine Höreindrücke waren von der inhaltlichen Vorgabe »Jupiter tonans« gelenkt. Die Stellen, auf die sie sich bezogen, lassen sich dennoch nicht auf die allgemeine Charakteristik der Tonart C-Dur, »festlich« und »kriegerisch«, einschränken. Die Satzbilder ragen aus diesem Erwartungshorizont durch ihre Expressivität oder durch ihr überraschendes Auftreten heraus. Es sind nur wenige, aber im Ablauf exponierte Stellen. Daher besitzen sie ein hohes Maß an Information, bzw. sie fordern die Aufmerksamkeit des Hörers heraus.

Nunmehr ist es sinnvoll, die zunächst eher punktuelle Betrachtung auf Strukturzusammenhänge hin zu erweitern. Vermutlich sind dem Leser schon bei meinem ersten Beispiel bestimmte Bedenken gekommen. Die Assoziation der ersten beiden Takte und dann der Takte 5—6 und 9—23 mit »Jupiter tonans« mag akzeptabel sein; aber wie steht es mit den Takten dazwischen, 2—4 und 6—8, und mit denen, die der Fermate T. 23 folgen? Sie haben hörbar anderen Charakter. Läßt dieser sich inhaltlich bestimmen, und in welcher Beziehung stehen die beiden Charaktere zueinander? Ich beginne mit der zweiten Frage.

Nennen wir die Takte 1—2 Glied a und die Takte 2—4 Glied b, ergibt sich in den ersten acht Takten eine Zwei-Takt-Folge von a — b — a′ — b′. Die Unterschiede zwischen a und a′ bzw. b und b′ resultieren aus der Harmoniefolge Tonika — Dominante

— Dominante — Tonika und bilden eine »Periode«. Dieser konventionelle Sachverhalt erhält Individualität, indem sich die Vordersatz-Nachsatz-Spannung so darstellt, daß die Glieder a jeweils stabilisieren und die Glieder b einen entwickelten Impuls fördern. Das sich ab T. 9 zum Typus ausweitende Glied a fungiert auch im weiteren stabilisierend. Der Weg von der Tonika zur Dominante ist in den Takten 9—23 sehr gedehnt und mündet plausibel in einer Fermate. Auch in der anschließenden Bewegung von der Tonika hin zur Wechseldominante dient das Glied a, bzw. der übergeordnete Typus, zur Stabilisierung der harmonischen Schritte (Tonika: T. 24, Dominante: T. 28 und 37, Wechseldominante: ab T. 49). Dagegen tritt in den Passagen, die dem Glied b zuzuordnen sind, erstmals Chromatik innerhalb des diatonischen Rahmens auf (der chromatische Quartfall in den Takten 31—34, chromatische Wechselnoten in den Takten 42—48).

Diese Gegensatz-Spannung wird von einer anderen überlagert: der Beziehung zwischen den jeweils klar umgrenzten Teilen T. 1—23 und T. 24—55. Letzterer ist als Variation des ersten gut erkennbar. Sein Ablauf ist in Relation zum ersten gedehnt. Einen einleuchtenden Anlaß dafür gibt der weitere tonale Weg (statt zur Dominante zur Wechseldominante), der eine übergeordnete architektonische Funktion für den Eintritt des Seitenthemas in G-Dur T. 56 erfüllt. Dieser Vorgang erhält wiederum ein individuelles Gesicht: Die an den Anfang der Sinfonie rückerinnernde Periode T. 24 ff. öffnet sich im Nachsatz entgegen der Periodennorm (im Sinne dessen, was Erwin Ratz einen »Satz« nennt) zu einem Spiel mit Motiv-Partikeln aus T. 31 und mündet auch nicht in der Tonika, sondern durch den chromatischen Baßschritt f — fis T. 36 in der Dominante G. Ab T. 37 wird nochmals und klanglich gesteigert am Nachsatz T. 28 angesetzt. Wiederum öffnet sich die Entwicklung zu einem Motiv-Spiel, diesmal aber nicht nur mit dem Partikel T. 31, sondern mit der gesamten Motivik-T. 24—31 bzw. mit dem Glied b des Anfangs. Strukturparallel zu T. 36—37 führt die Kadenz T. 48 bis 49 nun zur Wechseldominante D. T. 49 ff. bringt T. 9 ff. (harmonisch verändert, aber in sonst gleicher Satzstruktur) verkürzt, wodurch die schließende Wirkung vermindert und die Erwartung auf das nachfolgende Seitenthema erhöht wird.

Der tonal wie motivisch leicht erfaßbare Sinfonieanfang ergibt demnach bei etwas näherer Betrachtung ein erstaunlich kompliziertes Architekturbild. Die beiden Teile dieses Anfangs haben gleichzeitig verschiedene Beziehungen zueinander. Der zweite Teil ist eine Variation des ersten: das verbindet — der in Relation zum zweiten breiter ausgeführte und in einer Fermate mündende Schluß des ersten Teils trennt sie wiederum und öffnet statt dessen die Erwartung auf das Nachfolgende hin (das trifft sich mit motivischen Beziehungen: die Kadenzschritte im Baß T. 36—37 und 48—49 werden im Seitenthema zum Kopfmotiv; die Melodielinie von Glied b des Anfangs taucht in T. 71f. und 75f. als Baßlinie auf) —, aus dem Unterschied zwischen den Gliedern a und b ergibt sich ein die beiden Teile übergreifender Verlaufsbogen. (Während im ersten Teil der »martialische« Typus völlig dominiert, werden zu Beginn des zweiten Teils die Glieder a und b durch eine Vertauschung der Begleitung von Glied b zur Oberstimmenlinie mit erweiterndem neuem Vorbau, Holzbläsern T. 24—27 usw., sowie durch eine Zurücknahme des Gliedes a in der Lautstärke, durchführungsartig verarbeitet, wobei insgesamt der Charakter des Gliedes b dominiert; in der Steigerung des Nachsatzes T. 28ff. in T. 37ff. wird das gesamte Glied b breit ausgesponnen und mit auffälligen Elementen des Gliedes a — wie Instrumentierung, Forte-Dynamik, punktierten Rhythmen und Orgelpunkt — kombiniert, wodurch sich die Gewichtung wieder auf den Charakter des Gliedes a zurückbewegt, der ab T. 49 jede Beimischung des Gliedes b verliert).

Die »sekundäre« Kompliziertheit bei »primärer« Einfachheit gibt dem bisherigen Satzverlauf nicht nur eine Qualität der Differenziertheit und innerer Beweglichkeit, sondern besitzt auch eine latente Funktionalität fürs Ganze. Das heißt, die Konsequenzen, die innerhalb der ersten 55 Takte bereits aus dem Unterschied zwischen den zwei Gliedern der ersten vier Takte gezogen worden sind, lösen eine Dynamik aus, die einlädt, noch weitere Konsequenzen zu ziehen, ohne es in einseitiger oder vorprogrammierter Weise tun zu müssen. So hat der Seitenthemen-Komplex T. 56—80 nicht nur motivische Beziehungen zum Vorhergehenden: der zunächst reine Streicherklang und der eher gebundene Duktus erinnern an Glied b des Anfangs. Nur bewegt sich die Entwicklung von diesem Charakter weg und auf einen in Melodik und Artikulation anderen zu. In der Architektur des Seitenthemen-Komplexes fällt auf, daß das Kopfmotiv nach der ersten Wiederholung der sechstaktigen Periode T. 56 ff. in T. 62 ff. durch eine Fortspinnung des Kadenzgliedes T. 59—61 verdrängt wird. Zugleich wird ein locker gefügter, aus punktierten Zwei-Ton-Gruppen und Tonrepetitionen bestehender Melodieduktus der ersten Violine dominant, der sich deutlich vom gebundenen Duktus des Gliedes b unterscheidet (wozu auch das erstmalige Hervortreten des Fagotts in oktavierendem Mitspielen der Violin-Melodie beiträgt) und eher eine Assoziation an den galanten Stil oder an die Sphäre der Opera buffa zuläßt, sich jedenfalls am bisher weitesten von Glied a des Anfangs entfernt. Die Kombination dieser Entwicklung mit der Melodielinie des Gliedes b im Baß T. 71 ff. ist also auch so etwas wie ein Charakter-Kontrapunkt, der sich allerdings hin zur reinen Staccato-Tonrepetition (mit einem überzähligen fünften Takt und einer anschließenden Generalpause) löst.

Aus diesem Zusammenhang heraus erscheint jenes Hereinbrechen einer Art Gewittermusik in c-Moll, das mich spontan beeindruckt hatte, weder gemildert noch konsequent eingebunden. Im Gegenteil. Nochmals rückblickend halte ich es wohl für übertrieben, das Verhältnis zwischen Glied a und b gleich als eine Dialektik zu bezeichnen, immerhin aber liegt ein Ansatz vor, der Mozart zu Bezugnahmen, Kontrasten, Verschleierungen und auch zu einem Überwinden und letztlich Doch-nicht-Überwindenwollen herausforderte. In der Verwirklichung zeigt sich das Glied a bzw. der die Tonart C-Dur charakterisierende Typus viel stabiler als das Glied b. Die Sphäre des letzteren dringt in die des ersten ein, und nicht umgekehrt. Sie ist es auch, die sich weiterentwickelt und zu Neuem öffnet. Dies gilt bis hin zu T. 81. Das Satzbild beim c-Moll-Einbruch gleicht weitgehend dem C-Dur-Typus, mit der wichtigen Ausnahme jener chromatischen Schritte, die bisher im Bereich des Gliedes b auftraten. Mit diesem Bezug hat es auch zu tun, daß sich die Folge es — e — f in der Oberstimme als eine transponierte Augmentation des Kopfmotivs des Seitenthemas aus der Partitur herauslesen läßt. Doch ist das nur ein Rest an Vermittlung. Als rhythmisch-motivischer Gestus ist diese Schrittfolge kaum erfaßbar; vielmehr tritt etwas anderes in ein auffälliges und kritisches Stadium ein: Das immer schon vorhandene Wechselspiel zwischen laut und leise, zwischen vollem Orchester und Streichern (mit Holzbläsern), stabilem Satzblock und beweglicher Entwicklung scheint gegen Ende des Seitenthemen-Komplexes sich zu verlaufen. In die trügerische Stille des T. 80 hinein bricht das noch irgendwie im Zuge des vorangegangenen Wechselspiels zu erwartende volle Orchester, aber völlig überraschend als negativer Höhepunkt, als unvermittelt ins Moll abgefärbter C-Dur-Typus — ein Phänomen, das meine Gewittermusik-Assoziation ausgelöst hatte. Doch schon nach vier Takten löst sich diese Überraschung zur Vermittlung hin durch die aufsteigende C-Dur-Dreiklangszerlegung und durch die klare Kadenz zur Dominante G (T. 85—89), die ihrerseits festgehalten, zur Tonika gemacht wird, durch die Anlehnung an die Passage T. 39—49 ins Vertraute zurückführt und ebenfalls wie in T. 49 so nun in T. 99 auf der Wechseldominante schließt.

Architektonisch ist der gesamte Teil 80—100 mit mehreren Funktionen ausgestattet: Er steht, durch Pausen und satztechnischen Kontrast aus dem Zusammenhang gehoben, einerseits wie ein Noëma (altertümliche Satzfigur, die auf eine bedeutungsvolle Aussage hinweist) für sich da — hat aber andererseits in sogar sehr angespannter Weise Anteil am Wechselspiel der Gegensätze — und verweist auch zurück auf eine prinzipiell ähnliche Situation vor Eintritt des Seitenthemas. Schließlich löst der melodische Abstieg in der ersten Violine T. 99—100 die Spannung, und in Analogie zu T. 56, zugleich plausibel im Wechselspiel, erklingt in T. 101 ff. ein neues, zweites Seitenthema. Das wiederum ist im Charakter nicht dem Kopfmotiv, aber späteren Phasen des ersten Seitenthemen-Komplexes (Staccato-Artikulation, Tonrepetitionen, punktierte Zwei-Ton-Gruppen; auch in der Entwicklung hin zum Mitspielen der Melodie durch das Fagott und anschließendem vollen Holzbläsersatz) verwandt. Es bringt dabei tatsächlich das Zitat einer Opera-buffa-Melodie. Auch hier verlagert sich, wie im ersten Seitenthemen-Komplex, die Gewichtung vom Kopfmotiv weg und hin zur Fortspinnung von Kadenzfloskeln, die nun am Ende der Exposition, die Architektur schließend, eindeutig im C-Dur-Typus münden.

Kurz ein Hinweis zum Begriff der musikalischen Architektur:

Architektur und Entfaltung in der Zeit reiben sich. Die Idealvorstellung, der Hörer erfasse im kontinuierlichen Verfolgen des musikalischen Zeitablaufs ein Werk adäquat als Gestalt, ist kaum von jemandem zu verwirklichen. Schon aus psycho-physiologischen Gründen nicht. Unsere Suche beim Hören nach Orientierung an vertrauten Mustern oder irgendwie Auffälligem wird sich dann der Werkgestalt annähern, wenn sie über den einmaligen Nachvollzug hinaus die Chance erhält, sich in wiederholtem Hören, Spielen und Studium der Partitur eben auf diese Gestalt zu konzentrieren. Aber nur unter Einschränkung auf dieses bestimmte Hörinteresse kann ich vermuten, der ideale Hörer verbinde in seinem Erlebnisfluß Architekturerwartung und sich von Detail zu Detail bewegende Sinnmomente. Vom Werk her betrachtet folgt daraus, daß sich seine Architektur nicht logisch oder kontinuierlich erfüllt — wie ein Bild, das man langsam entrollt und so immer vollständiger zu sehen bekommt —, sondern sich im zeitlichen Ablauf durch ständige Umfunktionierung von Teil-Gestalten mehr oder minder stark als komplexe Einheit mit individueller Fassade etabliert.

Eben das sollte meine Beprechung des Expositions-Ablaufs zeigen. Verfolgen wir die Entwicklung des ersten Satzes weiter, so verändert sich meine Sicht von der schließenden Funktion des Expositionsendes sofort. Sie wird nicht falsch (die Bogenbildung zurück zum ersten Höhepunkt T. 9—23 und die Parallelität zur Schlußbildung T. 49—55 ist ja in der Partitur belegbar), aber sie wird umfunktioniert, zunächst auf die Erwartung eines Durchführungsteils. Einen Impuls gibt die überraschend stark vom Vorhergehenden abweichende Holzbläserphrase T. 121 bis 123 (rhythmische Dehnung, gebundene Artikulation, piano, keine bereits als Motiv geläufige Melodiewendung). Freilich hat sie doch auch die vermittelnde Funktion, den G-Dur-Schluß der Exposition mit dem Es-Dur als erster fixierter Tonart der Durchführung zu verbinden. Die unisono-Tonschritte g — f — b — es ließen sich etwa folgend als Modulation harmonisieren: G (— c) — f^6 — B — Es. Im Hintergrund steht also eine rasch durchlaufene Quintenfolge: ein nicht nur bei Mozart beliebtes Mittel, um einem in Durchführungsteilen üblichen Schweifen durch verschiedene Tonarten Halt zu geben (siehe etwa die Sequenzbildung ab T. 135 oder die Durchführung im ersten Satz der g-Moll- Sinfonie KV 550) oder um die Folgerichtigkeit einer Kadenz zu betonen (siehe T. 73—75).

Beim Durchblättern der Partiturseiten der Durchführung zeigt sich, daß zwei musikalische Charaktere das Material liefern: die Buffa-Thematik von T. 101 ff. und der C-Dur-Typus des Anfangs. Der längst stabilisierte Gegensatz zwischen den Anfangsgliedern a und b bzw. dem, was sich aus ihnen herausentwickelte, setzt sich demnach in der Durchführung fort, aber nicht als vorbestimmte logische Folge, sondern als Anreiz zur weiteren Individualisierung. Kennt man sie, bekommt der zunächst überraschende Kontrast im Expositionsverlauf von Seitenthema, c-Moll-Einbruch und Buffa-Thema eine weiterführende »Logik«. Das heißt aber, die Entwicklung der Exposition besizt neben dem in sich geschlossenen Eigenwert auch eine sich öffnende Dynamik, und im Zeitfluß verlagert sich das Gewicht vom einen zum anderen.

Ihr besonderes Gesicht erhält die Durchführung dadurch, daß sie nicht sogleich die bereits bekannten Themen durchführt, sondern sie nochmals exponiert und erst dann zu dem übergeht, was zu erwarten war. In T. 123—133 wird das Buffa-Thema vollständig wiederholt; der einzige Unterschied zu T. 101—111 liegt in der Tonart und in der fehlenden Profilierung des Fagotts ab T. 127. Das zunächst überraschende Auftreten eines dritten Themas am Ende der Exposition als »Epilog-Thema« gleitet nun hinüber zu einem anderen möglichen Verständnis: als Vorwegnahme einer den Durchführungsteil einleitenden Exposition eines neuen Themas, das noch nicht T. 111 ff., aber jetzt ab T. 135 (ähnlich wie es mit dem zweiten Thema ab T. 67 geschah) durch Abspaltung der Kadenzfloskel weitergeführt wird. Freilich geschieht dies nun (insofern doch dem Schema Exposition — Durchführung entsprechend) viel intensiver als mit dem zweiten Thema zuvor (durch Weiträumigkeit, mehrere Stufen der Abspaltung, tonales Vagieren, Chromatik, scheinimitatorische Kombinationen und durch eine Charakter-Kontrapunktierung dieser Buffa-Schicht in den Streichern mit einer anderen Schicht in den Holzbläsern, die eher dem C-Dur-Typus des Anfangs entspricht). Diese »sekundäre« Annäherung in der Mitte des ersten Teils der Durchführung (durch die Forte-Dynamik unterstrichen) an den Charakter des zweiten Teils wird danach wiederum, und zwar vice versa, so aufgegriffen, daß der Einsatz dieses zweiten Teils in T. 161 seinerseits im Charakter kontrapunktiert wird, in genau der Weise, wie dies bereits bei der Variation des Anfangs in T. 24ff. der Fall war. Diese Scheinreprise in eine Variation des Anfangs und in der »falschen« Tonart F-Dur akzentuiert neuerlich einen anderen Formaspekt: einen der Rückläufigkeit hin zu einer Situation, die die Bogenbildung zum Anfang offenlegt. Intensiviert wird dieser Vorgang durch das, was der Scheinreprise ab T. 171 folgt. Bildete die Wiederkehr des ausgesprochen »martialischen« Satzbildes T. 9—16 in T. 49—55 und dann T. 117—120 jeweils den effektvollen Abschluß einer Teil-Entwicklung, so wird er nun durchgeführt (relativ weiträumig durch zehn Takte, stark chromatisiert und mit Stimmtausch zwischen Oberstimme und Baß) und steht so unentschieden zwischen Schlußfunktion und Eigenwert. Diese zehn Takte beschließen auch noch nicht die Durchführung; dies tut erst eine Piano-Reminiszenz auf das durchgeführte Buffa-Thema.

Wo sich die Wende hin zur Reprise vollzieht, ist kaum präzis anzugeben. Nach dem c-Moll-Einbruch und dem heiteren Ausklang der Exposition verkehren sich die Verhältnisse. Der Buffa-Charakter verliert an Leichtigkeit, wird von G-Dur nach Es-Dur abgedunkelt und dann, entgegen seiner Eigenart, durcharbeitet (mit viel Molltonarten in der tonalen Bewegung). Der Keim zur Rückführung liegt im Tonartenplan. Der rasche Abstieg von G- nach Es-Dur T. 121—123 wird langsam und mit vielen Umspielungen spiegelsymmetrisch ausgeglichen: Der Weg führt von Es-Dur (über g-Moll T. 139, 147 und 149, d-Moll T. 151 und a-Moll T. 152) zur Dominante von a-Moll — dieses E als Basis wird umgedeutet zu einem Leitton nach F-Dur (Scheinreprise T. 161) — dann folgen tonale Umwege, die mit einem neuerlichen Durchführungsschub verknüpft sind (in Parallelität zum ersten Teil der Durchführung nun mit dem Material des Sinfonieanfangs; auch die a-Moll-Sphäre kehrt T. 171ff. wieder) — und schließlich mündet der Weg doch T. 179 in G-Dur, der Dominante von C-Dur. Die Wende ist wohl dann vollzogen, wenn jener Verlauf der Durchführung (erst des Buffa-Materials und dann die des Materials des Sinfonieanfangs), der zunächst als bloße Kaprice erscheint, formal den Sinn erhält, eine Dynamik hin zur Reprise zu erzeugen. Das beginnt wie beiläufig in der erwähnten tonalen

Aufhellung, der Vereinfachung des Satzbildes und der Verringerung der Mittel T. 153—160. Daß damit die Identität des Buffa-Charakters wiederhergestellt werden soll, zeigt auch der solistische Einsatz des Fagotts T. 161 ff. und dann am Ende des zweiten Durchführungsteils die noch stärker buffoneske Parallelpassage T. 181—188. Dagegen tritt der Charakter des Sinfonieanfangs nur für ganz kurz, T. 179—180, ungetrübt innerhalb der gesamten Durchführung auf: womit die Spannung auf die Lösung durch den Repriseneintritt T. 189 — in nachträglich einfach erscheinender Weise — erhöht wird.

Das individuelle Gesicht des Sinfoniesatzes bleibt auch innerhalb der Reprise mit ihrer herkömmlichen stabilisierenden Funktion erkennbar. Die in der Durchführung entwickelte Dynamik auf die Reprise hin trägt weiter bis zum strahlenden Schluß. Ein wenig getrübt wird sie durch die Retusche, die Passage T. 212—243 (entspricht T. 24—55) nicht in C-Dur, sondern in der als Gegenpol bedeutsam gewordenen Tonart c-Moll erklingen zu lassen. Doch mündet auch diese Ausweichung in G-Dur (T. 225 entspricht T. 37). Die kleine negative Anspannung verstärkt freilich den Pendelschlag zum strahlend Positiven hin. Auch in diesen letzten Phasen fallen Retuschen im Vergleich zur Exposition auf: die Flöte wird in Seitensatz und Buffa-Thema vermehrt eingesetzt (was eine Aufhellung des Instrumentalklanges mit sich bringt) — der nun notwendig in f-Moll stehende c-Moll-Einbruch T. 269 ff. wird mit Hilfe des neapolitanischen Sextakkordes glatter harmonisiert, das ausdrucksintensive Hochtreiben der Mollterz entfällt hier — der Schluß wird um vier Takte erweitert. All dies dient der Stabilisierung und zugleich der Individualisierung der Satz-Architektur.

Ein angelsächsischer Kritiker würde meine Formanalyse vermutlich als »a sophisticated interpretation of a simple state of case« bezeichnen. Er hätte recht — und doch war die Langatmigkeit nötig, nicht nur, um die Beweglichkeit dessen, was zuletzt als Architektur dasteht, bewußt zu machen, sondern auch, um jener Frage nach der inhaltlichen Bestimmung hörbar unterschiedlicher musikalischer Charaktere den erforderlichen Rahmen zu geben. Daß sie innerhalb dieses Rahmens nicht leichter zu beantworten wurde, dürfte einleuchten, ebenso aber die

Chance, auf diese Weise die bekannten Kurzschlüsse semantischer Analysen, die durch zu punktuelle, die Struktur mißachtende Bestimmungen der Bedeutung entstehen, zu vermeiden. Freilich will ich gar nicht in dem Sinn semantische Analyse betreiben, daß ich aus der Musik einen Inhalt herauszulesen trachte, vielmehr geht es nur darum, »Jupiter« versuchsweise in die Musik hineinzuzeichnen. Das Herrschaftliche, Strahlende und auch Drohende dieses Gottes findet in den C-Dur- und c-Moll-Satztypen, die am Anfang und Ende der Sinfonie und mehrmals in ihrem Verlauf auftreten, seinen klar umrissenen musikalischen Gegenstand. Was sich »dazwischen« abspielt, ist entschieden schwerer zu fassen.

Wohl gibt es unter den Bausteinen solche, die immer wiederkehren und damit die Einheit fördern. Der Komponist Johann Nepomuk David hat in einer Studie über die »Jupiter«-Sinfonie demonstriert, wie zentral das Fugato-Thema des letzten Satzes für die Melodiegestaltung des Werkes insgesamt ist. Manche dieser Bezüge sind unüberhörbar, viele eher unterschwellig, und so manches erscheint als von David konstruiert. Ihre inhaltliche Charakterisierung ist nur auf einer esoterischen Ebene möglich: Das Fugato-Thema ist ein »Credo«-Thema (siehe Kapitel »Schreibart«). Von dieser Herkunft her läßt sich eine inhaltliche Beziehung von »Credo in unum Deum, Patrem omnipotentem ...« zu »Jupiter« als christianisiertem Olympier herstellen (was kurioserweise auf der Linie Hegels liegt). Doch selbst für den, der Bescheid weiß, wird sich diese Assoziation wohl nur am Schluß des vierten Satzes bei der Hornstelle T. 372 ff. einstellen. Der Anfang dieses Satzes aber hat gar nichts vom Charakter eines »Credos«. Im Gegenteil, dieser gebundene, zarte, zweistimmige Violinen-Satz gehört eher der anderen, unheroischen Seite an, erinnert vom Typus her an das Seitenthema des ersten Satzes und an den Anfang des dritten Satzes. Wie ja überhaupt das Aussparen der Blechbläser und die Bevorzugung des Streicherklanges durchgehend einen Gegenpol zum Tutti-Klang des C-Dur-Typus bilden.

Ohne ihn begrifflich festzulegen, besitzt der Streicherklang in zurückgenommener Dynamik, verbunden mit einer hohen rhythmisch-metrischen wie motivischen Beweglichkeit der Phrasen, etwas Un-Heroisches, In-Offizielles. Ein wenig weiter läßt sich dies noch präzisieren, sobald man die Entwicklung dieser »anderen« Seite betrachtet. Ich beschränke mich auf den ersten Satz. Von den Takten 2—4 bis hin zur Holzbläser-Passage knapp vor Eintritt der Reprise T. 183ff. vollzieht sich eine Verlagerung der Gewichte vom gebundenen Streicherklang zu den in lockerem Staccato geführten Holzbläsern (sogar mit solistischem Fagott). Und dies läuft konform mit einer Veränderung der Melodik, ebenfalls hin zum Buffonesken. Zugleich wird der Unterschied zwischen der einen und der anderen Seite im Durchführungsteil zu einem Spiel mit dialektischen Anspannungen. Aus unserer Formanalyse ging ja hervor, daß sich im Ablauf ein Wandel von einem Unterschied zu einem zugespitzten Gegensatz vollzieht. Und unter diesem Aspekt erscheint die Kaprice Mozarts, gegen Ende der Exposition ein Buffa-Thema einzuführen, als Kalkül. Da aufeinander bezogene Gegensätze in der Regel nicht nur die Spannung erhöhen, sondern auch die jeweiligen Inhalte präzisieren, kann man schließen, daß das Buffa-Thema die zum Heroischen inhaltlich entgegengesetzte Seite der Tendenz nach am schärfsten vertritt. In Hinblick auf die »Jupiter«-Assoziation tut es das in geradezu irritierender Weise. Mozart hatte etwa zur selben Zeit, als er an dieser Sinfonie schrieb, dieses Thema in der Ariette für Baß »Un bacio di mano« KV 541 (als Einlage für Pasquale Anfossis opera buffa »Le gelosie fortunate«) verwendet. Weder der »Handkuß« im Titel noch die spöttische Aufforderung an der betreffenden Stelle der Arie »Voi siete un po tondo, mio caro Pompeo, l'usanze del mondo andate a studiar« läßt sich auf den Olympier beziehen, und wenn doch, dann eher im Sinne Jacques Offenbachs als in dem Hegels. Da kommt uns die Unbestimmtheit der Instrumentalmusik zu Hilfe. Die Melodie ist wohl als heiter und der Sphäre der opera buffa zugehörig bestimmbar; ein Mehr an Deutung bewegt sich aber auf einer esoterischen Ebene (freilich ist der Gedanke an dieses andere Werk Mozarts beim Hören der »Jupiter«-Sinfonie nicht ohne Reiz.)

Doch der Rückzug auf eine allgemeinere Bedeutungsebene hat noch bessere Gründe für sich: Die stärksten Gegensätze folgen bereits gegen Ende der Exposition aufeinander (c-Moll-Einbruch — angestrengte Aufhellung — Buffa-Thema — strahlender Schluß), wenngleich in Art eines sich aufschaukelnden

Wechselspiels. Die dialektische Durchdringung der Gegensätze erscheint erst als Ziel des Durchführungsteils, aber es bleibt in ihm beim Spiel mit der Dialektik, das zu keiner höheren Synthese führt, sondern letztlich zu den beiden »Prämissen« zurückfindet und in die Reprise übergeht. Hier wird eine kompositorische Absicht Mozarts deutlich, die sich in vielen seiner Werke (siehe Kapitel »Schreibart«), besonders herausfordernd bereits im Schlußsatz des Streichquartetts KV 387, zeigt: gelehrten und galanten Stil gegeneinander zu führen und beide sich wechselseitig bespiegeln zu lassen. Buffoneskes und Herrschaftliches geraten so im ersten Satz der »Jupiter«-Sinfonie aneinander; im letzten Satz aber gleich drei Schichten: Galantes, Gelehrtes und Herrschaftliches. Als Prinzip ist dieses Gegeneinanderführen auch in den beiden Mittelsätzen vorhanden. Für die Absicht, »Jupiter« in die Sinfonie hineinzuzeichnen, bringt dies Konsequenzen: Wohl lassen sich die einzelnen Stilbereiche, Satztypen usw. allgemeinen Inhalten zuordnen. Sie stellen sich aber im konkreten Werkzusammenhang als unterschiedlich stabil heraus, und auch die stabilen unter ihnen geraten in gleitende Beziehungen zueinander. Das heißt aber, daß Aussagen über mögliche Bedeutungsinhalte diese Zusammenhänge zentral erfassen müßten.

Dies ist natürlich schwierig, sobald man höhere Ansprüche stellt, als sie in Konzertführern eingelöst werden. Die Analyse des ersten Satzes wurde der Differenziertheit und inneren Beweglichkeit der Musik sicher nur eingeschränkt gerecht, dennoch ließe sie sich nicht in eine Erzählung umformen, die dann den Inhalt des Stückes bezeichnete. Eher wäre das bei einer Sinfonie Beethovens sinnvoll. Selbst der »Jupiter«-Sinfonie, als angeblich erster Final-Sinfonie der Gattungeschichte, fehlt das Telos eines »per aspera ad astra«. Keine Grundabsicht zwingt sich einem auf, die den Schluß als Antwort auf das Ganze oder als überwindende Erhabenheit erscheinen ließe. Insofern ist auch die »Jupiter«-Sinfonie in sich geschlossen, als sie mit jener Aussage positiv schließt, mit der sie begann: dem strahlenden, fanfarenartigen C-Dur-Typus.

Diese Art Geschlossenheit läßt sich vermutlich besser mit einer Analogie zum Bild als zur Erzählung veranschaulichen. Die Rahmenbildung, die einzelnen musikalischen Charaktere in ihrer Funktion fürs Ganze und das Moment der zyklischen Einheit wäre auch mit einer Analogie zur Architektur gut erfaßbar (die ich ja in der Formanalyse im Sinne August Halms anwandte). Beweglichkeit und Spontaneität des Ablaufs kommen innerhalb dieser zur Ebenmäßigkeit neigenden Fassade zu kurz. An »Jupiter« gedacht hieße das: das strahlende Herrschertum des Gottes, Fulgur und Tonans, auch die Heiterkeit des Olympiers erschienen wohl allzu gefestigt. Unterbelichtet bliebe aber, was nach Hegel die ideale Vorstellung olympischer Götter übersteigt, nämlich »daß über allen diesen Idealen *ein* Individuum als ihr Herrscher stehe«. Neben der Individualität ginge auch die gleitende Bewegung zwischen Macht und Gnade, Zürnen und Heiterkeit verloren, die Hegel im »Vater der Götter und Menschen zugleich mit einem heiteren, gnädigen Blick in thronender Milde« sieht. Erinnern wir uns auch an jene Diskrepanz, die Hegel in seiner »Ästhetik« zwischen Musik und Plastik sah. Nach unseren langwierigen Überlegungen scheint sie im konkreten Fall nicht unüberbrückbar, ja ich behaupte, daß wohl nicht die Analogie mit der Plastik, aber die ins zeitliche Nacheinander entfaltete Beschreibung der Zeus-Statue des Phidias durch Hegel die treffendste Analogie darstellt.

REKONSTRUKTION DES »KLASSISCHEN«

Wesentliches (das Besondere im Allgemeinen, die Individualität im sich erfüllenden Rahmen) ist damit anvisiert. Aber der eine, wenn auch lange Satz Hegels über des Phidias »Zeus« kann in seiner Abfolge nicht der Musik angemessen sein. Umgekehrt bliebe eine Nacherzählung der Musik wie an Positionslichter, wie an nacheinander auftretende Auffälligkeiten gebunden und könnte das Wesentliche nicht erreichen. Hier bleibt die Musik und auch ihre analytische Erläuterung durch ein begrifflich-inhaltliches Pendant uneinholbar. Jene von Kant als »Willkür, die ihren Handlungen Vernunft zum Grunde legt« formulierte »Freiheit« der Kunst ist durch Formanalyse in gewissem Maße abstrakt nachvollziehbar; ihren Gehalt vermag das Sprachbild anzudeuten. Der Freiraum dazwischen bleibt aber der Phantasie und Unmittelbarkeit des Musikers und des Hörers überlassen.

Dieses Erreichen-Wollen und Nicht-erreichen-Können des

Wesens sollte unser Spiel mit Assoziationen bewußt machen. Im Rückzug auf das konkretere Ziel, den Begriff des »Klassischen« zu präzisieren, sei nun über den Titel »Jupiter«-Sinfonie hinaus noch auf andere mögliche Assoziationen hingewiesen. Vorschläge dazu brachten unlängst Gunthard Born und Marius Flothuis. Ohne ihre Argumentationen kritisieren oder bestätigen zu müssen, soll uns allein ihre inhaltliche Ausrichtung interessieren. Vor-Urteile, erfahrene Wirkungen, spontane Beobachtungen spielen sicher entscheidend mit herein, daß ein Mozart-Kenner zu bestimmten Assoziationen gelangt. Sie sind als solche jedenfalls ernst zu nehmen.

Flothuis sieht in den drei letzten Sinfonien Mozarts eine »instrumentale Vorwegnahme des Zauberflöte-Märchens«, und speziell der C-Dur-Sinfonie möchte er den Namen »Sarastro« geben. Er verweist auf Gemeinsamkeiten zwischen den drei Sinfonien und der »Zauberflöte«, der »Thamos«-Musik usw. in der Motivik, in der Wahl der Tonarten (Es-Dur, g-Moll und C-Dur sind in der »Zauberflöte« bedeutsame Tonarten) und auch in den Satztypen (der Fanfaren-Schluß der C-Dur-Sinfonie ist den beiden Aktschlüssen der »Zauberflöte« ähnlich). Aber Flothuis muß noch tiefere, nicht ausgesprochene Gründe für seine Zuordnung haben. Vielleicht ein spezifischer Ton insgesamt oder eben über Begriffe und Partitur-Sachverhalte Hinausreichendes haben in ihm »Sarastro« instrumental erscheinen lassen.

Für Gunthard Born ist die »Jupiter«-Sinfonie eine »Revolutions«-Sinfonie. Born hat eine bestimmte Vorstellung von dem Stück, die als Bild nachvollziehbar ist, aber die er auch im einzelnen zu begründen sucht (in seinem Buch über »Mozarts Musiksprache« hat er auf der Basis der barocken Musikrhetorik und von Beobachtungen in Textvertonungen Mozarts ein Musik-Wörterbuch entworfen, das er hier zur Entschlüsselung anwendet). Das Bild »Revolution« ergibt sich nicht notwendig aus den Details, sondern es trifft sich mit Details. Was ich für den ersten Satz als C-Dur-Typus bezeichnete, charakterisiert Born im Prinzip ähnlich als »Kampfansage«, »Heldenmut und Siegeswillen«, »Schlachtenlärm« usw. »Bricht hier die Revolution los?« — wie ist dann das Buffa-Thema zu verstehen? Nach Born scheinen diese heiteren Töne von der drohenden Gefahr »so wenig berührt zu sein wie die Bourbonen in ihrem Palast von Versailles«.

Den polyphonen Schlußsatz deutet er als Bekenntnis Mozarts zur Gleichheit aller Menschen.

Vergleicht man diese drei Assoziationen miteinander, ergibt sich folgendes: Born und Flothuis können einiges an historischer Wahrscheinlichkeit für sich beanspruchen. Die barocke Musikrhetorik ist bei geänderten ästhetischen Rahmenbedingungen auch in der Klassik wirksam geblieben. Die enge Beziehung von Oper und Instrumentalmusik ist vor allem in den Klavierkonzerten, aber auch sonst, unüberhörbar (siehe das folgende Kapitel). Ich vermute freilich, daß grundsätzliche Probleme mit der Musik Mozarts, von denen schon die Rede war (besonders das der Begrenz- und Charakterisierbarkeit von musikalischen Elementen), auch hier groß sein werden. Historisch entschieden unwahrscheinlicher ist die »Jupiter«-Assoziation. Unterschiedlich sind auch die weltanschaulichen Positionen: der Klassizismus des frühen 19. Jahrhunderts im letzteren Fall — die sozialkritische Komponente bei Born (siehe den ersten Teil seines Buches) — ein klassizistischer Humanismus bei Flothuis. Trotzdem haben alle drei Assoziationen etwas Wesentliches gemeinsam. »Sarastro« und »Revolution» meinen, sozusagen vom Temperament her, unterschiedliche Äußerungsformen derselben aufklärerischen Ideale. Und mein Spiel mit der »Jupiter«-Assoziation konnte deshalb funktionieren, weil ich Hegels stark individualisierte und humanisierte Vorstellung von diesem Gott verwendete. Es schließt sich also tatsächlich der Bogen zurück zur Diskussion des Begriffs vom »Menschlichen« bei Hegel.

Hat sich die Gültigkeit dieses Begriffs für Mozarts Musik erwiesen? Es gelang immerhin, die Spannung zwischen Werk und Wirkung durchzuhalten und Form und Inhalt anzunähern. Jedoch nicht völlig. Die Einheit aus »Bedeutung und Körperlichkeit«, die das »Menschliche« bei Hegel letztlich ausmacht, blieb unerreicht. Paradox ausgedrückt: Aus der »romantischen« Kunst Mozarts läßt sich mit Hilfe des Prinzips der »symbolischen« eine »klassische« Kunst rekonstruieren. Diese Rekonstruktion muß notwendig gebrochen bleiben. Selbst wenn das, was Born oder Flothuis aufzeigen, der historischen Wahrheit entsprechen sollte, bleibt es eine heimliche Botschaft, fern von Hegels »Klassik«-Begriff. Und meinem »Jupiter«-Assoziationsspiel haftet außerdem der Makel der falschen Historie an; es bewegt sich unwillentlich auf jenen Bahnen, die im Laufe des 19. Jahrhunderts als Folge der Philosophie Hegels auch ins Musikdenken gezogen worden sind (wobei die eine Bahn klassizistischen Rettungsversuchen der Musik Mozarts diente und eine andere eine Angleichung an die fortschrittlichen Ideen der Neudeutschen Schule ermöglichte, die schon 1806 Johann August Apel mit seiner Ode über Mozarts Es-Dur-Sinfonie KV 549 vorwegnahm).

Anders ausgedrückt: Der Versuch, die Wirkung der Musik (die sich in der Geschichte oder bloß bei einem selbst festgesetzt hat) positiv aufzugreifen, trägt ziemlich weit, aber erreicht ebensowenig wie die üblichen Versuche, allein die Partitur als Objekt zu interpretieren, die Begriffe des »Menschlichen« und des »Klassischen« an der entscheidenden Stelle: wo Wirkung und Werk, Inhalt und Gestalt unlösbar einswerden. Diesem Anspruch Hegels genügen die Interpretationen und wohl auch die Werke Mozarts nicht. Das hohe Maß an Annäherung, das sich ergab, erlaubt es, von einem Klassizismus zu sprechen: nicht als äußere Antike-Nachahmung und nicht als doktrinäre Starre, sondern wesentlicher verstanden. Ja sogar wesentlicher, als es Hegel selbst dem Klassizismus in der Kunst seiner oder einer anderen nach-»klassischen« Zeit zugestand.

Das, was etwa Racine mit Mozart gemeinsam hat, ist sicher nicht die »doctrine classique«, das Aussparen der Handlung auf ein durchaus rationales Gebilde hin, auch nicht die dieser Rationalität entsprechende mächtige höfische Welt, sondern vielmehr das, was man Racines Verinnerlichung dieser rationalisierten Handlung nennt. Mit unserem Assoziations-Spiel näherten wir ein Stück verinnerlichter, im Sinne Hegels »romantischer« Instrumentalmusik einer Konstellation an, der Racine von der Seite des Dramas her zustrebte. Doch die schöne Balance ist dort wie da prekär. Und das sprach Nietzsche vor 100 Jahren in kritischer Deutlichkeit aus: »Die Verinnerlichung entsteht, indem mächtige Triebe, denen mit Einrichtung des Friedens und der Gesellschaft die Entladung nach außen versagt wird, sich nach innen zu schadlos zu halten suchen im Bunde mit der Imagination.«

Wir können ähnliche Unterscheidungen auch von einer historisch anderen Ecke her treffen. Adorno sieht in der Neuen

Musik unseres Jahrhunderts die Notwendigkeit und zugleich Gefahr, daß durch »Versenkung ins eigene Gesetz« eine »absolute Monade« entstehe. »Ihre Starre ist die Angst des Gebildes vor seiner verzweifelten Unwahrheit« — das ist doch ein Satz, der auf Mozart unanwendbar erscheint. Adornos Gedanke war freilich der, daß diese Starre nötig sei, um sich einem herrschenden Zustand zu verweigern. Nehmen wir dieser »Negativen Dialektik« einiges von ihrer Schärfe und übertragen sie ins 18. Jahrhundert, wird so mancher bereit sein, Verweigerung auch in Werken Mozarts (in Zusammenhang mit dem Bild vom revoltierenden Mozart) zu erkennen. Unsere Annäherung an Hegels Begriff des »Menschlichen« und des »Klassischen« widerspricht wohl dieser »Starre« im Inneren des Kunstwerks. Aber haben wir ein Konstrukt des »Menschlichen«, das sich der Tendenz nach seiner Umgebung verweigert, in Werken Mozarts vor uns? Wenn ja, dann wäre Hegels »objektiver Humor« als Erklärung unzulässig, das freie Spiel der Kunst mit ihren Mitteln würde im Grunde zum bitteren Ernst — und vor allem müßten wir nachträglich Hegels Anspruch auf absolutes Wissen ablehnen, um so der Musik ihre weltanschauliche Bedeutung als Ausdruck historischer Wahrheit wiederzugeben.

Einen solchen Selbst-Widerspruch lehne ich hier ab. Aber die Möglichkeit eines historischen Hinterfragens jeglichen Klassik-Verständnisses sei ebensowenig geleugnet wie die Möglichkeit, andere Klassik-Begriffe auf Mozart anzuwenden (Hölderlin, Nietzsche, Heidegger). Dieses Zugeständnis ist ein folgerichtiges Ergebnis. Denn die Radikalisierung des landläufigen Geredes von Einheit, Balance, Synthese in der Musik der Wiener Klassik ergab mit Hilfe der Philosophie Hegels in letzter Konsequenz doch unauflösliche Divergenzen, die in der Sache selbst mitenthalten sind.

Exzentrik und universelles Spiel

Um etwas über den Gehalt der Musik Mozarts sagen zu können, das über ihre Klassizität hinausgeht, sind auch Extremerscheinungen miteinzubeziehen. Dies um so mehr, als sich weder Stil noch Klassizität Mozarts als in sich völlig schlüssige Phänomene erwiesen haben. Es geht vorerst also um das Exzentrische seiner Kunst.

Einen Ansatz für eine solche Erweiterung gibt bereits die »Klassik« selbst. Der Begriff der musikalischen Wiener Klassik steht in der Tradition Winckelmanns und ist geglättet und idealisiert. Rezeptionsgeschichtlich gesehen, widersprach ihm schon zur Zeit seines Entstehens im frühen 19. Jahrhundert die romantische Faszination am Abgründigen des »Don Giovanni«. Weder die Interpretationen eines E.Th.A. Hoffmann noch später die eines Kierkegaard lassen sich in diesen Klassik-Begriff integrieren. Doch die klassische Antike selbst löste bei Hölderlin, Jacob Burckhardt, Nietzsche oder Heidegger ganz andere Sichtweisen aus als bei Winckelmann. Heutzutage ist allenthalben von der »unheimlichen Klassik der Griechen« die Rede und neben dem Harmonie-Ideal werden auch die aufbrechenden Gegensätze des perikleischen Zeitalters beachtet. Und sogar aus dem Weiterdenken der idealistischen Philosophie ergibt sich in radikaler Konsequenz eine Unversöhntheit der Klassik, bzw. die Einsicht, daß ihre Versöhnung sinnlich nicht präsentierbar sei. Unter diesem Aspekt mag auch mein Versuch, Mozarts Klassizität mit dem Begriff des »objektiven Humors« zu erfassen, als verharmlosendes Ausweichmanöver erscheinen.

All das sind in Hinblick auf Mozart nachträgliche Überlegungen. Aber Winckelmanns Gedanken blieben auch in seiner historischen Umgebung nicht unangefochten. Lessing etwa nahm eine deutlich andere Position ein. Vergils Beschreibung des Laokoon in der »Äneis« kritisierte Winckelmann, weil Laokoon dort schreit, und er lobt die bekannte Statue, die Laokoon mit edlem Ausdruck seufzend darstellt. Lessing hält dem u.a. die schreienden Götter in der »Ilias« entgegen. Überhaupt richtet Lessing sein Augenmerk auf das Häßliche und Lächerliche, das er in der Poesie aufgrund ihres Handlungscharakters, weniger in der bildenden Kunst, für darstellbar ansah. Da Musik und Poesie das Transitorische gemeinsam haben, ließe sich Lessings Lizenz auch auf die Musik übertragen. Dagegen spricht Mozarts Äußerung, daß Musik immer Musik, also wohlgefällig, bleiben müsse (s. Kapitel »Aussagen zur Musikanschauung«). In seinem Schaffen jedoch verhielt er sich dazu nicht stets konform.

DAS »DÄMONISCHE«

Im Laufe der Mozart-Wirkungsgeschichte wurde, wohl nicht kontinuierlich, doch wiederholt, auf einen Rest hingewiesen, der nicht in den üblichen Klassik-Begriff aufgeht. In der Regel erfolgte dies aber nicht durch Vergleiche mit der Antike, sondern unter anderen Begriffen wie dem des »Erhabenen« oder des »Dämonischen«. Letzterer besitzt eher Aktualität. Denn mit ihm wurde zu Beginn unseres Jahrhunderts gegen ein allzu idealisiertes Mozart-Bild und gegen eine verzärtelnde Aufführungspraxis protestiert (symptomatisch ist Alfred Heuß' Aufsatz über »Das dämonische Element in Mozart's Werken« 1906). Historisch steht dieses Wort Mozart insofern nahe, als es in der Genieästhetik des Sturm und Drang geradezu ein Synonym für »genial« war. »Dämonisch« ist demnach eine Produktivkraft, die nicht durch Verstand und Vernunft aufzulösen ist. Noch der alte Goethe sieht sie positiv und findet sie bei Feldherrn wie Friedrich dem Großen oder Napoleon und besonders auch bei Musikern. Die negative Seite eines künstlerischen Freiheitsdrangs sprach erst Kierkegaard an. Dabei verlagert er das Phänomen von der Ästhetik zur Ethik. Davor aber kritisierten Zeitgenossen an Mozart einen »Hang für das Schwere und Ungewöhnliche« nach dem Maß des Balance-Ideals. Der Klassiker Goethe hat dann die Diskrepanz soweit versöhnt, als er das Dämonische als Kraft und Schicksal, das außerhalb der menschlichen Natur liegt, wohl anerkennt, zugleich aber fordert: »Nur muß der Mensch auch wiederum gegen das Dämonische recht zu behalten suchen, und ich muß ... dahin trachten, durch allen Fleiß und Mühe meine Arbeit so gut zu machen, als in meinen Kräften steht und die Umstände es mir anbieten.« Auf Mozart angewandt heißt das, daß nicht nur das »Dämonische« in seinen Werken, sondern darüber hinaus dessen Bewältigung interessieren muß.

Alfred Heuß sprach vor allem irritierende Einzelheiten an.

Unerklärliche Wendungen, Einbrüche von Düsternis können auch aus dem zeitüblichen Chiaroscuro-Prinzip hervorgegangen gedacht werden. Aber bricht der Verlaufszusammenhang oder nicht? Letztlich entscheidet im Einzelfall jeder Rezipient für sich. Den weiten Interpretationsspielraum veranschaulicht etwa das Beispiel der c-Moll-Stellen in den ersten beiden Sätzen der »Jupiter«-Sinfonie. Heuß spricht von »plötzlichen Ausbrüchen eines jähen Temperaments ... mitten in friedfertigsten Werken«, ich habe das selbe Phänomen mit Hilfe des Jupiter-Bildes in den Zusammenhang zu integrieren versucht (s. Kapitel »Klassizität«). Ähnliches trifft für den merkwürdigen Dur-Schluß in der Szene von Don Giovannis Untergang zu (s. Kapitel »Musikdramatik«). Ich wollte die Brisanz derartiger Stellen nicht entschärfen, aber doch in einen Rahmen stellen, innerhalb dessen Abnormitäten zu Spannungsmomenten umfunktioniert, bzw. das Dämonische im Sinne Goethes bewältigt erscheinen.

Stücke, in denen dies nicht geschieht, sind bei Mozart selten. Ein faszinierendes Dokument für unbewältigt Dämonisches ist das Londoner Notenbuch des kaum Zehnjährigen. In den ungelenken Versuchen, die Leopold Mozart nicht kontrollierte, bricht etwas hervor, das nicht der Natur eines Kindes entspricht und sich nicht bloß als ein Wollen und nicht Können begreifen läßt. Ein Zwang scheint das Kind dazu zu treiben, sich zu übernehmen, als ob es gelte, gleich alles an Musik Gehörte, von Klaviermusik über Orchestrales bis zur Oper (daher die particellartige Notation der Stücke), erfassen und an Ausdrucksintensität übertreffen zu müssen. Die Ergebnisse sind fragmentarisch; überpointierte Einzelheiten haben oft wenig Bezug zu den Formrastern, in denen sie stehen (einige extreme Beispiele: KV 15g, 15i/k, 15v, 15cc, 15dd).

So unverstellt tritt Derartiges später nicht mehr auf, weil Mozart seinen Zwang zu kanalisieren lernte oder auch durch eine Lust an satztechnischem Können und fließender Produktion überwölbte. Mozarts Schöpfertum dürfte darin seine tief verankerte Dialektik besitzen. Sie wäre dann auch der Grund für die sonst nur situationsbedingt zu verstehenden Unterschiede zwischen unfaßbarer Leichtigkeit des Schaffens und dem, was er »ich spekuliere gern« nennt, bzw. für die augenfälligen Unterschiede zwischen Flüchtigkeit und Akribie in den Autographen.

Natürlich kann man für beide Seiten dieser Dialektik den Begriff des Dämonischen bzw. Genialen anwenden. Um den Unterschied zur »Klassizität« zu betonen, interessieren vor allem die offen zutage tretenden Abnormitäten.

Frei von Konvention sind aber auch diese Abnormitäten nicht. Sie wurden geradezu zu einem bestimmten Stil, der im älteren Schrifttum als Romantizismus, heutzutage als Sturm und Drang angesprochen wird. Er war durchaus nicht auf C. Ph. E. Bach oder Haydn und Mozart beschränkt (selbst bei dem harmlosen Singspielkomponisten Ignaz Umlauff konstatierte die Forschung »romantische Überspannungen« und einen durch gelegentliche »ungewöhnliche Tonartenfolgen, rasche Modulationen, Terzenverwandtschaften und Chromatizismen« hervorgerufenen »Eindruck der Unausgewogenheit«). Innerhalb dieses »Stils« hängt eine Neigung zum Zerbrechen des logischen Zusammenhangs mit dem Wunsch zusammen, den Eindruck von Improvisation zu geben. Paradigmatisch in den Fantasien C. Ph. E. Bachs kommt eine antiklassizistische Pointe zum Tragen, die das »Dämonische«, als sei es unverstellt, präsentiert. Das Mittel für diese Wirkung ist die Irritation der gängigen Formerwartung.

Gerade Mozart ist aber ein Komponist, der das aristotelische Formpostulat eines logischen Bezugs von Anfang, Mitte und Schluß durch eine entsprechend klare tonale Struktur streng beachtet. Selbst dort, wo es die Gattung nahelegt und extrem vielfältige Einzelheiten aufeinanderfolgen, geht Mozart von dieser Gehäusevorstellung kaum ab. Ein Stück, so sprunghaft und verwirrend wie manches aus dem Londoner Notenbuch, ist etwa das Capriccio für Klavier KV 395. Obgleich in Mozarts Autograph nachträgliche Umstellungen erkennbar sind, die bei einem logischen Formverlauf nicht möglich wären, beginnt und schließt das Stück in C-Dur. Hier wie auch in den Fantasien wird die tonale Logik vor allem in der »Mitte« durchbrochen.

Deutlicher wird die vorprogrammierte Exzentrik in einem stärker durchgestalteten Werk wie der c-Moll-Fantasie KV 475. Mozart setzt einen klaren Rahmen, indem er den Anfang am Schluß (»Tempo primo« T. 166 ff.) wieder aufgreift. Die Abnormität der »Mitte« zeigt sich darin, daß Mozart im Ablauf der sechs verschiedenen Abschnitte durch viele Tonarten wandert, dabei den Subdominant Bereich betont, die Dominante G-Dur wohl nicht vermeidet, aber sie lange nicht in ihrer wichtigen Funktion als Gegenspannung zur Tonika etabliert. Sie erscheint nur en passant in T. 2, 14 und 18—20; der zweite Abschnitt beginnt in der Wechseldominante D-Dur, führt aber nicht nach G-Dur; die Wechseldominante am Ende des fünften Abschnitts bereitet tatsächlich den Eintritt des »Più Allegro« (T. 130 ff.) mit G, aber als g-Moll, vor, das sogleich quintabwärts modulierend wieder verlassen wird; erst unmittelbar vor Eintritt des »Tempo primo« erhält die Dominante endlich ihre übliche Funktion. Einem ähnlichen Klärungsprozeß setzt Mozart die Tonika aus. Wohl beginnt er in den ersten beiden Takten mit klaren Verhältnissen, trübt sie aber dann durch einen chromatisch absteigenden Baß, der auf den Ton As stehen bleibt und damit die Stabilität der Tonika auflöst (Beethoven geht in der Waldstein-Sonate zunächst ähnlich vor, erfüllt dann aber den chromatischen Quartfall im Baß bis zum Ton G und etabliert damit die Dominante von C-Dur). Sie verschwindet die ganze »Mitte« hindurch, kehrt erst im »Tempo primo« wieder und wird bis zum Schluß beibehalten. Insgesamt ist demnach eine Kadenzstruktur wohl latent vorhanden, offensichtlich wird sie aber erst zuletzt. Dennoch ist die Abnormität dieser Anlage kein Eigenwert, sondern besitzt eine über sich hinausweisende Funktion. Denn die Fantasie steht in Beziehung zur Sonate in c-Moll KV 457. Versteht man jene als ein Präludium zur Sonate, so wird der tonale Klärungsprozeß zu einem dramatischen Effekt, gleichsam zum Lüften des Vorhangs für die dann von vornherein stabilen tonalen und thematischen Verhältnisse in der Sonate.

Häufiger aber bringt Mozart Abnormitäten, die nicht aus irgendwelchen Gattungserwartungen hervorgegangen sind, sondern im Gegenteil ihnen widersprechen. Vieles an Konflikt erzeugt sein Originalitätsstreben, in manchen Fällen forderte er aber das Akzeptanzvermögen seines Publikums besonders heraus. Und auch uns erscheint dann der Inhalt solch eines Stückes gar nicht zu Form und Gattung zu passen. Gestört wird weniger die Beziehung zwischen Detail und Ganzem als die zwischen Inhalt und Funktion.

Um nicht zu übertreiben und, wie oft geschehen, einen Dämon in jede Moll-Sinfonie Mozarts hineinzuprojizieren, ist nochmals auf den damaligen Stil der Abnormitäten hinzuweisen. Es wurden, zum Teil sogar gehäuft, musikalische Topoi, die etwa von Gewittermusiken oder Ombra-Szenen in Opern her bekannt waren, auf reine Instrumentalmusik und damit in eine zunächst ungewohnte Umgebung übertragen. Eine wichtige Rolle spielt auch die Tonartencharakteristik. Es ist kaum ein Zufall, daß etliche Instumentalwerke in g-Moll (die Sinfonien KV 183 und 550, das Streichquintett KV 516 oder das Klavierquartett KV 478) als besonders »tragische« und »bekenntnishafte« Werke charakterisiert wurden. Auf Konvention beruhte auch der Ausdrucksgegensatz zwischen den Tongeschlechtern Dur und Moll als einer zwischen dem »Objektiven« und »Subjektiven« (Goethe). Bei manchen Stücken versagt aber selbst die etwas paradoxe Erklärung mit Hilfe einer konventionalisierten Abnormität. Wir wissen etwa aus Briefäußerungen Mozarts, daß ihm das Komponieren von Stücken für Orgelwalze (mechanische Spielwerke) lästig war und er es nur des Profits wegen tat. Was hat ihn aber dann dazu bewogen, zwei Stücke in f-Moll wie KV 594 und 608 zu schreiben? Besonders das letztere mit seinem Pathos, seinen spieltechnischen und kontrapunktischen Ansprüchen, paßt schlecht zum nichtigen Anlaß.

Von einem anderen Beispiel, der c-Moll-Serenade KV 388, war schon im Kapitel »Musik und Gesellschaft« die Rede. Weder biographisch noch soziologisch ließ sich schlüssig erklären, warum Mozart, vermutlich für den jungen Fürsten Liechtenstein, dieses sonderbare Bläserstück schrieb, um sich als Serenadenkomponist zu empfehlen. Der erste Satz ist ausgesprochen vielgestaltig von Anfang an, schon Vorder- und Nachsatz der ersten Periode sind sehr unterschiedlich. Eher Martialisches und leise Seufzermelodik stehen einander gegenüber. Beides paßt als Topos zum Tonartencharakter von c-Moll. Den eigentlichen Gegensatz bildet aber der galante »dolce«-Satz des Seitenthemas in Es-Dur. Dieser zur Gattung Serenade viel besser passende Charakter kann sich jedoch nicht einmal innerhalb des Es-Dur-Bereichs der Exposition auf Dauer halten und wird ab T. 66 von einem wiederum recht dynamischen, scharf punktierten Thema abgelöst. Besonders die Seufzermelodik von T. 5 ff. und der verminderte Septsprung von T. 4 bestimmen auf weite Strecken den ersten Satz (siehe die Durchführung). Ungewöhnlich angespannt ist bereits der Verlauf der ersten 40 Takte. Während die erste Periode in der Mitte einen Erweiterungstakt enthält, wird in der zweiten (T. 10 ff.) der vierte Takt mit dem zuvor kadenzierenden, verminderten Septsprung zum vorgezogenen Anfang des Nachsatzes. Und dieser Nachsatz ist eine regelrechte Ansammlung barocker Figuren für den affectus doloris (saltus und passus duriusculus in den Klarinetten und speziell der chromatische Quartfall von c' zu g im Fagott, Abruptiones jeweils nach zwei und dann nach einem Takt). In der dritten Periode ab T. 22 steigert Mozart das Bisherige zu einem geradezu theatralischen Bild: Zunächst verknüpft er kontrapunktisch das martialische Thema mit der Seufzermelodik; dem massiven Klang folgt ein leiser, gleichsam resignierender Einschub eines chromatischen Quartfalls T. 26 f.; dann spaltet sich der Satz zu einem Dialog zwischen der Oboe I mit ihrem beharrlich wiederholten, gestischen Motiv und dem Tutti mit Sforzato-Schlägen, Tonwiederholungen, und in ungewöhnlicher Harmonik über chromatischen Baßschritten. All das wirkt wie in einer Opernszene das vergebliche Aufbegehren gegen eine unerbittliche Macht. Daß die anschließende Verwandlung des klagenden Oboenmotivs von T. 28 ff. zum galanten Serenadenton T. 40 ff. nur ein vorübergehender Ausblick auf hellere Sphären bleibt, beweist vor allem die Reprise, in der das Seitenthema, nun in c-Moll, nicht mehr zu einem gleich locker gefügten Satz findet. Zeichen der Angestrengtheit ist im Detail die Umkehrung des chromatischen Quartfalls der Exposition nun ab T. 170 zur ansteigenden Einleitung des Seitenthemas (ähnlich auch in der Durchführung T. 111 ff. im Verhältnis zu T. 13 ff.). Die Abnormität verschwindet auch in den nachfolgenden Sätzen nicht. Den Zusammenhang mit dem ersten Satz stellt im »Andante« die dominierende Seufzermelodik her (T. 3 ff., 16 ff., 32 ff. usw.). Das Menuett in c-Moll ist »in canone«, das Trio »in canone al rovescio« kontrapunktisch anspruchsvoll gearbeitet. Das abschließende c-Moll-»Allegro« hat Anklänge an den ersten Satz: schon im Thema ab T. 9 an T. 13 ff.; in den Variationen kehren wiederholt die beiden Satzbilder vom Anfang des ersten Satzes modifiziert wieder; besonders aber in der Seufzermelodik ab T. 191 nach dem letzten Erscheinen des Themas in Moll. Insgesamt wäre es übertrieben, zu sagen, daß Abnormitäten und ein düsterer Ausdruck das ganze Stück einseitig beherrschen, sie kehren aber beharrlich wieder, und dies ist für eine Serenade ungewöhnlich genug (und unterscheidet KV 388 doch grundsätzlich von einem Stück wie der Posthorn-Serenade KV 320, die auch ihre düsteren Passagen als Kontrast aufweist).

Es gibt noch einen anders gearteten Konflikt zwischen Gattung und Inhalt. Im Kapitel »Schreibart« haben wir zwei verschiedene Auswirkungen des J.-S.-Bach-Erlebnisses auf Mozart besprochen. Die dort übergangene dritte Art wird von eigenständigen Fugen und Ähnlichem im alten Stil gebildet. Ihre Abnormität hat zum Teil ihren Grund in den heutigen Erwartungen an eine Fuge, die doch in Werken J. S. Bachs ihr Paradigma haben. In den 1780er Jahren war dies entschieden anders. Die Erwartung richtete sich selbstverständlich auf moderne, galante Fugen, die Fugen Bachs galten dagegen als etwas für Kenner. Mozarts Auseinandersetzung mit diesem Phänomen hat, historisch gesehen kaum überraschend, etwas Angestrengtes an sich. In der Kompositionstechnik fehlte ihm die leichte Hand. Manches blieb daher Fragment. Doch noch aus anderen Gründen ist hier der Begriff des »Dämonischen« recht geeignet. So ist es ein Rätsel, was Mozart veranlaßte, eine ungewöhnlich groß angelegte, kontrapunktisch und im Ausdruck sehr anspruchsvolle Messe in c-Moll zu einer Zeit zu schreiben, als Kaiser Josephs Kirchenpolitik sich immer deutlicher gegen jegliche Prunkentfaltung und künstlerische Monumentalität richtete. Erklärlich ist unter diesen Bedingungen eher, daß diese Messe Fragment blieb.

In Briefen aus den 1770er Jahren machte Mozart Andeutungen über die Art seines Fugen-Improvisierens, die auf eine Mischung aus gelehrtem und galantem Stil abzielt (siehe S. 162 f.). Anders sieht dies im Brief vom 20. 4. 1782 an die Schwester Nannerl aus. Mozart schickt ihr »ein Praeludio und eine dreystimmige fuge« (KV 394) und merkt dazu an: »ich habe mit fleiß Andante Maestoso darauf geschrieben, damit man sie nur nicht geschwind spielle — denn wenn eine fuge nicht langsam gespiellt wird, so kann man das eintrettende subiect nicht deutlich und klar ausnehmen, und ist folglich von keiner wirkung.« Wenn er in sachlich nüchterner Weise das Langsamspielen nur mit dem Vorteil einer guten Verständlichkeit der Struktur begründet, so sagt darüber hinaus die dem »Andante« hinzugefügte

Bezeichnung »Maestoso« doch etwas über die angestrebte Gravität des Stückes aus. Die Nachwelt hat das Präludium bevorzugt als Fantasie gesehen, mit gewissem Recht, denn mit einem J. S. Bachschen Präludium hat das Stück nichts, mit den Fantasien eines C.Ph.E. Bach und denen von Mozart selbst um so mehr gemeinsam. Das Satzbild entspricht etwa dem von KV 395, das Mozart ein »Capriccio — um das Clavier zu Probiren« nennt; nur bekommen die Läufe, Akkordzerlegungen, Tonrepetitionen und ihre sprunghafte Abfolge durch viel Chromatik in Verbindung mit den Vorschriften »Adagio« und »Andante« ein ungewohntes Pathos. Pathetisch ist auch die Fuge. Sie steht in C-Dur, das Thema ist einfach und klar, Bach nachempfunden, der Fugenverlauf ist stringent und mit allen kontrapunktischen Künsten versehen — und dennoch wirkt die C-Dur-Fuge aus dem »Wohltemperierten Clavier« viel mozartischer als die von Mozart. Die auslösende Ursache bringt der Kontrapunkt mit seinen Seufzervorhalten, die sich in erstaunlicher Hartnäckigkeit mit dem Thema in Sekundenintervallen reiben. Hinzu kommt ein ebenso beharrlich durchgehaltener Wechsel zwischen eher diatonischen Passagen und solchen, die chromatische Schritte und Querstände zum Prinzip haben. Ein Lockerlassen oder jene Aufhellungen durch den Einschub schlichter kantabler Melodien, wie sie sogar die Fantasien KV 396 und 475 haben, vermeidet Mozart hier.

Ähnlichen Charakter haben auch die g-Moll-Fuge KV 401 und die viel bekanntere c-Moll-Fuge KV 426 bzw. 546. Selbst in den Tanzsätzen der Fragment gebliebenen Suite KV 399 neigt Mozart zu einer herben Tonsprache. Noch mehr fällt in diesen Stücken im Vergleich zu Vorbildern bei Bach und Händel die klangliche Farbigkeit auf. Mozart wechselt die Tonarten (was teilweise dem Zusammenhang dient, so im Übergang von der Fuge zur Allemande) und im Detail oft die Tonplätze (wohl gleicht z.B. die Satzstruktur von T. 9 f. der Allemande sehr jener von T. 17 in J. S. Bachs Allemande der B-Dur-Partita BWV 825, aber das chromatische Spiel mit den Tönen ces/c und as/a hat bei Bach kein Pendant).

Daß es Mozart bei all diesen Kompositionen nicht nur um satztechnische Experimente ging, ist unüberhörbar. Welche Ausdrucksabsicht er verfolgte, sagt er nicht direkt. Wir vermeinen Herbheit, Gravität, Aufbegehren wie Resignation herauszuhören. Seiner Schülerin Barbara Ployer schrieb Mozart einen kleinen »Marche funèbre del Signor Maestro Contrapunto« (KV 453a) ins Stammbuch. Natürlich ist das augenzwinkernd gemeint. Das c-Moll-Stückchen selbst besteht aus einem Wechselspiel zwischen Marsch-Gravität im Forte und Seufzermelodik mit Passus duriusculi im Piano (wie es ohne Augenzwinkern die große c-Moll-Fuge KV 426 enthält). Durchaus ernst gemeint ist ein anderer, altertümlich kontrapunktischer Satz in c-Moll, die Geharnischten-Szene in der »Zauberflöte«. Sieht man in ihr ein Paradigma für Mozarts »Bachbild« (Reinhold Hammerstein), bedenkt die dramatische Situation dieser Szene und den Text, den die beiden Geharnischten singen, werden Mozarts Absichten klar. Was er in seinen Fugen-Experimenten ausdrücken will und in der »Zauberflöte« gezielt funktional einsetzt, ist ein musikalischer Inbegriff von Ernst, Düsternis, Fremdheit und Unbedingtheit. Diese Auffassung ist, historisch gesehen, durchaus kein Unikum, sie steht vielmehr in einer von der Empfindsamkeit bis zur Romantik reichenden Linie der Umwertung der Bachschen Fugen hin zu ihrem Verständnis als labyrinthische »Charakterbilder« (Robert Schumann). Auf eine sehr zugespitzte metaphorische Formel gebracht, wird die altertümliche Kontrapunktik für Mozart ein zum Bild erstarrter Sturm und Drang, ein Mysterium.

Doch trifft dies nicht einmal für alle Beispiele von vorhin uneingeschränkt zu. Das Gegenteil von Erstarrung ist Bewegung. Anders als in den Fugen bewegt sich Mozart in den Fantasien oder in einem Stück wie dem g-Moll-Quintett in eine verschlungene Abnormität hinein und verläßt sie auch wieder. Was ist aber von den Aufhellungen zu halten? Im Falle des Dur-Schlusses bei Don Giovannis Höllenfahrt gibt der Dramenverlauf eine inhaltlich doppelbödige und formal eindeutige Erklärung (siehe Kapitel »Musikdramatik«). Bei einem reinen Instrumentalwerk aus genau derselben Zeit fehlen solche Anhaltspunkte für die Interpretation. Selbst wenn man interpretatorische Extremfälle ignoriert, bleibt als Tenor immer noch ein erstaunlich angespannter Ausdrucksgegensatz zwischen Pessimismus und hoffnungsloser Trauer auf der einen und deren Überwindung in Heiterkeit auf der anderen Seite bestehen. Es verlockt, hier eine

Vorwegnahme jenes »per aspera ad astra«-Modells anzunehmen, das wir sonst mit Beethoven und der an ihn anknüpfenden Musikgeschichte des 19. Jahrhunderts assoziieren. KV 516 besitzt sicherlich einen ganz anderen zyklischen Verlauf als etwa Beethovens 9. Sinfonie. Dennoch hat Mozart hier (und in ähnlichen Fällen) die traditionelle Kopflastigkeit im Zyklus verändert, indem er das Menuett an zweiter und den langsamen Satz an dritter Stelle bringt und dem üblichen Schluß-»Allegro« eine »Adagio«-Einleitung in g-Moll voranstellt, die sich zum G-Dur hin öffnet. Doch stärker als von solch einem Moment der Zielgerichtetheit lebt die Wirkung dieser Komposition von dem alles normale Maß übersteigenden Hell-Dunkel.

In der bereits besprochenen Bläser-Serenade KV 388 dominiert der Oscuro-Charakter noch mehr, da auch das Schluß-»Allegro« in Moll steht. Mozarts Zyklusbildung stellt aber auch hier die Frage nach dem Verhältnis zwischen Chiaroscuro-Prinzip und Zielgerichtetheit. Dem gewichtigen ersten Satz in c-Moll folgt ein »Andante« in Es-Dur mit elegischem Charakter; der Ausdrucksbereich wird damit erweitert, die Sphäre aber nicht verlassen. Im Menuett präsentiert Mozart mit leichter Hand gleich mehrere Konflikte: den zwischen Tanz und strenger Kontrapunktik, dann einen zwischen dem zu erwartenden Ausdruckscharakter eines Tanzes und der Abwandlung von Motiven aus dem ersten Satz (Dreiklangzerlegung und Seufzermelodik), schließlich den zwischen Moll des Menuetts und Dur des Trios. Im letzten Satz entspricht Mozart der Final-Erwartung in Tempo und Variationenform, stört sie aber durch die Wahl der Tonart c-Moll und durch motivische Anklänge an den ersten Satz. Virulent wird unsere Frage angesichts der Schlußgestaltung. Wohl nähert sich die Serenade im Ablauf ihrer eigentlichen Sphäre in kleinen und komplizierten Schritten an, doch die Schlußwirkung erreicht Mozart nicht in logischer Konsequenz, sondern mit Hilfe einer verblüffenden Umblendtechnik. Den für sich stehenden, elegischen Reminiszenzen an die ersten beiden Sätze vor T. 215 folgt nach einer Generalpause die Aufhellung des »Allegro«-Themas zu C-Dur in Forte und vollem Satz; und den allerletzten Punkt nach einer überraschenden Beruhigungsphase T. 242—246 setzt die strahlende Fassung des Werkanfangs: Die Serenade hat zu ihrer heiteren Bestimmung heimgefunden. So als ob die letzten 36 Takte alles Davorliegende vergessen machen könnten? Die gegensätzliche Auffassung, daß dieser Schluß gar nichts löse oder aufhelle, sondern durch das Gewicht des Vorherigen zu einer bloßen Chimäre werde, wäre aber falsch, denn sie übertrüge die Situation bei einem Schubert-Lied wie dem »Doppelgänger« auf Mozart. Die Konstellation bei Mozart ist eher die: Es treffen sich letztlich Partitur und Gattungserwartung, aber die offensichtliche Verblüffung darüber und die unterschwelligen Wege dorthin gehorchen nicht derselben Logik: Würden aus sich heraus Verlaufslogik und Umblendtechnik zueinander finden, wäre die Verblüffung ja nicht möglich. Mozart spielt also mit Distanz und Annäherung innerhalb und über die Grenzen der notierten Partitur hinaus. Und dann liefert er der Verblüffung die Logik nach, die in den letzten sechs Takten durch den Rückbezug auf den Anfang sonnenklar wird. Darin liegt kein Problem, solange wir all dies in sinnlich-geistigem Wohlgefallen erleben und das Spiel als Spiel verstehen. Doch die erfahrene Irritation läßt uns damit nicht zufrieden sein. Die »Dämonie« verlangt ein Mehr an Antwort. Die häufigen Erklärungen von Werken wie dem genannten oder dem c-Moll-Klavierkonzert KV 491 mit Begriffen wie »Bedeutsamkeit« oder »persönliches Bekenntnis« mögen im einzelnen interpretatorische Kurzschlüsse sein, da sie das Ästhetische zu überspringen trachten — der von den Werken ausgehende und herausfordernde Impuls ist mit solch einer Kritik aber nicht erledigt.

PARODIE, IRONIE, SATIRE UND GROTESKE

Mozarts Exzentrik bewegt sich in zwei gegensätzlichen Richtungen, einerseits zum Düsteren, Abgründigen, andererseits zur Satire oder Groteske. Rein formal haben die Extremphänomene sogar Gemeinsamkeiten. Was wir diesbezüglich an »dämonischen Elementen« beobachteten, trifft ganz allgemein auch für den weiten Bereich des musikalischen Humors zu. Auch er hat seine kompositionstechnische Basis in der Irritation gewohnter Zusammenhänge, sei es durch gezielte Übertreibungen oder unpassende Konflikte. Natürlich sind unter dem Begriff Exzentrik andere Phänomene gemeint als die Heiterkeit klassischer Kunst oder jener »objektive Humor«, den ich auf die »Jupiter«-Sinfonie anwandte. Aber die Formen der Satire, der Groteske, Parodie und Ironie, sind wie in der Dichtung auch in der Musik sehr facettenreich und schwer voneinander abgrenzbar. Zudem sind etwa Satiren, deren Spitzen schon in literarischen Texten nicht immer leicht erkennbar sind, in der begriffslosen Musik oft kaum als solche auszumachen, schon gar, wenn es sich um musikalische Satiren von vor zweihundert Jahren handelt, deren konkrete Umstände uns fremd sind.

Außerdem erfolgt die Brechung des Ernstes nicht notwendig in der musikalischen Struktur. Sie kann sich auch allein aus den zum Stück unpassenden Umständen ergeben. Der vorhin erwähnte kleine »Marche funèbre« KV 453a enthält nichts Komisches. Vielleicht paßt das Pathos schlecht zur Kürze des Stükkes, doch reizt das noch niemanden zum Lachen. Einen Bruch der Konvention bedeutet es erst, einen Trauermarsch jemandem ins Stammbuch zu schreiben. Das kann keiner ernst nehmen. Und vielleicht steckt hinter dem Spaß noch eine Bosheit. Das Opfer, Barbara Ployer, war Mozarts Klavier- und Tonsatzschülerin. Was ihr der »Signor Maestro Contrapunto« da widmete, hat musikalisch nichts mit Kontrapunktik zu tun, es ist vielmehr ein Bild der opernhaften Gesten des Drohens und Flehens (Gegensatz zwischen T. 1 und 2 oder T. 9 f. und 11 f. usw.), das womöglich auf das Trauerspiel ihres Kontrapunktunterrichts anspielt.

Nicht einfacher stellt sich der Sachverhalt bei Satiren oder Parodien in viel wichtigeren Werken Mozarts dar. Diskussionsstoff ohne Ende liefern die Doppelbödigkeiten von »Così fan tutte«. Bei einer Handlung, in der die Personengruppen sich wechselseitig hinters Licht führen, sich insgeheim selbst betrügen und dabei noch das Publikum zum Komplizen machen, wird eine klare Zuordnung von Details, etwa einer bestimmten Arie, zu Ernst oder Unernst kaum zu erwarten sein. Mozart weicht der Eindeutigkeit aber doch anders aus, als es die Tradition ihm nahelegte. Die Parodie des großen Pathos und dessen musikalischer Darstellung in der Opera seria zählte zu den beliebten Standardsituationen der Opera buffa. Es bot sich an, sie bei der ersten Arie der verlassenen und noch ungetrösteten Dorabella »Smanie implacabili« (Nr. 11) einzusetzen. Nimmt man das Stück für sich, so ist es eine »aria agitata« (Tempovorschrift »Allegro agitato«), ein erregtes, aber durchaus einheitliches Affektbild der Verzweiflung. Es fehlen aber die Übertreibungen im Ausdruck oder die Verzerrungen formaler Funktionen, die eigentlich zu solchen Seria-Parodien gehören. Selbst die Anrufung der Eumeniden im Text wirkt nur heutzutage überzogen, paßte aber durchaus in die Sprache der Opera seria. Das, was selbst keine Parodie ist, erscheint erst im Zusammenhang parodistisch. Zur Buffonerie, die Don Alfonso schon im schmerzlichen Abschied der beiden Liebespaare zu erkennen meint, werden Dorabellas »smanie implacabili« in den Augen eines Publikums, das zuvor die tragikomische Frühstücksszene gesehen hat. Die Verzweiflungsgesten der beiden Damen, während Despina ihnen Schokolade serviert und ihre spöttischen Bemerkungen macht, wirken unglaubwürdig. Aber gerade weil Mozart sich in der Arie danach vor Überzeichnungen zurückhält, also ein für sich wahrhaftiges Bild gibt, unterhöhlt er die vertraute, harmlose Seria-Parodie und läßt fürs Publikum offen, ob Dorabella nur noch pro forma Despina ein Theater vormacht, das diese ihr ohnehin nicht abnimmt, oder ob in dem Theater noch echter Abschiedsschmerz steckt.

In der Handlung insgesamt erscheint Dorabella als die Lebenslustigere, Fiordiligi als die tiefer Empfindende. Entsprechend wird Fiordiligis Arie »Per pietà, ben mio« (Nr. 25) als »in ihrer Empfindung durchaus wahr« (H. Abert) gesehen (wobei die Verwandtschaft mit der Leonoren-Arie »Komm, Hoffnung, laß den letzten Stern« aus Beethovens »Fidelio« als nachträgliche Bestätigung erscheint). Der Anfang des »Adagio« ist unleugbar von jener Innigkeit erfüllt, die solch ein Urteil plausibel macht. Vielleicht gilt das auch noch für den spontan wirkenden Ausbruch »sempre ascoso« T. 9 ff. mit Duodezim-Sprung. Doch je mehr sich jene, sonst in Opere buffe gern parodierten Seria-Stilelemente (weite Intervallsprünge, vereinzelte pathetische Gesten, Koloraturen) häufen, entstehen trotz aller Großartigkeit dieses Rondos Zweifel, woran man sich als ein das Bühnengeschehen kritisch beobachtender Hörer halten soll, an die »wahre« Innigkeit oder an die verdächtig extrovertierte Leidenstheatralik. Ist letztere ein Ausdruck der reumütig mit sich ringenden Fiordiligi oder ist sie nicht doch mit jenem gespielten Schmerz des Verführers Ferrando in der Arie »Ah lo veggio« unmittelbar davor verwandt? Sonderbar ist auch Mozarts Wahl der Tonart E-Dur. Er hat sie selten eingesetzt; erstmals im Terzett »È la fede delle femmine« (Nr. 2) bei den etwas zynischen Prophezeiungen Don Alfonsos über die Untreue der Bräute, die Ferrando und Guglielmo nicht wahrhaben wollen; ein weiteres Mal beim Terzettino »Soave sia il vento«, einer wundervollen Verklärung der Abschiedsstimmung, die allerdings dadurch, daß Don Alfonso hier mit den beiden Damen singt, einen ironischen Beigeschmack erhält (das unmittelbar anschließende Rezitativ beginnt Don Alfonso mit den Worten »Non son cattivo comico«).

Dort also, wo Parodie angesagt ist, nähert sie Mozart der Glaubwürdigkeit an, und dort, wo Wahrhaftigkeit der Empfindung hervorbricht, setzt er durch das Mittel der Theatralik ein Fragezeichen dahinter. Es scheint als visiere Mozart beim Komponieren eine Mitte an und vermeide Exzentrik. Wenn ich mit meiner Einschätzung der beiden Arien recht habe, ist aber diese Mitte ein überaus schwankender, Ernst in Unernst spiegelnder Zustand. Die eigentliche Exzentrik läge in der enttäuschten Erwartung einer gesicherten Basis.

Demnach wäre »Così fan tutte« in der Wirkungsgeschichte gleich in zweifacher Weise verharmlost worden: als ein unbedeutendes, »tändelndes« Gesellschaftsstück des Rokoko und als handfeste Parodie voll Gesellschaftskritik. Welche Schwierigkeiten sich hier für die Rezeption auftun, veranschaulichen auch umgekehrte Fälle, bei denen ein offensichtlicher Partitur-Befund dennoch inakzeptabel erscheint. Ich denke speziell an das Priesterduett »Bewahret euch vor Weibertücken« (Nr. 11) in der »Zauberflöte«. Üblicherweise wird es als Bekräftigung des im unmittelbar vorangehenden Dialog Tamino und Papageno auferlegten »heilsamen Stillschweigens« zu Anfang ihrer Prüfungszeit angesehen.

Der gegenüber der »Zauberflöte« sehr skeptische Wolfgang Hildesheimer bemerkt dagegen eine »Verfremdung« des Textes durch die Musik, schiebt diese Beobachtung mangels »erkennbarer Absicht« Mozarts beiseite und erklärt die etwas »dunkle« Angelegenheit damit, daß Mozart »nicht recht bei der Sache« gewesen sei. Doch wäre Mozart unaufmerksam und lustlos gewesen, hätte er das Duett konventionell, eindeutig und mit ernst erhobenem Zeigefinger komponiert. Aber, mit Hildesheimer, vermag ich die »priesterliche Emphase« und die »Unerbittlichkeit des Schicksals« (H. Abert) aus dieser Musik nicht herauszuhören. Und, gegen Hildesheimer gefragt, warum sollte Mozart nicht etwas Bestimmtes beabsichtigt haben? Seinen Brief vom 11.6. 1791 beginnt er mit dem Satz »Ma très chère Epouse! — Criés avec moi contre mon mauvais sort! —« und schließt mit »ich küsse Dich 1000mal und sage in Gedanken mit Dir: Tod und Verzweiflung war sein Lohn! —«. Was Mozart mit diesen dunklen, theatralisch hervorgehobenen Andeutungen in dem insgesamt recht munter wirkenden Brief sagen will, bleibt unklar, ironisch sind der Klageschrei auf Französisch und das Zitat aus dem Priesterduett aber zweifellos gemeint.

Die Musik selbst erscheint mir als Musterbeispiel für jene Normverletzung, die eine untrügliche Voraussetzung von Humor ist. Wie »priesterliche Emphase« bei Mozart klingt, können wir bei der Nummer davor, der Arie mit Chor »O Isis und Osiris« hören. Die Unterschiede zum Priesterduett sind groß: Sarastro singt seine Arie im »Adagio«, die Priester ihr Duett im »Allegretto« mit Alla-breve-Takt. Trotz diesem recht raschen Tempo ist das Priesterduett nur 25 Takte lang, gibt also der Entfaltung einer Gravität nicht den nötigen Raum. In der Instrumentierung der Arie dominieren völlig die tiefen Register. Im Priesterduett fehlen die Bassetthörner, insgesamt sind aber alle Register vertreten; sie werden aber nicht einheitlich wie die tiefen Register in der Arie eingesetzt, sondern unterstreichen durch Klangfarbenwechsel die ohnehin sehr abwechslungsreiche Abfolge von Kleinabschnitten. Im ersten, liedmäßigen Abschnitt (T. 1—11) bereichern die Holzbläser den Streicherklang. Im zweiten (T. 11 bis 17) kommen durch die stereotype Streicherbewegung und das Hinzutreten von Blechbläsern endlich die vom Text her zu erwartenden drängenden und bedrohlichen Töne in die Partitur, aber viel zu rasch und unvermittelt platzen die Priester mit ihrer Verzweiflungsgeste »Vergebens rang er seine Hände« heraus (das E-Dur fällt völlig aus dem Rahmen). Nach einer Generalpause folgt die nächste Überraschung, diesmal ausdrucksmäßig in die Gegenrichtung. »Sotto voce« singen die Priester »Tod und Verzweiflung war sein Lohn«. Wohl erklingen hier erstmals die weihevoll-düsteren Posaunen, aber nicht in getragenem Legato wie in der »O Isis«-Arie, sondern in dem von Mozart extra vorgeschriebenem »Staccato«. Trotz des vollen Orchesters beim Abgang der Priester wirkt die in Piano und Staccato gebrachte Wiederholung der Musik zu »Tod und Verzweilfung ...« als ironisch verkehrte Schlußbekräftigung.

Aber was hat sich Mozart wirklich bei diesen kalkulierten Verdrehungen und Übertreibungen auf engem Raum gedacht? Für sich genommen läßt sich das Duett gut als Karikatur eines, von Mozart wenig geschätzten, pfäffischen Gehabes auffassen (es wären also zwei recht wendige Sarastro-Jünger, die sich zunächst einschmeicheln, plötzlich drastisch drohen, dann Tamino vertraulich das Ende von der Geschichte zuflüstern und freundlich abgehen). Damit gehörte das Duett der Gattung der Satire an; doch im Anschluß an die weihevolle Szene der Priesterversammlung zu Beginn des zweiten Aktes kann diese Auffassung nur sekundär zur Wirkung kommen. Im Hinblick auf diesen Zusammenhang erscheint das Duett eher als eine Groteske und schiebt die Frage nach Mozarts Absicht weiter auf die nach der Aussage der »Zauberflöte« insgesamt.

Zu meinen, bei einem Stück, dem Mozart den Titel »Musikalischer Spaß« gab, lägen die Dinge klar auf der Hand, ist ein Irrtum. Genau genommen können wir in historisch richtiger Weise die Satire gar nicht durchschauen. Es ist ja völlig unbekannt, zu welchem Zweck und Anlaß der »Musikalische Spaß« entstand — vielleicht für ein privates Fest. Mozart arrangierte gerne Maskeraden oder irgendwelchen Ulk; auch daß er das Autograph zum Teil gleich in Stimmen schrieb, spricht für einen intimen Rahmen. Möglicherweise könnte es einen Zusammenhang mit der zur gleichen Zeit von Mozart konzipierten satirischen Szene »Der Salzburger Lump in Wien« auf seinen Schüler Franz Jacob Freystädtler geben. Damit wäre auf zweifelhaftem Weg ein eindeutiger Adressat der Satire gefunden. Man könnte auch das Zitat aus dem dritten Satz des zweiten Orchester-Trios aus Leopold Mozarts »Sonate per chiesa e da camera« im ersten Satz des »Musikalischen Spasses« als Hinweis nehmen. Damit gerieten wir in psychologisch sehr heikle biographische Verwicklungen (s. Kapitel »Kunst und Leben«). Obwohl das Zitat fast wörtlich ist und auch im Original als Schlußgruppe auftritt, wird seine Bedeutung entschärft, da es sich um kein individuell geprägtes Thema, sondern um eine typische Schlußfigur handelt.

Häufiger wird angenommen, die Satire ziele statt auf eine bestimmte Person auf eine größere Gruppe oder Zeiterscheinung ab. Sicherlich kann ein Hörer etwas mit der Vorstellung anfangen, der »Musikalische Spaß« sei ein »Gespräch über das Nichts als Form« (Harald Kaufmann), eine Satire auf das Plauscherl im Kaffeehaus oder bei einer aristokratischen Soiree, oder auf den kurialen Sprachstil der Wiener Bürokratie. Assoziationen für eine solche, gegen Mozarts eigene Umgebung gerichtete Kritik finden sich leicht. Alte Wiener Tradition hat aber neben dem Kaffeehaus überhaupt die Lust an der Satire und noch mehr am Spiel mit der Ironie. Ohne etwas über die Schaffenshintergründe zu wissen, bleibt daher diese Erklärung unspezifisch. Und da Mozart-Forschung in der Regel unwienerisch betrieben wird, hat sich auch die seriöse Deutung durchgesetzt, Mozart habe eine Satire auf die Mediokrität der Musik, die ihn umgab, komponiert.

Die Anlage des Zyklus ist für Mozart untypisch und entspricht wohl auch nicht dem der zeitgenössischen Allerweltsmusik. Die Instrumentalbesetzung ist die eines Divertimentos, die Abfolge der vier Sätze gleicht eher der einer Sinfonie oder eines Kammermusikwerks (in denen ebenfalls gelegentlich das Menuett vor dem langsamen Satz zu stehen kommt). Entsprechend uneinheitlich erfolgen die Gattungszuweisungen. Von einer unmißverständlichen oder konventionellen Gesamtform kann man jedenfalls nicht sprechen.

Auch die Komik des »Musikalischen Spasses« bedarf der Diskussion. Stücke wie »Die Bauernhochzeit« oder die »Jagd-Sinfonie« Leopold Mozarts erhalten ihre Komik so recht erst durch die Ausführung der vom Komponisten extra geforderten Sondereffekte. Derartige Hinweise fehlen beim »Musikalischen Spaß«. Das heißt aber nicht, daß die Aufführung unter Mozart so klang wie heutzutage, wenn erstklassige Musiker auf Perfektion spielen als handle es sich um ein Werk wie die Haffner-Serenade. Mir ist in Konzerten öfter aufgefallen, wie bei den als mißraten notierten Hornterzen im Menuett eine Erleichterung durchs Publikum ging: endlich wird's spaßig. Nach einer weiteren Durststrecke wird es gegen Ende des langsamen Satzes wiederum lustig, wenn der Sologeiger am Schluß seiner Kadenz aus Angst vor der extrem hohen Lage alles zu weit greift und dann in der

Aufregung über das Mißgeschick den Schlußtriller gar mit der Terz macht. Für ein spaßiges Chaos sorgt Mozart dann in den letzten Takten des Stücks, in denen sich die Streicher völlig vertun und nur die Hörner die Tonart F-Dur halten.

Daß sich hinter der Fadesse dazwischen ein Spaß für Kenner verbirgt, leuchtet ein. Aber was zum Lächeln einlädt, sind andere feinsinnige Späße als das souveräne Spiel mit Überraschungen im Schlußsatz eines Haydnschen Streichquartetts (das freilich auch meist mit ernster Miene angehört wird). Kalkuliert läßt Mozart es dem musikalischen Satz an Souveränität mangeln. Aus Überraschungen wird so dem Anschein nach Unbeholfenheit, aus raffinierten Zeitdehnungen ein Zutodereiten von Banalitäten. Für die Rezeption all dessen ergeben sich Schwierigkeiten. Wenn im ersten Satz die Tonika zunächst gut stabilisiert wird und dann unvermittelt ein neues Motiv in T. 12 gleich in der Wechseldominante einsetzt, fällt dies als Unbeholfenheit auf, weil der »Komponist« seinen Fauxpas sofort zurücknimmt und mit einer weiteren Kadenz in F-Dur korrigiert. Das Auswalzen von Banalitäten (Skalen, Begleitfiguren, Sequenzen, Lagenwechselspiel) im ohnehin sehr langen Trio über das Ermüdende hinweg als Witz der Übertreibung aufzufassen, verlangt vom Hörer einiges an Konzentration und Distanz.

Übertreibungen können überhaupt nur als solche erkannt werden, wenn sie innerhalb eines Rahmens auftreten, der konventionelle Erwartungen in ausreichendem Maße erfüllt. In den Längenverhältnissen der einzelnen Sätze zueinander sind Norm und Abweichung gut erkennbar. Zu lang geraten ist nicht nur das Trio in Relation zum Menuett, vielmehr im Gesamtzusammenhang auch der Schlußsatz (458 Takte) zu seinen drei Vorgängern. In ihm ist auch die Redundanz am höchsten. Nimmt man die Umstellung von »Adagio« und »Menuett« und die bedeutsamen Ansätze zu einem galanten Fugato im Schlußsatz als Kalkül, entsteht der Eindruck, Mozart habe die Karikatur einer Final-Sinfonie zeichnen wollen. In welcher Weise er vom Detail her die perspektivische Verzerrung des Verhältnisses von Norm und Abweichung aufbaut, zeigt das Beispiel von der unbeholfen eingeführten Wechseldominante im ersten Teil des ersten Satzes. Unmotiviert ist ihr Auftreten ja an sich nicht, denn es dient dem Ziel, in den Dominantbereich überzuleiten, also eine grundlegende Formfunktion zu erfüllen. Worin liegt aber dann der Fehler? Üblicherweise wird Mozarts satirische Spitze darin gesehen, daß die Wechseldominante zu plötzlich erscheint und später kein richtiges Seitenthema auf der Dominante profiliert wird. In Relation zu Mozarts späten Sinfonien stimmt das. Diese aber geben nicht den primären Bezugsrahmen für die vorhandenen Irregularitäten ab. Die Basis bildet vielmehr die parataktische Komposition und eine mehr auf Abwechslung als auf dialektische Entwicklung ausgerichtete Sonatenform. Bezeichnend dafür ist die Abfolge einer Reihe unterschiedlicher Satzbilder, von denen keines thematischen Charakter erreicht, in ständigem Wechsel von Forte und Piano. Der abrupte Eintritt von etwas Neuem ist in diesem Rahmen kein Fehler, im Gegenteil, er erhöht an sich den Effekt. Schlecht ist die harmonische Folge in der Kadenz T. 12—15: G^7 — F — C^7 — F. Der Grund für die erzwungene Rückkadenzierung auf F scheint mir in einer allgemeineren satirischen Absicht Mozarts zu liegen: Er will die Geschlossenheit der einzelnen Elemente in diesem Baukastenspiel überpointieren. Diese Tendenz ist von den ersten Takten an da und führt am Satzschluß (besonders T. 77—88) zur bis ins Absurde getriebenen Stabilisierung dessen, was längst schon stabil ist. Die Parataxe als legitime Basis wird zum reinen Prinzip reduziert, das jeglichen »filo« in der Stimmführung über Abschnittgrenzen hinweg verhindert. Noch deutlicher als in T. 12 ff. gerät diese Konstellation in der Reprise zur Karikatur. Die Wechseldominante ist hier ja überflüssig, da in einer Reprise kein Dominantbereich mehr zu etablieren ist. Mozart setzt mitten in zwei identische Schlußgruppentakte in F-Dur (T. 55/56 und 59/60) die Takte 12/13. Der Wechsel F — G^7 — F (in Quintparallelen) ist reines Baukastenspiel und zugleich reiner Unsinn.

Die andere Annahme, Mozart kritisiere an der Mediokrität, daß kein richtiges Seitenthema entwickelt werde, die Thematik überhaupt floskelhaft sei und keine weiten Phrasen oder wenigstens Vordersatz-Nachsatz-Spannungen entstünden, ist nur teilweise richtig, bzw. sie verschärft die Frage, was eigentlich karikiert wird. Die genannten Sachverhalte treffen im Detail zweifellos zu. Nur sind diese Merkmale noch nicht Ergebnisse von Mozarts Kritik. Um etwas kritisieren zu können, muß man einen primären Bezugsrahmen, eine Gattungs-Konvention oder einen Stil, zunächst einmal aufgreifen. Und dieser Bezugsrahmen ist eindeutig die vorklassische Orchestermusik. Es ist nicht nötig, die Struktur des »Musikalischen Spasses« mit der Musik der Mannheimer oder der Wiener Schule der Jahrhundertmitte zu vergleichen. Die Dinge liegen näher. Mozart geht von jener Konvention aus, auf deren Basis er selbst seine ersten Sinfonien komponiert hatte. Man vergleiche nur den ersten Satz des »Musikalischen Spasses« mit denen seiner frühen Sinfonien (s. Kapitel »Schreibart«). Derselbe Umfang an Takten, Gliederung und Form (die »Durchführung« des ersten Satzbildes T. 33 bis etwa T. 54 und die anschließende, um den Anfang verkürzte Reprise ergeben einen Teil A'), die große Zahl an Satzbildern und das Fehlen individueller Themen, der Ereignis-Charakter: all das findet sich dort wie da. Der Unterschied zwischen den Sinfonien des achtjährigen Mozart und dem »Musikalischen Spaß« besteht darin, daß nun eine alte Basis, wie schon gesagt, zum Skelett eines reinen Prinzips, sozusagen entsubstanzialisiert wird. Erst unter dieser Voraussetzung sind die diversen Übertreibungen und Reduktionen im Detail entstanden und zu sehen.

Daraus ergibt sich nicht mit logischer Konsequenz eine ganz bestimmte Position für uns als Betrachter. Da wir sie aber einnehmen müssen, um den Witz im »Musikalischen Spaß« genießen zu können, will ich meine nicht verschweigen. Für mich liegt der Witz darin, daß Mozart mit der Satire auf eine veraltete Instrumentalmusik sich Distanz zu seinen eigenen Anfängen verschafft (vielleicht durch die groteske Brille mit einem liebevollen Blick zurück, ähnlich wie bei der gleichzeitig entstandenen Star-Elegie), augenzwinkernd mit seiner satirischen Feder auch sich selbst aufspießt. Gerade jene Momente der Individualisierung, der differenzierenden Beweglichkeit und der Linie durch die Vielfalt, die Mozarts Entwicklung ausmachen, bleiben im »Musikalischen Spaß« ausgespart. Und der von Mozart erreichten Aufwertung und Integration von Verzierungsmanieren und einfachen Floskeln (s. die Analyse von KV 533 im Kapitel »Schreibart«) wird hier das groteske Bild ihrer isolierten Banalität entgegengehalten.

MUSIK UND LITERARISCHES

Der »Musikalische Spaß« ist offensichtlich mehr als ein bloßer

Spaß, vielleicht ein Lehrstück in schlechter Komposition oder gar eine auf sich selbst bezogene Satire. In diesem Stück setzt Mozart den Hörer dem Gefühl leerer Endlosigkeit aus, führt ihn aber zuletzt doch durch kräftige Späße zu einem befreienden Lachen.

Geht er hiebei ähnlich vor wie bei seinen Sprachspielen und literarischen Tiraden in Briefen, Gedichten und Lustspielfragmenten? Es liegt ja nahe, einen Zusammenhang anzunehmen, der einen Blick in das Labyrinth zwischen Kunst und Leben gewährte. Im Detail gibt es zweifellos Parallelen, auch hat Mozart manchmal musikalische und häufiger opernhafte Gestaltungsprinzipien in bloßen Worten nachgeahmt. Aber im Grundsätzlichen scheint mir doch ein großer Unterschied zu bestehen. Man kann es noch mit der Begriffslosigkeit der Musik erklären, daß satirische Momente in ihr schwer zu präzisieren sind, sich aber selbst bei jenen literarischen Beispielen, deren Anlaß und biographischer Hintergrund völlig unklar ist (wie bei Mozarts Hymnus auf »Buziganner1, den König der Hunde«) keinesfalls hinwegdiskutieren lassen. Die, wenngleich zahlenmäßig geringen, literarischen Versuche Mozarts sind fast durchwegs Satiren; obwohl das ironische Element in seiner Musik, besonders in den Opern, sicherlich unterschätzt wird, wäre auf dieser Ebene ein Vergleich unsinnig. Unter seinen zahlreichen Liedern findet sich nur eine Satire (Friedrich von Hagedorns »Die Alte« KV 517).

Der meiner Meinung nach kategoriale Unterschied liegt in der formalen Gestaltung. Auffällig an Mozarts literarischen Satiren, und nicht nur an den Fragmenten, ist, daß sie inhaltlich zu keinem Ende kommen. Die Ironisierung des Schlusses durch Bemerkungen wie »nun will ich mich nicht mehr erhitzen/Mit meiner Poesie ...« im Gedicht-Brief an die Mutter vom 31. 1. 1778, durch Unterschriften wie »finis coronat opus ...« in der »Zärtlichen Ode« (10. 5. 1779) oder »gekrönter Scheiben-Poet« (eine verquere Kombination aus »Poeta laureatus« und Bölzlschießen) im »Glückwunsch, Beim Punsch« (31. 7. 1783) hebt die Schlußwirkung — anders als beim Knalleffekt in den letzten Takten des »Musikalischen Spasses« — wieder auf. Das Hunde-Gedicht zum Lobpreis des »Buziganner1« kommt über die Vorgeschichte nie hinaus. Den Leser durch Abschweifen hinzuhalten, mag ein konventionelles Mittel sein (das auch Leopold Mozart handhabte, etwa in seinem Brief vom 28. 5. 1778). Aber Mozart verweigert nicht selten, besonders in den Bäsle-Briefen, überhaupt die lösende Pointe. Oder sie erweist sich als Lappalie. Geradezu nihilistisch kann Mozart mit literarischen Konventionen umgehen. Im Brief vom 28. 2. 1778 an das Bäsle setzt er immer wieder zu einer Schäfergeschichte an, doch unterbricht er durch Ablenkungen auf sich und die Adressatin oder durch reine Sprachspiele und verknüpft alles zu einem Gebilde ohne Sinn und Ende. Ist es eine Satire auf Briefkonventionen oder eine auf die Pastoraldichtung der Zeit?

Für Mozart selbst dürften seine literarischen Ambitionen neben konkreten Absichten dem Angesprochenen gegenüber vor allem Ventilfunktion gehabt haben. Er experimentiert bis ins Absurde hinein und frönt hier — anders als in der Musik — der Lust, das »Dämonische« nicht zu bewältigen.

Sogar für meine Vermutung, Mozart habe im »Musikalischen Spaß« die Satire auch gegen sich selbst gerichtet, lassen sich Argumente beibringen. Mozart hat eine besondere Beziehung zu seinen Anfängen gehabt. Sein erstes Streichquartett (KV 80, Lodi 1770) führte er ebenso wie sein erstes eigenständiges Klavierkonzert (KV 175, Salzburg 1773) bei seiner Paris-Reise mit sich. 1788 trägt er in sein Werkverzeichnis »Eine kleine klavier Sonate für anfänger« (KV 545) ein, die in Tonart, Hauptthema (mit Betonung der Subdominante) und Satzanlage an sein erstes sonatenähnliches Stück (KV 9a, Salzburg 1763) anzuknüpfen scheint; natürlich geht Mozart nun mit dem Thema, den nachfolgenden Sequenzen usw. völlig anders, souverän und beweglich um. Als liebevoller Rückblick verstanden, kommen sonst exzentrisch erscheinende Zitate (wie das des langsamen Satzes von KV 175 in der Arie »Non sò d'onde viene« KV 294 oder des Menuetts KV 2, Mozarts vielleicht erster Komposition überhaupt, in späteren Messen) in einen sinnvollen Zusammenhang. Dies wäre im Verhältnis zur Satire im »Musikalischen Spaß« die andere, positive Seite derselben Medaille.

Als Gesamterscheinung erhalten die vielen Autozitate, Anspielungen und »Lieblingsmotive« (A. A. Abert) über manch skurrile Züge im einzelnen hinweg den Charakter eines universellen Spiels mit sich selbst. Wohl könnte es einen Anlaß und einen Adressaten für das sonderbare Zitat der Ariette »Un bacio di mano« in der »Jupiter«-Sinfonie geben, die wir nicht kennen. Vielleicht sind die Anspielungen auf den Osmin der »Entführung« in der Haffner-Sinfonie KV 385 (Anfang des Finalsatzes) spezifisch »auf die Gestalt seines zukünftigen Schwiegervaters« gemünzt (Zofia Lissa). Aber wie ist eine Melodie Pedrillos in der Arie für Aloysia Lange »Nehmt meinen Dank Ihr holden Gönner« KV 383 zu verstehen? Hier wirkt doch wohl die von vielen Beispielen her bekannte Streukraft der Mozart wichtigen Opern stark herein, die ja auch auf ein Spiel mit der eigenen Kunst hinausläuft (und womit sich eine andere Situation als beim taktischen Briefschreiber Mozart ergibt, vgl. Kapitel »Persönlichkeit des Künstlers«).

Die Annahme eines Funktions-Unterschieds zwischen der Musik und dem Literarischen bei Mozart und unsere Beobachtungen an »dämonischen« und parodistischen bis satirischen Kompositionen erfordern einen Wechsel der Sichtweise. Von exzentrischen Erscheinungen her die »Klassizität« zu betrachten, gelingt insofern nicht, als Mozart, abgesehen von kindlichen Experimenten und Fragment gebliebenen Stücken, zumindest im äußeren Rahmen von Anfang und Ende stets die Form wahrt. Der Sache entsprechender ist es daher, umgekehrt vom Zentrum kompositorischer und formaler Souveränität ausgehend die Fliehkräfte zu sehen. Damit ist noch nicht gesagt, ob diese Mitte stets gesichert ist, ob eine Einheit von Form und Inhalt gegeben sein muß oder ob nicht manches auf ein »Gespräch über das Nichts als Form« hinausläuft.

EXZENTRIK IN KANON UND MENUETT

Größe und Klassizität des Œuvres werden meist mit dem guten Argument der Universalität behauptet. In Quantität und Qualität, bezüglich der Gattungen wie der Ausdrucksmöglichkeiten, hat Mozart in seiner Zeit eine Universalität erreicht, die wenig Vergleichbares in der Musikgeschichte findet. Die Vielfalt lebt von ihrem Beziehungsreichtum und besitzt sozusagen ihr Verknüpfungszentrum in der Entwicklung von Mozarts »Schreibart«. Den Fluchtpunkt aus dieser Mitte kompositorischer Bewältigung heraus bildet das Ideal des Improvisatorischen und Genialischen. Als Prinzip erscheint es konkret in den »Fantasien«, für die C.Ph.E. Bach in seiner Klavierschule fordert, daß sie »aus einer guten musikalischen Seele herkommen müssen, das Sprechende, das hurtig Überraschende von einem Affecte zum anderen« besitzen müssen. Bei allem Vertrauen auf die »gute musikalische Seele« gelangt die zentrifugale Experimentierfreude doch irgendwann an eine Grenze, an der die Einheit im Spiel mit der eigenen musikalischen Welt zu zerbrechen droht oder jedenfalls der Blick zurück den Ausgangspunkt in merkwürdig verändertem Licht wiederfindet.

Ein überschaubares und extremes Beispiel für diese Grenzlandschaft bildet Mozarts Kanonkomposition. In sein Werkverzeichnis notiert er am 2. 9. 1788 acht vierstimmige und zwei dreistimmige Kanons (KV 553—562). Während er seine Tanzkompositionen zur gleichen Zeit summarisch anführt, spezifiziert er die Kanons nach Stimmenzahl und gibt zu jedem ein eigenes Incipit mit Text und Tempoangaben. Der Grund dafür mag weniger in der Bedeutung als in der Unterschiedlichkeit der Stücke liegen. Welcher Art diese ist, klären die Textmarken auf: Alleluja — Ave maria — Lacrimoso son'io — »grechtelts eng« — Nascoso è il mio sol — »gemma in Proda, gemma ind hetz« — »o du Eselhafter Martin« — »bona nox bist a rechta ox« — »Difficile lectu mihi mars« — »Caro bell'idol mio«. Die Bandbreite reicht also vom Kirchlichen bis zum Geselligen, vom erhabenen Latein bis zum Zotigen im Wiener Dialekt, musikalisch von der Anlehnung an eine gregorianische Melodie (Alleluja) über Töne im Stil der Opera seria bis zum munteren Parlando, von klanglicher Schlichtheit bis zur forcierten Chromatik (Nascoso). Mozarts Kanonschaffen insgesamt erweitert sich noch durch Stücke für Lehrzwecke und die Einbeziehung des Kanons in andere Gattungen, vom zweiten Finale in »Così fan tutte« (»E nel tuo, nel mio bicchiero«) bis zum »Recordare« und »Rex tremendae majestatis« im »Requiem«. Sicherlich hatten die ehrwürdigen wie die spaßigen Seiten des Kanons eine alte Tradition, aber jedenfalls hat Mozart alle ihre Möglichkeiten extrem ausgekostet. Bereits besprochene gegensätzliche Phänomene der Exzentrik kommen hier auf einer gemeinsamen kompositionstechnischen Ebene zu stehen. Das Verhältnis zwischen Form und Inhalt ist nicht das einer höheren Synthese (was hat der Kanon als »Musik der Engel« mit dem musikalischen Bild geselligen Durcheinanders semantisch noch gemeinsam?). Eher sind Freizügigkeit in der Wahl der Inhalte und penetrantes Festhalten an einer Kompositionsregel eine verquere Symbiose eingegangen. In diesem Fall scheint mir ausnahmsweise doch eine das Wesen der Sache treffende Parallele zu Mozarts Gedichten vorhanden zu sein. Auch dort hält er an der Stützfunktion einer Technik, der Reimschmiederei, stets fest (über die er sich bei seinen Librettisten lustig macht). Verbunden mit spaßigen Inhalten gewinnt irritierenderweise die starr angewandte Technik Distanz zu sich selbst, wird durch Übertreibung zur Selbstpersiflage. Dies gilt auch für die spaßigen Kanons, allerdings mit der Einschränkung, daß Mozart seine lustvolle Unbeholfenheit in der Reimerei nicht auf die Kanontechnik überträgt.

Kaum überschaubar, zentral in Mozarts Komponieren, aber nicht minder abwechslungsreich wie das Kanonschaffen, präsentiert sich der Bereich des Menuetts. Neben den vielen gesellschaftlichen Funktionen und musikalischen Ansprüchen haben Kanon und Menuett noch etwas gemeinsam, das sie beide zur Experimentiergattung eignet: Sie haben jeweils ein einfaches Grundprinzip als Stütze. Beim Kanon ist es eine Satzregel, beim Menuett die knappe, klare, vom Tanz geprägte Form. Intensiver als den Kanon hat Mozart zeitgemäß das Menuett in größere Formzusammenhänge und Zyklen eingefügt. Manche Extravaganz wird so wieder eingefangen. So enthält das G-Dur-Streichquartett KV 387 an zweiter Stelle ein experimentelles Menuett, in dem schon ab dem dritten Takt eine chromatische Skala, noch dazu gegen das Grundmetrum dynamisiert (p f p f usw.), eine wichtige Rolle als Motiv erhält. Doch diese Skurrilität wird einerseits eingeholt, indem zum Ausgleich der erste Satz mit einem Hauptthema wie aus dem Lehrbuch eröffnet wird; andererseits hat der ungewöhnliche Menuett-Anfang einige Detailbezüge zum ersten Satz: T. 1/2 sind eine Umkehrung des Themenkopfs des ersten Satzes, die chromatische Skala findet sich auch dort ähnlich in T. 16 ff. und 124 ff., und der dynamische Wechsel spielt im ersten Satz von Anfang an, intensiv T. 37 f., 145 f. und 163 ff., eine Rolle.

Notwendigerweise anders ist die Situation bei einzelstehenden Menuetten. Einen extremen Ausritt stellt KV 355 in D-Dur dar. Rätselhaft ist an diesem Stück fast alles. Es gibt kein Autograph, Mozart trug es nicht in sein Werkverzeichnis ein, herausgegeben hat es Maximilian Stadler als Klavierstück (ergänzte er nur das Trio oder auch die letzten zwölf Takte des Menuetts?), die Notierung wirkt weder klaviergerecht noch »mozartisch«. Trotz der obskuren Überlieferung sind sich Mozart-Philologen darin einig, dieses Menuett sei, wenn auch aus zweiter Hand, ein echter Mozart. Als Grund wird weniger die Kühnheit als die Qualität des Stücks genannt. Dieses Urteil der Fachleute billigt Mozart pars pro toto einen exzeptionellen Rang in der satztechnischen Bewältigung gewagter Einfälle zu (in Analysen wird diesbezüglich auf stimmführungsmäßige Feinheiten hingewiesen). Gewagt ist vor allem der Konflikt auf engem Raum. Nicht allein die extreme Chromatik in einem Menuett, noch dazu in einer Dur-Tonart, mehr noch der Konflikt zwischen diesem Pathos mit dem schlichten galanten Stil (T. 12 ff. und 40 ff.) sprengen den Rahmen. Im ersten Takt erklingt der übermäßige Dreiklang noch beiläufig als Durchgang, ab T. 5 erscheint er akzentuiert, wird zum dissonanten Klangsymbol, das ab T. 10 sich auflöst, um zu Beginn des zweiten Teils von noch schärferen Dissonanzen ersetzt zu werden, denen eine Raffung des taktweisen Akzentwechsels ab dem dritten Viertel von T. 20 folgt (die den Eindruck einer diminuierten Zweizeitigkeit vorübergehend entstehen läßt). Diese Anspannung läuft in chromatisch labilen Skalenläufen nicht aus, sondern in den Reprisenanfang T. 29 verunsichernd hinein. Die Intention dieses Menuetts kann nur in einer Groteske liegen, freilich einer mit betörend süßen Zügen (die von Terzenparallelen, Seufzermelodik und stufenweisen Auflösungen der Dissonanzen herrühren).

DIE HAYDN GEWIDMETEN QUARTETTE:

Innerhalb einer an Quantität so großen Gattung wie dem Menuett exzentrische Beispiele zu finden, überrascht kaum und stört nicht die Balance in Mozarts Universalität. Die Konstellation ändert sich einmal mehr, wenn wir unsere Perspektive auf einzelne Werke richten, die von vornherein als ausgewogen gelten. Auf diese Weise kommen hypothetisch doch vorhandene Verzerrungen der Balance in den Blick. Im Zentrum des Begriffs der Wiener Klassik angesiedelt ist wohl das durch wechselseitige Anregung geprägte Streichquartettschaffen Mozarts und Joseph Haydns aus den 1780er Jahren. Die sechs Haydn gewidmeten

Quartette geben uns daher ein gutes Beispiel. Eventuell enthaltene Extravaganzen müßten aber jenes Maß an Individualisierung übersteigen, das ohnehin Mozarts entwickelte »Schreibart« auszeichnet. Andererseits ist gar nicht zu erwarten, daß der da oder dort angespannte Zusammenhang wirklich zerbrochen wird. Einmal mehr auf die aristotelische Formvorstellung rekurrierend, ergeben sich für die anvisierte Problematik zwei Aspekte: Schwer vereinbar erscheint die zeitgenössische Formtheorie, wonach die Mitte, bzw. der Durchführungsteil, eine Phase der Schwäche im Formverlauf vom Anfang zum Ende darstellt, mit der Auffassung von der Dramatik Mozartscher Instrumentalmusik (Charles Rosen), nach der die Kulmination des Verlaufs in der Durchführung erreicht wird. Zum anderen fragt sich, ob Extravaganzen auf die durchführungsartige Mitte beschränkt bleiben oder nicht auch die formalen Stützen, Anfang und Ende, betreffen.

Jenes unter den sechs Werken, das dem Harmonie-Ideal am besten entspricht, dürfte das B-Dur-Quartett KV 458 sein. Jenes, das in der Wirkungsgeschichte den größten Widerstand fand, ist das sogenannte Dissonanzen-Quartett KV 465. Der Grund liegt weniger in den verwendeten Dissonanzen an sich als in dem Umstand, daß sie am Anfang des Stücks auftreten. Wenngleich Mozart diese Extravaganz durch die Stimmführung plausibel macht und zu dem nachfolgenden Formverlauf hin vermittelt (s. Kapitel »Schreibart«), bleibt doch eine Provokation des grundlegenden Formverständnisses bestehen. Auf der anderen Seite ist das B-Dur-Quartett auch kein lehrbuchmäßiger Normal-, sondern hier ein Extremfall. Mozart scheint schon in der Abfolge und Zusammenfassung dieser sechs Quartette auf Universalität abgezielt zu haben. Das heißt, er gibt jedem Werk eine spezifische Note und behandelt die Forderung nach Einheit so beweglich, daß selbst ihre mustergültige Erfüllung zu etwas Besonderem wird. Daneben spann er seine Fäden in der Absicht, etwas erkennbar ähnlich und doch ganz anders machen zu können, auch zwischen einzelnen Sätzen unterschiedlicher Quartette. Etwa den Konflikt zwischen gelehrtem und galantem Stil als Formgedanken behandelt er in den Schlußsätzen von KV 387 und 464 sehr unterschiedlich, und im »Andante« aus KV 421 wählt er für denselben Gedanken, Konflikt als Formprinzip, ein ganz anderes Material (liedhafte Schlichtheit und Dramatik, die mit galanten Floskeln arbeitet).

Einige Beispiele dazu: Ein besonderer Gedanke in KV 387 ist von Anfang an der Impuls zur Zeitdehnung. Die logische Stringenz des Verlaufs zu lockern, bestimmte Momente auszukosten, tritt als Tendenz normalerweise in der »Mitte« auf (Durchführungen, Überleitungen). Obwohl der erste Satz mit einem sehr klaren, periodisch gegliederten Hauptthema beginnt, wird schon ab T. 5 durch Wiederholungen von Motiven und Kadenzfloskeln von der Stringenz abgelenkt und die erste Wiederholung des Hauptthemas T. 11 ff. wird sogleich überwuchert durch kleine Imitationen und viele Spielfiguren, die die Periodenstruktur auflösen, bis dann der erwartete Abschluß in T. 20—24 zu dessen mechanischer Wiederholung umfunktioniert wird. Das schon erwähnte Menuett aus KV 387 hat neben einem sonderbaren Anfang auch zeitdehnende Passagen; am stärksten ausgeprägt, lege artis, in der »Mitte«, also zu Beginn des zweiten Teils vor Eintritt der Reprise (Anfang, T. 41—46, und Schluß der Passage, T. 54—62, erscheinen willkürlich erweitert, zumal der zur Reprise hinführende Dominantseptakkord von vornherein und überdeutlich präsent ist). Im Trio expliziert Mozart seinen Gedanken der Zeitdehnung, als wollte er ein Beispiel für eine Kompositionslehre geben: Zunächst wird eine achttaktige Periode mit starker Vordersatz-Nachsatz-Spannung vorgestellt; bei ihrer ersten Wiederholung ab T. 102 wird der Nachsatz so erweitert, daß ein Gebilde von 17 Takten, und bei der zweiten Wiederholung ab T. 127 eines von 21 Takten entsteht. Auf Weite angelegt ist bereits das Thema des nachfolgenden »Andante cantabile« mit seiner drei Takte lang festgehaltenen Tonika. Die vom ersten Satz her akzentuierten Mittel der Imitation, Kadenzreihung und Figuration werden hier mit »Romantizismen« (Nonakkorde T. 5, 9—11, Tempoverzögerungen T. 22/23 und 39—41, im Gestus der Melodik T. 30 ff.) derart intensiviert, daß die Variante von T. 7 ff. in T. 58—69 mit völligem Verlust eines Ziels in tonalem Vagieren und Hin- und Herschieben immer desselben Motivs einen Zustand schafft, der einmal zu Recht an Schubert denken läßt.

So wie hier der Impuls zum Ausufern im kleinen wie im großen stets durch einen sich schließenden Bogen eingeholt wird, so trifft dies für die anders gearteten Extravaganzen im d-Moll-Quartett KV 421 ebenfalls zu. Wenn Mozart in der Durchführung des ersten Satzes Kontrapunktik mit wahrer Lust an Sekundreibungen betreibt (T. 45 ff. und 53 ff.), so entstehen Assoziationen zu seinem »dämonischen« Fugenstil aus der selben Zeit, aber es bleibt doch bei bildhaften Momenten am rechten Ort. Die Norm verdreht Mozart aber, wenn er im Menuett für Durchführungen typische Mechanismen wie chromatische Schritte im Quartrahmen oder Quintreihen im Baß zum Ansatz nimmt. Konstruktion überwiegt und schafft einen geradezu marionettenhaften Zustand. Im ersten Teil gibt der chromatische Quartfall im Baß eine Basis, die notwendig zu Sequenzbildungen führt; die rhythmisch die Oberstimmen imitierenden Mittelstimmen laufen in Terz- und Sextparallelen. Im zweiten Teil kommt es zu drei verschiedenen Strukturbildern: im ersten (T. 14—19) steht der chromatische Quartfall in der Oberstimme, der Baß hat einen Orgelpunkt, die Mittelstimmen führen eine Kreisbewegung in Terzenparallelen aus; die zweite als die komplizierteste (T. 22—27) bringt eine kanonische Verknüpfung der beiden Oberstimmen in Tritonusparallelen und der beiden Unterstimmen in einer Quintreihe abwärts von a bis b; die dritte ist eine exakte Wiederholung des ersten Teils des Menuetts. Frei von diesen Strukturen bleiben nur die Kadenzen, die aber ebenfalls formelhafte Konstruktionen sind. Das dem Menuett folgende Trio und der abschließende Variationensatz sind im Kontrast dazu ohne Extravaganzen, ausgenommen die letzten 30 Takte in »Più Allegro«. Es beginnt mit einer fast wörtlichen Wiederholung der ersten Periode. Alles scheint sich zu einem schönen Bogen zu schließen. Aber zwei kleine Abweichungen überdecken plötzlich ab T. 120 das Variationsthema. Leicht veränderte Durchgänge im Baß der Kadenz davor werden nun umgekehrt in den beiden Oberstimmen zur Seufzermelodik im chromatischen Quartfall. Die zweite kleine Veränderung, aus den Sechzehntel-Paaren in der Violine I T. 2 ff. sind Sechzehntel-Triolen geworden, wird nun zu einem repetitierenden Prinzip, das durch alle Stimmen geführt wird. Langsam finden die beiden Oberstimmen in Terzen wieder zu Bruchstücken des Variationsthemas zurück. Insgesamt aber läßt sich diese Coda als eine Wiederkehr und zugleich Auflösung der Konstruktion des Menuetts bezeichnen. Die Extravaganz des Quartettendes unterstreichen die letzten vier Takte. Was sich in leisen Reminiszenzen zu verlaufen schien, erhält einen sonderbar forcierten Dur-Schluß als Punkt angefügt.

Von vornherein und als Prinzip durchgezogen herrschen im ersten Satz des Es-Dur-Quartetts KV 428 verkehrte Verhältnisse. Das Hauptthema beginnt mit einem Vordersatz, der als Neunton-Folge im unisono tonal unverbindlich bleibt. Im kontrastierenden Nachsatz wird Es-Dur stabilisiert, dafür neigt er durch Binnenwiederholungen zur Zeitdehnung (wie in KV 387). Bei der Wiederholung der ersten Periode ab T. 12 harmonisiert Mozart die Melodie, aber statt in Es-Dur in c-Moll und anstatt des Nachsatzes bringt er ein immer mehr repetitives Spiel mit einem Skalenmotiv, jedenfalls eine Phase, die als Überleitung lege artis zu fungieren hätte. Nur fällt ihr in diesem Fall die Aufgabe zu, endlich die Haupttonart und dann die Tonart des Seitenthemas unmißverständlich zu fixieren. Und die verdrehten Verhältnisse setzen sich ab T. 40 dadurch fort, daß das Seitenthema seine Tonart B-Dur ebenfalls sofort modulierend verläßt und die Refixierung der Schlußgruppe der Exposition überläßt. Normal verhält sich nur der Durchführungsteil (er geht vom Hauptthema zu Figurationen über, bringt eine durch den Quintenzirkel wandernde Modulation), womit freilich die zentrifugalen Kräfte noch mehr in den Vordergrund treten. Viel beachtet wie der Anfang des Dissonanzen-Quartetts wird das »Andante con moto« von KV 428, weil die Klanglichkeit zum Teil hybrid wirkt und sogar an Wagners »Tristan« erinnert. Doch der Satz ist von Anfang an ungewöhnlich: in seinen Taktgruppiertungen (5 + 5 + 4 + 4 usw.), die einer klaren Periodik ausweichen, in seiner Melodik, deren Gestus sich nicht auf ein bestimmtes Hauptthema festlegen läßt, und in seiner schon in den Takten 2—5 sonderbaren Harmonik (sie besteht aus einem abwärts gleitenden Klang, in dem sich die Viola sowohl zur Violine II wie zum Violoncello in verschleierten Quintparallelen bewegt). Assoziationen zum Sehnsuchtsmotiv aus dem »Tristan« rufen vor allem die Takte 15 ff. und 20 ff. hervor: Bei Mozart handelt es sich einmal mehr um eine Zeitdehnung durch zweimalige Wiederholung eines Taktes, bzw. durch eine Schichtung von vier verschiedenen Melodiebewegungen im Stufengang zu einer Struktur. Die Betonung des Stufengangs und der, etwas verschoben, real erklingende »Tristan«-Akkord f-ces-es-as in T. 15 bedingen die Assoziation. Im Unterschied zu Wagner aber hat die Struktur klar einen Dominantseptakkord zur Basis, der sich in einer betont einfachen Kadenz zur Tonika Es in T. 18 auflöst. Eine letzte Extravaganz in diesem Satz bildet in T. 90 (vage angedeutet in T. 26) ein Hapax legomenon, das zugleich ein Zitat aus dem Menuett von KV 387 ohne erkennbaren Sinn darstellt.

KV 464 in A-Dur stellt so etwas wie einen Normalfall Mozartscher Individualisierungskunst dar. Ohne die klare Formanlage zu irritieren, setzt Mozart außer im dritten in allen Sätzen auffällig viel Kontrapunktik ein. Der Finalsatz hat mit dem in KV 387 neben dem Grundgedanken eines Konflikts zwischen gelehrtem und galantem Stil noch eine groteske Besonderheit im Detail gemeinsam. Die Passage T. 114 ff. fällt aus dem Verlauf heraus. Nach einer Pause tritt (wie in der alten Figur des Noëma) ein homophoner Satz in vierfacher Tempoverlangsamung ein, der auch in seiner variierten Wiederholung ab T. 122 in der Satzstruktur nichts mit irgendeiner anderen Stelle in diesem Satz gemeinsam hat. Das sonst dominierende Hauptthema (ein chromatischer Stufengang im Terzraum) erscheint unauffällig und vergrößert in Violoncello T. 115—117 und Violine I T. 117 bis 119. In KV 387 hatte Mozart das Hauptthema in T. 221 ff. einem sonderbar beleuchteten Höhepunkt zugeführt, indem er es, seiner Sphäre des gelehrten Stils entfremdet, mit einer Begleitung im galanten Stil versah. Mozarts Vorgangsweise in KV 464 läßt sich mit einem Phänomen in der Grotesken-Malerei der Zeit vergleichen, welches als »mikromegalisches« Prinzip bezeichnet worden ist. Kleines erscheint plötzlich und in verblüffender Weise als groß oder umgekehrt.

EIN FAZIT

Ziehen wir aus dem Versuch, die Eigenart von Mozarts Exzentrik zu erfassen, ein Fazit, so fällt es rätselhafter aus als erwartet. Die »Dämonie« bricht doch kaum je den musikalischen Zusammenhang; extremen Ausdruck fängt Mozart wie durch ein Sicherheitsnetz mit seiner satztechnischen Souveränität auf. Parodie und Satire auf der anderen Seite bleiben unergründlich. Die Vermutung erhärtet sich, daß die beiden Seiten der Exzentrik nicht nur bestimmte kompositionstechnische Vorgänge, die auf Übertreibung oder Konfrontation abzielen, gemeinsam haben. Die fast stets spürbare Lust Mozarts, alles zu bewältigen, führt dazu, ein rätselvolles inhaltliches Moment zu werden, bzw. das eigentlich auf Zerbrechen hin angelegte und doch immer aufs Neue gerettete Verhältnis zwischen Form und Inhalt ergibt ein Bild, dessen Inhalt doch anders ist als der jener Harmonie, die aus dem Ineinander-Aufgehen von Inhalt und Form hervorgeht. Die Gegenprobe sollte der Blick auf klassische Streichquartette erbringen. Der Versuch, Extravaganzen in ihnen aufzudekken, war aber jedenfalls so erfolgreich, daß er eine klare Abgrenzung zwischen Klassischem und Exzentrischem verhinderte. Das Pointieren besonderer Gedanken für einzelne Werke oder Werkteile, das Umkippen der Fortspinnung zur Zeitdehnung, das zur Paradoxie neigende Kontrastieren von gegensätzlichen Materialansätzen bis zu Details wie dem Hapax legomenon oder dem Mikromegalischen wirken sich notwendigerweise auf den Gesamteindruck aus. Bei einem Stück wie KV 428 tastet Mozart von Anfang an Stützfunktionen der Form an; aber gerade durch die Verdrehungen und den Austausch formaler Funktionen, die doch alle als solche irgendwie erfüllt werden, überrascht er die Erwartung des Hörers und bestätigt letztlich die Gültigkeit jener Form, mit der er spielt. Und angesichts einer Schlußgestaltung mit so extremem Blendenwechsel wie im d-Moll-Quartett KV 421 fragt es sich, wo da noch ein Unterschied zum Dur-Schluß in der »dämonischen« Bläser-Serenade KV 388 bleibt. Sicher besteht er im Werkganzen, KV 421 neigt nicht so zum affectus doloris. Aber ist in KV 388 das Düstere nicht auch nur einer jener Gedanken, die wir in Quartetten fanden und die dort ebenfalls nur solange zur Erwartung einer Gesellschaftsmusik passen, als sie Humor zeigen. Und noch ein Aber: Ist der strahlende Dur-Schluß der Serenade die Pointe eines Witzes, die alles vorherige Pathos als Maskerade enthüllt?

UNIVERSELLES SPIEL

Ich will Mozart nicht zum Manieristen erklären. Doch es ist nicht leicht zu entscheiden, ob die überraschenden Momente selbst in seinen klassischen Streichquartetten als Ausdruck jener Spontaneität zu verstehen sind, die in den Werkzusammenhang eingeholt dessen Individualität ausmacht, oder ob sie auf eine prinzipielle Irritation abzielen. Aufgehoben sind wohl beide Antworten in Mozarts Universalität. Aus dem »Genie der Assimilation« wird so ein Künstler, der ein universales Spiel mit Assimilation und Dissimilation treibt. Das Spiel ist insofern geschlossen, als es seinen Fluchtpunkt, die freie Improvisation, nie erreicht, davor bewahrt die Lust am Alles-Bewältigen. Die eine mögliche Interpretation ist die der »Klassizität«, die sie ergänzende andere hat kaum geeignete Begriffshülsen. Die Zeitgenossen haben einen Stürmer und Dränger in Mozart gesehen. Diesem längst kunstwissenschaftlich abgesicherten Begriff steht Mozarts sich abhebende Souveränität entgegen, das von Thomas Mann an ihm bewunderte »Celeste«. In ihr herrscht aber eine unglaubliche Dynamik. Was reizt Mozart dazu, in Distanz zu seinem Lieblingsstück von Johann Christian Bach, der Arie »Non sò d'onde viene«, mit einer eigenen Komposition zu treten und ein Jahrzehnt später nochmals und wieder anders denselben Text zu vertonen (KV 512), diesmal nicht für einen Tenor, wie zu allererst beabsichtigt, und nicht für einen Sopran, wie ausgeführt, sondern nun für einen Baß? »Dämonie« und Alles-Können fallen offensichtlich in eins zusammen.

Gerinnt das universale Spiel im einzelnen Stück gleichsam zum Bild, so stellt es in Relation zur Normalität zeitgenössischer Musikerwartung nicht nur etwas Originelles, sondern Übertriebenes, sogar Verzerrtes dar. Liegt in diesem Bild nicht ein grotesker Zug, etwas vom mikromegalischen Prinzip der dekorativen Malerei, vom Püppchenhaften und Skurrilen in Rokoko-Figuren und -Porträts, auch etwas von den vertauschten Perspektiven in Voltaires »Mikromegas« oder Swifts »Gullivers Reisen«, ein skeptisches Spiel mit der Erkenntnis der Wirklichkeit? Kein Begriff scheint mir dieses Ineinander von Ausritt ins Phantastische und Bewältigung mit technischem Kalkül zu treffen (auch nicht der einer vorweggenommenen Romantik). Der Sache näher kommt ein willkürlicher Vergleich. Wie Mozarts Klassizität sich als sehr unterschiedlich zu Winckelmanns Klassik-Begriff erwies (Kapitel »Klassizität«), so hat Mozart mit dem archäologischen Antipoden Winckelmanns, Giovanni Battista Piranesi, etwas Kunsttheoretisches gemeinsam. Sind Mozarts Exzentrik und seine lapidare Aussage, daß Musik immer Musik bleiben müsse, doch miteinander vereinbar, dann im Sinne von Piranesis später Kunstanschauung (»Parere su l'Architettura« 1765), die wohl den Akzent auf das »capriccio« legt, aber die Verbindung mit der »ragione« bewahrt: »Selbst die reichste Phantasie hat dem Schönen zu gehorchen, der offenen oder verborgenen Harmonie der Teile zum Ganzen, der Vollkommenheit seiner Wirkung.« (Norbert Miller)

Die rätselhafte Durchlässigkeit von Klassizität und Exzentrik sei noch kurz von einer anderen Seite her beleuchtet, der der Forschung und ihrer Divergenzen. Ein Diskussionsfall ist die sicherlich ungewöhnliche Ballszene im ersten Finale des »Don Giovanni«. Die Ungewöhnlichkeit liegt in der raffinierten Übereinanderschichtung von Menuett, Kontretanz und »Teutschem« mit ihren unterschiedlichen Metren. Aber wie ist sie zu deuten? Da Don Giovanni den Ball mit den Worten »è aperto a tutti quanti, viva la libertà!« eröffnet, liegt eine soziologische Dechiffrierung des musikalischen Kunststücks als Bild einer idealen Gesellschaft nahe (s. Kapitel »Musik und Gesellschaft«). Hans Heinrich Eggebrecht stellt einer punktuellen soziologischen Deutung den Anspruch entgegen, vom Wesen der Musik auszugehen. Von der Philosophie Hegels aus sucht er die Freiheit im Begriff der Klassik als Abweichung von der Norm am Beispiel des Menuetts zu konkretisieren. Im Ineinander von Tanz und Artifizialität, im Sich-Bewegen im Takt seien »Natürlichkeit« und »Menschliches« zur Erscheinung gebracht. Nach Stefan Kunze dagegen wird »das Chaos sichtbar«. Er argumentiert mit dem Tragödienzusammenhang, sieht eine Katastrophe, die dann im zweiten Finale für Don Giovanni besiegelt wird. Irritierend ist an dieser Divergenz vor allem, daß beide Autoren sich um den Klassik-Begriff mühen und mit der Musik selbst argumentieren. Für Kunze ist die Musik der Ballszene »Disharmonie — ein Novum im kompositorischen Denken«, in unserem Sinne also exzentrisch.

Da kaum der eine recht und der andere unrecht hat, interessieren die Bandbreite der Divergenzen, bzw. die ungewissen Gegenstände der strittigen Fragen. Gibt es für das Menuett bei Mozart eine Norm, von der sich eine Abweichung bestimmen läßt, oder haben wir nur individuelle Werke vor uns? Das heißt aber auch: Wie faßbar ist Mozarts Musik? Gerade im Fall des

Menuetts wird eine genormte Form als Absprungbasis oder Reibebaum für die Phantasie — auch des Hörers — nicht zu leugnen sein, ebensowenig, daß seine Menuette wesentlich Individualitäten darstellen. So sind die Tänze in der Ballszene wohl je für sich mit Kalkül reduzierte »Individuen«. Disharmonisch sind Anfang und vor allem Ende der Tanzmusik auf der Bühne. Zunächst beginnt das Menuett mit seiner Kadenz; das mitkomponierte Stimmen der anderen Musikergruppen vor ihrem Einsatz, schließlich Zerlinas Aufschrei und das Eingreifen des Hauptorchesters — all das läßt sich entweder als realistischer Effekt oder als komponierte Stationen der Katastrophe, sozusagen als innere Handlung, verstehen. Was mehr und was weniger zutrifft, entscheidet sich im Zentrum dieses Kunststücks. Und für den komplexen Kern der Szene gilt die Frage: trägt die »Norm« die »Diskontinuität«, fungiert das Menuett als Achse oder nicht? Auch da sind die Meinungen geteilt. Kunze hält einem Ja entgegen, daß das »gleichzeitige Bestehen unvereinbarer Taktordnungen ... der Verknüpfung des Heterogenen den Boden entziehe«. Offensichtlich ist Mozarts Partitur bei all ihrer Präzision doch sehr doppeldeutig.

Von der Dramaturgie her bringt die Passage mit den drei übereinandergeschichteten Tänzen jedenfalls eine Situation, in der die gegeneinanderlaufenden Interessenlinien in einem Geflecht voll bedrohlicher Spannungen zusammenkommen. Das »Chaos« unterstreichen die Worte der einzelnen Personen. Die Spannung wird jedoch primär angeheizt, wenn sich Don Giovanni mit Zerlina und dann Leporello aus der Tanzgesellschaft entfernen und den Eklat provozieren, der mit Zerlinas »gente, aiuto«-Ruf sich ereignet. Der Rahmen aber, in dem sich sehr reale Absichten pro forma zusammenfinden, ist der Ball, dessen Scheinwelt das Maskenspiel unterstreicht. Das Tanzen hält nicht lange vor, aber es schafft doch einen Zustand.

Der musikalisch-szenische Aufbau ist vom Beginn des Finales an ungewöhnlich; mit geradezu filmischem Blendenwechsel folgen Miniaturszenen aufeinander. Ruhe durch Kontinuität wird vermieden. Nach Don Giovannis offizieller Balleröffnung beginnt die schrittweise erfolgende Schichtung von Tanz und Musik der Szene die Basis zu entziehen; zugleich aber gewinnt dieses Konstrukt aus heterogenen, formelhaft einfachen

Bestandteilen ein schwebendes Eigenleben, das, einmal erreicht, aus sich heraus kein Ziel hat und labil gegenüber Störungen von außen ist. Ein Spiel mit zur Schau gestelltem rationalem Kalkül wie im Menuett von KV 421 und mit dem Mozart von Kindheit an geläufigen parataktischen Komponieren wird hier unvergleichlich potenziert. Auch kommt dieses maschinell wirkende Moment in den damals recht beliebten Anleitungen zum Komponieren von Tänzen durch Würfeln (z.B. Maximilian Stadlers »Tabelle, aus welcher man Menuets und Trio herauswürfeln kann«, Wien 1781) in primitiver Form zum Tragen; raffinierte Kunstwerke waren jedoch manche Spielautomaten im Müllerschen Wachsfigurenkabinett in Wien (z.B. wurden Musik- und Tanzszenen beweglich dargestellt), für die Mozart Kompositionen lieferte.

Auf diese Weise erkläre ich mir das Marionettenhafte in Musik und Bild, das ich als Zuschauer bei dieser Szene stets empfinde. Für mich steht im Zentrum des Balls bei Don Giovanni kein Bild des Menschlichen, auch nicht ein durch Musik ausgelöstes Chaos, sondern ein unwirklicher Zustand, eine Groteske, oder noch pointierter: die kalkulierte Deformation des Menschlichen. Doch behaupte ich damit nicht, objektiv mehr recht zu haben als andere.

WAS SAGT DIE MUSIK AUS?

Mozart schrieb seine Werke, ehe romantische Dichter die Idee der absoluten Musik etablierten; aber schon Jahrzehnte vor ihm trat eine Entwicklung ein, die sich gegen den alten Kunstbegriff mit seiner Regelhaftigkeit, gegen die Nachahmungsästhetik und gegen die musikalische Rhetorik wandte. Dem Wort Nachahmen wurde das Wort Ausdrücken entgegengestellt. Das Galante und dann das Empfindsame, Natürlichkeit und das Rührende wurden zu Modewörtern im Reden und Denken über die Kunst. Kunstdiskussionen, und deren gab es im 18. Jahrhundert besonders viele, neigen zur Polarisierung, die sich auch zu anderen Zeiten selten mit derselben Schärfe in Kunstwerken wiederfindet.

Die Schärfe des Entweder-Oder bestimmte im Falle Mozarts besonders die jüngste Geschichte seiner Rezeption. In ihrer Frühzeit, um 1800, wurde es zur Selbstverständlichkeit, Mozarts

Instrumentalmusik als absolute Musik aufzufassen. Später, als die Klassizisten in der Neudeutschen Schule einen Widerpart erhielten, war für deren Vertreter Mozart kein zentrales Thema der Diskussion. Er wurde den Anhängern der absoluten Musik überlassen. Erst in letzter Zeit, als in der Aufführungspraxis Versuche erfolgreich wurden, Mozart nicht mehr von Beethoven aus, sondern umgekehrt von den Erfahrungen mit Barockmusik her zu musizieren, sind Stichwörter wie »Programmatik« oder »Klangrede« in die Mozart-Diskussion eingebracht worden. Mit dem Ergebnis von oft gereizt geführten Debatten, die den Eindruck erzeugen, es gelte nun 100 Jahre danach, die für Mozart versäumte Kontroverse Programmusik — absolute Musik nachzuholen. Dabei völlig zu kurz kommt die Tatsache, daß sich ein musikalischer Ausdruck nicht ohne weiteres aus Partituren herauslesen läßt, daß vielmehr sein Wirken oder Nicht-Wirken primär von der empirischen Musikpsychologie abzuklären wäre, was aber aus historischen Gründen unmöglich ist. Und von der Seite der Sprachtheorie ist auch wenig Hilfe zu erwarten, da Linguisten noch keine befriedigende semantische Theorie entwikkelt haben, die ihre Anwendung auf die Musik sinnvoll machte. Das Verhältnis zwischen empirischen und den uns verbleibenden historischen Fragestellungen bleibt offen.

Weniger aus Versöhnlichkeit als mit dem Gedanken an Mozarts eigene historische Situation halte ich ein Sowohl-als-Auch zwischen nachahmender und absoluter Musik für richtiger. In der Geschichte der Musikästhetik ereignete sich im 18. Jahrhundert zweifellos ein Wandel, weg von der Mimesis, hin zu einer Emanzipation der Musik von der Sprache. In der Geschichte der Kompositionslehre ist der Ablösungsprozeß von der barokken Tradition weniger deutlich. Der 1745 in Augsburg erschienene »Tractatus musicus compositorio-practicus« von Meinrad Spiess überliefert immer noch die alte musikalische Figurenlehre. Joseph Haydn besaß das Buch, Leopold Mozart erwähnte es mehrmals. Die beiden wichtigsten Musiktheoretiker zur Zeit der Klassik, Heinrich Christoph Koch und Johann Nikolaus Forkel, haben keine Kapitel »von den Tropis« oder »von den Figuren« mehr geschrieben. Doch auch bei ihren Kompositionslehren herrschen nicht nur die Kriterien einer rein musikalischen Struktur. Vielmehr bestehen weiterhin Parallelen zwischen der alten Rhetorik und der Lehre von den »Hauptperioden« im Sonatensatz, das heißt die Autonomie der Instrumentalmusik basiert auf sprachlichen Strukturen. Die Semantik wird zurückhaltend behandelt. Koch fordert stereotyp, Musik habe durch Verbindung der Töne »Empfindungen« auszudrücken; er verabscheut aber Musik, in der »alte Weiber heulen — Posthörner blasen — und Kuckucke schreien«. Für den weiten Raum an Möglichkeiten dazwischen entlehnt er von der Dichtkunst den Begriff des »lebendigen Ausdrucks« (einer Übereinstimmung von Material und Form mit den auszudrückenden Empfindungen), sieht ihn in der Vokalmusik für legitim, aber nicht für notwendig an und grenzt ihn polemisch gegen die Systematik der Figurenlehre ab (»Und wenn er, der lebendige Ausdruck, nicht ein Bild, eine Figur, unterstützt, wenn er nur das Amt des Wörterbuchs verwaltet, so ist er ein Fehler, ein großer Fehler.«)

Schon an einem einzigen Detail wird anschaulich, wie universal Mozart mit musikalischen Möglichkeiten, die Theoretiker so oder so zu reglementieren suchten, umgeht. Ich wähle als Beispiel eine Figur mit alter semantischer Tradition, die uns schon mehrmals bei Analysen von Vokal- und Instrumentalwerken Mozarts unterkam, und die auch noch lange nach Mozart verwendet worden ist: den chromatischen Quartfall, ein Spezifikum des sogenannten passus duriusculus. Im Barock war er dem affectus doloris zugeordnet. Doch nicht nur bei Schütz und Bach, auch etwa in Vokal- und Instrumentalmusik zur Ausgestaltung des Karfreitags am Wiener Kaiserhof war er ein ständig eingesetztes Mittel mit einer damals wohl unmißverständlichen Aussage. Wenn die gleiche Figur in den jedem Klavierspieler von Kindheitstagen her vertrauten vierhändigen »Melodischen Übungsstücken« Anton Diabellis als süße Färbung des Satzes wiederholt wiederkehrt oder Beethoven sie als Baßfundament in der Waldstein-Sonate einsetzt, hat dies nichts mehr mit dem affectus doloris zu tun. So bestätigt sich die gängige Ansicht, die im Barock mit gezielter Absicht eingesetzten figurae superficiales seien bedeutungsloses Material der musikalischen Grammatik geworden. Grosso modo mag das stimmen. Aber selbst bei Bach bleibt es unwahrscheinlich, daß der chromatische Quartfall T. 61 ff. im sehr munteren ersten Satz des Italienischen Konzerts eine schmerzliche Bedeutung hat. Und wenn Mozart in der ersten seiner zwölf Variationen über »Ah, vous dirai-je, Maman« in den Spielfiguren der rechten Hand diese Figur einfügt (T. 9 ff.), ist die Situation jener bei Diabelli ähnlich. Die Semantik der Figur in der Oper als Seria-Parodie mit entsprechend verdrehter Bedeutung einzusetzen, war konventionell. Doch Pamina gibt mit ihrer Verzweiflungsszene im zweiten Finale der »Zauberflöte« bei »Ja des Jammers Maß ist voll« (T. 83 ff.) ein Musterbeispiel, bei dem von Parodie keine Rede sein kann. Im Duett Nr. 14 der »Entführung« »Vivat Bacchus! Bacchus lebe!« kommt in T. 35 bis 38 eine aus dem Zusammenhang herausgehobene »Adagio«-Episode vor, in der Osmin einen chromatischen Quartfall über den Text »das heiß' ich gewagt!« zu singen hat: für eine bloße Parodie des weintrinkenden Muslims ist die Episode zu abrupt eingesetzt, Osmins Reaktion wirkt spontan. Sogar in der Instrumentalmusik gibt es viele Beispiele, für die die Gültigkeit der traditionellen Semantik kaum zu leugnen ist: Der chromatische Quartfall im Hauptthema des g-Moll-Streichquintetts ist in Anbetracht des pathetischen Gesamtcharakters des ersten Satzes unverkennbar mit Intention gesetzt (Ähnliches findet sich in der Fantasie KV 397).

Die Universalität, die diese Stichproben ergeben, bewegt sich zwischen voller Gültigkeit und Tilgung der Semantik, innerhalb ihrer Gültigkeit zwischen Ernst und Ironie und innerhalb ihrer bloß grammatikalischen Funktion zwischen Ornament und Satzstütze. Erweitern wir den Sichtwinkel über das Nebeneinander von Einzelfällen hinaus auf größere Werkzusammenhänge, erscheint alles noch vielfältiger und in seinem Beziehungszauber komplizierter. Schon ein Vergleich der Verzweiflungsszene Paminas mit der Papagenos eröffnet den Blick auf ein zusätzliches Changieren, da Papageno bei seinem »nun wohlan! es bleibt dabei!« (T. 533 ff.) nicht Paminas Klagegestus aufgreift — hier wäre er Parodie — aber auch nichts völlig anderes, sondern eine ähnliche, diatonische Fassung singt. Viel häufiger nützt Mozart seinen Reichtum an Möglichkeiten bei dramatischen Verläufen. Aus, punktuell betrachtet, objektiven Tonmalereien wird im Zusammenhang ein spezifisches Mittel, um ein subjektives Psychogramm zu erbringen, was etwa Belmontes Arie »O wie ängstlich« besonders anschaulich macht. Die Universalität des kompositorischen Spielraums erlaubt aber ebensogut, Ähnliches mit anderen (gestischen, rhetorischen, nicht tonmalerischen) Mitteln zu schaffen, wie z.B. Taminos Bildnisarie, oder auf wieder andere Art (wobei der Eigenwert des Details gegenüber der Pointierung des Verlaufs zurücktritt) den zornigen Osmin darzustellen.

Der Mimesis-Gedanke spielt aber noch in einer anderen, weniger in endlosen Nuancen sich auffächernden Weise in die Musik der Klassik herein. Joseph Haydn hat den bekannten Ausspruch getan, er habe in seinen Sinfonien Charaktere dargestellt. Offen bleibt, wie konkret hier an die Nachahmung von etwas oder jemandem zu denken ist, oder ob umgekehrt die musikalische Individualisierung, die mit ihren auch semantisch vorbelasteten Materialien spielt, unsere Phantasie dazu reizt, dem eben besonderen musikalischen Strukturbild »Körper« zu geben (siehe die Interpretation der »Jupiter«-Sinfonie im Kapitel »Klassizität«). In einem Fall scheinen die Dinge bei Mozart von den Voraussetzungen her klar: »ich will es ganz nach den Caractére der Mad:selle Rose machen ... es ist auch so. wie das andante, so ist sie« (6. 12. 1777). Aber wie die Rosa Cannabich war, wissen wir nicht; daher gelang es nicht einmal mit Gewißheit, dieses »Andante« zu identifizieren. Die Meinung setzte sich allerdings durch, es sei der zweite Satz der C-Dur-Klaviersonate KV 309. Dabei gab uns Mozart noch eine Interpretationshilfe, indem er die 15jährige im selben Brief näher beschrieb: »... ist ein sehr schönes artiges mädl. sie hat für ihr alter viell vernunft und gesetztes weesen; sie ist serios, redet nicht viell, was sie aber redet — — geschieht mit anmuth und freündlichkeit.« Das Andante von KV 309 paßt schlecht zu dieser Beschreibung. Hermann Abert meinte daher, das Mädchen müsse »nach diesem Porträt ein ziemlicher Racker gewesen sein«. Hanns Dennerlein rügt diesen »Fehlschluß«, spielt die vielen Wechsel in Dynamik und Affekt sowie die extensive Auszierungstechnik herunter, hält sich an das »Wesentliche des Satzes« und verspürt in ihm den »Hauch der Unberührtheit«. Mein Spott löst freilich dieses eklatante Dilemma musikalischer Inhaltsdeutung auch nicht auf. Ich sehe nur eine radikale Möglichkeit: auf KV 309 zu verzichten und statt dessen das »Andante con espressione« aus der D-Dur-Sonate KV 311 als Porträt zu nehmen. Dieser viel ruhiger fließende und schlichtere Satz läßt sich, so wie er ist, gut mit

Mozarts Beschreibung assoziieren. Wie dem auch sei. Entscheidend ist, daß wohl beide Andante im musikalischen Charakter sehr unterschiedlich sind, aber keine Irregularität der Form aufweisen, die im Porträtieren begründet sein könnte. Allzu tiefgreifend kann die Charakterisierung daher nicht sein.

Auf eine — anscheinende oder tatsächliche? — weitere exzentrische Facette von Mozarts Universalität möchte ich noch hinweisen. Bei der Lektüre von E. Th. A. Hoffmanns Nacherzählung der »Don Giovanni«-Ouverture in seiner »Don Juan«-Novelle fragt man sich erstaunt: all dies Geschehen zwischen »grausenerregenden Ahnungen« und »jauchzendem Frevel«, Höllenfeuer und frohen Menschen soll sich in wenigen Minuten Musik ereignen? Ähnlich ergeht es mir mit den statt durch künstlerische Phantasie mit empirischer Exaktheit erreichten »Entschlüsselungen« dieses und anderer Instrumentalsätze Mozarts durch Gunthard Born. Der Dichter und der Empiriker mögen Mozarts Changieren zwischen Bedeutung und grammatikalischer Funktion von musikalischen Details unterschätzt haben, aber ihr zweifellos konkret auf die Partitur bezogenes Ergebnis macht eine Perspektive dingfest, die nur als mikromegalisch zu bezeichnen ist. Ob Mozart eine Absicht mit dem verband, was in solcher Sichtweise grotesk erscheinen mag, wissen wir nicht. Ähnliches in noch stärkerem Maße gilt für den Gedanken an seine mögliche Neigung zur Esoterik. Mit leichter Hand abtun wird man etwa eine so minuziöse Studie zur Zahlensymbolik in der »Zauberflöte« wie die von Hans Josef Irmen nicht können.

Präzision im Detail und die nicht zu rezipierende Fülle dieser Details (genau das also, was die Zeitgenossen Mozarts positiv wie negativ stets als den »Reichtum« seiner Musik staunend hervorhoben) stehen in einer prekären Spannung zueinander. Am anschaulichsten wird sie am Beispiel der Oper. Die relative Unverbindlichkeit der Partituren in der Barockoper wurde im Laufe des 18. Jahrhunderts mit reformerischen Absichten in Richtung auf eine werkhafte Verbindlichkeit verändert, die keiner soweit wie Mozart vorantrieb (Kapitel »Musikdramatik«). Ich erinnere mich lebhaft an Vorträge des Dirigenten und Mozart-Forschers Bernhard Paumgartner, in denen er das von Mozart komponierte Agieren der Bühnenfiguren demonstrierte. Etwa der ungeduldig hin und her marschierende Leporello zu Beginn des »Notte e giorno faticar« prägte sich mir so ein, daß ich bei jeder Vorstellung gespannt bin, wie der Regisseur vorgeht, tautologisch oder die Präzision der Partitur ignorierend. Man könnte vermutlich das »Gestische« und die »Theaterhaltung« der Musik so sehr beim Wort nehmen, daß sie vom Detail her eine Bewegungsregie bestimmen. Und Mozart würde damit ein Ideal des Marionettentheaters unterstellt werden.

ZUM SCHLUSS

Vermutlich sind sich alle (auch die, die an Kleists Aufsatz »Über das Marionettentheater« denken) darin einig, daß Mozart diese Art von »Maschinenkomödie« nicht wollte. Aber was wollte er nun wirklich? Den Schleier zu lüften geht nicht und wird nicht nur durch das universale Spiel (als Ergebnis unseres Blicks auf die Exzentrik) verhindert. Auch in den Kapiteln davor sind wir immer wieder beim Versuch, eine Perspektive möglichst weit voranzutreiben, zuletzt vor einem »Und« zwischen formulierbaren Gegensätzen gestanden. Von diesem »Und«, hinter dem Mozarts Lust, alles zu können, sich verbirgt, versagt jede rationale Deutung. Ignoriert der Interpret dieses Phänomen, wird er zu verzerrten Ergebnissen voll trügerischer Eindeutigkeit gelangen. Dies gilt auch für in Wirkungsgeschichte und -gegenwart viel anerkanntere Ansätze als etwa den der Esoterik. Kunstmetaphysische wie sozialkritische oder theologische Deutungen finden die Stellen, an denen sie einhacken können, bei diesem Werk oder jenem »Wesensmerkmal«. Sobald sie Mozarts eigentliche Absicht und Aussage erfaßt haben, lächelt er von woanders her.

War Mozart ein Schalk, ein »Amadeus«, ein Don Giovanni in seiner Kunst oder gar mit all seinem schönen Maskenspiel ein Nihilist? Aus der Luft gegriffen war es ja nicht, als Kierkegaard Opern Mozarts als Paradigmen für das Ästhetische wählte und sie im Grunde negativ dem Ethischen gegenüberstellte. Und es sagt auch etwas aus, daß ein Dichter wie Schiller verständnislos blieb und ein Goethe Mozarts Exzeptionalität begriff. Mozart war wohl mehr Schalk, als es unsere eingeübte Schwärmerei zugestehen möchte. Doch selbst hier gilt dieses »Und«, das den Schalk transzendiert, dabei aber durch die Präzision des Vorgangs, wenn wir nur genau darauf achten, einen leicht aufkommenden Transzendenznebel durchdringt. Das Wort vom »Transitorischen« und die in der Wirkungsgeschichte öfters versuchten Shakespeare-Vergleiche werden diesem Zustand noch am besten gerecht.

Mit seiner Kunst den falschen Ernst entlarven zu wollen, scheint mir als Aussage über Mozarts Absichten angemessen. Dabei setzt er nicht die »Maske der Kritik« auf, um sich selbst zu schützen. Versteht er es doch, als Dramatiker die in Konflikte verwickelten Menschen von allen Seiten, von oben und unten zu betrachten. Um das zu können, darf man sie und sich selbst nicht ganz ernst nehmen. Doch ist dabei, soll nicht neben dem falschen auch der echte Ernst ad absurdum geführt werden, der schwierigste Transitus zu leisten, der zwischen Ästhetischem und Ethischem.

Auch im Umgang mit Menschen seiner Umgebung war Mozart jegliches Getue und Gehabe zuwider, so stolz er war und so sehr er heiteren Sinns die Masquerade liebte. Wie wir sahen, neigte er in schwierigen Situationen seines Lebens und in seinen Briefen dazu, sich durch ein uns unbegreifliches Verhalten und durch exzentrische Formulierungen einen Schutzwall für seine Künstler-Sensibilität zu errichten. Das Äußerste, was er in seinen Briefen aussagt, ist beredtes Schweigen.

In seiner Kunst gibt es den Bruch zwischen Exzentrik und Schweigen nicht. Aber das universale Spiel bewegt sich, behutsam mit jeglicher Unverstelltheit umgehend, doch auf etwas Unbedingtes zu. Sicher, Mozart war auch zur Affirmation fähig: in Oratorien und Kirchenmusik, in Werken für die Freimaurer, in patriotischen Gesängen für Joseph II. usw. In einem diesbezüglich heiklen Fall wie dem der »Zauberflöte« hat er nicht nur ein reichgefächertes Welttheater eingesetzt, er mied gleichzeitig weltanschauliches Pathos, vertonte die Szene der Priesterversammlung nicht, entzog dem Priestermarsch durch musikalische Individualisierung jene Festigkeit, die von der Gattung zu erwarten ist. Was dann doch in Erscheinung tritt, ist keine Lehre, sondern der Augenblick, in dem für den Zuhörer und Zuschauer Reflexion und Betroffenheit eins werden. Der »stille Beifall« jenseits von allem »Lärmen« war es, der Mozart faszinierte.

Der leise Sieg des Einfachen — bevor der Gedanke aufkommt, dies sei die Erfüllung der aufklärerischen Philosophie. Diese letzte Aussage spüre ich etwa beim »Contessa perdono«: vor jeglichem Gedanken an Triumph der Liebe, Sozialkritik oder der Frage, wie diese Geschichte weitergehen wird. Ich spüre sie im »Ave verum«: vor jeder Frage, ob Mozart nicht tief religiös gewesen sein müsse; oder im h-Moll-Adagio KV 540 beim grundlos eintretenden H-Dur im drittletzten Takt: ohne einen Verdacht, es könnte nur ironisch gemeint sein.

ANMERKUNGEN

Seite

11 Hans Heinrich Eggebrecht, Zur Geschichte der Beethoven-Rezeption: Beethoven 1970, Wiesbaden 1972.

12 Zu Wagners Mozart-Bild siehe mein Buch: Mozart und die Nachwelt, Salzburg 1985, S. 196 ff.

14 Wolfgang Hildesheimer, Die Subjektivität des Biographen, in: Das Ende der Fiktionen, Frankfurt am Main 1984, S. 126. Siehe dazu meinen Aufsatz: Wolfgang Hildesheimer und die Mozartforschung, in: Florilegium musicologicum (H. Federhofer zum 75. Geburtstag), Tutzing 1988, S. 109 ff.

15 Die Daten und Zitate sind »Mozart und die Nachwelt« entnommen.

17 Walter Müller-Seidel, Probleme der literarischen Wertung, 1965, S. 77 ff.

Norbert Hinske, Antinomie, in: Historisches Wörterbuch der Philosophie Bd. 1, Darmstadt 1971, Sp. 393 ff.

24 Francis Carr, Mozart und Constanze, Stuttgart 1986.

Die Briefe werden zitiert nach: Mozart. Briefe und Aufzeichnungen. Gesamtausgabe, hrsg. v. W.A. Bauer, O.E. Deutsch u. J.H. Eibl, Kassel 1962—1975.

26 Das hohe Maß an »Beherrschung«, das Hildesheimer in der Kalligraphie des Briefes an Bullinger erkennt (Mozart, Frankfurt am Main 1977, S. 86 f.), findet sich im Brief an den Vater nicht als einheitlicher Zug wieder; daher widerspricht dieser Brief Hildesheimers Argumentation.

28 Hildesheimer. S. 82.

Hermann Abert, W.A. Mozart, 7. Auflage Leipzig 1955, Bd. 1, S. 594 f.

Hildesheimer, S. 82.

29 Florian Langegger, Mozart. Vater und Sohn. Eine psychologische Untersuchung, Zürich 1978, S. 93.

Abert, Bd. 1, S. 606.

30 Hildesheimer, S. 89.

Abert, Bd. 1, S. 609.

Hildesheimer, S. 89.

Erich Schenk, Mozart. Sein Leben — seine Welt, 2. Auflage Wien 1975, S. 381.

31 Mozart. Briefe und Aufzeichnungen. Bd. 6, S. 351.

Hildesheimer, S. 206.

32 Moses Mendelssohn, Phädon oder über die Unsterblichkeit der Seele in drey Gesprächen. Vierte vermehrte und verbesserte Auflage, Berlin 1776, S. 168, 183, 82 und 86.

Hanns-Josef Ortheil, Mozart im Innern seiner Sprachen, Frankfurt am Main 1982, S. 179.

33 Mozart Briefe. Ausgewählt, eingeleitet und kommentiert von W. Hildesheimer, Frankfurt am Main 1975, S. 133.

35 Zu Ulibischeff siehe: Mozart und die Nachwelt, S. 180 f.

Alfred Einstein, Mozart. Sein Charakter — sein Werk, Stockholm 1947, S. 355.

Abert Bd. 2, S. 325. Hermann Abert zeigt sich in diesem Zitat beeindruckt von Wilhelm Diltheys Begriff des »Lebens«. Ähnlich unaufgeklärt bleiben die »inneren Gründe« für ein »Bekenntniswerk persönlichster Prägung« auch in der Neuen Mozart Ausgabe (VIII/19/1, S. X, Ernst Hess).

36 Einstein. S. 265.
Hildesheimer, S. 210.
Hildesheimer, S. 212.

37 Hildesheimer, S. 219.
Hildesheimer, S. 217.

38 Heinz Wolfgang Hamann, Eine unbekannte Familien-Reminiszenz in Mozarts Serenade KV 522 (»Ein musikalischer Spaß«), in: Die Musikforschung 1960, S. 180 ff.

39 Einen Ansatz dazu bietet Peter Zagermanns Buch: Ich-Ideal, Sublimierung, Narzißmus. Die Theorie des Schöpferischen in der Psychoanalyse, Darmstadt 1985.
Norbert Nagler, Die Seelensprache der Musik, in: Materialien der Psychoanalyse und analytisch orientierten Psychotherapie, Bd. 13 (1987), S. 55 ff.

40 Hildesheimer, S. 216.
Helmuth Plessner, Trieb und Leidenschaft, in: Die Frage nach der Conditio Humana. Aufsätze zur philosophischen Anthropologie, Frankfurt am Main 1976, S. 159 ff.
Zangermann, S. 4.

41 Aus: Trilogie der Leidenschaften. Siehe dazu: Hans Robert Jauß, Ästhetische Erfahrung und literarische Hermeneutik, Frankfurt am Main 1982, S. 40.
Lew S. Wygotski, Kunst als Katharsis, in: Ästhetische Erfahrung und literarisches Lernen, hrsg. v. W. Dehn, Frankfurt am Main 1974, S. 81 ff.
Siehe dazu: Jauß, S. 200.
Jauß, besonders S. 83 ff.
Jean-Paul Sartre, L'imaginaire. Psychologie phénomenopogique de l'imagination, Paris 1940, S. 239 ff.

42 Zu Blumenbergs These siehe: Jauß, S. 85 f., und: Die nicht mehr schönen Künste (Poetik und Hermeneutik, Bd. 3, München 1968), S. 646 f.
Jauß, S. 69.
Zitiert nach Jauß, S. 87.

45 C.F. Pockels, Psychologische Bemerkungen über das Lachen, und insbesondere über eine Art des unwillkürlichen Lachens, in: Gnotis auton oder Magazin zur Erfahrungs-Seelenkunde, hrsg. v. K. Ph. Moritz, Bd. 3, 1.—3. Stück, 1785, Neuausgabe: Nördlingen 1986, S. 79.

46 Irma Hoesli, Wolfgang Amadeus Mozart. Briefstil eines Musikgenies, Zürich 1948; Mozarts Bäsle-Briefe, Kassel/München 1978.

47 Zu Eissler siehe: Bäsle-Briefe, S. 9 f.

64 Zu Schuberts Mozartbild siehe: Mozart und die Nachwelt, S. 90.

80 Zum Verhältnis Haydn-Mozart siehe meinen Aufsatz: Doppelgesichtiger Haydn?, in: Österreichische Musikzeitschrift 1982, S. 139 ff.

85 Robert Spaemann, Das Natürliche und das Vernünftige. Essays zur Anthropologie, München 1987, besonders S. 109 ff.

86 Stefan Kunze, Christoph Willibald Gluck, oder: die »Natur« des musi-

kalischen Dramas, in: Chr.W. Gluck und die Opernreform, hrsg. v. K. Hortschansky, Darmstadt 1989, S. 394 f.

89 Arnold Schering, Künstler, Kenner und Liebhaber der Musik im Zeitalter Haydns und Goethes, in: Jahrbuch Peters 38 (1931); Erich Reimer, Kenner — Liebhaber — Dilettant, in: Handwörterbuch der musikalischen Terminologie, 1974.

90 Hans Heinrich Eggebrecht, Musik als Tonsprache, in: Archiv für Musikwissenschaft 1961, besonders S. 90.
Bernd Sponheuer, Zum Problem des doppelten Finales in Mozarts ›erstem‹ Klavierkonzert KV 175, in: Archiv für Musikwissenschaft 1985, S. 102 ff.

94 Horst Albert Glaser, Lessings Streit mit Voltaire, in: Voltaire und Deutschland, hrsg. v. P. Brockmeier, Stuttgart 1979, S. 399 f.

95 Ivan Nagel, Autonomie und Gnade. Über Mozarts Opern, München 1985, S. 19 f.
Carl Dahlhaus, Klassische und romantische Musikästhetik, Laaber 1988, besonders S. 23 ff.

97 Dahlhaus, S. 10.
Gunthard Born, Mozarts Musiksprache. Schlüssel zu Leben und Werk, München 1985.
Klaus Dockhorn, Die Rhetorik als Quelle des vorromantischen Irrationalismus in der Literatur- und Geistesgeschichte, in: Nachrichten der Akademie der Wissenschaften Göttingen. Phil.-Hist. Klasse 1949; ders., Rezension von G.G. Gadamer, Wahrheit und Methode, in: Göttingische Gelehrte Anzeigen 218 (1966), S. 169 ff.; Jauß, S. 75 ff.

98 F. Schümmer, Geschmack, in: Historisches Wörterbuch der Philosophie, Bd. 3, Darmstadt 1974, Sp. 451 ff.

100 R. Flotzinger/G. Gruber (Hrsg.), Musikgeschichte Österreichs, Bd. 2 Vom Barock zur Gegenwart, Graz 1979. Zur Problematik einer Einordnung der österreichischen Musikgeschichte in größere Zusammenhänge siehe Theophil Antoniceks Rezension des Bandes: C. Dahlhaus (Hrsg.), Die Musik des 18. Jahrhunderts, Laaber 1985 (Neues Handbuch der Musikwissenschaft 5), in: Musicologica Austriaca 8 (1988), S. 130 ff.

101 Reinhart Koselleck, »Erfahrungsraum« und »Erwartungshorizont« — zwei historische Kategorien, in: Vergangene Zukunft, Frankfurt am Main 1984, S. 349 ff.

103 Otto Biba, Grundzüge des Konzertwesens in Wien zu Mozarts Zeit, in: Mozart-Jahrbuch 1978/79, S. 132 ff.; Mary Sue Morrow, Concert life in Haydn's Vienna: Aspects of a Developing Musical and Social Institution, New York 1989 (Sociology of Music 7).

108 Mozart und die Nachwelt, S. 26.
Günther Wagner, Originalgenie oder Publikumsgeschmack als bestimmende Größe? Die Klaviersonaten Carl Philipp Emanuel Bachs, in: Die Musikforschung 1988, S. 331 ff.

110 Erich Reimer, Idee der Öffentlichkeit und kompositorische Praxis im späten 18. und frühen 19. Jahrhundert, in: Die Musikforschung 1976, S. 130 ff.

115 Josef Gmeiner, Menuett und Scherzo. Ein Beitrag zur Entwicklungsgeschichte und Soziologie des Tanzsatzes in der Wiener Klassik, Tutzing 1979 (Wiener Veröffentlichungen zur Musikwissenschaft 15).

116 Gmeiner, S. 156.
117 Hans Heinreich Eggebrecht, Versuch über die Wiener Klassik. Die Tanzszene in Mozarts »Don Giovanni«, Wiesbaden 1972, besonders S. 22 ff.
Theophil Antonicek, Biedermeierzeit und Vormärz, in: Musikgeschichte Österreichs, Bd. 2, Graz 1979, S. 217.
124 Die Partitur-Grundlage für fast alle Werke Mozarts bildet die vor dem Abschluß stehende Neue Ausgabe sämtlicher Werke (10 Reihen mit 35 Werkgruppen), hrsg. v. d. Int. Stiftung Mozarteum Salzburg, Kassel 1955 ff. Auch Daten zur Schaffensgeschichte u.ä. werden in der Regel aus Vorworten, Kritischen Berichten usw. dieser Ausgabe übernommen. Zu jedem der im folgenden besprochenen Werke gibt es Spezialliteratur meist in großer Zahl. Da es mir mehr um eigenständige Analysen als um Literaturkritik geht, verzichte ich auf summarische Auflistungen und verweise auf die »Mozart-Bibliographie« (Mozart-Jahrbuch 1975 und Nachträge).
127 Théodore de Wyzewa/Georges de Saint-Foix, Wolfgang Amédée Mozart. Sa vie musicale et son œuvre, 5 Bde., Paris 1912—1946. Ich nehme Bezug auf die Kritik an Wyzewa durch Stefan Kunze: Mozarts Jugendwerk. Tradition und Originalität, in: Hamburger Jahrbuch für Musikwissenschaft 5, Laaber 1981, S. 122.
131 Cliff Eisen, The Symphonies of Leopold Mozart: their Chronology, Style and Importance for the Study of Mozart's Early Symphonies, in: Mozart-Jahrbuch 1987/88, S. 181 ff.
132 Anna Amalie Abert, Methoden der Mozartforschung, in: Mozart-Jahrbuch 1964, S. 24 ff.
Judith Schwartz, Phrase Morphology in the Early Classic Symphony (ca. 1720—ca. 1765), Phil.Diss. New York 1973.
139 Manfred Hermann Schmid, Mozart und die Salzburger Tradition, Tutzing 1976 (Münchner Veröffentlichungen zur Musikgeschichte 24).
140 Stefan Kunze, Die Vertonungen der Arie »Non sò d'onde viene« von J.Chr. Bach und W.A. Mozart, in: Analecta Musicologica 2 (1965), S. 85 ff. Ich habe meine Analyse bewußt unabhängig von der Kunzes geschrieben.
156 Charles Rosen, Der klassische Stil. Haydn, Mozart, Beethoven, Kassel 1983 (engl. 1971).
157 Alfred Mann, Zur Kontrapunktlehre Haydns und Mozarts, in: Mozart-Jahrbuch 1978/79, S. 195 ff.
158 Warren Kirkendale, Fuge und Fugato in der Kammermusik des Rokoko und der Klassik, Tutzing 1966.
168 Eva Krikkay, Zur Funktion der Ornamentik in den Klavierkonzerten W.A. Mozarts, Diplomarbeit Salzburg 1990.
174 Ausgangspunkt sind die Überlegungen von Hans-Georg Gadamer in: Hermeneutik II. Wahrheit und Methode. Ergänzungen, Tübingen 1986 (Gesammelte Werke 2), S. 375 ff.
177 Rosen, S. 86.
178 Nicole Schwindt-Gross, Drama und Diskurs. Zur Beziehung zwischen motivischem Prozeß und Satztechnik am Beispiel der durchbrochenen Arbeit in den Steichquartetten Mozarts und Haydns, Laaber 1990 (Neue Heidelberger Studien zur Musikwissenschaft 15).

179 Mit diesem Seitenhieb gegen den »Hanswurst« scheint Mozart Joseph von Sonnenfels nach dem Mund zu reden.

180 Hans Joachim Kreutzer, Proteus Mozart. Die Opern Mozarts in der Auffassung des 19. Jahrhunderts, in: Deutsche Vierteljahresschrift für Literaturwissenschaft und Geistesgeschichte 60 (1986), S. 1 ff.; Karl Robert Mandelkow, Der proteische Dichter. Ein Leitmotiv in der Geschichte der Deutung und Wirkung Goethes, in: Neophilologus 1962, S. 19 ff. Als »proteischer« Philosoph wurde schon zu Lebzeiten Friedrich Wilhelm von Schelling bereichnet.

Hans Herter, Proteus, in: Der Kleine Pauly. Lexikon der Antike, Bd. 4, München 1979, Sp. 1196 f.

Constantin Floros, Stilebenen und Stilsynthese in den Opern Mozarts, in: Hamburger Jahrbuch für Musikwissenschaft 5, Laaber 1981, S. 155 ff.

181 Stefan Kunze, Mozarts Opern, Stuttgart 1984, besonders S. 222 ff.; Gunter Reiß, Das verweigerte Einverständnis. Versuch zur Geschichte der Musikkomödie von Mozart bis Brecht, in: Oper und Operntext, hrsg. v. J.M. Fischer, Heidelberg 1985, S. 11 ff.

Zu Horn siehe: Mozart und die Nachwelt, S. 111 ff.

Floros, S. 158.

182 Floros, S. 163.

184 Sabine Henze-Döhring, Opera seria, Opera buffa und Mozarts Don Giovanni. Zur Gattungskonvergenz in der italienischen Oper des 18. Jahrhunderts, Laaber 1986 (Analecta Musicologica 24).

Fritz Martini, Literarische Form und Geschichte, Stuttgart 1984, S. 2.

Goethe, Maximen und Reflexionen Nr. 931.

185 Kreutzer, S. 11.

Rainer Friedrich, Drama and ritual, in: Drama and religion, Cambridge 1983, S. 159 ff.

Henze-Döhring, S. 230 f.

»Don Giovanni«: Prag 1787 — Wien 1788—1987, in: Mozart-Jahrbuch 1987/88, S. 195 ff.

186 Leo Schrade, W.A. Mozart, Bern: 1964.

188 Einen Ansatz dazu gibt: Volker Mattern, Zur Entwicklung von Mozarts Personalstil, in: Mozart-Jahrbuch 1984/85, S. 207 ff.

Volker Mattern, Das Dramma giocoso »La Finta giardiniera«. Ein Vergleich der Vertonungen von Pasquale Anfossi und Wolfgang Amadeus Mozart, Laaber 1989 (Neue Heidelberger Studien zur Musikwissenschaft 13).

190 Bernhard Asmuth, Einführung in die Dramenanalyse, 1. Auflage Stuttgart 1984, S. 52; Martini, S. 22.

191 Wolfgang Amadeus Mozart. Idomeneo. 1781—1981, München 1981.

193 Hermann Abert, Glucks italienische Opern bis zum »Orfeo«, in: Gluck-Jahrbuch 2 (1915), S. 14; dazu mein Aufsatz: Gluck und Mozart, in: Hamburger Jahrbuch für Musikwissenschaft 5, Laaber 1981, S. 171 f.

195 Marius Flothuis, Mozarts Bearbeitungen eigener und fremder Werke, Salzburg 1969 (Schriftenreihe der Int. Stifung Mozarteum 2).

196 Anna Amalie Abert, Bedeutungswandel eines Mozartschen Lieblingsmotivs, in: Mozart-Jahrbuch 1965/66, S. 7 ff.

Thrasybulos Georgiades, Aus der Musiksprache des Mozart-Theaters, in: Mozart-Jahrbuch 1950, S. 76 ff.

205 Die Tabelle ist meinem Aufsatz »Gluck und Mozart«, S. 184 entnommen. Für die freundliche Erlaubnis zum Abdruck danke ich dem Laaber-Verlag.

213 Peter Szondi, Theorie des modernen Dramas (1880—1950), Frankfurt am Main 1956, S. 9 ff.; Kurt von Fischer, Das Dramatische in der geistlichen Musik. Ein Entwurf, in: Archiv für Musikwissenschaft 1977, S. 38 ff.

216 Thomas Stearns Eliot, What is a classic?, London 1945 (erste deutsche Ausgabe Berlin 1950, verwendete Ausgabe Frankfurt am Main 1963). Die Zitate sind dem Schluß des Essays entnommen (S. 42 ff.).

218 Eliot, S. 17 ff.

220 Mozart und die Nachwelt, S. 70 ff.

221 Mozart und die Nachwelt, S. 130 ff., 157, 170. Grundlegend ist der Aufsatz von Ludwig Finscher: Zum Begriff der Klassik in der Musik, in: Deutsches Jahrbuch der Musikwissenschaft 1967, S. 9 ff.

223 Wolfgang Wittkowski, Einleitung zu: Verlorene Klassik? Ein Symposium, Tübingen 1986, S. XII f.

225 Sven Hansell im Artikel »Hasse«, New Grove Bd. 8, S. 287.

226 Brief an Christian Gottfried Körner. Siehe Georg Feder, Characteristic Traits of Viennese Classicism, in: The Classical Temper in Western Europe, Melbourne 1983, S. 82.

Finscher, S. 16 f.

227 Egidius Schmalzriedt, Inhumane Klassik, München 1971.

Warum Klassiker? Ein Almanach, hrsg. v. G. Honnefelder, Frankfurt am Main 1985, S. X und 10.

228 Finscher, S. 14 f.

Tonstücke für das Clavier, vom Herrn C.P.E. Bach, und einigen anderen classischen Musikern, Berlin und Leipzig 1762. Vgl. die unterschiedlichen Interpretationen von Finscher, S. 17 und Martin Zenck, Zum Begriff des Klassischen in der Musik, in: Archiv für Musikwissenschaft 1982, S. 286.

Finscher, S. 15.

229 Walser, in: Warum Klassiker?, S. 7.

231 Finscher, S. 25—29.

Schmalzriedt, S. 14.

233 Immanuel Kant, Kritik der Urteilskraft, in: Werke in zehn Bänden, hrsg. v. W. Weischedel, Ausgabe Darmstadt 1981, Bd. 8, §47, S. 409. Otto Pöggeler, System und Geschichte der Künste bei Hegel, in: Welt und Wirkung von Hegels Ästhetik, Bonn 1986 (Hegel-Studien. Beihefte. 27), S. 1 ff.; Dieter Wandschneider und Vittorio Hösle, Die Entäußerung der Idee zur Natur und ihre zeitliche Entfaltung als Geist bei Hegel, in: Hegel-Studien 18, Bonn 1983, S. 173 ff., besonders 180 ff. Ein Problem besteht darin, daß Hegels »Ästhetik« in zweifelhafter, durch Heinrich Gustav Hotho spätromantisch eingefärbter Weise überliefert ist; siehe dazu Annemarie Gethmann-Siefert, Einleitung zu: Welt und Wirkung, S. V ff., besonders XVIII ff.

Georg Wilhelm Friedrich Hegel, Ästhetik, in: Werke in 20 Bänden, hrsg. v. E. Moldenhauer u. K.M. Michel (verwendete Ausgabe: Frankfurt am Main 1986, stw.), Bd. 14, 2. Teil, 2. Abschnitt, Einleitung, S. 13, 19, 25 f. und 21.

234 Gethmann-Siefert, besonders S. XLVI.
Hans-Georg Gadamer (Die Stellung der Poesie im System der Hegelschen Ästhetik und die Frage des Vergangenheitscharakters der Kunst, in: Welt und Wirkung. S. 213 ff.) vertritt die These, daß Hegels Lehre vom Ende der Kunst »in Wahrheit die Freisetzung der Kunst als Kunst bedeute« (S. 219 f.).
Gethmann-Siefert, S. XLIII f.

235 Marburger Bibliothek, 1826, Ms. 89a, zitiert nach Gethmann-Siefert, S. XLIII.
Konrad Schüttauf, Melos und Drama. Hegels Begriff der Oper, in: Welt und Wirkung, S. 190.
Hegel, Ästhetik, Werke Bd. 15, 3. Teil, 3. Abschnitt, 2. Kapitel, S. 135.
Hegel, S. 206 und 198.

236 Gethmann-Siefert, S. XLIV f.
Pöggeler, in: Welt und Wirkung, S. 5.

237 Hegel, Ästhetik, Werke Bd. 14, 2. Teil, 2. Abschnitt, Einleitung, S. 23 und 18.
Einen Anreiz zu einer solchen Umsetzung geben Kurt Westphals Begriffe des »Eigenwerts« des Teils und des »Funktionswerts« für den Zusammenhang (Der Begriff der musikalischen Form in der Wiener Klassik, Leipzig 1935).

238 Wandschneider/Hösle, S. 188 ff.

239 Mozart-Jahrbuch 1973/74, S. 145 ff., besonders 175 ff.

240 Werner Korte, Darstellung eines Satzes von Johann Stamitz, in: Festschrift K. G. Fellerer, Regensburg 1962; Werner Hümmeke, Versuch einer strukturwissenschaftlichen Darstellung der ersten und vierten Sätze der zehn letzten Streichquartette von W. A. Mozart, Münster 1970.
Georgiades' Mozart-Aufsätze sind zusammengefaßt in: Kleine Schriften, Tutzing 1977 (Münchner Veröffentlichungen zur Musikgeschichte 26).

241 Der Begriff der »Diskontinuität« bleibt hier an den Balance-Gedanken gebunden — und ist nicht zu verwechseln mit seiner Verwendung in moderner Geschichtskritik. Bei Adorno gipfelt die Entillusionierung eines aufklärerischen Fortschrittsmythos in einem »Inbegriff von Diskontinuität« (Negative Dialektik, Ausgabe Frankfurt am Main 1975, S. 314).

242 Hegel, Ästhetik, Werke Bd. 14, 2.Teil, 2. Abschnitt, 2. Kapitel, S. 75.

243 Mozart und die Nachwelt, S. 98; Alexander Hyatt King, Mozart in Retrospect, London 1955, S. 264.
Die folgenden Zitate sind dem Stichwort »Jupiter« des Hegel-Lexikons (im Rahmen der Jubiläumsausgabe, 2. Auflage 1957) entnommen.

244 Hegel, Ästhetik, Werke Bd. 14, 3. Teil, 2. Abschnitt, 2. Kapitel, S. 427.
Wolfgang Auhagen, Studien zur Tonartencharakteristik in theoretischen Schriften und Kompositionen vom späten 17. bis zum Beginn des 20. Jahrhunderts, Frankfurt am Main 1983, S. 466 ff.; Rita Steblin, A History of Key Characteristics in the Eighteenth and Early Nineteenth Centuries, Ann Arbor 1983, S. 222 ff.

255 Johann Nepomuk David, Die Jupiter-Symphonie, Göttingen 1953. Entschiedene Kritik an Davids Thesen übten Rudolf Steglich (in: Mozart-Jahrbuch 1954, S. 102 ff.) und Hellmut Federhofer (in: Mozart-Jahrbuch 1956, S. 84 ff.), suchten aber auch ihrerseits auf übergreifende Zusammenhänge hinzuweisen. Steglich griff sogar die Jupiter-Assoziation positiv auf und verknüpfte sie mit Satzmerkmalen wie »Oktavaufschwüngen« und »tonräumlichen Aufschwüngen und Weitungen«.

256 Auf diese Beziehung wies Hermann Abert nachdrücklich hin (Mozart, Bd. 2, S. 492).

Vorweggenommen hat diese Facette schon der Mozart-Zeitgenosse Joachim Perinet in seiner phantastischen Szene »Jupiter, Mozart und Schikaneder«, Wien 1802 (Neudruck in: Fritz Brukner, Die Zauberflöte. Unbekannte Handschriften und seltene Drucke, Wien 1934, S. 113 ff.

259 Marius Flothuis, Jupiter oder Sarastro? Versuch über die wahre Art dreier Symphonien und einer Oper, in: Mozart-Jahrbuch 1965/66, S. 121 ff., besonders 132.

Gunthard Born, Mozarts Musiksprache. Schlüssel zu Leben und Werk, München 1985; ders. Rhetorische Musik, Graz 1986 (Styriarte-Schriften 1). Konkret beziehe ich mich auf den Aufsatz »Mozarts Rhetorik in der G-Dur Serenade KV 525 und der C-Dur-Symphonie KV 551«, in: Mitteilungen der Int. Stiftung Mozarteum 1990, S. 103 ff.

261 Siehe dazu meinen Aufsatz: Johann August Apel und eine Diskussion um die Ästhetik der Sinfonie im frühen 19. Jahrhundert, in: Studien zur Instrumentalmusik. Festschrift L. Hoffmann-Erbrecht, Tutzing 1988, S. 261 ff.

Friedrich Nietzsche, Aus dem Nachlaß der Achtzigerjahre, in: Werke, hrsg. v. K. Schlechta, München 1980, Bd. 6, S. 418.

Theodor W. Adorno, Philosophie der Neuen Musik, Ausgabe Frankfurt am Main 1958, S. 24 ff.

Diese Erweiterung schlägt Martin Zenck in seinem Klassik-Aufsatz (S. 271 ff.) vor.

263 Tonio Hölscher, Die unheimliche Klassik der Griechen, Vortrag an der Universität München (Thyssen-Stiftung), Juli 1988.

Gemeint ist die Spätphilosophie von Fichte und Schelling. Walter Schulz, Die Vollendung des Deutschen Idealismus in der Spätphilosophie Schellings, Pfullingen 1975; Karen Gloy, Einheit und Mannigfaltigkeit, Berlin/New York, 1981; Hans-Dieter Klein, Die Philosophie des Idealismus und die Neudeutschen, in: Bruckner, Wagner und die Neudeutschen in Österreich. Bruckner-Symposion 1984, Linz 1986, S. 185 ff. Richard Newald, Von Klopstock bis zu Goethes Tod. Erster Teil, München 1956, S. 58 f. (Geschichte der deutschen Literatur 6/1).

264 Eckermann, 18. 3. 1831, S. 435.

Johann Peter Eckermann, Gespräche mit Goethe in den letzten Jahren seines Lebens, hrsg. v. F. Bergemann, Wiesbaden 1955, Gespräch vom 2. 3. 1831, S. 423.

Alfred Heuß, Das dämonische Element in Mozarts Werken, in: Zeitschrift der Internationalen Musikgesellschaft 7 (1906), S. 185.

266 Eva Badura-Skoda, Artikel »Umlauff«, in: Die Musik in Geschichte und Gegenwart, Bd. 13, Kassel 1966, Sp. 1053.

267 Vgl. Rosen, S. 100 f.

272 Reinhold Hammerstein, Der Gesang der geharnischten Männer. Eine Studie zu Mozarts Bachbild, in: Archiv für Musikwissenschaft 1956, S. 1 ff.
Georg von Dadelsen, Robert Schumann und die Musik Bachs, in: Archiv für Musikwissenschaft 1957.
275 Abert, Bd. 2, S. 556. Vgl. Kunze, Mozarts Opern, S. 511 ff.
276 Kunze, S. 466.
277 Hildesheimer, S. 331 f.
278 Abert, Bd. 2, S. 662.
279 Dmitrij Tschiżewkij, Satire oder Groteske, in: Das Komische, hrsg. v. W. Preisendanz u. R. Warning, München 1976 (Poetik und Hermeneutik 7), S. 269 ff.
280 Harald Kaufmann, Versuch über das Österreichische in der Musik, in: Fingerübungen, Wien 1970, S. 24 ff.
Albrecht Gürsching, Urteil exklusiv: die negative Sinfonie. Mozarts »Musikalischer Spaß« KV 522, in: Musica 1982, S. 246 ff.
293 W. A. Mozart, Aus dem poetischen Hirnkasten, Salzburg 1989.
286 Zofia Lissa, Ästhetische Funktionen des musikalischen Zitats, in: Die Musikforschung 1966, S. 364 ff., besonders 371.
287 Abert, Bd. 1, S. 747.
Albert Dunning, Mozarts Kanons, in: Mozart-Jahrbuch 1971/72, S. 227 ff.
289 Einen Überblick geben die Diskussionen in: Journal of Music Theory 1966. Analysis Symposium, S. 18 ff.
Wolfram Steinbeck, Mozarts »Scherzi«. Zur Beziehung zwischen Haydns Streichquartetten op. 33 und Mozarts Haydn-Quartetten, in: Archiv für Musikwissenschaft 1984, S. 208 ff.
290 Wilhelm Seidel, Über die Prinzipien der Formtheorie, in: Jahrbuch des Staatlichen Instituts für Musikforschung 1978, S. 7 ff., besonders 17.
294 Auf die Musik übertragen hat den Begriff Hans-Ulrich Fuss, »Mikromegalische« Strukturen in der Musik Mozarts, in: Musiktheorie 1989, S. 394 ff. Dazu einige weitere Beispiele: KV 387, 1. Satz: T. 42 ff. (plötzliche Dehnung ohne klaren Bezug); KV 458, 1. Satz: T. 66—77 (eine mikromegalische und chromatische Verzerrung der Kadenzfloskel T. 65, bzw. T. 35 f. und 53 f.), T. 229 (Halbtonschritt der Violine I zu T. 230 ff. und 234 f.), 4. Satz: T. 115 ff., 169 ff. und 307 ff. (Dehnung von Partikel des Hauptthemas); KV 428, 1. Satz: T. 20 zu T. 56 ff., 4. Satz: T. 104 ff. zu T. 111 ff.; KV 464, 1. Satz: T. 250 ff. zu 260 ff.; KV 465, 1. Satz (Beziehung zwischen »Adagio«-Einleitung und Anfang des »Allegros«, s. Kapitel »Schreibart«). Ein krasser Fall ist im ersten Satz der »Jupiter«-Sinfonie die Vergrößerung und völlige Ausdrucksänderung des Seitenthemas im c-Moll-Einbruch (s. Kapitel »Klassizität«).
295 Mit dem Begriff des »Spiels« soll nicht auf neue Weise die alte Mystifikation Mozarts aufgegriffen werden. Ich denke vielmehr an die Betrachtungen Wittgensteins, nach denen sich für diesen Begriff weder notwendige noch hinreichende Bedingungen angeben lassen. Daher erweist sich die von mir häufig gewählte Methode der Paradigmatik als geeignet.
296 Norbert Miller, Archäologie des Traums. Versuch über Giovanni Battista Piranesi, München 1978, S. 45.

297 Miller, S. 282 f.
Eggebrecht, Versuch, besonders S. 22.
Stefan Kunze, Mozarts »Don Giovanni« und die Tanzszene im ersten Finale. Grenzen des klassischen Komponierens, in: Analecta Musicologica 18 (1978), S. 166 ff., besonders 169 und 179.
299 Fred K. Prieberg, Mozart und die Musikmaschine, in: Neue Zeitschrift für Musik 1958, S. 709 ff.
300 John Neubauer, The Emancipation of Music from Language. Departure from Mimesis in Eighteenth-Century Aesthetics, New Haven/London 1986.
Schwindt-Gross, S. 104 ff.
301 Heinrich Christoph Koch, Versuch einer Anleitung zur Composition, Rudolstadt 1782, S. 4 ff. und 43.
303 Abert, Bd. 1, S. 515.
Hanns Dennerlein, Der unbekannte Mozart. Die Welt seiner Klavierwerke, Leipzig 1951, S. 78.
Im Brief vom 14. 11. 1777, Zeile 33 von »sonaten die ich für die Mad:[selle] Canabich geschrieben habe«. Die nachfolgende Beschreibung des Andantes (Zeile 37 ff.) paßt eher auf KV 309, aber die im Brief vom 6. 12. 1777, Zeile 33 ff. eher auf KV 311. Beide Sonaten haben als Schlußsatz ein »Rondeau«.
304 Hans-Josef Irmen, Mozart — Mitglied geheimer Gesellschaften, Zülpich 1988. Dazu meine Rezension in: Mozart-Jahrbuch 1989/90, S. 245 ff.
306 Entschieden am Shakespeare-Mozart-Vergleich setzt der neukantianische Philosoph Hermann Cohen bei seiner Interpretation der »Oper Mozarts« an. Er gelangt dazu, die Begriffe ds »Humors« und des »Erhabenen« in dem Begriff der »Liebe« zusammenzudenken. Siehe: Ästhetik des reinen Gefühls, Nachdruck der Ausgabe Berlin 1912, Hildesheim 1982 (Werke 9), S. 175 ff. Meine Interpretation der »Klassizität« und die Gegenüberstellung von »Dämonie« und »Satire« ging teilweise ähnliche Wege, ohne Cohens Konsequenz.
Odo Marquard, Exile der Heiterkeit, in: Das Komische, S. 133 ff., besonders 140.

Arie »Non sò d'onde viene«, in: 12 Konzert- und Opernarien, hrsg. von L. Landshoff, Leipzig 1930, Peters (Partitur-Neuausgabe in: »Alessandro nell'Indie«, The collected works of Johann Christian Bach, Bd. 3, New York 1985).

NAMENSREGISTER

WERKREGISTER

OPERN

INHALT